ORWELL
UM HOMEM DO NOSSO TEMPO

TORDSILHAS

ORWELL
UM HOMEM DO NOSSO TEMPO

Tradução: Renato Marques de Oliveira

RICHARD BRADFORD

Para Amy Burns

SUMÁRIO

PREFÁCIO E AGRADECIMENTOS		8
INTRODUÇÃO		10
1	O desajustado e o puro inferno na São Cipriano	17
2	Eton	33
3	Birmânia	51
4	Dias de indigente	73
5	Orwell era antissemita?	89
6	Sem esperança	109
7	Livros, casamento e a jornada para o norte	129
8	Espanha e política séria	157

9	Entreguerras	187
10	Guerra	201
11	Jornalismo explosivo	217
12	Mudanças	241
13	*A revolução dos bichos*	253
14	Jura	267
15	*1984*	281

EPÍLOGO	320
BIBLIOGRAFIA	326
ÍNDICE REMISSIVO	334

PREFÁCIO E AGRADECIMENTOS

Todas as citações são de textos de Orwell e de outros autores mencionados na Bibliografia. Orwell, é claro, nasceu Eric Arthur Blair, mas, por conveniência, vou me referir a ele como "Orwell" ou "George Orwell", e ao casal Eric e Eileen como "os Orwell". Na preparação deste livro, devo agradecimentos à equipe da Biblioteca da Universidade de Ulster e à Lisa Verner. A dra. Amy Burns, uma fã de Orwell, foi de grande ajuda, assim como D. J. Howells, pela mesma razão. Minha editora na Bloomsbury, Jayne Parsons, foi uma joia.

INTRODUÇÃO

iografias, por sua natureza, tratam do passado, mas esta narrativa da vida de Orwell será um pouco diferente. O livro o trará ao presente e, com isso, mostrará que certas perguntas feitas pelo escritor à sua geração permanecem sem resposta e, por vezes, sem terem sido discutidas.

Nenhum autor é capaz de prever o futuro; no entanto, o talento de Orwell como pressagiador é extraordinário. Desde o início dos anos 1930, ele foi astuto em identificar aspectos nossos que resistiriam ao tempo e ressurgiriam muitas décadas depois: o antissemitismo, especialmente na extrema esquerda; a tolerância do mundo livre aos regimes autoritários, porque precisamos deles do ponto de vista econômico; o materialismo ignorante; a política populista; o nacionalismo descerebrado; o duplipensar como o motor do discurso político, isto é, mentiras descaradas; o ressurgimento da xenofobia aparentemente endêmica; e, é claro, o Brexit. Em sua maioria, os suspeitos de sempre não estavam vivos quando Orwell nos deixou, em janeiro de 1950, mas ele não ficaria surpreso ao vê-los como figuras-chave em reencenações dos dramas orwellianos: *[Theresa]* May, *[Donald]* Trump, *[Boris]* Johnson, *[Michael]* Gove, *[Jeremy]* Corbyn, *[Nigel]* Farage, *[Vladimir]* Putin, Xi Jinping e outros.

Na juventude, Orwell era antissemita, mas, ao contrário de quase todos que partilhavam dessa inclinação, tanto naquela época quanto hoje, Orwell distanciou-se de si mesmo, reconheceu a atitude que a seu ver era perniciosa, confrontou as causas de sua aversão e acabou se arrependendo. A expiação de Orwell envolveu ao mesmo tempo desprezo por si mesmo e o terrível reconhecimento de que muitos de seus compatriotas eram tão perversos quanto ele tinha sido. Quem acredita que uma Grã-Bretanha ocupada teria protegido seus judeus deveria ler o jornalismo que Orwell produziu no tempo de guerra e repensar. Sua avaliação sobre o verdadeiro antissemitismo como uma forma calculada de duplipensar nos diz um bocado sobre o estado do Partido Trabalhista de Corbyn.

Na Espanha, Orwell foi um herói, arriscando a vida ao liderar inúmeros ataques contra trincheiras falangistas[*] e postos de metralhadoras. Levou um tiro na garganta e, como recompensa, foi acusado de traição pelos soviéticos e simpatizantes russos no Ocidente. Orwell e sua esposa, Eileen, se refugiaram em Barcelona e escaparam da execução pela NKVD, a polícia secreta russa,[**] ao cruzar a fronteira para a França. Em resumo, ele sentiu na pele uma versão do que vinha ocorrendo por quase uma década sob o governo autoritário de Stálin: a dissidência resultava em julgamento-show sumário e execução.

Orwell abominava a pobreza, mas execrava em igual medida a inflexibilidade do marxismo e do comunismo, não os vendo como soluções; sistemas e ideologias que negam aos seres humanos a quixotesca oportunidade de viver e pensar como desejarem são, na visão de Orwell, quase tão cruéis quanto a desigualdade. Viajando em meio à classe trabalhadora inglesa, Orwell encontrou homens e mulheres quase reduzidos à condição de animais, mas, para seu desgosto, também detectou uma mistura de apatia e funesta resignação; algo bem diferente da energia indômita da Catalunha revolucionária. Os "proletas" de *1984* nasceram das tristes figuras de *Na pior em Paris e Londres* e *O caminho para Wigan Pier*. Ele tinha a expectativa de que as condições dos proletários melhorassem, mas não estava otimista com relação à mudança de um estado mental coletivo. Os entusiásticos aplausos da multidão em Lancashire, saudando o discurso de Mosley,[***] seriam ecoados décadas depois por seguidores do Partido do Brexit, liderado por Nigel Farage. Mais importante, Orwell diagnosticou

---

[*]   Falange Espanhola, partido fascista de apoio a Franco. (N. T.)
[**] *Narodnyi Komissariat Vnutrennikh Del* [Comissariado do Povo para Assuntos Internos], descendente direto da Cheka [o Comitê Extraordinário de Todos os Russos para Combater a Contrarrevolução e a Sabotagem], que em 1922 se tornou a GPU [Administração Política do Estado]; era o órgão de segurança que se transformaria no serviço secreto KGB [*Komitet Gosudarstveno Bezopasnosti*]. (N. T.)
[***] Oswald Mosley (1896-1980), um dos principais líderes da extrema direita da Inglaterra, fundador da União Britânica de Fascistas (UBF). (N. T.)

um estado de introversão e xenofobia que transcende classes e é a essência do caráter inglês: o Brexit existia muito antes de o Mercado Comum ter sido inventado.

E, é claro, temos o duplipensar, o uso da linguagem para distorcer a realidade objetiva. Hoje, isso não é uma ferramenta do Partido Interno, e sim uma condição cooperativa; não *nos importamos* de ser enganados. Mas erradicamos o pesadelo de *1984*, não é mesmo? Pelo contrário. Como parceiros no comércio global, estendemos nossas tigelas de pedintes para a China, cujo Partido Comunista no poder poderia muito bem ter usado o romance de Orwell como um manual de instruções.

Os romances de Orwell da década de 1930 (*Dias na Birmânia, A filha do reverendo, A flor da Inglaterra** e *Um pouco de ar, por favor!*) são belos exemplos da arte da escrita, mas o leitor sente também uma tensão entre eles e os três livros publicados no mesmo período (*Na pior em Paris e Londres, O caminho para Wigan Pier* e *Homenagem à Catalunha*), que são igualmente fascinantes porque partem apenas de experiências vividas. Quando a Segunda Guerra Mundial foi deflagrada, Orwell decidiu que contar a verdade era mais importante do que inventar coisas. Seu jornalismo da década de 1940 é furioso e confrontador por ser baseado em fatos que ele observou e relatou, e que praticamente todas as outras pessoas preferiram ignorar. Desse modo, foi um ensaio para seus dois romances distópicos mais conhecidos, *A revolução dos bichos* e *1984*. Ambos sintetizam a teoria de Orwell acerca do papel da literatura, apresentada em *Dentro da baleia e outros ensaios*. A literatura não deve ser uma diversão ou distração, tampouco um ramo das "artes". Deve mostrar o pior de nós e servir de alerta sobre o que somos capazes de criar. A Guerra Fria acabou, mas ainda precisamos dar atenção à advertência de Orwell. A versão chinesa do totalitarismo do "Grande Irmão" [*Big Brother*] é horripilante, e não apenas por ser pior do que qualquer coisa imaginada por Orwell. Em seu tempo, a esquerda tanto ludibriou a si mesma quanto à realidade do regime de Stálin. Hoje sabemos o que acontece no governo de Xi Jinping e, por uma questão de conveniência econômica, não damos a mínima. Orwell disse acerca de seu último romance: "Não deixe

---

* Título na edição da Companhia das Letras (2007). Também publicado no Brasil como *Moinhos de vento* (Nova Fronteira) e *Mantenha o sistema* (Itatiaia). (N. T.)

isso acontecer". Pelo visto, agora ajudamos e instigamos a coisa a acontecer. Talvez possamos acreditar que Orwell esteja descansando em paz no cemitério em Sutton Courtenay, uma vez que impedimos sua profecia de se concretizar aqui e no restante do "mundo livre". Mas leia nas páginas de *1984* as descrições do ritual dos Dois Minutos de Ódio, depois veja gravações de Trump conclamando seus correligionários a bradar "Prendam ela! Prendam ela!"* e reavalie.

---

* Grito entoado por Trump e seus apoiadores em comícios e discursos públicos durante a campanha eleitoral para a presidência dos EUA em 2016, pedindo a prisão de Hillary Clinton. A candidata Democrata, apoiada pelo então presidente Barack Obama, foi acusada de irresponsabilidade por ter utilizado seu e-mail pessoal, desprotegido contra hackers, para trocar mensagens com conteúdo confidencial do governo norte-americano. Os e-mails foram enviados quando Hillary era secretária de Estado, no primeiro mandato de Barack Obama, entre 2009 e 2013. (N. T.)

O DESAJUSTADO E O PURO INFERNO NA SÃO CIPRIANO

Que Orwell tenha se tornado esquisitão e desajustado não é nada surpreendente, levando-se em conta sua primeira década de vida. Durante esse período, o pai, Richard Walmsley Blair, foi uma figura ausente. Estava vivo e não havia se separado da mãe de Orwell, Ida Mabel (sobrenome de solteira Limouzin), mas Orwell só o conheceu de verdade aos nove anos de idade. Mesmo assim, não moravam juntos: o menino passava menos de seis meses por ano na casa da família depois de ter sido enviado para um internato em 1911, a Escola Preparatória São Cipriano. Richard Blair era um "agente do ópio", atuando como funcionário público do Departamento de Ópio do Império Britânico na Índia desde 1875, e só regressou em definitivo à Inglaterra em 1912. Foi na Índia que conheceu Ida, dezoito anos mais jovem que ele, em 1896, e se casou com ela no mesmo ano, depois que a moça foi abandonada por um charmoso pretendente da idade dela. Richard rumara para a Índia em 1875, ano em que Ida nasceu. Em 1904, oito anos depois de se casarem, Ida optou por voltar para a Inglaterra com os dois filhos. Marjorie, a mais velha, tinha seis anos, e Eric Arthur Blair (nome de batismo de Orwell) ainda era um bebê, tendo nascido em um bangalô de tijolos caiados em Motihari em 1903, menos de doze meses antes da partida da mãe. Ida se estabeleceu com as crianças em uma casa confortável e modesta em Henley-on-Thames, onde, no verão de 1907, Richard foi visitar a família durante uma licença de três meses. O terceiro filho do casal, a menina Avril, nasceu em abril de 1908, aproximadamente sete meses depois de Richard ter retornado para a Índia. É provável que Orwell, então com quatro anos de idade, tenha sido apresentado formalmente ao pai, mas não há registros de como os membros da família se sentiam em relação a um patriarca cujas fugazes aparições pareciam envolver pouco mais que procriação. É possível que Richard escrevesse cartas ao filho, embora improvável. Geralmente, conservam-se correspondências enviadas por um pai a milhares de quilômetros de distância, mas nenhuma carta de Richard para Orwell sobreviveu, e Orwell jamais se referiu a qualquer espécie de comunicação entre ele e o pai durante esse período.

Em 1912, quando se aposentou após trinta e sete anos no serviço civil colonial, Richard era um completo desconhecido para seu filho, e não somente pela ausência física. Blair era o perfeito exemplo do homem vitoriano. Nascera em 1857, onze anos antes da abolição dos enforcamentos públicos na Grã-Bretanha; até 1868, essas execuções rivalizavam com o futebol e o críquete como a forma mais popular de entretenimento de massa. Richard veio ao mundo pouco antes da última filha da rainha Vitória, a princesa Beatriz, e menos de um ano após o fim da Guerra da Crimeia. Em larga medida, as mudanças no tecido social da Inglaterra entre 1875 e o retorno à pátria passaram despercebidas por ele: no Império, o tempo permanecia imóvel. Richard havia subido de cargo no Departamento de Ópio, de subagente adjunto nível 3 a subagente adjunto nível 1, atarefadíssimo com a incumbência de supervisionar as plantações de papoula indianas e organizar o despacho de suprimentos da droga para a China, onde os viciados propiciavam ao governo imperial da Índia as mais lucrativas receitas de exportações. A natureza meticulosa do trabalho não parecia preocupá-lo, e a maior prioridade de Richard era assegurar uma aposentadoria decente. No que diz respeito a isso, em 1912, a soma de 438 libras anuais era um êxito e tanto.

A Henley de 1912 era uma tranquila cidadezinha eduardiana do condado de Oxfordshire, não o subúrbio metropolitano de hoje, mas a hospitaleira jovialidade que animava o lugar o tornava quase moderno. Aos poucos, a rígida estrutura de classes do século anterior estava sendo corroída. O jovem Orwell brincava com o filho de um encanador local, e lavradores tocavam o gado pela rua principal antes de se juntarem aos profissionais de ofício para uma rodada nos *pubs* da cidade. O pai de Orwell, no entanto, era um anacronismo. A chegada de Richard foi um exercício de viagem no tempo, levando os residentes mais velhos da cidade a se perguntarem, espantados, se as quatro décadas anteriores haviam sido uma ilusão. Ele se associou ao Clube Conservador, mas raramente dirigia a palavra aos outros membros, e ia ao cinema como um respeitoso reconhecimento de que o século XX havia chegado – dormia na maioria das sessões e jamais mencionava qualquer filme para amigos ou familiares. Nos *pubs* locais, bebia sidra e às vezes jogava *bridge*, mas ninguém se lembra de tê-lo visto abrindo um livro. Em casa, insistia que a lareira na sala de estar fosse mantida acesa o dia todo, mesmo durante a primavera e o verão. Os outros membros da família não conseguiam aguentar a atmosfera abafada, semelhante a um forno – ele também exigia que todas as portas fossem mantidas firmemente fechadas –, e aos poucos ficou evidente que seu comportamento bizarro e aparentemente masoquista tinha um motivo simples. Ele queria recriar o clima tropical do norte da Índia, que expatriados como ele consideravam quase insuportável, mas tratavam como um fardo necessário do serviço colonial. Quando se aventurava ao ar livre, Richard levava consigo outros aspectos da Índia. O alfaiate local fazia seus ternos, mas as tentativas de entabular com o cliente qualquer coisa remotamente parecida com uma conversa, enquanto tirava as medidas e escolhia o tecido, eram recebidas com respostas bruscas e monossilábicas. Para Richard, o alfaiate pertencia a uma casta inferior, e quando por acaso os dois se encontravam na rua, ele se recusava a notar sua presença. No sentido de conviver com outras pessoas da vizinhança, a única tentativa digna de nota feita pelo pai de Orwell foi quando passou a frequentar o clube de golfe, e mesmo assim ele estava menos interessado no jogo ou em socializar na sede do clube do que em assumir o controle. No decorrer de um ano, Richard tornara-se secretário remunerado e dirigia o clube, segundo a lembrança de um dos membros, de uma "maneira terrivelmente autocrática [...] se alguém atravancasse o caminho dele [...] Richard fazia questão de lhe dizer isso com todas as letras". Mais uma vez, ele estava recriando um aspecto da Índia. Como Henley não lhe oferecia uma população nativa prontamente subserviente, ele se virava intimidando os membros do clube de golfe.

Em casa, os papéis se invertiam, na medida em que Ida o tratava com uma mistura de condescendência e desprezo. Zombava dele quando o ouvia cutucar desesperadamente o fogo na lareira, e mantinha o mesmo estilo de vida de quando o marido estava no exterior, visitando amigos no centro de Londres e participando de eventos como a Exposição de Flores de Chelsea e o Torneio de Tênis de Wimbledon, sem jamais se dar ao trabalho de perguntar se Richard gostaria de acompanhá-la. Anotações no diário de Ida no verão de 1905 registram: "Fui ao teatro e vi Sarah Bernhardt, fui nadar [...] fui a Wimbledon [...] passei o dia todo no rio [...]" (Meyers, 2000, p. 8). Nem de longe parece a rotina de uma mulher que se esforça estoicamente para enfrentar o dia a dia enquanto o marido serve ao Império a milhares de quilômetros de distância. Ela estava se divertindo à beça, e, quando Richard regressou depois da aposentadoria, nada mudou. Ida tolerava a presença dele, mas em todos os outros aspectos o via como uma espécie de parente distante. Um ano após o retorno do marido, eles já dormiam em quartos separados.

Três anos antes da aposentadoria de Richard, circulavam rumores por Henley de que Ida – ainda com trinta anos de idade, jovial e orgulhosa de sua aparência física – estava tendo um caso com o clínico geral da região, o dr. Dakin. Dizia-se que os dois se encontravam no clube de golfe e o médico se oferecia para acompanhá-la até em casa, jornada que às vezes levava várias horas. O filho do médico, Humphrey Dakin, que acabaria por se casar com Marjorie Blair, declarou em uma entrevista em 1965 que seu pai "não recebeu encorajamento algum por parte de Ida", e que sua mãe ciumenta é que havia espalhado falsos boatos como um gesto de vingança. Vale notar que ele não negou ter havido um caso e deixou aberta a especulações a possível causa dos ciúmes da mãe. É preciso levantar a hipótese de que o comportamento de Richard no clube de golfe, descrito por outro membro como "tirânico", pudesse ser uma espécie de ato oblíquo de vingança, cujo alvo era o local de reunião dos adúlteros, em vez dos indivíduos propriamente ditos, um dos quais, sua esposa, ele parecia temer.

Em 1914, os Blair se mudaram para Shiplake, vilarejo não muito longe dali com vista para o rio Tâmisa, um desses lugares pequenos e aprazíveis que estampam caixas de chocolate. A casa da família era um pouco menor, mas de resto tudo permaneceu igual: marido e mulher levavam vidas separadas, e Richard tratava os filhos como resultados infelizes de um casamento que não parecia agradar nenhuma das partes, mas que ambos eram incapazes de romper por completo. Seus vizinhos, os Buddicom, tinham três filhos – Jacintha, Prosper e Guinever –, com quem Orwell logo fez amizade. Ele se apresentou plantando bananeira enquanto anunciava que "as pessoas prestam mais atenção em quem fica de ponta-cabeça do que em quem fica de pé". Jacintha, devidamente impressionada, tornou-se a primeira namorada de Orwell, embora ninguém que os conhecesse duvidasse da insistência por parte dela de que o relacionamento dos dois, que durou até o final da adolescência, era estritamente platônico. Mais tarde, ela lembrou que, embora Orwell sempre fosse divertido e ótima companhia, essa persona desaparecia na presença do pai dele. O jardim dos Buddicom era adjacente ao dos Blair e muito mais espaçoso, mas as brincadeiras de Orwell com seus novos companheiros costumavam ser abruptamente interrompidas pelo rosnado do pai, que o chamava por cima da cerca viva para o jantar ou para fazer o dever de casa. Richard, então, batia a porta com força, sem dar o menor indício de reconhecimento dos irmãos Buddicom como seres humanos, muito menos como os amigos mais próximos de seu filho.

Os Buddicom proporcionavam a Orwell um refúgio da atmosfera de animosidade fria que impregnava sua casa. Mais tarde ele admitiria que a mãe o tratara como o filho favorito, mas naquele tempo ela parecia mais preocupada em criar uma vida para si mesma, fora do alcance da figura austera do marido. Richard estava com cinquenta e poucos anos, mas se vestia e se comportava como alguém quinze anos mais velho, um homem atormentado por uma amargura introspectiva. Em Henley, Ida, sem muito rigor, havia desencorajado a socialização do filho com os filhos do encanador – embora mais extrovertida que o marido, ela ainda assim era esnobe –, mas quando Richard voltou da Índia, ele proibiu severamente o menino de falar com as crianças de classes mais baixas. Para Orwell, foi a primeira lição quanto aos estritos regulamentos da distinção de classe, uma forma muito inglesa de *apartheid* que o perturbaria pelo resto da vida. Os jovens com os quais ele tinha autorização para conviver eram uma "gangue" de meninos da classe média liderados por Humphrey Dakin, filho do médico da vizinhança. Eles pescavam, caçavam com armas de ar comprimido e construíam cabanas de índios na floresta nos arredores da cidade, mas as desesperadas tentativas de Orwell para se encaixar eram tolhidas por Dakin. Sua irritação provinha das tentativas frustradas de cortejar Marjorie, constantemente obstruídas pela recusa do irmão mais novo dela de sumir de cena. Em 1965, apesar da já estabelecida reputação de Orwell como um dos maiores romancistas da Grã-Bretanha, Dakin se lembrou dele como "o pequeno e terrível Eric", a criança irritante "cheia de 'ninguém me ama' e torrentes de lágrimas" (Shelden, p. 13). Na convivência com os jovens Buddicom, Orwell parecia finalmente ter encontrado um lar alternativo; no entanto, em 1915 o sr. Buddicom abandonou a família e fugiu para a Austrália com a amante. Devastados, os filhos começaram a tomar consciência do senso de isolamento de Orwell. Richard não tinha desaparecido, mas era como se estivesse em outro lugar. Durante as férias escolares, Eric e os três irmãos Buddicom criavam para si um mundo que marcaria a gênese das ambições literárias de Orwell. Aos oito anos de idade ele havia roubado um exemplar de *Viagens de Gulliver*, de Swift, e, embora ao longo dos cinco anos seguintes tenha se tornado um leitor voraz de Shakespeare, H.G. Wells, Poe, Dickens e Kipling, o clássico de Swift continuou sendo o seu favorito, um livro que ele releria continuamente durante as quatro décadas seguintes. Orwell achava a obra fascinante e viciante porque, ao mesmo tempo que desafiava a credulidade, Swift oferecia um apavorante reflexo de aspectos da humanidade que as pessoas preferiam ignorar. Ele lia trechos para Jacintha, e ambos consideravam Swift uma inspiração para seus próprios exercícios narrativos de histórias fantásticas. Muito mais tarde, no ensaio "Por que escrevo" (1946),* Orwell recorda seu tempo de convivência com Jacintha. "Eu tinha o hábito de menino solitário de inventar histórias e entabular conversas com pessoas imaginárias, e creio que desde o início minhas ambições literárias se embaralharam com o fato de me sentir isolado e subestimado." Em seu livro de memórias, *Eric & Us* [Eric e nós] (1974), Jacintha ainda parece perplexa com a amplitude e a extravagância da imaginação do amigo. Em várias ocasiões, Orwell especulava se as pessoas que eles viam nas ruas de Shiplake ou Henley seriam reais ou fantasmas. Ele parecia ir muito além da narração de histórias, propondo genuinamente a questão de que talvez fosse impossível distinguir entre seres humanos reais e figuras espectrais. "Na cidade, [ele dizia] que tantas [pessoas] eram estranhas que não tínhamos como saber se eram fantasmas ou não, já que andavam por aí como qualquer outra pessoa!" Às vezes, depois de brincarem de esconde-esconde no jardim da casa dos Buddicom, eles conversavam sobre desaparecimento e ocultação como um meio potencial de passar para o outro lado do mistério. "Como você pode ter certeza de que eu sou eu? [...] [quando] na verdade pode ser que eu tenha sido *possuído* pela sombra de uma sombra." (Shelden, p. 57).

Na lembrança de amigos da família Blair, Orwell era um menino relutante em socializar com outras crianças da classe média, uma figura tímida e retraída que, quando os Buddicom não estavam disponíveis, preferia passar o tempo com um amigo imaginário, a quem se referia como "Fronky".

A amizade de Orwell com o irmão de Jacintha, Prosper, não era imaginária, mas eles gostavam de escapulir para um mundo próprio. Adoravam pescar no Tâmisa, em um local acima de Shiplake que ficava longe das trilhas e era circundado por salgueiros, onde pareciam deixar para trás todo o restante da humanidade. Quando voltavam para o mundo, suas atividades sugeriam que pouco se importavam com o que pensavam deles. Na época, bicicletarias e lojas de ferragens podiam vender pólvora e armas de fogo básicas sem que

---

* "Why I Write". No Brasil, incluído em *Dentro da baleia e outros ensaios* (Tradução de José Antonio Arantes. São Paulo, Companhia das Letras, 2005); em Portugal, no volume *Por que escrevo e outros ensaios* (Tradução de Desidério Murcho. Lisboa, Antígona, 2008). (N. T.)

fosse necessário apresentar documentos, independentemente da idade ou intenção aparente do comprador. Orwell comprou seu primeiro "rifle de *saloon*" aos dez anos de idade. Era uma espingarda "de alma lisa", ou seja, com o cano totalmente liso por dentro, e de tiro único, mas bastante capaz de matar um ser humano a até trinta passos de distância. Ele e Prosper levavam a arma nas expedições de pesca, e em casa se divertiam até quase provocar uma tragédia com seu considerável estoque de pólvora. Na cozinha dos Buddicom, usaram panelas velhas, frigideiras e canos usados para construir um alambique de uísque, e presumiram que poderiam acelerar o processo de destilação espalhando pólvora por toda a grelha do fogão. A previsível explosão resultante chamuscou as sobrancelhas de ambos e enegreceu suas roupas. Fascinados pelo poder do novo brinquedo, enfiaram o pó em sacos de pano, que arremessaram nas chamas de uma fogueira no jardim. Os vizinhos se perguntaram se os alemães tinham iniciado uma invasão.

No jardim da casa dos Blair, Orwell montou algo parecido com uma comuna particular. Ninguém sabia ao certo de onde tinham vindo as galinhas e a cabra, mas o menino cuidava delas com dedicação durante as férias escolares, e fez a criada da casa prometer que assumiria os cuidados durante sua ausência. Além de cuidar de seus animais, Orwell cultivava sua própria horta de batatas, nabos, couves e cenouras, como meio de pagar pela ajuda da criada. O pai de Orwell, de maneira deliberada ou não, adotou uma postura de alheamento, enquanto a mãe do menino continuava levando sua própria vida, tratando com benévola tolerância as atividades do filho. Durante os anos na escola preparatória, Orwell escrevia cartas apenas para a mãe, e em momento algum, em nenhuma delas, mencionava o pai.

Desde 1911, Orwell frequentava a Escola Preparatória São Cipriano,[*] em Eastbourne, fundada em 1899 por Lewis Wilkes e sua esposa, Cicely, ambos na faixa dos vinte anos à época. No começo, eles usaram uma grande casa suburbana e outras propriedades alugadas, mas em 1906 a instituição já era suficientemente lucrativa, passando a ser abrigada em novas instalações construídas para esse propósito, com extensos campos esportivos no que outrora haviam sido campinas agrícolas.

---

* A São Cipriano era uma escola preparatória (equivalente ao Ensino Fundamental) para a *public school*, que, ao contrário do que o nome sugere, na Inglaterra é uma escola privada de Ensino Médio frequentada pela elite, com elevados custos para o aluno, e em geral mantida por doações. (N. T.)

O modelo educacional baseava-se no regime de Thomas Arnold, da Escola de Rugby, em Warwickshire. O avanço intelectual era visto como uma conveniência necessária. Os Wilkes queriam que seus alunos obtivessem vagas nos melhores colégios de Ensino Médio de elite, de preferência no Eton ou na Harrow School, e depois seguissem para Oxford ou Cambridge: uma esteira rolante para posições de poder na nação e no Império. O pensamento especulativo e o questionamento das verdades ortodoxas não eram tolerados. Essas atividades contrariavam o espírito do Cristianismo Muscular que moldava os princípios da escola: inflexibilidade moral, integridade e força de caráter.

O edifício principal foi destruído por um incêndio em 1939, e a São Cipriano mudou-se para West Sussex, mas o número de alunos matriculados começou a minguar, e dezoito meses depois a instituição de ensino fechou. Recordações da escola são encontradas em relatos autobiográficos de vários ex-alunos ilustres, porém o memorial mais duradouro é um mordaz ensaio de Orwell intitulado "Tamanhas eram as alegrias",* redigido durante a década de 1940, mas publicado apenas em 1952, dois anos após sua morte. O editor de Orwell, Fredric Warburg, disse que o texto era potencialmente difamatório e que, mesmo que os nomes dos Wilkes tivessem sido alterados, haveria evidências suficientes para que eles entrassem com um processo judicial.

É costume enaltecer Orwell pela simplicidade de sua prosa, e, embora ele detestasse extravagâncias estilísticas, devemos pensar duas vezes antes de tratá-lo mais como artesão do que como artista. "Tamanhas eram as alegrias" é uma obra-prima; o uso do gradual acúmulo de detalhes para criar uma imagem nitidamente grotesca é o equivalente literário de Brueghel. Ele nos apresenta algumas "boas lembranças": os mergulhos no mar além dos campos esportivos, caminhadas ao longo desses mesmos campos no início do verão, quando o bom tempo permitia, ou o desfrutar de uma hora de leitura tranquila no dormitório iluminado pelo sol. Mas, ato contínuo, ele registra:

> [...] havia as tigelas de estanho em que tomávamos nosso mingau [...] em cujas bordas acumulavam-se restos azedos de mingau, que podiam ser retirados em pedaços compridos. O mingau em si

---

* Publicado no Brasil no volume *Como morrem os pobres e outros ensaios* (Tradução de Pedro Maia Soares. São Paulo, Companhia das Letras, 2011). O título original do ensaio é "Such, Such Were the Joys", verso do poema "The Echoing Green", de William Blake. (N. T.)

também continha mais grumos, fios de cabelo e inexplicáveis coisas pretas do que qualquer um julgaria possível, a menos que alguém os tivesse colocado lá de propósito. Nunca era seguro começar a tomar aquele mingau sem investigá-lo primeiro.

Em seguida, vemos também a água lodosa do banho de imersão, em que "certa vez vi flutuando um pedaço de excremento humano", as toalhas sempre úmidas com o "cheiro de queijo"; as pias gordurosas dos vestiários, diante das quais se estendia uma fileira de "reservados imundos e caindo aos pedaços", e nenhum deles tinha porta, de modo que "quando você estava lá, sempre entrava alguém".

> Não é fácil para mim pensar em meus dias de escola sem ter a impressão de inalar um bafejo de algo frio e fétido – uma espécie de composto de meias suarentas, toalhas sujas, cheiros fecais soprando ao longo de corredores, garfos com restos de comida velha presos nos dentes, ensopado de pescoço de carneiro [...] o eco dos penicos nos dormitórios.

Quando escreveu isso, Orwell já havia testemunhado coisas muito piores em termos de degradação humana em Lancashire, Yorkshire, Paris e Espanha; entretanto, dá especial ênfase à imundície trivial da São Cipriano porque, como ele mostra com sutileza, dor e humilhação eram as principais características do programa de fortalecimento moral do casal Wilkes. Nunca saberemos se ele se lembrava autenticamente das punições verbais infligidas aos alunos por Cicely, ou "Flip" [Pancadinha], como os meninos se referiam a ela, e seu marido Lewis, apelidado de "Sambo" [Mulato]. Contudo, em termos de nuances e cadência, eles parecem ser dois dos sádicos mais repulsivos da história da literatura. Orwell não estava apenas se vingando de um casal que arruinou grande parte de sua infância. Além disso, estava colocando em pratos limpos o funcionamento do sistema que os Wilkes personificavam, que em larga medida permaneceu inalterado na década de 1940 e perdura, de modo muito mais higienizado, na Grã-Bretanha de 2019. Cagalhões flutuantes não costumam aparecer com destaque nos suplementos educacionais magnificamente ilustrados que a revista semanal *The Spectator* dedica às escolas preparatórias e colégios particulares e públicos, mas ainda é possível detectar a promessa dos Wilkes de avanço acadêmico baseado na disciplina.

De variadas formas, os contemporâneos próximos de Orwell na São Cipriano questionaram o retrato que ele fez da escola e dos proprietários. Em sua biografia de *Sir* Cecil Beaton *[fotógrafo e designer]*, Hugo Vickers cita que seu biografado descrevera o relato de Orwell como "hilariantemente divertido, mas exagerado". Beaton, segundo Vickers, alega nunca ter visto fezes no banho e sugere que as outras histórias de Orwell ambientadas na escola são errôneas. Beaton tampouco se impressionou com os escritos posteriores de Orwell, concluindo que "Orwell fetichizava a sordidez e gostava de tirar proveito do horror das condições de vida dos mineiros, ou explorava as mazelas dos miseráveis em qualquer cidade do mundo". Em outras palavras, Orwell era um escritor de classe média que aliviava a própria consciência se autoflagelando e vivendo na pobreza. Mas é claro que, sendo um rematado esnobe e alpinista social, Beaton diria isso.

O amigo mais próximo de Orwell na escola era Cyril Connolly *[escritor e jornalista]*, e até ele expressou desconforto com a representação que o ex-colega fez do lugar como um instituto correcional da elite. No entanto, Connolly, ainda que inadvertidamente, fornece evidências de que o Orwell adolescente odiava a escola com a mesma veemência do Orwell escritor de meia-idade. Em junho de 1916, "Flip" Wilkes pediu aos meninos que compusessem um poema em memória do marechal de campo Kitchener de Cartum *[lorde Horatio Herbert Kitchener, nascido em 1850]*, que havia morrido no começo do mês. Dos cinquenta textos apresentados, o de Connolly ficou em terceiro lugar, enquanto o de Orwell, intitulado "Kitchener", vinha um pouco atrás, em oitavo. No entanto, o poema de Orwell foi o único a ser publicado, aparecendo em 21 de julho nas páginas do jornal *Henley and South Oxfordshire Standard*. A estrofe de abertura é a seguinte:

> Nenhuma lápide marca a perda da nação em luto,
> nenhum túmulo imponente consagra seus feitos.
> Nem sequer uma cruz de madeira em tributo
> assinala o descanso deste herói de nobre peito.

O fato de que o corpo de Kitchener jamais foi recuperado do mar do Norte* pode levar um leitor indelicado a considerar o poema como uma

---

* Em 5 de junho de 1916, Kitchener estava a bordo do *HMS Hampshire*, em viagem oficial a caminho da Rússia, quando a embarcação foi atingida por uma mina alemã e afundou, a cerca de 2,4 quilômetros das ilhas Órcades, na costa da Escócia. Kitchener estava entre os 737 passageiros que morreram no incidente. (N. T.)

declaração de mórbida obviedade. Todavia, à medida que avançamos na leitura, também começamos a detectar, se não uma nota de ironia completa, pelo menos uma desrespeitosa ambiguidade na expressão de perda do jovem poeta. A estrofe final começa com "Quem segue seus passos de perigo nenhum se esquiva", o que poderia ser uma sugestão de que o sucessor de Kitchener talvez não se sentisse tão contente de "se esquivar" do hediondo destino daqueles que ele encorajara a servir na Frente Ocidental. Os três versos a seguir são intrigantes:

> Tampouco se rebaixa para conquistar por ação vergonhosa;
> ele comanda uma raça honesta e altruísta,
> liberta do temor e da maldade odiosa.

She Stoops to Conquer [Ela se rebaixa para conquistar], de *[Oliver]* Goldsmith, é uma comédia clássica em que uma mulher engana a irmã fingindo ser outra pessoa. Estaria o menino de treze anos de idade sugerindo que a campanha de recrutamento de Kitchener, norteada pela propaganda, era um tanto hipócrita? Talvez a "raça honesta e altruísta" fosse composta pelos pobres voluntários que Kitchener ludibriou; não nos esqueçamos de que, até sua morte, o marechal de campo efetivamente "comandou" a guerra de propaganda. A morte, aparentemente, o "libertou" do "temor e da maldade", emoções que ele talvez tenha instigado em um povo que começava a se cansar do número de mortes na guerra, que parecia ilimitado. Menos de dois anos antes, pouco depois de se matricular na São Cipriano, Orwell teve seu primeiro poema publicado no mesmo jornal *Henley and South Oxfordshire Standard*. Intitulado "Awake! Young Men of England!" [Jovens da Inglaterra, despertai!], o poema parece, na superfície, ser outro hino ao patriotismo abnegado, mas a menos que Orwell e o editor do jornal estivessem cegos para palavras de duplo sentido, o leitor é obrigado a parar para pensar:

> Oh! pensem no punho encouraçado do senhor da guerra,
> que golpeia a Inglaterra agora;
> e pensem nas vidas que nossos soldados no ar, no mar e na terra
> destemidamente jogam fora.

O poeta Wilfred Owen só abriria seu "Anthem for Doomed Youth" [Hino a uma juventude condenada] com o verso "Que sinos de finados dobrarão aos que morrem qual gado?" em 1917, mas a pergunta está assustadoramente prenunciada na imagem dos soldados que "destemidamente jogam fora" sua vida.

Os céticos podem julgar ridícula a ideia de uma versão pré-adolescente de Bertrand Russell – expulso do Trinity College de Cambridge e preso por sua oposição à guerra –, mas Cyril Connolly nos dá razão para pensar de outra forma. O trecho a seguir é do livro *Enemies of Promise* [Inimigos da Promessa], de Connolly (1938):

> Eu era um rebelde de fachada, Orwell era legítimo [...] ele era um daqueles garotos que parecem ter nascido velhos [...] sozinho entre os meninos, ele era um intelectual e não um papagaio, pois pensava por conta própria [...] e rejeitava não apenas [a São Cipriano], mas a guerra, o Império, Kipling, Sussex [onde ficavam a casa de Kipling e São Cipriano] e o Caráter.
>
> "É claro que você sabe, Connolly", disse Orwell, "que, não importa quem for o vencedor desta guerra, sairemos dela como uma nação de segunda categoria."

Connolly conta em seguida como seu amigo o apresentou ao conto "O país dos cegos", de H.G. Wells, a história de um explorador que descobre nos Andes um reino em que todos os cidadãos são cegos e, por consequência, acreditam que a cegueira é superior à visão, especialmente para aqueles que os governam. Os dois meninos consideraram que o conto era uma analogia apropriada para a situação da Grã-Bretanha em guerra em 1916. A expressão "leões liderados por burros" estava se tornando um lugar-comum entre as insatisfeitas tropas na frente de batalha. Connolly e Orwell gostavam também de *Sinister Street* [Rua sinistra], de Compton Mackenzie, em que o personagem Michael Fane passa pela experiência da escola preparatória e do colégio de Ensino Médio de elite seguidos por Oxford, jornada que os próprios meninos provavelmente percorreriam. Mas Mackenzie (que frequentara a Escola St. Paul e o Magdalen College, de Oxford) dá uma guinada no ideal do "Caráter" íntegro e de moral ilibada que seria formado por essas instituições, uma vez que Fane se torna um mulherengo e se entrega à sodomia e ao mais sórdido hedonismo.

"Flip" Wilkes adotava uma política de atribuir notas aos alunos de acordo com as leituras de sua preferência, para além dos conteúdos da grade curricular, e Orwell sentiu especial prazer em anunciar sua predileção por *Sinister Street*, livro banido das bibliotecas desde sua publicação em 1914. O gosto literário de Orwell lhe rendeu uma nota zero e uma repreensão pública por conivência com a degeneração.

Embora odiasse a escola e tudo o que ela representava, Orwell se destacou pelo excelente desempenho acadêmico. Em 1916, a São Cipriano contratou um membro do colegiado do All Souls College, de Oxford, para avaliar quatro exames principais da escola, e em grego, latim, francês e inglês Connolly e Orwell disputaram o primeiro e o segundo lugares. Os dois eram os melhores alunos da escola, e Orwell, acompanhado por "Sambo" Wilkes, foi ao Eton prestar o exame para a bolsa de estudos. A provação durou dois dias e meio e envolveu uma avaliação oral de três horas conduzida pelo reitor, o vice-reitor, o diretor, o mestre-escola supervisor do internato e seis membros do colegiado do Eton, representando as várias áreas disciplinares da instituição. Orwell foi aprovado, mas como não havia bolsas de estudo disponíveis naquele ano, passou os doze meses subsequentes em uma espécie de limbo no Wellington College, colégio de Ensino Médio de elite cuja reputação era razoável, mas evidentemente uma sala de espera para o muito mais prestigioso Eton.

No dia em que foi embora da São Cipriano, Orwell usou sua gravata de ex-aluno mais como um anúncio de sua fuga do local do que como um reconhecimento de qualquer dívida com a escola. Foi na semana anterior ao Natal de 1916, e ele respeitou a convenção visitando "Flip" Wilkes para dizer adeus; mais tarde, comentou que preferia ter ido diretamente para a estação ferroviária, sem um breve encontro sequer com aquela pessoa "desprezível". Orwell escreveu que o "sorriso de despedida" de Flip parecia dizer: "Sabemos que você duvida de tudo o que lhe ensinamos, e sabemos que você não sente um pingo de gratidão por tudo o que fizemos por você".

> Como eu estava feliz naquela manhã de inverno, enquanto o trem me levava embora [...] O mundo se abria à minha frente, só um pouco, feito um céu cinzento que exibe uma estreita nesga de azul.

Orwell nunca mais visitou a escola, tampouco Eastbourne.

ETON

oje, 7% da população do Reino Unido estuda, ou estudou, em uma escola particular, e essas instituições, como a São Cipriano em sua época, são uma parte essencial do competitivo setor empresarial; como empresas individuais que visam ao lucro, superam funerárias e dentistas. Os mais antigos e tradicionais colégios de Ensino Médio de elite – em especial as instituições de mais alto nível, como Eton, Harrow e Winchester – atendem a menos de 3% da população, mas seus ex-alunos representam mais de um terço dos membros da Câmara dos Comuns, assim como 74% dos juízes federais mais conceituados, 72% dos oficiais de alta patente das Forças Armadas, 68% dos ganhadores do Oscar, 42% do Russell Group* e dos vice-reitores de Oxbridge (cruzamento vocabular de "Oxford" e "Cambridge", as duas mais antigas e proeminentes universidades do Reino Unido) e 49% dos capitães de indústria, empresários e empresárias que encabeçam a lista, publicada pelo jornal *The Sunday Times*, das maiores fortunas da Grã-Bretanha.

Orwell, em *O caminho para Wigan Pier*, refletiu sobre o tempo, poucos anos antes da Primeira Guerra Mundial, em que as escolas preparatórias e os colégios de Ensino Médio de elite viam-se como antessalas para uma vida de privilégios ilimitados. Eles condicionavam os filhos e filhas da classe alta para vidas de mimos e graciosa indulgência – estávamos na era eduardiana –,

---

* Fundado em 1994, trata-se de um grupo seleto que reúne as melhores, mais antigas e prestigiadas instituições de Ensino Superior do Reino Unido. Além de Oxford e Cambridge, essa elite educacional britânica inclui a London School of Economics e a Universidade de Leeds, por exemplo. (N. T.)

assegurando que esses jovens sortudos lidassem de maneira adequadamente civilizada com seu legado de regalias e direitos adquiridos. No momento em que escreveu "Tamanhas eram as alegrias", Orwell se sentia confiante de que festejaria a morte dessa conspiração de exclusões, por meio da qual o sistema de ensino privado e as classes altas garantiam que os proletários nem sequer tivessem condições de se comportar como a elite dominante, muito menos de serem convidados para a festa. O governo Trabalhista do pós-guerra daria um fim a isso. Como Orwell era ingênuo.

Em *O caminho para Wigan Pier*, ele escreveu acerca do Eton:

> Creio que não haja lugar no mundo onde o esnobismo seja tão onipresente, nem cultivado de tantas formas refinadas e sutis, como num colégio de Ensino Médio de elite inglês. Nesse sentido, pelo menos não se pode dizer que a "educação" inglesa não cumpre seu papel. Você esquece o latim e o grego poucos meses depois de sair da escola – estudei grego durante oito ou dez anos e agora, aos trinta e três, não sou sequer capaz de repetir o alfabeto grego –, mas o esnobismo, a menos que seja arrancado pela raiz com toda a persistência, feito a erva daninha que ele na verdade é, gruda em você e o acompanha até o túmulo.

O tratamento que Orwell dá ao Eton mostra que o colégio teve um efeito maligno e inerradicável em seu caráter, e o trecho a seguir é fundamentado em sua convicção de que, em pouco tempo, outros não passariam mais por tal deformação:

> [...] acredito que existe alguma esperança de que, quando o socialismo for uma questão viva, algo genuinamente importante para um grande contingente de cidadãos ingleses, as dificuldades de classe [legitimadas pelo sistema de ensino privado] talvez possam se resolver mais depressa do que agora parece concebível.

Isso foi escrito em 1937, e uma década depois – após o trauma de quase ter sido derrotada pelos nazistas – a Inglaterra elegeu algo próximo de um governo socialista, mas avancemos mais de setenta anos além da vitória Trabalhista do pós-guerra. Uma pessoa específica vem à mente pela apresentação que Orwell faz do ensino obsessivo do latim e do grego como um símbolo de exclusividade do colégio de elite inglês, permitindo ao aluno alegar superioridade, apesar de não representar ganho prático algum. Essa pessoa é obviamente o político-sem-sobrenome: Boris. Nos últimos tempos ele até se tornou um pouco mais amigo das multidões; porém, antes, em suas colunas no jornal *The Daily Telegraph* e em outros órgãos da imprensa, em seus discursos na Câmara dos Comuns, nas campanhas políticas e entrevistas, Johnson fazia questão de nos lembrar que possuía uma habilidade que a maioria de nós jamais chegará a dominar. Ele é capaz de enriquecer suas banalidades e sua retórica rasa com o pó de pirlimpimpim de uma língua morta.

Existem paralelos intrigantes entre as experiências de Johnson e Orwell no Eton, ao qual ambos chegaram aos treze anos. Johnson logo se tornou secretário da sociedade de debates e editor do jornal do colégio, e aos dezessete anos passou a integrar a exclusiva Eton Society, uma elite dentro da elite, cujos membros têm autorização para usar coletes multicoloridos e calças com estampa *pied-de-poule*, em vez do preto e risca de giz do restante da escola. Os membros dessa sociedade são conhecidos como *poppers*, monitores autonomeados que supervisionam os meninos na capela e em outras reuniões formais, impondo a disciplina de maneiras que muitas vezes parecem arbitrárias. Existe uma aceitação tácita de que os *poppers* podem se comportar como bem quiserem, incluindo favoritismo nepotista uns pelos outros, durante seus anos escolares e depois disso.

Orwell também entrou no Eton como parte de uma elite dentro da elite. Chegou em 1917 como um dos setenta King's Scholars [Bolsistas do Rei], ou *collegers*. Connolly os descreveu como uma espécie de ordem monástica, comportando-se de uma maneira que era tão formal, hierárquica e ritualística quanto a corte espanhola no tempo de Velázquez. Eles residiam em uma casa apartada do colégio, parcialmente vitoriana, parcialmente Tudor. Eram, em certa medida, uma sociedade à parte, com suas próprias convenções e práticas, pelas quais zelavam como símbolo de sua separação do restante do Eton, que na época contava com cerca de mil alunos.

Orwell, junto com os colegas etonianos Roger Mynors e Denys King-Farlow, criou o primeiro jornal independente da escola, inicialmente chamado *Election Times* [Tempos de eleição] – em referência ao sistema eleitoral interno pelo qual os *collegers* estabeleciam sua própria estrutura hierárquica. Era um impresso rudimentar, escrito à mão, vendido exclusivamente para outros *collegers* por um centavo, e que em 1920 deu lugar ao *College Days* [Dias de colégio], impresso por uma gráfica profissional, vendido para todos os alunos do Eton e, graças ao apelo esnobe, também comercializado por bancas de jornais locais. O jornal estampava anúncios pagos de marcas como o sabonete Pears e o sal de frutas Eno, entre outras. Orwell era um colaborador regular, e King-Farlow mais tarde afirmou que ele e seus parceiros lucraram cerca de 100 libras com as vendas dos exemplares de 1920.

No entanto, embora Johnson e Orwell pareçam ambos ter aproveitado em benefício próprio as oportunidades oferecidas por essa assembleia dos eleitos, olhe mais de perto e você verá que as semelhanças óbvias entre eles começam a desmoronar.

Os *poppers* beiram a paródia do colégio que representam e da sociedade que seus membros policiarão e dominarão depois de irem embora. Eles são descarada e abertamente corruptos em termos de reservar cargos e lugares especiais para aqueles que, eles supõem, os recompensarão no futuro, ou a quem devem favores. São um microcosmo da infraestrutura que regula e efetivamente governa a Inglaterra, da hierarquia política, passando pelo Judiciário, até as artes e a mídia. Johnson tinha plena consciência disso quando deu o primeiro passo em direção ao que ele esperava ser o poder máximo, e enquanto este livro ia para o prelo, ele se tornou o líder do Partido Conservador [*os conservadores britânicos são conhecidos como "tories"*] e primeiro-ministro, carregando consigo para o gabinete aqueles cujos votos comprara durante a etapa na Câmara dos Comuns da eleição para a liderança do partido. Da mesma forma, o papel como secretário da sociedade de debates no Eton foi um ensaio para a presidência da Oxford Union [*fundada em 1823, é uma sociedade de debates e associação de alunos da Universidade de Oxford*], o viveiro para as ferrenhas trocas de farpas retóricas da Câmara dos Comuns, em que o som, a fúria e a saliva substituem qualquer coisa parecida com transparência ou expressão da verdade. Quando assumiu a editoria do jornal do colégio, Boris Johnson o fez com um olho nos órgãos da propaganda tóri. Atuou como editor da revista *The Spectator* e escreve uma coluna semanal para o jornal *The Daily Telegraph*, agora regularmente referido como "Daily Borisgraph". É evidente que o Leviatã adolescente mudou pouco durante sua jornada para a meia-idade. A insistência em que a suspensão do Parlamento nada tinha a ver com o Brexit – repetindo isso com um sorriso ardiloso – e o vício em ser dissimulado, tanto durante as sessões de perguntas dos parlamentares ao primeiro-ministro como nos discursos que profere de uma ponta à outra do país, demonstram a expectativa de que seus ouvintes compartilhem do desrespeito pela transparência.

Na escola que educou Johnson, havia, ainda há, uma conspiração dos privilegiados. As mentiras são uma dádiva da elite, e todos os demais têm que aturar uma conspiração da inverdade. Hoje, o Eton se assemelha ao campo de treinamento para o Partido Interno de *1984*, uma assembleia de figuras que, por nenhuma outra razão além do *pertencimento*, parecem capazes de controlar nosso destino. As contingências do Referendo de 2016 sobre a permanência do Reino Unido na União Europeia (UE) deixarão na sociedade inglesa, por toda uma geração, uma marca indelével, e o que temos pela frente foi engendrado exclusivamente, embora às vezes de maneira desditosa, por egressos do Eton. David Cameron *[primeiro-ministro do Reino Unido de 2010 a 2016]* iniciou o Referendo, mas não por achar que os descontentes com a UE deveriam ter permissão para falar por si. Ele subestimou o resultado e quis, na vitória, amordaçar os extremistas fanáticos e os "loucos varridos" do Partido da Independência do Reino Unido [UKIP, na sigla em inglês] que ameaçaram o domínio tóri sobre o eleitorado. Cameron interpretou mal o estado de ânimo do país, mas Johnson observou entre os eleitores uma tendência a aceitar o autoengano e a mentira. Jacob Rees-Mogg, líder do Grupo Europeu de Pesquisa *[ERG, na sigla em inglês, braço de pesquisa do Partido Conservador]*, era aliado do UKIP no Partido Tóri e garantiu que Theresa May *[primeira-ministra do Reino Unido e líder do Partido Conservador de 2016 a 2019]* fracassaria na tentativa de obter um acordo de saída relativamente misericordioso na Câmara dos Comuns. Ao se tornar primeiro-ministro, Johnson levou Rees-Mogg para o gabinete como líder da Câmara dos Comuns. Sua primeira iniciativa foi emitir para todos os subordinados um código de conduta em relação a comportamento linguístico inadequado. O mau uso da gramática parecia a Rees-Mogg o equivalente verbal de usar gravata preta antes das seis da tarde. O emprego de "esperançosamente" como advérbio foi proibido, apesar de ser um lugar-comum desde o século XVII, e, embora ele não tenha condenado os transgressores a espancamentos públicos, ainda era o começo. Em março de 2019, um homem do Eton, *Sir* Oliver Letwin, apresentou uma emenda ampliando o poder dos membros do Parlamento de tomar decisões no lugar do Executivo; ele chegou perto, mas fracassou. Durante a coroação de Johnson no processo de escolha do líder do Partido Conservador, a única pessoa capaz de fazer com que os membros do partido ficassem em dúvida era outro veterano do Eton, Rory Stewart, cativamente excêntrico e às vezes realista, mas fadado à extinção por seu tempestuoso rival etoniano.

O stalinismo foi muito mais horrível do que qualquer coisa que somos chamados a enfrentar hoje, mas, embora os etonianos não nos despachem para campos de trabalhos forçados, eles efetivamente dirigem a vida dos ingleses. O Eton parece incitar a soberania devassa, que vai inclusive além da política. O *chef*-celebridade Hugh Fearnley-Whittingstall não escolheu Westminster como sua rota para o poder, mas mostrou uma tendência quase colonialista de possuir, comandar ou – mais sutilmente – exigir respeito de lugares e pessoas. A escola de culinária River Cottage é a sua oligarquia, algo que ele transformou e aprimorou, e seus vizinhos parecidos com proletários parecem devidamente gratos.

Orwell pagou suas dívidas à fechada sociedade hierárquica do Eton, enquanto ao mesmo tempo subvertia e zombava de tudo o que ela representava. Conforme a tradição, os alunos recém-chegados ao *sixth form** deveriam recitar um trecho de uma obra literária, geralmente um poema, que evocasse seu senso de otimismo e coragem no momento em que ingressavam na fase final do estimado colégio. De maneira típica, seus colegas escolheram "Ulysses" de Tennyson e "The Scholar Gypsy" [O acadêmico cigano], de Matthew Arnold. Orwell recitou uma longa passagem de *O clube dos suicidas*, novela de Robert Louis Stevenson. A revista *Eton College Chronicle* ficou impressionada com sua declamação, mas parecia um pouco relutante em fazer comentários sobre a adequação da obra. O clube epônimo é um grupo secreto formado por aristocratas e endinheirados. O suicídio não é um ato que seus membros costumam cometer voluntariamente, mas cada um deles parece ter ciência de que uma organização que envolve pelo menos a probabilidade de morte autoinfligida é de alguma forma apropriada a seu estilo de vida e posição social. Orwell deve ter demorado um bocado de tempo para escolher uma obra que, pelo menos para ele, parecesse tão adequada ao clube do qual ele agora era membro. Um dos contemporâneos de Orwell no Eton era *Sir* Steven Runciman, aristocrata que se tornaria um ilustre historiador. Muitos anos mais tarde, ao relembrar o tempo em que conviveram no colégio, ele apresenta Orwell como alguém que considerava intrigante, mas que nunca conheceu de verdade.

---

* O *sixth form* representava os dois últimos anos escolares, com alunos entre dezesseis e dezoito anos. (N. T.)

Eric [tinha] uma personalidade muito interessante. Eu gostava da companhia dele. Sua mente funcionava de maneiras bastante diferentes, suas reações eram diferentes das dos estudantes comuns [...] ele adorava exibir seu conhecimento, especialmente aos professores, que ficaram um pouco chocados de encontrar alguém tão bem versado em leitura.

Mas ao mesmo tempo: "Ele era um menino curioso. Na verdade, não *gostava* de outras pessoas. Gostava do lado intelectual delas, de ter alguém com quem conversar, mas a noção de amigos realmente não significava nada para ele" (Meyers, 2000, p. 35). A opinião de Runciman de que "na verdade, ele não *gostava* de outras pessoas" deve ser encarada em contexto, uma vez que as "outras pessoas" de que Orwell aparentemente não gostava eram seus companheiros do Eton.

Cyril Connolly e Orwell haviam formado uma aliança de moderada rebeldia na São Cipriano, mas, em *Enemies of Promise*, Connolly sugere que no Eton ele começou a detectar algo desagradável em seu antigo amigo. Afirmou que Orwell era resolutamente "distante" e reservado, e que estava "sempre fazendo comentários desdenhosos sobre 'Eles' – conceito marxista-shaviano que incluía os professores, bolsistas do internato, a Igreja e os velhos reacionários".

Orwell recebia os alunos novatos com perguntas aparentemente gentis e carinhosas sobre sua fé religiosa: "Cirenaico, cético, epicurista, cínico, neoplatônico, confucionista ou zoroastrista?". Intrigados por esse catálogo de obscuras e extintas vocações, os jovens, ou a maioria deles, aferravam-se ao credo que Orwell havia deixado de fora: "Cristão!". Ao que ele respondia: "Oh, essa aí nós nunca tivemos aqui antes". Alguns podem ver isso como humor absurdo, mas evidências sugerem que era parte do desdenhoso ataque de Orwell à preguiça intelectual do *establishment* cristão. Ele disse a um amigo que

há pelo menos seis membros do corpo docente [clérigos] que levam uma vida muito boa explorando comercialmente a crucificação. Gera mais de 2 mil libras por ano entre eles [...] creio que deve ser o evento mais lucrativo na história – e todos eles precisam falar como se desejassem que jamais tivesse acontecido (Meyers, 2000, p. 34).

Entre o corpo docente, a contraparte de Orwell como um forasteiro era Aldous Huxley, até então inédito como escritor. Em seu segundo romance, *Ronda grotesca* (1923),* Huxley fala de seu desespero em lecionar num colégio de elite, uma mal disfarçada versão do Eton. A turma de alunos arrogantes e agressivos o intimida e considera um sinal de fraqueza sua disposição para encampar ideias heterodoxas. *Sir* Steven Runciman lembrou que "ele ficava lá, parecendo um mártir, mas ao mesmo tempo extraordinariamente notável". Segundo Runciman, o único aluno que ia na contramão da tendência de humilhá-lo e depreciá-lo – fazendo um exercício do poder pela tirania da multidão – era Orwell, que gostava do "uso que Huxley fazia das *palavras*, das frases e expressões que ele usava, e esse era o tipo de coisa que Eric Blair realmente apreciava [...] ele preferia defender Huxley porque o achava interessante" e, como ele mesmo poderia ter dito, o reconheceu como um companheiro desajustado.

Após a divulgação da chamada "lista de Orwell" ao jornal *The Independent* em 1996, tornou-se um lugar-comum entre leitores esquerdistas e politicamente corretos tratá-lo como homofóbico. Há um punhado de ocasiões, em cartas e conversas, nas quais Orwell se referia a indivíduos com termos desfavoráveis, como "bichinhas", "maricas" ou "efeminados", especialmente os poetas Stephen Spender e W. H. Auden. Em 1949, a bela Celia Kirwan, amiga a quem ele certa feita propusera casamento, pediu que Orwell elaborasse uma "lista" de pessoas que ele conhecia, ou das quais soubesse por ouvir dizer, que talvez pudessem ser solidárias com Stálin e à URSS. Kirwan trabalhava para o Departamento de Pesquisa da Informação [IRD, na sigla em inglês], parte do Ministério das Relações Exteriores britânico, órgão secreto de informação criado pelo governo Trabalhista para monitorar e combater propaganda pró-soviética. Juntamente com os nomes da lista, Orwell anexou comentários muito breves explicando por que os havia citado, e vários desses nomes, incluindo Spender e o político Tom Driberg, estavam presentes por causa de suas tendências homossexuais. Alguns comentaristas, incluindo *[o jornalista]* Paul Foot, *[o historiador]* Richard Gott e *[o jornalista político]* Alexander Cockburn, trataram a lista como prova de que, na meia-idade, Orwell tornara-se "macarthista" e "intolerante", especialmente

---

* Edição brasileira: *Ronda grotesca* (Tradução de Moacir Werneck de Castro. Rio de Janeiro, Globo, 1948). (N. T.)

com relação à suposta implicação de que a homossexualidade predispunha os homens à traição e ao extremismo de esquerda. Timothy Garton Ash *[professor da Universidade de Oxford]* o defendeu, embora sem muito entusiasmo, sugerindo que a homossexualidade, ilegal em 1949, poderia ter sido usada pelos agentes russos como meio de chantagear seus simpatizantes. É preciso assinalar que o objetivo da lista era aconselhar o IRD sobre quais pessoas seriam confiáveis para redigir artigos, patrocinados pelo governo, sobre o que em breve seria a Guerra Fria; que o IRD não era um ramo do MI5 ou MI6 e que as pessoas cujo nome Orwell apontou não corriam risco algum de ser monitoradas por serviços de segurança. Elas simplesmente não seriam levadas em consideração como potenciais propagandistas pró-governo. No entanto, desde a divulgação da lista, houve um consenso geral de que, embora talvez não fosse um homofóbico radical, Orwell nutria alguns dos preconceitos imponderados que eram o padrão para homens brancos de classe média nascidos na era eduardiana.

Menciono isso porque tanto seus defensores quanto seus detratores nos induzem ao erro, conforme demonstra uma série de incidentes ocorridos durante os anos de Orwell no Eton. Connolly se casaria com Jean Bakewell, mas não fazia segredo de suas relações homossexuais, tanto as pregressas quanto as em andamento. Se ele era bissexual ou se Bakewell, um pouco mais abastada, lhe propiciava a oportunidade para manter o estilo de vida itinerante e hedonista continua sendo motivo de especulação. No Eton, Connolly teve casos com vários rapazes, um deles em 1920, Christopher Eastwood, de catorze anos de idade. Orwell escreveu a Connolly afirmando que ele também se sentia bastante atraído por esse garoto, três anos mais novo. A carta não existe mais, mas Connolly a citou literalmente em uma missiva sua a T. E. Beddard. Os biógrafos trataram o relato de Connolly à maneira do elefante na sala – existe, mas preferimos não comentar a respeito –, pela simples razão de que é algo inexplicável. Nunca antes disso, nem nunca depois, Orwell revelou ou demonstrou atração por homens, e é ridículo imaginar que ao longo de três décadas depois de sair do Eton ele continuasse devotadamente dentro do armário. A carta revela muito, mas não por causa do conteúdo, e sim pela forma. Connolly era brilhante, mas Orwell o superava de maneira espetacular, e a suposição do primeiro, na carta a Beddard, de que o amigo estava tentando roubar seu jovem amante, é prova de suas egocêntricas limitações intelectuais. Ao longo da carta, conforme citada por Connolly, Orwell se refere a ele como um "proprietário", e é perceptível – ainda que aparentemente não para Connolly – que Orwell estava se travestindo, fazendo uma caricatura do tipo de garoto que teria ciúme do sucesso de Connolly como molestador de alunos mais novos.

> Acho que estou caidinho por Eastwood (Eric indecente) [...] Não estou com ciúmes de você (Eric nobre). Mas você, embora não tenha ciúmes, tende a ser o que se pode chamar de "proprietário" (Shelden, p. 76).

Ao mesmo tempo que interpreta o papel de rival de Connolly, Orwell faz uma zombaria discreta do sistema de *bullying* e de "posse" dos meninos mais novos no Eton. Eastwood, pouco antes de morrer em 1983, falou das lembranças que tinha de seus contemporâneos do Eton, incluindo Orwell. Com pesar, confessou que mal conhecera Orwell, a essa altura um autor de renome mundial, mas se lembrava dele como um garoto propenso a "afastar-se um pouco das coisas, observando – sempre observando".

O mestre-escola supervisor do internato, John Foster Crace, era um solteirão que, de acordo com King-Farlow, tinha "uma tendência a sentir carinho excessivo por alguns meninos". Orwell criou um anúncio para o jornal *College Days* em que se lia "A.R.D. – Depois das aulas – JANNEY". Janney era a versão mais conhecida do nome de batismo de Crace, que ele incentivava seus alunos favoritos a usar, especialmente durante os períodos de monitorias e orientações particulares conhecidas como "depois das aulas". Orwell não odiava homossexuais *per se*, nem mesmo os tipos moderadamente pedófilos com especial predileção por homens mais jovens e adolescentes. Em vez disso, se enfurecia com a apropriação da homossexualidade por parte das classes altas, como mais uma afirmação da imunidade das elites com relação às regras a que todas as outras pessoas tinham que obedecer.

Orwell considerava a homossexualidade não como algo que lhe causasse repulsa, mas como uma confirmação adicional de que aqueles que passavam pela São Cipriano, pelo Eton, por Oxford e Cambridge poderiam fazer o que bem quisessem com seus presumidos subordinados. A seu ver, ser gay não era uma afirmação de liberalismo, e sim uma confirmação de privilégio. O sistema de *fagging [em que garotos mais jovens trabalham como serviçais para garotos mais velhos]* nos colégios de elite, especialmente no Eton, envolvia um microdrama encenado pelos aprendizes das classes dominantes em preparação para a vida adulta. Os *fags* ["bichinhas"] eram sempre os meninos mais novos, tratados como servos pelos mais velhos e, mesmo nos tempos de Orwell, obrigados a se incumbir de tarefas humildes como engraxar as botas, escovar e dobrar roupas e preparar o café da manhã. Se o veterano *fagmaster* [o "senhor da bichinha"] achasse que seu *fag* merecia uma lição de humilhação, os deveres do subalterno poderiam se estender para o aquecimento de assentos de lavatório ou a limpeza do traseiro do seu veterano, pós-defecação. As "bichinhas" também eram vítimas do que hoje trataríamos como abuso sexual. Os alunos mais novos eram condicionados a obedecer às ordens de seus veteranos e, portanto, tornavam-se alvos fáceis para rapazes interessados apenas em sexo, sem as cansativas convenções de igualdade e consentimento.

Em 1921, aos dezoito anos de idade, Orwell foi acusado por seus companheiros de se atrasar para as orações. Seus acusadores alegaram que isso ia além da irresponsabilidade, que ele estava fazendo um protesto deliberado contra o anglicanismo em particular e o cristianismo em geral. Os supostos pares de Orwell, os "superveteranos", o condenaram a uma sova, e o castigo à base de vergastadas seria aplicado por um aluno da mesma idade; todos os envolvidos estavam no último ano do Eton. Connolly pareceu ter ficado perplexo com a recusa de Orwell a apelar contra o veredicto ou pedir aos professores que interviessem nesse caso, de um adulto sendo agredido por seus colegas. Os biógrafos de Orwell ficam igualmente intrigados com a decisão de aceitar a surra. Sua disposição para sentir dor não era, contudo, alguma espécie de masoquismo perverso. Suplicar aos colegas que fossem misericordiosos envolveria uma demonstração de respeito pelo sistema dos colégios de elite, em que se podia fazer justiça com as próprias mãos. Orwell queria que o rapaz, na verdade o *homem*, que o espancaria reconhecesse que a suposta superioridade estava a um curto passo da tirania. Quando escreveu *A revolução dos bichos* e *1984*, Orwell havia testemunhado espetáculos aterradores na Espanha, previra os horrores do fascismo na Alemanha e passara a desprezar a esquerda britânica, que julgava que o regime comunista de Stálin não passava de uma utopia ligeiramente defeituosa. Muito antes disso, no Eton, Orwell sentiu na pele uma variedade provinciana, muito inglesa, de totalitarismo. Orwell estava enlevado com a eleição de um governo Trabalhista no pós-guerra, mas se irritava com a aparente relutância desse governo em erradicar aspectos da sociedade britânica que, a seu ver, reforçavam as desigualdades. A decisão dos Trabalhistas de não abolir os colégios particulares de elite o enfurecia.

Denys King-Farlow e Orwell tornaram-se mais ou menos amigos; contudo, o primeiro se manteve cauteloso e intrigado. O hábito de Orwell de escarnecer dos pais e mães que iam visitar os alunos parecia a King-Farlow arbitrário e injustificado; Orwell escolhia os alvos de modo aleatório, em vez de usar a troça como um meio de se vingar da prole particularmente irritante. King-Farlow achava que os "comentários debochados" de Orwell eram sintomáticos de um desprezo geral por convenções. "Para a minha geração, o preceito de honrar pai e mãe, pelo menos em público, estava muito arraigado em todos." Mas "Blair", ele refletiu, "sempre gostou de fazer o papel do lobo solitário". Na São Cipriano, Orwell havia sido oprimido por um menino mais velho, que era atlético e gostava de exibir seus talentos agredindo os colegas no campo de rúgbi e no ringue de boxe. Em "Tamanhas eram as alegrias", Orwell recordou um episódio em que se vingou do fortão de uma maneira que a maioria consideraria antidesportiva. "Caminhei até Burton com o ar mais inocente que fui capaz de fingir e então, usando todo o peso do corpo, enfiei o punho na cara dele." Burton teve que ser atendido por um médico local, mas sentiu-se muito humilhado para identificar Orwell como seu agressor. Orwell repetiu o exercício no Eton, nocauteando um veterano desavisado que vinha atormentando Connolly.

No verão de 1920, Orwell passou uma semana no Acampamento de Treinamento do Corpo de Oficiais do Eton [OTC, na sigla em inglês] em Salisbury Plain, e depois se juntou à família, que estava de férias na cidadezinha de Looe, na Cornualha. Tendo trocado o uniforme escolar por um conjunto cáqui de segundo-tenente do OTC, Orwell teve de pedir emprestadas algumas mudas de roupas informais aos amigos da família em Looe. Para voltar ao Eton, vestiu novamente o uniforme do OTC, mas teve de fazer uma baldeação e perdeu a conexão na estação ferroviária de Plymouth. Uma vez que levava consigo apenas uma pequena quantidade de dinheiro trocado, Orwell zanzou pelas ruas da cidade, e em duas ocasiões foi confundido com um veterano de guerra recém-desmobilizado. Dormiu debaixo de uma ponte, e mais tarde, em agosto do mesmo verão, escreveu para Runciman, entusiasmado com sua "primeira aventura como vagabundo amador".* Ele celebrou outro aspecto da aventura, ter

---

* Na obra de Orwell, um termo usado com muita frequência é *tramp*, que seus tradutores para o português transpõem ora como "vagabundo" (apesar da conotação pejorativa da palavra), ora como "mendigo". Em rigor, Orwell se refere a vagabundos no sentido daqueles que vivem nas ruas e nas estradas, e não a mendigos propriamente ditos, uma vez que a mendicância era proibida. (N. T.)

sido confundido com um tenente desmobilizado, em *Um pouco de ar, por favor!*, em que o personagem George "Gorducho" Bowling, recém-convocado para a Primeira Guerra Mundial, recebe "um telegrama do Ministério da Guerra despachando-o para tomar conta dos depósitos de suprimentos em Twelve Mile Dump *[longínqua localidade na Cornualha]* e lá permanecer até segunda ordem", o que ele faz, aliviado por não ter sido enviado para a linha de frente na França. Há um certo grau de autocaricatura aqui, mas o retrato de Bowling como um trabalhador não heroico, que luta muito atrás das frentes de batalha, carregava outras ressonâncias. Richard, o pai de Orwell, decidiu em 1917 alistar-se no Exército requerendo um posto com patente e, para espanto de todos, foi aceito. Já era sexagenário e, embora nenhum registro confiável tenha sobrevivido, foi tido como o mais velho segundo-tenente na ativa nas Forças Armadas. Lotado na 51ª Companhia de Trabalho de Pioneiros Indianos em Marselha, era o principal responsável pelos cuidados e alimentação das mulas do Exército. A primeira vez que Orwell o viu depois do fim da guerra foi durante sua visita à Cornualha.

A noite que Orwell passou em Plymouth lhe permitiu, pela primeira vez como um adulto, revisitar os jogos de representação de papéis de que ele tanto gostava quando criança em Henley e Shiplake, e que lhe proporcionavam algum alívio de uma vida doméstica que o deixava desassossegado e frustrado. Uma semana após seu retorno ao Eton, ele escreveu a seguinte dedicatória no exemplar de um livro: "Oferecido à Sala de Leitura do Eton College, junho de 1920, por E. A. Blair". O livro permaneceu na prateleira onde ele o colocou, ao que tudo indica sem ter sido aberto, até que em 1972 um menino o folheou, leu a dedicatória e reconheceu seu significado. É uma coletânea aparentemente aleatória de obras de Bernard Shaw intitulada *Misalliance, the Dark Lady of the Sonnets, and Fanny's First Play, with a Treatise on Parents and Children* [União inconveniente, A dama morena dos sonetos, A primeira peça de Fanny e Tratado sobre pais e filhos]. A relevância literária dos textos é pequena, e temos que nos perguntar por que motivo Orwell pensou que o volume interessaria a seus sucessores em sua *alma mater*, pelo menos até chegarmos ao ensaio com o qual o livro se encerra, o *Treatise on Parents and Children* [Tratado sobre pais e filhos], especialmente as explosivas subseções denominadas "Escola":

> A bem da verdade, nenhum dos meus mestres-escolas dava a mínima (ou talvez fosse mais justo para com eles afirmar que seus empregadores não davam a mínima, e, portanto, não lhes delegavam os poderes

necessários para que se importassem) se eu aprendia minhas lições ou não, contanto que meu pai pagasse minhas mensalidades, cuja cobrança era o real objetivo da escola [...] Minha educação escolar causou-me um bocado de danos, e não me fez bem algum: foi simplesmente arrastar a alma de uma criança em meio à imundície [...] E é isso o que acontece com a maioria de nós. Não somos coagidos de um modo eficaz a aprender: evitamos as punições o máximo que podemos, mentindo e trapaceando, arriscando palpites e usando nossa astúcia.

A passagem mais memorável de Shaw envolve a comparação que ele faz entre a escola e a prisão:

Todavia, em alguns aspectos é mais cruel que a prisão. Numa prisão, por exemplo, ninguém é obrigado a ler livros escritos pelos guardas e pelo diretor do presídio [...] e ninguém é espancado ou atormentado se não consegue se lembrar de conteúdos que não têm absolutamente nada de memorável. Na prisão, ninguém é forçado a passar o dia sentado ouvindo carcereiros discursarem, sem um pingo de charme ou interesse, sobre assuntos acerca dos quais nada entendem e para os quais não dão a mínima, sendo, portanto, incapazes de fazer alguém entender o que quer que seja ou despertar em alguém o interesse por algo.

Todos os contemporâneos de Orwell no Eton julgavam que ele era talentoso em termos intelectuais, ainda que pouco ortodoxo, e a maioria de seus tutores, em especial Andrew Gow, acreditava que ele era extraordinariamente inteligente, porém, de forma calculista e deliberada, irresponsável. Nos exames que encerraram o ano letivo de 1920, Orwell terminou na 117ª posição, dos 140 meninos da série. Entre os Bolsistas do Rei que prestaram as provas finais daquele ano, foi o último. Isso não significava que ele havia perdido suas chances em Oxford ou Cambridge. Em 1920-1921, nenhuma das duas universidades estava muito preocupada com as credenciais acadêmicas documentadas de seus calouros; no entanto, Orwell precisaria obter uma bolsa de estudos para ingressar em uma universidade, devido à modesta situação financeira da família. Ele expressara seu desprezo pelo Eton mostrando indiferença aos exames da instituição, mas não havia razão para não organizar seus substanciais talentos a fim de ganhar uma bolsa de Oxbridge. Por algum motivo, considerou-se que Oxford era o destino mais adequado, e há relatos conflitantes sobre por que ele nem sequer tentou uma vaga. Anos mais tarde, Jacintha Buddicom contou como Ida e a própria mãe haviam defendido a ideia junto a Richard Blair, "com argumentos vigorosos", de que o filho dele deveria ser incentivado a requerer uma bolsa de estudos. Gow, quando consultado por Blair pai sobre o tema, teria dito que "Eric não tinha chance alguma de obter uma bolsa de estudos", mas temos que ponderar sobre isso ao lado de outros comentários de Gow sobre o aparente brilhantismo de Orwell. Talvez o comentário de Gow, quase sessenta anos depois, lance alguma luz sobre a questão: Orwell, de acordo com a reflexão de Gow, teria "desgraçado a instituição, [porque] em cinco anos ele não realizou absolutamente trabalho algum". Gow não achava que Orwell estava aquém dos padrões exigidos pelo programa de bolsas de Oxford para estudantes de graduação; muito pelo contrário. Mas ele queria punir Orwell – negar-lhe a oportunidade de ir para Oxford – por conta de sua atitude rebelde em relação ao Eton e a tudo o que a instituição representava.

BIRMÂNIA

Uma pergunta que os biógrafos de Orwell sempre levantam e depois deixam de lado é: por que ele se tornou um membro da Força Policial Imperial Indiana na Birmânia? Shelden cita uma lembrança de Jacintha Buddicom, segundo a qual Richard Blair estava determinado a que o filho seguisse seus passos no Serviço Colonial. Levando-se em conta o estado de ânimo debilitado de Richard e sua indiferença geral com relação a tudo que o filho fazia, é difícil imaginar que ele insistiria no que quer que fosse. Ninguém mais comentou sobre Richard ter desempenhado qualquer papel na decisão de Orwell de partir para o exterior, e o próprio Orwell nunca comentou sobre os motivos que o levaram a fazer isso.

Quando Orwell voltou para casa depois do Eton, a família se mudara de Shiplake para a cidadezinha litorânea de Southwold, na costa de Suffolk. Era um balneário popular entre aposentados de classe média, especialmente aqueles que haviam trabalhado no subcontinente indiano. Em janeiro de 1922, Orwell se matriculou no Craighurst, um cursinho preparatório para os exames de nível básico, para todo tipo de carreira profissional, incluindo o serviço público civil. Não era exclusivamente dedicado à preparação para a vida no serviço colonial, e o motivo que levou Orwell a se inscrever só ficou evidente para seus amigos e familiares quando ele embarcou no trem rumo a Londres, em junho, a fim de prestar as provas da Comissão de Serviço Público Civil – e mesmo assim ele só revelou a natureza específica da vaga a que estava concorrendo quando retornou a Southwold. Orwell anunciou que tinha a esperança de se tornar um oficial da Força Policial Imperial Indiana. Grande parte do conteúdo curricular cobrado nos exames de admissão era ridiculamente desimportante para a manutenção da ordem nas colônias orientais. Desenho técnico sugeria pragmatismo, mas sua relevância para o policiamento de uma população nativa era algo que permanecia aberto à especulação. Língua (e principalmente literatura) inglesa, história (britânica e europeia), geografia (relutantemente global) e matemática talvez fossem, nas insanas concepções dos construtores de impérios, tidas como ferramentas úteis, um meio pelo qual os súditos coloniais poderiam ser aprimorados por aqueles que os policiavam. Mas é difícil enxergar de que modo um oficial com comprovado conhecimento em grego, latim e francês faria com que os nativos de Bangalore o tratassem com mais respeito. Orwell obteve a maior pontuação em latim entre os todos os candidatos que realizaram os exames, e ficou em último no único exame não escrito: montaria a cavalo.

Steven Runciman lembrou que nos tempos do Eton "[Orwell] costumava falar um bocado sobre o Oriente, e sempre tive a impressão de que ele sentia saudade e desejava ardentemente voltar para lá [...] era uma espécie de ideia romântica" (Shelden, p. 86). É difícil imaginar qualquer "saudade" ou desejo por parte de Orwell de "voltar" para um lugar onde ele havia passado apenas os doze primeiros meses de vida. Seu cultivo de uma "ideia romântica" do "Oriente" bem poderia ter sido uma piada paródica para zombar da precoce afeição do amigo pelo período bizantino e pelo Oriente, temas dos quais ele se tornaria um renomado estudioso. Orwell estava brincando com a percepção de Runciman sobre ele, assim como fizera com a maioria dos colegas do Eton.

Não há evidências de que Orwell aspirasse a seguir os passos do pai. Na verdade, não há registro de nenhum membro da família Blair ou de qualquer um que os conhecesse relatando sobre a carreira de Richard na Índia. O próprio Orwell, em uma breve nota autobiográfica de 1947, escreveu sobre os anos de seu pai como "um alto funcionário da administração inglesa na Índia", mas não disse nada mais específico. Ida devia saber do papel do marido como um equivalente da era vitoriana tardia a um traficante de heroína, embora a atividade fosse sancionada pelas autoridades, e é difícil imaginar que Orwell tenha permanecido ignorante acerca do que o pai fazia de fato.

Até esse momento, aos dezenove anos de idade, Orwell havia demonstrado uma crescente tendência a desrespeitar, e por vezes menosprezar, as ortodoxias do *establishment* britânico e da vida da classe média. Parece improvável, portanto, que estivesse motivado a se alistar na força policial colonial como um ato de patriotismo, muito menos de lealdade paterna. Sua decisão de ir para a Birmânia, e não para a Índia, cujo ambiente era muito mais agradável, é igualmente fascinante. Graças ao breve período de treinamento, Orwell devia ter conhecimento sobre como várias partes do Império haviam sido adquiridas e, consequentemente, como eram governadas; embora esses aprendizes de servidores do empreendimento imperial não fossem encorajados a fazer julgamentos morais, devia ter ficado evidente para todos que a Birmânia fora submetida a uma espantosa história de repressão. A Inglaterra travou duas guerras contra os birmaneses no início e em meados do século XIX, principalmente como meio de garantir que o país permanecesse na posição de suplicante, como um centro comercial adjacente ao muito mais importante subcontinente indiano. Na década de 1860, no entanto, a Força Expedicionária Britânica, liderada por *Sir* Harry Prendergast e agindo sob ordens de lorde Randolph Churchill, esmagou toda a resistência militar e exigiu a imediata e incondicional rendição do rei birmanês, Thibaw, que passaria o resto da vida exilado na Índia. Em vez de impor um protetorado com uma administração por procuração subordinada a Westminster, ou até mesmo governar o território por jugo direto de Londres a cargo de algum órgão estatal especificamente responsável pelo país, Churchill transformou a área em um lucrativo empreendimento comercial. Quando Orwell decidiu ir para lá, havia uma força policial composta por 13 mil homens, principalmente oficiais britânicos e soldados de patentes diversas de várias outras etnias, em sua maioria indianos, e esse era também o governo efetivo do país. Não existia outro órgão de administração incumbido de decidir como a população nativa deveria viver ou qual seria seu futuro. Os pequenos comerciantes, pescadores e agricultores birmaneses tinham permissão, dentro de certos limites, para conduzir seus negócios – caso contrário, a população ficaria nua ou morreria de fome –, mas, exceto por essas contingências econômicas, a nação era, no início do século XX, uma espécie de latifúndio movido a mão de obra escrava.

Orwell havia escolhido seu destino com precisão masoquista. Sabia que estava a caminho de uma versão de *Coração das trevas*, de Joseph Conrad.

Os biógrafos de Orwell mencionam dois eventos acerca desse período. A bordo do navio *SS Herefordshire* ele testemunhou o contramestre britânico roubando furtivamente uma torta de creme. Em alto-mar, isso era uma contundente amostra da desigualdade de classe: o contramestre, o trabalhador, não estava passando fome, mas a inveja que sentia dos passageiros que consumiam aquelas iguarias o levou a correr o risco de sofrer humilhação e punição. Em seguida, quando o navio aportou no Ceilão, Orwell viu um cule, um nativo indiano/cingalês, atrapalhar-se no manuseio da bagagem de um grupo de europeus que desembarcava e deixar cair as malas. O jovem foi brutalmente chutado por um sargento da polícia que estava supervisionando a chegada do navio, para o aplauso geral de todos os passageiros brancos que testemunharam a agressão. Orwell registrou esses eventos em 1940 e 1947, respectivamente, mas não temos motivos para suspeitar que tenha feito uso de seus vinte anos de anticolonialismo e culpa acumulados para substituir a indiferença adolescente. Orwell começou a escrever seu primeiro romance apenas seis anos após retornar do serviço colonial; *Dias na Birmânia* é norteado por um ódio virulento aos brancos que administravam o país. Violento e racista, Ellis é o gerente local de uma empresa madeireira, e o tenente Verrall é um policial militar de origem aristocrática que trata os outros europeus como criaturas apenas ligeiramente superiores aos birmaneses. Quando Ellis descobre que Verrall, que não é membro do Clube Europeu – cuja sede está caindo aos pedaços –, chutou o mordomo indiano por não ter colocado gelo em seu uísque com soda, tem início um sombrio e farsesco diálogo:

> "Quem é *você* para vir aqui dar pontapés nos nossos criados?"
>
> "Que asneira, meu amigo. Ele precisava de um pontapé. Vocês deixaram os criados saírem do controle por aqui."
>
> "Seu carrapato insolente de uma figa, o que *você* tem a ver com o fato de ele precisar ou não de um pontapé? Você nem é sócio deste Clube! Chutar os criados é tarefa nossa, não sua!"

É quase certo que Orwell tenha usado o incidente testemunhado no Ceilão como base para essa cena. No desembarque do navio, o sargento age de acordo com os papéis determinados pela hierarquia social e étnica: não se esperava que os passageiros brancos de classe média chutassem eles mesmos o cule. No romance, Orwell injeta na cena um brilhante tom de caricatura, quando os dois homens discutem sobre qual deles tem o direito – por ser membro do clube ou em virtude da arrogância aristocrática – de dar pontapés no criado.

Em novembro de 1922, Orwell se matriculou na Escola de Treinamento de Polícia da Província da Birmânia, em Mandalay. A formação envolveria nove meses de instrução em direito, idiomas (o básico da língua local predominante), relatórios e procedimentos policiais. Depois disso, ele passaria quinze meses em período de experiência em sua primeira missão, no posto avançado fronteiriço de Myaungmya. Aos vinte anos de idade, esperava-se que Orwell administrasse o quartel-general e a região, uma vez que, sabidamente, o superintendente da polícia dedicava a maior parte do tempo a passear de carro pela localidade, acompanhado de seus criados, atirando em animais selvagens. Orwell supervisionava a guarnição do quartel-general, um contingente de mais de quarenta homens, dirigia o recrutamento e o treinamento de policiais convocados junto à população nativa e era responsável pela organização de escoltas policiais para os julgamentos. Mais importante ainda, ficou encarregado do planejamento das patrulhas noturnas. A maior preocupação dos britânicos era com a proteção e a gestão rentável de seus próprios negócios, principalmente a exploração de petróleo e madeira. Como resultado, esperava-se de oficiais como Orwell, alocados no interior, apenas a garantia de que a condição anárquica dessas regiões permanecesse contida, sem invadir os centros urbanos habitados pelos europeus. Havia alguns ativistas anticoloniais no exterior, mas eles tinham pequena importância em comparação com a destrutiva violência interna e a criminalidade generalizada. As patrulhas noturnas no distrito de Orwell eram enviadas como uma tentativa de subjugar as chamadas gangues *dacoit*. Esses grupos de homens arrombavam e roubavam casas de famílias em outras aldeias, e a sensação de falta de governo – pelo menos além da presença periférica da polícia colonial – os levava a cometer crimes horríveis contra quem resistisse, incluindo matar queimados os adversários. As patrulhas eram compostas por guardas recrutados junto às comunidades locais, e suas investidas para deter os *dacoits* eram meramente simbólicas; eles temiam por sua própria segurança.

Em seguida, em 1924, Orwell foi servir como oficial subdivisional em Twante, localidade ainda mais remota que Myaungmya. Além de seu oficial superior, havia apenas dois ou três europeus na área. Orwell passava grande parte do tempo viajando de vilarejo em vilarejo, atuando como intermediário em disputas sobre supostos atos criminosos ou ajudando a resolver questões de propriedade que iam além da alçada dos chefes tribais – que agora estavam sujeitos à jurisdição britânica. Dois anos depois de deixar a escola, Orwell tornara-se um autocrata colonial, capaz de impor decisões sobre questões que afetavam a vida de seus súditos, em larga medida sem prestar contas a ninguém a não ser a si mesmo.

Um ano depois, Orwell foi desempenhar suas funções em Syriem, onde se aproximou mais das infraestruturas europeias na colônia. Viajando pelo rio, estava a apenas dezesseis quilômetros de Rangum, para onde ia regularmente jantar nos restaurantes, visitar conhecidos da Escola de Treinamento – ele tinha alguns poucos "amigos" – e, acima de tudo, passar na livraria Smart and Mookerdum, onde os mais recentes romances e coletâneas de poesia chegavam de Londres, ainda que vários meses após sua publicação. Os três postos que Orwell ocupou depois de Syriem – em Insein, Moulmein e Katha – o levaram para ainda mais perto das áreas urbanas eurocêntricas, que, circundadas por exuberantes florestas tropicais, proporcionariam o cenário para *Dias na Birmânia*.

A avó materna de Orwell, a sra. Limouzin, morava em Moulmein com grande conforto – pode-se dizer luxo –, assim como a tia dele, que era casada com um importante figurão do alto escalão do serviço florestal. A família Limouzin já estava na Birmânia antes de os britânicos começarem a fazer incursões coloniais em 1824, antes da ascensão ao trono da rainha Vitória. Os Limouzin fizeram fortuna exportando teca e outras árvores de madeira dura aos produtores de móveis europeus, mas grande parte disso se perdeu durante um período de precipitadas especulações no mercado de arroz. Mesmo assim, na década de 1920 ainda figuravam no topo da lista, entre os 10% de europeus mais abastados, chegando ao ponto de uma rua em Moulmein receber o nome da família. Muitos anos depois, um dos colegas de Orwell recordou uma ocasião em que o encontrou em um evento social acompanhado de duas senhoras mais velhas, uma das quais perguntou a ele sobre "as perspectivas de Eric". Trata-se da única evidência, frágil e circunstancial, de que Orwell empreendeu uma tentativa de entrar em contato com a família da mãe. Se as duas senhoras eram sua tia e avó, é estranho que ele não as tenha apresentado como tais a seu colega.

Apesar de morar a menos de dois quilômetros da casa da avó, por seis meses do período em que viveu na Birmânia, Orwell não se refere a ela pelo nome uma única vez, nem em textos publicados nem nos inéditos, tampouco em qualquer conversa lembrada posteriormente. O único registro de referência à avó foi numa carta a uma correspondente, vinte anos depois: "Minha avó viveu quarenta anos na Birmânia, e no final não era capaz de falar uma única palavra de birmanês – o que é típico da atitude de uma inglesa comum [e] do comportamento social nojento dos britânicos". Orwell a teria conhecido por reputação – todos na cidadezinha sabiam da fama dela, especialmente pelas festas seletas e pela recusa em reconhecer que os não europeus falavam línguas diferentes – alguns anos depois, e uma figura muito parecida com ela apareceria na obra orwelliana. A sra. Lackersteen (personagem que só tem sobrenome) de *Dias na Birmânia* é uma arrogante e lânguida *memsahib*,* "amarelada e magra, fomentando escândalos entre um coquetel e outro [...] – vive há vinte anos no país sem ter aprendido uma única palavra da língua local".

Em Twante, Orwell frequentava as igrejas das aldeias dos *karen*, tribo originária da China. Muitos foram convertidos ao cristianismo pelos missionários em meados do século XIX. No Eton, Orwell assistia às cerimônias religiosas na capela porque não tinha escolha, e em 1924 seu interesse pelo cristianismo era escasso; ele certamente não era um frequentador assíduo da igreja. Seu propósito era se misturar aos locais, e ele começou a se comunicar com razoável fluência com os *karen* na língua deles, ou melhor, nas línguas deles, uma colagem de variantes linguísticas para as quais não existiam dicionários nem guias impressos em inglês.

Roger Beadon, um recruta em treinamento na polícia, tinha a mesma idade de Orwell, e os dois mantiveram contato regular durante os anos de Orwell no exterior. Beadon recordou a capacidade de Orwell de se misturar facilmente com a população local.

> Nós nos víamos todos os dias [na Escola de Treinamento], assistíamos às palestras sobre direito, birmanês e hindustâni [...] porém, o que me destroçava, mais do que qualquer outra coisa, era o fato de que, enquanto eu achava aquilo [aprender as línguas dos habitantes locais e se socializar com eles] muito difícil, ele não parecia nem um pouco preocupado. [...] pouco antes de ir embora da Birmânia, ele era capaz de entrar em um Hpongyi Kyaung, que é um daqueles templos birmaneses, e conversar em um birmanês muito grandiloquente com os Hpongyis, ou sacerdotes, e para fazer isso a pessoa tem de falar birmanês muito bem (Crick, p. 148).

---

* Título respeitoso usado pelos nativos para se referir às mulheres brancas, geralmente inglesas, da classe alta ou casadas com oficiais e funcionários superiores. (N. T.)

Orwell estava, como Beadon indica, deliberadamente colocando-se contra a atitude padrão dos expatriados diante da população birmanesa nativa. Mesmo aqueles que não chegavam a tratar os birmaneses com brutalidade e desprezo repudiavam a ideia de misturar-se com eles, ainda mais de absorver suas línguas e sua cultura. Beadon também apresenta um retrato de Orwell como um homem que decidira, desde o início, evitar tornar-se parte do circuito social dos europeus:

> Ele não falava muito sobre seu passado [...] era muito calado [...] um sujeito muito agradável de se conhecer, mas muito reservado. Eu gostava de ir ao clube para jogar sinuca e dançar e coisas do tipo, mas para ele isso parecia não ter nenhum encanto, ele não era exatamente o que eu chamaria de *socialite* em nenhum sentido, aliás, eu acho que ele não ia muito ao clube [...] acho que basicamente passava o tempo lendo [...] ou ficava no quarto (Crick, p. 144).

Apesar de Beadon ter a impressão de que ele era uma pessoa introvertida, durante os primeiros meses em Mandalay Orwell "se socializou", mas as companhias de sua predileção eram pouco ortodoxas, para dizer o mínimo. Em *Dias na Birmânia*, Mandalay é descrita pelo narrador como "uma cidade bastante desagradável – poeirenta e quente acima do tolerável, e dizem que só tem cinco produtos, todos com a inicial *P*: pagodes, párias, porcos, padres e prostitutas", mas o autor do romance parecia mais contente com o local, procurando áreas e moradores da cidade que fossem adequados ao seu temperamento. Ele perambulava pelos distritos habitados exclusivamente por birmaneses e às vezes visitava mulheres especificadas pela letra "P". Nutria especial interesse por uma figura lendária da qual se falava na Escola de Treinamento como um homem que tinha ido muito além de adquirir os hábitos e costumes nativos. H. R. Robinson era um ex-capitão do Exército indiano que fora demitido do serviço policial na Birmânia em decorrência de um comportamento que havia jogado a corporação no descrédito. Ele já tinha criado laços com a população birmanesa nativa, feito amizade com homens locais e tido casos com mulheres; quando chegou a Mandalay, tornou-se um viciado em ópio. Orwell procurou a companhia dele com a mesma determinação perversa com a qual evitava a avó e a tia. O *establishment* europeu tratava Robinson como um dissoluto hedonista, mas a intenção de Orwell não era tornar-se um companheiro de depravação. Em vez disso, ele ficou fascinado pelas histórias do Robinson anterior, ou "Robbie", como era conhecido. Robinson atuara como magistrado no norte de Bornéu, e dormiu com uma mulher nativa acusada de assassinar o marido. Ela admitiu para ele que era culpada e explicou por quê, em termos da "atenção plena budista", o ato era justificado. A mulher foi absolvida e Robinson tornou-se um devoto adepto do budismo. O aparente motivo para a determinação de Orwell em se tornar fluente em birmanês, para que pudesse conversar com os monges budistas, deixou Beadon estarrecido. Orwell foi instigado por Robinson a fazer isso, não porque desejasse se converter ao budismo, mas porque ficara fascinado com a versão ocidental híbrida de Robinson. Isso não tinha nada a ver com abnegação – além do vício em ópio, Robinson assumira uma relação com uma concubina birmanesa e bebia qualquer coisa que estivesse disponível. Dois anos depois de se conhecerem, quando Orwell partiu para exercer sua função militar em localidades ainda mais remotas, Robinson decidiu pegar um atalho para o nirvana, um estado místico de aprimoramento do espírito em que a pessoa se liberta de instintos carnais como o desejo, e até mesmo de inclinações envolvendo amor e apego. A tradução mais elementar de nirvana para a língua inglesa é "extinguir-se", e, em 1924, foi o que Robinson tentou fazer, literalmente, dando um tiro na própria cabeça com o antigo revólver de serviço. Ele se recuperou, embora tenha tido os dois olhos removidos, e sobreviveu em um estado de contentamento fatalista até 1965, quando, em um subúrbio no norte de Londres, por fim conseguiu tirar a própria vida. Orwell o admirava imensamente, embora apenas em raras ocasiões falasse dessa amizade com os colegas da força policial ou com outros europeus que conheceu na Birmânia, e só revelou publicamente a relação dos dois quando revisou o livro de memórias de Robinson, em 1942, e confessou que estava "feliz por receber evidências de que a existência dele perduraria". Robinson foi o talismã *antiestablishment* de Orwell. Ele ainda não tinha decidido de que modo usaria suas inclinações igualmente contrárias à opinião da maioria, mas pouca coisa além disso o preocupava.

Na Birmânia, Orwell começou a representar diferentes *personae*, às vezes expressando estados de ânimo fundamentalmente opostos. Em 1925, Christopher Hollis passou por Rangum no caminho de volta para Londres, em meio a uma turnê de debates da Oxford Union pela

Austrália e Nova Zelândia, e soube que Orwell, dois anos à frente dele no Eton, estava acomodado nas imediações. Hollis procurou o companheiro veterano do Eton, e muito mais tarde, em meados da década de 1950, relembrou a conversa:

> No lado de si que ele me revelou naquela ocasião não havia traço algum de opiniões libertárias. Ele se esforçava para ser o policial imperial, explicando que as teorias de não punição e não espancamento funcionavam bem em escolas privadas, mas não davam certo com os birmaneses [...] Ele tinha um ódio especial [...] pelos monges budistas, contra os quais julgava que a violência era particularmente desejável – e isso não por algum motivo teológico, mas por causa da insolência risonha deles (Crick, p. 159).

Em 1956, quando publicou isso, Hollis era um parlamentar Conservador com arraigadas opiniões contra a dissolução do Império e sobre os males do socialismo, mas também tinha plena consciência de que Orwell era igualmente conhecido pelo desprezo que exprimia quanto ao colonialismo.

Não temos motivos para duvidar da autenticidade desse relato, mas o que é igualmente evidente é que Orwell estava fazendo Hollis de bobo. Ele tinha plena consciência dos pontos de vista reacionários do veterano do Eton acerca do jugo britânico na Birmânia, e o abasteceu com preconceitos intransigentes parecidos. Por quê? Orwell já tinha ambições literárias. Na Birmânia, ele produziu vários poemas que zombavam do racismo irrefletido dos europeus, e hoje sobrevivem fragmentos, escritos em papel timbrado da Polícia Imperial, do que parece ser o trecho de uma prosa de ficção ambientada na Birmânia. Para Hollis, Orwell se reinventou como a personificação de tudo que odiava, muito à maneira de um romancista tornando crível a sordidez. Ele estava ensaiando na vida real os aspectos mais medonhos de *Dias na Birmânia*. Vários anos antes, ele havia praticado o mesmo truque contra Cyril Connolly no Eton, envolvendo o uso de privilégios de que Connolly se valia para se impor aos meninos mais novos.

Quando, sem ser convidado, Beadon visitou Orwell em sua casa em Insein, vislumbrou uma figura que se isolara da cultura dos clubes de expatriados.

Ele tinha cabras, gansos, patos e todo tipo de coisa zanzando de um lado para o outro no andar de baixo [...] isso me deixou consternado, mas aparentemente ele gostava daquilo – e essa era mais ou menos a ideia que ele fazia de [...] Ah, de viver de maneira natural, como algumas pessoas definem [...] Não é a mentalidade de assimilar todos os costumes locais e abandonar os da terra natal, não quero dizer isso; é mais "boêmio" [...] Ele parecia não dar a mínima [...] Pareceu-me uma baita bagunça (Crick, p. 163).

Essa era a versão de Orwell de se comportar não exatamente como um nativo, um aceno de deferência em relação a Robbie, mas algo que ele tentava guardar para si mesmo. Em seu ensaio "O abate de um elefante" (1936),* Orwell escreveu:

Em Moulmein, na baixa Birmânia, eu era detestado por um sem--número de pessoas [...] de maneira mesquinha e despropositada, o sentimento antieuropeu era bastante virulento. Ninguém tinha coragem de provocar motins, mas se uma mulher europeia perambulasse sozinha pelos bazares, alguém provavelmente cuspiria suco de bétele no vestido dela. Como policial, eu era um alvo óbvio, e as pessoas me importunavam em todas as oportunidades em que lhes parecia seguro fazer isso.

O subtexto é claro. Junto com a pontada de culpa e autoaversão vem uma sensação de amargura.

Por fim, os rostos amarelos e zombeteiros dos rapazes que me encaravam por todos os cantos, os insultos que eles gritavam para mim quando eu já estava a uma distância segura, tudo isso me dava muito nos nervos.

Em outras palavras: eu merecia aquilo, mas também me ressentia – desse conflito envolvendo culpa, consciência e um legado sombrio, incutido nele pelo pai, pela família da mãe e pela escola, surge Flory, o

---

* No Brasil, incluído na edição de *Dentro da baleia e outros ensaios*. (N. T.)

anti-herói de *Dias na Birmânia*. Flory, tal qual seu autor, odeia o sistema colonial que paga seu salário e o obriga a se associar a racistas sádicos, mas não tem coragem para agir de acordo com seus sentimentos. Ele detesta o trabalho como comerciante de madeira, que esgota os recursos naturais da Birmânia; mesma atividade por meio da qual os antepassados maternos de Orwell conquistaram sua fortuna. Ele se torna "nativo" arranjando uma amante birmanesa, mas busca o reconhecimento do *establishment* colonial em seu interesse amoroso por Elizabeth Lackersteen, menina de uma rica família europeia com quem pretende se casar. Depois que a amante birmanesa revela seus segredos na frente da congregação reunida na igreja, Flory se mata com um tiro – os paralelos com a malograda tentativa de Robinson de tirar a própria vida não são coincidência. Robinson fascinou Orwell porque se tornou nativo, mas não pelas vias normais. Foi pela decisão dele fazer amizade e criar vínculos com os birmaneses, coisa que fez abertamente, aceitando a exoneração do serviço colonial como uma consequência natural de suas ações. A tentativa de suicídio não foi provocada por vergonha ou por um sentimento de exclusão do *establishment* europeu. Robinson passara vários anos buscando a própria versão semibudista do segredo do universo, com a ajuda de transes induzidos por ópio, mas, depois de cada um deles, quando "voltava" da onda, constatava que aquele esquivo nirvana havia desaparecido. Por fim, ele desistiu e foi procurar o nirvana em qualquer estado que o aguardasse após a morte. Para alguns, Robinson podia parecer ridículo, mas Orwell o via como heroico porque ele havia rejeitado as ortodoxias da classe dominante colonial, ao mesmo tempo que se recusava a esconder sua outra vida. Ele era a antítese de Flory e, como tal, a inspiração para ele.

Os personagens e muitos dos eventos que compõem *Dias na Birmânia* foram refinados a partir do que Orwell testemunhou, ouviu e viu em primeira mão; contudo, o livro não é, no sentido mais estrito da palavra, "verdadeiro". Mas e quanto a seus dois outros relatos famosos do período que passou na Birmânia, "O abate de um elefante" e "Um enforcamento"?* Ambos foram publicados como ensaios de viagem (respectivamente em 1936 e 1931), mas muitos comentaristas colocaram em xeque sua autenticidade como

---

* "Shooting an Elephant" e "A Hanging". No Brasil, incluídos na edição de *Dentro da baleia e outros ensaios*. (N. T.)

histórias sobre eventos reais. Isso ocorre, em parte, porque existem poucas evidências documentais para corroborar os relatos de Orwell. Os biógrafos parecem especialmente incomodados pela maneira como ele nos conta o que aconteceu. Ambos são ensaios "literários", no sentido de que Orwell utiliza suas consideráveis habilidades como estilista da prosa para dar vida às figuras envolvidas, transmitindo ao leitor o dilema emocional que ele enfrenta e não consegue resolver a contento. "Um enforcamento" é o mais problemático a esse respeito, porque nos juntamos ao narrador, Orwell, enquanto ele e seus companheiros oficiais transportam o homem condenado à forca e observam a execução:

> É curioso, mas até aquele momento eu nunca me dera conta do que significava destruir um homem saudável e consciente. Quando vi o prisioneiro pisar de lado para desviar da poça d'água, vi o mistério, a inominável injustiça de abreviar uma vida em pleno auge. Aquele homem não estava agonizando, estava tão vivo quanto nós. Todos os órgãos de seu corpo estavam funcionando – os intestinos digeriam o alimento, a pele se renovava, as unhas cresciam, os tecidos se formavam –, labutando numa solene sandice. As unhas continuariam a crescer quando ele estivesse no cadafalso, quando começasse a cair no ar, restando-lhe um décimo de segundo de vida.

À medida que acompanhamos esse homem até sua morte, Orwell vai entrelaçando com brilhantes habilidades descritivas os detalhes ao mesmo tempo banais e horripilantes, especialmente o "cão grande e peludo" que "saltitou ao nosso redor [...] correu na direção do prisioneiro e [...] tentou lamber o rosto dele".

Existem centenas de outras histórias de Orwell sobre suas experiências como vagabundo, mineiro, colhedor de lúpulo e combatente na Espanha, narrativas testemunhais que ele nos apresenta como transparentes e genuínas, e as quais lemos confiando na honestidade dele. Por que é, então, que "Um enforcamento" – e, em menor grau, "O abate de um elefante" – provaram ser tão magnéticas aos olhos dos comentadores aparentemente obcecados com a distinção entre verdade e verossimilhança? Estou convencido de que Orwell assistiu ao enforcamento relatado no ensaio. A mais convincente evidência circunstancial disso é que era praxe todos os policiais novatos da Birmânia testemunharem uma execução, como uma forma macabra de iniciação, um rito de passagem destinado a entorpecer suas potencialmente perigosas sensibilidades – todos os indivíduos executados no país na década de 1920 eram birmaneses, indianos ou chineses. Questão mais significativa: por que Orwell escreveu sobre isso? O crítico David Lodge ficou tão impressionado com a qualidade do ensaio e sua capacidade de nos fazer sentir como se estivéssemos presentes ao enforcamento que ponderou se o texto devia ser tratado como um conto, independentemente do que Orwell realmente viu. Muito mais tarde, no ensaio "Por que escrevo", Orwell conta como em seu livro sobre a Guerra Civil Espanhola, *Homenagem à Catalunha*,* ele tornou conhecidas verdades desagradáveis sobre suas experiências na Espanha. "Eu me empenhei muito em contar toda a verdade, sem violar meus instintos literários [...] Se eu não estivesse enfurecido [...] nunca teria escrito o livro." Isso é igualmente relevante para "Um enforcamento". O que ele viu naquele dia o convenceu de que a pena de morte era vil e desumana, uma desgraça para aqueles que a aprovavam e a punham em prática, tanto quanto uma experiência hedionda para os condenados. Ele usou seus melhores recursos como escritor para forçar qualquer um que leia o ensaio a sentir que também estava lá naquele dia, a tornar-se uma testemunha indireta e confrontar-se com uma pergunta: como nos sentiríamos se fôssemos Orwell, testemunha e cúmplice no assassinato de "um homem saudável e consciente"? É por isso que tantos críticos ficaram deslumbrados e desconfortáveis com o texto. Foram obrigados a enfrentar esse dilema, a atravessar a linha que existe entre ler a história e se tornar, como o autor, parte do horrendo ato do assassinato judicial. Orwell nos traz para dentro – alguns podem dizer que de maneira macabra – e não nos deixa sair.

Orwell é um escritor para o nosso tempo porque os problemas que ele colocou em primeiro plano e abordou em sua obra são atemporais. Dos 193 países-membros das Nações Unidas, apenas 23 mantêm a opção de execução em caso de assassinato ou outros crimes. Mais de dois terços deles são constitucionalmente alinhados a uma doutrina religiosa, com predomínio

---

* *Homage to Catalonia*. No Brasil, incluído no volume *Lutando na Espanha, Homenagem à Catalunha, Recordando a Guerra Civil Espanhola e outros escritos* (Tradução de Ana Helena Souza. São Paulo, Globo, 2006). (N. T.)

do islã, mas, em termos estatísticos, a China – ainda uma tirania semimaoista, a despeito de seu poderio econômico – excede em muito qualquer outra nação na quantidade de pessoas mortas pela autoridade estatal (mais de mil condenados em 2017). No assim chamado "primeiro mundo" dos países de economia avançada, que supostamente se aprimoraram desde o Iluminismo e a Segunda Guerra Mundial em termos de humanitarismo altruísta, os EUA se destacam como um robusto defensor do direito de matar seus próprios cidadãos.

A última execução no Reino Unido ocorreu em 1964; no ano seguinte, aboliu-se a pena capital para o crime de assassinato. Em 2003, a extinção da pena de morte tornou-se uma condição básica para adesão à União Europeia. Um dos mantras mais citados entre os partidários da saída da Grã-Bretanha da UE, durante e após o Referendo de 2016, foi "retomar o controle". Cinco eurodeputados do UKIP, um dos quais chegou a ser líder do partido, têm sido veementes defensores da ideia de que o Reino Unido faça uso de sua "independência" da União Europeia como uma rota para restaurar a pena de enforcamento. Um grande número de apoiadores do novo Partido do Brexit, de Farage, sustentam que esse é um elemento-chave da nossa nova separação. Uma pesquisa do instituto YouGov em 2017 mostrou que 53% dos que defendiam a saída da União Europeia, independentemente de outras convicções políticas, eram favoráveis à pena de morte, e uma pesquisa realizada em 2018 pela Universidade Queen Mary, de Londres, constatou que 54% dos membros do Partido Conservador viam com bons olhos a restauração da pena de morte. A atual secretária do Interior, a populista Priti Patel, é uma partidária do Brexit que anunciou apoio à pena de morte logo após sua eleição como membro do Parlamento em 2010; recentemente, foi obrigada a renunciar a suas atividades paralelas,* mas apenas como um gesto simbólico em nome do consenso liberal. Na Inglaterra, existe uma clara correlação entre o estado de espírito de "retomar o controle" e um comprometimento de reafirmar nosso direito de executar pessoas.

---

* Em 2017, sem conhecimento do governo britânico, Patel, então ministra de Cooperação Internacional, se reuniu com políticos israelenses do alto escalão durante suas férias em Israel; em meio ao escândalo causado pela revelação dessas reuniões secretas, ela renunciou. (N. T.)

No ensaio "Inglaterra, nossa Inglaterra"*, Orwell previu o Brexit e a mentalidade de uma vasta classe operária apoiando o UKIP.

> As famosas "insularidade" e "xenofobia" dos ingleses são muito mais fortes na classe operária do que na burguesia [...] A classe operária inglesa é notável em sua repulsa aos hábitos estrangeiros [...] A insularidade dos ingleses, sua recusa em levar a sério os estrangeiros, é uma tolice pela qual pagamos um preço alto de tempos em tempos.

Direi muito mais a respeito disso mais tarde, mas trago o tema à baila agora porque "Um enforcamento" não é apenas um relato sobre homens cometendo um terrível ato contra um ser humano. Orwell não nos diz de forma clara e imediata que o condenado é um não europeu. Pelo contrário, ficamos sabendo disso por meio de nuances e, acima de tudo, pelos maneirismos sutilmente sugeridos dos ocidentais envolvidos na execução: eles se comportam menos como se estivessem matando um homem do que um membro de uma subespécie. Em "O abate de um elefante", Orwell nos convida, implicitamente, a comparar o assassinato dessa criatura dócil e elegante ao relato do enforcamento. Ele sente clara aversão aos espectadores birmaneses, "o mar de rostos amarelos [...] todos felizes e empolgados com aquele bocado de diversão [...]". É sugerida aqui uma escala de superioridade, com os europeus no topo, os animais – a exemplo do elefante – na parte de baixo e a população nativa em algum lugar no meio, mas tingida com elementos humanos e bestiais.

Nós, Orwell sugere, temos o direito de tratar os residentes locais como animais, e, como consequência, eles nos imitam e estabelecem seu próprio *status* quando sentem prazer em matar um elefante, seu inferior. Quando Orwell retorna à mesa de refeição dos oficiais na hora do rancho, diversos colegas lhe dizem que "foi uma terrível lástima abater um elefante por ele ter matado um cule, porque um elefante vale bem mais do que um maldito cule de Coringhee". Quem desumaniza sistematicamente as pessoas se torna o equivalente a um animal.

---

* "England Your England" (*The Lion and the Unicorn*, 1941). O ensaio foi publicado no Brasil no volume *Como morrem os pobres e outros ensaios*. (N. T.)

Existe uma estreita correlação entre a noção de superioridade racial implícita no colonialismo e o desejo de muitos de manter ou restaurar a pena de morte. Na primeira instância, aquilo a que podemos nos referir em termos grosseiros como civilização, um senso coletivo acerca do que é intrinsecamente justo em oposição ao que é o mal inato, resultou em um consenso global sobre raça e colonialismo: ambos são vistos como algo inevitavelmente abominável, pelo menos entre aqueles que não buscam a fama via extremismo ridículo. Na segunda instância, não existe esse consenso. As opiniões sobre a pena de morte transcendem fronteiras entre nações e ideologias políticas. Estados que mantêm a pena capital podem estar em minoria, mas eles e os cidadãos de outras nações que defendem o retorno da pena de morte compartilham uma mesma noção: tomar uma posição contra as interferências, às vezes discrepantes, de um *establishment* liberal. Esta foi uma característica notável da campanha do Referendo sobre a saída do Reino Unido da UE, em que o Tribunal Europeu dos Direitos Humanos foi apresentado como uma instituição que minava a independência do Judiciário britânico, e na verdade, a provisão legislativa do Parlamento. Por exemplo, o eurodeputado Paul Nuttall, ex-líder do UKIP, ficou feliz em aparecer na mídia e se prontificar voluntariamente como executor de assassinos de crianças condenados. Ninguém mais propõe a sério a questão de saber se o colonialismo ou o conceito de superioridade racial são aceitáveis – ou pelo menos aqueles que trazem esse questionamento à baila não são mais dignos de respeito. Todavia, ainda existe um número significativo de indivíduos e nações que endossam a implementação da pena de morte, e essas pessoas são tratadas com tolerância relutante. Para Orwell, a execução de um homem e a aceitação social e política dos males que vêm a reboque do colonialismo estavam entrelaçados. Ele não acreditava que qualquer sociedade humana pudesse ser capaz de abolir uma coisa e não a outra, porque ambas se baseavam na premissa de que um grupo poderia tratar uma pessoa de um modo evidentemente cruel e desumano. O trecho a seguir consta do último *Diário* de Orwell, datado de 1949.

> Quando um assassino é enforcado, há apenas uma pessoa presente na cerimônia que não é culpada de assassinato. O carrasco, os carcereiros, o governador, o médico, o capelão [na margem: "outros

prisioneiros?"] – todos são culpados: mas o homem de pé no alçapão é inocente. Todo mundo que já assistiu a uma execução sabe disso, e até mesmo o público que se vangloria das reportagens no *News of the World* sabem disso de certa forma; que grande parte do que é dito é simplesmente um subterfúgio hipercrítico para que as pessoas continuem a desfrutar dos prazeres de serem culpadas e de se entregarem ao desejo de assassinar, enquanto ainda mantêm-se respeitáveis.

"Um enforcamento" é sobre os paralelos grotescos e imorais entre o colonialismo e a pena de morte. No final da década de 1940, quando Orwell escreveu o trecho anterior, ele previu as tensões entre autoenaltecimento e autopiedade que afligem a Inglaterra agora; ele sabia que o Império estava acabado. Hoje ainda consideramos a Commonwealth um tipo de garantia de nosso passado grandioso: não governamos mais a Comunidade das Nações, mas talvez elas nos salvem de fazer parte de um clube de nações inferiores, também conhecido como União Europeia, e, para alguns, o Brexit permitirá "desfrutar dos prazeres de sermos culpados e de nos entregarmos ao desejo de assassinar": o Tribunal Europeu dos Direitos Humanos e a UE não mais nos impedirão de tratar o assassinato judicial como uma opção política.

Em "O abate de um elefante", Orwell escreveu sobre seu ódio pelo trabalho que estava fazendo e sua rejeição à intolerância racial envolvida.

> [...] eu já havia chegado à conclusão de que o imperialismo era uma coisa maligna, e de que quanto antes eu abandonasse meu emprego e saísse dali, melhor. [...] Os prisioneiros dignos de pena que se espremiam nas fétidas celas das cadeias, os rostos cinzentos e apavorados dos condenados com penas longas a cumprir, os traseiros riscados de cicatrizes dos homens que eram açoitados com bambus – tudo isso me oprimia com uma insuportável sensação de culpa.

No início de 1927, depois de cumprir o serviço por cinco anos, Orwell tinha direito a solicitar uma licença, e o fez. Optou por licença médica, declarando que a causa era a dengue, provavelmente porque poderia citá-la como a razão de seu afastamento da polícia e evitar uma papelada desnecessária. Uma vez de volta à Inglaterra, apresentou seu pedido de demissão no final daquele ano.

DIAS
DE INDIGENTE

Com relação à Birmânia, qualquer pessoa que trate as expressões de culpa e vergonha de Orwell como falsa contrição deveria analisar o comportamento dele ao voltar para a Inglaterra em 1927. Após cinco anos de serviço colonial, seu salário era de 660 libras, cerca de 40% acima da razoavelmente confortável pensão do pai. Orwell poderia ter prolongado a licença médica com salário integral até o final de março de 1928, mas em vez disso solicitou que sua exoneração entrasse em vigor na primeira oportunidade, em 1º de janeiro. Orwell não tinha outros planos de emprego remunerado e estava deliberadamente negando a si mesmo a soma de 165 libras. Ele não odiava a Polícia Imperial Colonial o suficiente para arriscar-se a ficar indigente, mas não estava disposto a receber deles mais dinheiro do que precisava para sobreviver os primeiros meses na Inglaterra.

A família de Orwell, ainda em Southwold, ficou chocada ao ver como ele havia mudado. Ele deixou crescer um bigode, estava muito mais magro e, por causa da estrutura óssea nitidamente definida do rosto, aparentava ser pelo menos dez anos mais velho que o adolescente que havia partido para o Oriente em 1922. Orwell também estava alheado, quase indiferente, preocupando-se pouco com suas roupas e aparência, além de propenso a tratar a casa da família Blair como uma escala necessária, e não como um lugar que ele escolheria para viver. Orwell raramente acompanhava os pais e a irmã, Avril, à mesa das refeições, e deixava por toda parte cigarros acesos em cinzeiros e petiscos consumidos pela metade. O pai ficou decepcionado com a decisão de Orwell de deixar o Serviço Colonial e consternado em saber que ele não tinha planos para seguir outra carreira, mas o pior ainda estava por vir. Quando Orwell anunciou que pretendia se tornar escritor, pai e mãe ficaram, de acordo com Avril, "bastante horrorizados". Mais tarde, um conhecido de Richard Blair lembrou que ele havia expressado nojo pela decisão do filho de se tornar um "diletante".

Naquele mesmo verão, por polidez, Orwell se juntou à família para passar férias na Cornualha, e no outono visitou os Buddicom em Shropshire, embora Jacintha estivesse viajando. Mais tarde, sua tia Lilian, em cuja casa eles estavam hospedados, descreveu Orwell como "muito diferente". Esmé May, então com doze anos, era a filha da criada e faxineira dos Blair, e considerava que a família era "de alta classe" e Richard, "um cavalheiro". O filho, no entanto, ela descreveu como "um solitário [...] aéreo e distante". Assim que começou o semestre letivo em Cambridge, Orwell combinou de visitar seu ex-tutor do Eton, Gow, que se tornara docente do Trinity College. Gow o recebeu brevemente em seu dormitório e depois o levou para jantar à High Table.* De acordo com suas lembranças posteriores, o único propósito da visita de Orwell era informá-lo de sua decisão de se tornar escritor e pedir conselhos básicos sobre como se estabelecer na profissão. Gow pode parecer uma escolha estranha, porque em 1927 ele ainda não havia publicado nada – somente na década de 1930 é que editou coletâneas dos textos de poetas gregos antigos, como Teócrito e Nicandro de Cólofon, não exatamente o tipo de coisa que qualquer um – a não ser outros classicistas – leria, muito menos compraria.

Gow disse a Orwell que provavelmente seria uma boa ideia para ele entrar em contato com membros do *establishment* literário – editores de revistas e jornais, agentes literários, profissionais de editora, livreiros e assim por diante. "Eu disse de maneira um tanto evasiva que ele até poderia tentar." Em outras palavras, Gow, com toda a amabilidade possível, disse o mesmo tipo de banalidades de senso comum que Orwell poderia ter ouvido se tivesse pedido conselhos a um desconhecido a bordo do trem para Cambridge. Todos os biógrafos de Orwell fazem questão de relatar esse episódio, mas sem comentá-lo, talvez porque pareça um tanto bizarro, como um trecho que o escritor P. G. Wodehouse abandonaria devido à falta de humor e credibilidade. A meu ver, a

---

* Mesa do refeitório das universidades de Oxford e Cambridge, bem como de outras instituições de ensino na Inglaterra, em geral elevada em relação ao piso e reservada a membros do corpo docente. (N. T.)

estranha visita de Orwell fez parte de um ritual de passagem particular. Tudo o que ele fez foi anunciar a Gow a decisão que tomara acerca de seu futuro, e o fato de ter pedido a opinião de seu ex-tutor foi um elegante adendo em nome da boa educação. Ao longo dos anos posteriores, o caminho de Orwell se cruzaria com o de vários de seus contemporâneos dos tempos do Eton, e por vezes Orwell agiria amigavelmente com eles, mas fez isso, em especial durante os anos de guerra, quando não tinha outra opção – os etonianos, e outras pessoas como eles, comandavam o *establishment* cultural. Orwell estava tentando dizer adeus a todas as coisas que tinha sido, tendo acabado por odiar grande parte delas, e se preparando para algo muito diferente.

Tão logo voltou para Southwold, Orwell escreveu a uma amiga da família, Ruth Pitter, com quem ele havia se encontrado apenas uma única vez e muito brevemente, e lhe pediu para arranjar um quarto que ele pudesse alugar no oeste de Londres. Pitter e sua amiga Kathleen O'Hara moravam em Notting Hill. As cartas não sobreviveram, mas é evidente, a partir do relato posterior de Pitter ao biógrafo Bernard Crick, que Orwell deixou claro não ter condições de pagar por nada mais que o tipo de moradia usada pelos trabalhadores braçais. "Encontramos um quarto em uma rua pobre", Pitter relembrou. Ela disse que Orwell parecia longe de estar bem, lutando para lidar com a repentina mudança do calor dos trópicos para o início do que seria um inverno muito rigoroso. Ela acrescentou: "[…] Ele estava também muito enraivecido […] convencido de que não tínhamos nada que estar na Birmânia, nenhum direito de dominar outras nações. Por ele, o Raj *[domínio, soberania]* britânico teria acabado na mesma hora" (Crick, p. 179). O'Hara e Pitter emprestaram-lhe um fogão a óleo – a não ser por uma lareira, o quarto não tinha aquecimento –, que ele complementava usando velas para aquecer os dedos, ao menos o suficiente para praticar seu novo ofício, escrever. Pitter, uma poeta publicada, confessou que ela e O'Hara "costumávamos rir até chorar com alguns dos textos que ele nos mostrava", e admitiu que no começo elas o viam como um jovem "cabeça-dura", que jogara no lixo uma boa carreira em nome de uma vaidosa vocação que evidentemente estava além do alcance dele. "Ele escrevia tão mal. Teve que ensinar a si mesmo como escrever. Era tão desajeitado com as palavras quanto um elefante numa loja de cristais." No fim das contas, no entanto, ela começou a detectar algo diferente em Orwell. "Mas aquele olhar formidável não estava lá à toa. Ele tinha o dom, a coragem, a persistência de seguir em frente apesar do fracasso, da doença, da pobreza […]." Um fragmento desse período sobrevive – um esboço para uma peça teatral com algumas breves tentativas de diálogos –, mas Pitter lembra que ele também se aventurou a fazer contos. Todos eles retratavam figuras da classe trabalhadora enfrentando várias formas exploração, opressão e privação, mas além da peleja com os mecanismos da prosa e do diálogo, Orwell tinha grandes problemas com seu tema preferido. Como ele mesmo admitiu a respeito desse período em *O caminho para Wigan Pier*:

> Mas eu nada sabia sobre as condições da classe operária. Já tinha lido estatísticas sobre desemprego, mas não fazia noção do que elas significavam; e, sobretudo, não sabia do fato essencial de que a pobreza "respeitável" é sempre o pior tipo. O pavoroso destino de um trabalhador decente que de repente é jogado na rua depois de uma vida inteira de trabalho estável, suas angustiantes batalhas contra leis econômicas que ele não compreende, a desintegração das famílias, o corrosivo sentimento de vergonha [...]
>
> Eu tinha consciência de um imenso fardo de culpa que precisava expiar. [...] Sentia que precisava escapar não só do imperialismo, mas de todas as formas de domínio do homem sobre o homem. Eu queria submergir, enfiar-me bem no meio dos oprimidos, ser um deles e estar do lado deles contra seus tiranos.

A primeira expedição de Orwell foi ao East End, especificamente à rua Limehouse Causeway, onde entrou em uma hospedaria comum cujo anúncio prometia "Boas camas para homens solteiros", o que fazia o quarto dele em Notting Hill parecer luxuoso em comparação. Orwell havia surrado suas roupas menos respeitáveis, e ninguém suspeitou que ele fosse alguma outra coisa além de uma pessoa muito pobre, como os demais residentes. Um estivador bêbado cambaleou em sua direção, e mais tarde ele escreveu sobre isso como "uma espécie de batismo". Ele achou que o homem ia atacá-lo, mas estava apenas oferecendo hospitalidade: "Toma aí um chá, meu chapa! [...] Toma aí uma xícara de chá!".

Um ano e meio antes, a Greve Geral de 1926 havia sido a única vez na história britânica em que as "pessoas comuns", as classes trabalhadoras, chegaram perto de forçar uma reversão na política, quase derrubando o próprio governo. Quase dois milhões de trabalhadores dos transportes e da indústria pesada cruzaram os braços em solidariedade aos mineiros de carvão que enfrentavam locautes, reduções salariais e piora nas condições de trabalho. Depois de nove dias de paralisação, o governo, apoiado por voluntários da classe média que temiam uma revolução socialista, derrotou o Trades Union Congress [Central dos Sindicatos]. Quando Orwell decidiu se disfarçar de miserável, a vitória do governo já havia resultado no fim do direito dos trabalhadores braçais e industriais a opinar sobre questões como níveis salariais e indenizações por demissão. Um imenso contingente de homens, que já recebiam baixíssimos salários e sobreviviam pouco acima da linha da pobreza antes da greve, agora se juntavam às fileiras dos desempregados.

Durante dezembro de 1927 e janeiro de 1928, Orwell se aventurou mais a fundo no mundo dos despossuídos de Londres. Ele se disfarçou de vagabundo usando roupas mal-ajambradas doadas por instituições de caridade ou que, devido à condição lamentável em que estavam, podiam ser compradas por quantias simbólicas, meros centavos. Sua primeira publicação relevante seria um ensaio, "O albergue",* que apareceu na revista *The Adelphi* em 1931. Era um treino para a seção londrina do livro *Na pior em Paris e Londres*. O albergue do título era a versão do século XX de um albergue de passagem, efetivamente o último recurso para homens à beira da desnutrição ou para aqueles que temiam que outra noite ao ar livre pudesse significar morrer congelado. Segundo o relato de Orwell, os residentes eram tratados como gado, mas a passagem mais interessante envolve sua conversa com "um vagabundo bastante superior, um jovem carpinteiro que usava camisa social e gravata [...] e carregava consigo diversos romances de [Walter] Scott em uma sacola esgarçada". O homem se interessou por Orwell, provavelmente por causa de seu sotaque. Ele não tinha dúvida de que se tratava genuinamente de um pobretão – havia muitos homens de "classe média" que passavam por maus momentos –, mas agora tinha a oportunidade, nas palavras de Orwell, de "manter-se distante dos colegas vagabundos", formando uma aliança com um igual. Orwell reclamou do desperdício de comida na cozinha do asilo e, "ao ouvir isso, ele mudou imediatamente de

---

* Publicado em abril de 1931. No original, "The Spike", gíria britânica para as *workhouses* – asilos para pessoas muito pobres, que realizavam trabalhos desagradáveis e árduos em troca de pernoite e comida; esses abrigos recebiam hóspedes apenas por uma noite. Em inglês dos EUA, *workhouse* tem o sentido de casa de correção para pessoas vadias. Publicado no Brasil no volume *Como morrem os pobres e outros ensaios*. (N. T.)

tom. Vi que tinha despertado nele o *pew-renter** latente que existe dentro de todo trabalhador inglês". O novo amigo de Orwell explica que o albergue tinha que jogar fora a comida, porque, se chegasse aos ouvidos dos mendigos a notícia de que havia abundância de refeições decentes,

> toda a gentalha do país viria para cá aos bandos. É somente a comida ruim que mantém toda essa escória longe daqui. Esses mendigos são preguiçosos demais para trabalhar, é isso que há de errado com eles. Você não vai querer encorajá-los. Eles são a escória.

Orwell comenta: "O corpo dele podia estar no albergue, mas seu espírito estava longe, no puro éter das classes médias". Fica evidente, a julgar pela descrição que Orwell faz do dialeto do homem, que ele é da classe trabalhadora, mas aspira a uma condição de superioridade moral, embora não tenha nenhuma perspectiva imediata de emprego.

Avancemos oitenta e cinco anos para uma série documental exibida pelo Channel 4 chamada *Benefits Street* [Rua dos benefícios] (2014), com foco nos moradores de uma rua em Winson Green – área residencial de Birmingham –, 90% dos quais, supostamente, vivem à base do seguro-desemprego e de outros auxílios fornecidos pelo Estado de Bem-Estar Social. A exatidão do retrato que cineastas fazem da rua James Turner é suscetível a debates, mas os indivíduos que aparecem na série raramente ou nunca contestam seu *status* de total dependência dos subsídios estatais, e parecem orgulhosos da destreza em crimes de pequeno porte, principalmente furtos em lojas. Mais significativa foi a reação negativa provocada pelos documentários. O Channel 4 e o Ofcom, órgão regulador da mídia britânica, foram bombardeados com reclamações on-line, algumas das quais acusando os produtores de exibir "pornografia da pobreza", uma cosmética da fome que exagerava a perspectiva e o estilo de vida dos residentes para criar um show de horrores. O número de queixosos foi superado de longe pelo de comentaristas que denotavam uma espantosa semelhança com o *pew-renter* de Orwell, "que existe dentro de todo trabalhador inglês". A palavra "escória" apareceu em várias mensagens, mas somente entre os telespectadores mais tolerantes. A maioria foi menos contida,

---

* A pessoa que tinha dinheiro para pagar por seu lugar cativo nos bancos da igreja, "alugando" o assento. (N. T.)

e, no Twitter, os moradores cujos nomes tinham aparecido na série foram ameaçados de violência e morte. No debate realizado na Câmara dos Comuns, Iain Duncan Smith, secretário de Estado para Emprego e Aposentadoria do governo Conservador, alegou que o programa justificava as mudanças que estavam sendo implementadas pela Lei de Reforma do Bem-Estar Social de 2012, que tornariam muito difícil para os indivíduos reivindicar quaisquer benefícios sem fornecer prova irrefutável de que os solicitantes estivessem gravemente debilitados ou no processo de candidatura a empregos. Como o novo amigo de Orwell disse, "esses mendigos são preguiçosos demais para trabalhar, é isso que há de errado com eles."

Em 1932, quando Orwell já escrevia regularmente para a *Adelphi*, ele resenhou um livro sobre a França e incluiu uma anedota pessoal. Na viagem de volta da Birmânia, seu navio ficara atracado por alguns dias em Marselha, onde o assunto que dominava os jornais e as notícias enviadas via telégrafo era a iminente execução nos EUA de Sacco e Vanzetti, anarquistas que haviam sido condenados por assassinato durante um assalto à mão armada, sem nenhuma relação visível com suas atividades políticas. Orwell testemunhou manifestações de dezenas de milhares de pessoas na cidade convencidas de que se tratava de uma decisão deliberadamente injusta do tribunal com o intuito de instilar o medo entre outros políticos radicais. Orwell achava que esse tipo de protesto "poderia ter sido visto na Inglaterra nos idos de 1840, mas certamente nunca na década de 1920". Ele assistiu às manifestações dos degraus de um dos bancos britânicos da cidade, e os bancários que se juntaram a ele confirmaram sua suspeita de que, enquanto grande parte do resto da Europa estava horrorizada com o que vinha acontecendo nos Estados Unidos, seu próprio país encontrava-se acometido por um conservadorismo inerte:

> Foi instrutivo ouvir os funcionários dos bancos (ingleses) dizendo "Ah, bem, esses malditos anarquistas têm que ser enforcados" e ver seu misto de surpresa e perplexidade quando alguém perguntou se Sacco e Vanzetti eram culpados do crime pelo qual haviam sido condenados.

Em fevereiro, Orwell viu qual era o pior cenário para os homens que, escolhendo evitar as humilhações controladas do albergue, preferiam dormir ao relento, o que envolvia uma série de opções de acomodação grotescas. O Thames Embankment [Aterro do Tâmisa] era o lugar predileto, uma vez que a maioria dos vagabundos que passava a noite ali estava, graças a algum bizarro estatuto, isenta de um regimento que abrangia todos os outros distritos da capital, o qual permitia que moradores de rua se sentassem ou se deitassem mais ou menos onde quisessem, contanto que não invadissem espaços privados ou obstruíssem as vias públicas. O que eles não podiam fazer, no entanto, era dormir. Se eles pegassem no sono, os policiais eram obrigados a acordá-los e insistir para que circulassem. O fundamento lógico para essa medida legal do século XIX era impedir que os indigentes morressem de exposição às intempéries. A recusa em se deslocar ou acordar poderia resultar em detenção. Como Orwell deixou claro em *Na pior em Paris e Londres*, os moradores de rua estavam sendo tratados como inconvenientes, e a infraestrutura jurídica e social fazia tudo a seu alcance para que eles "desaparecessem", sem de fato livrar-se de vez deles. Em dezembro de 2018, o jornal *The Guardian* revelou que, desde 2015, quase 7 mil passagens – incluindo trem, avião e ônibus – haviam sido compradas por 83 juntas administrativas e conselhos municipais na Inglaterra e no País de Gales com o intuito de "incentivar" as pessoas que dormiam ao relento em seus bairros a ir para outro lugar. É famoso o episódio em que, em 2018, o presidente do conselho do distrito de Windsor expressou seu desejo de que a polícia usasse sua força para "limpar" os moradores de rua dos pontos de ônibus, calçadas e esquinas em preparação para o casamento do príncipe Harry com Meghan Markle. Mais recentemente, funcionários da limpeza da estação ferroviária de Sutton, em Surrey, acordaram com baldes de água suja um homem que foi flagrado dormindo na plataforma, de modo a "incentivá-lo" a ir embora. Mais tarde o homem revelou que sofria de uma enfermidade crônica, mas, segundo um porta-voz da estação, o comportamento dele era ofensivo aos passageiros que pagam a passagem.

Orwell conta como aqueles que preferiam evitar o Embankment lidavam com a Lei do Despertar da polícia. No chamado "Twopenny Hangover" [cabide de dois centavos], os "hóspedes" sentavam-se lado a lado em um banco, inclinados sobre uma corda na frente deles, e de alguma forma conseguiam dormir na posição vertical. A polícia, aparentemente, tinha dificuldade para provar que dormir naquela postura era uma transgressão da lei. A outra opção de abrigo era "The Coffin" [o caixão], onde, por quatro centavos a noite, os residentes podiam isolar-se contra o frio dormindo numa caixa de madeira coberta com uma lona. Orwell considerava essa alternativa macabra e horripilante, mas aqueles que optavam por ela poderiam alegar para a polícia que não estavam dormindo "ao relento".

Alguns podem considerar que são injustas minhas comparações entre as experiências de Orwell e a vida dos que atualmente vivem na indigência. Verdade seja dita, os vários ramos do Estado de Bem-Estar Social vêm sendo destruídos pelas recentes políticas de austeridade do governo Conservador, mas certamente fornecem hoje uma rede de proteção mais segura para os sem-teto e desempregados do que havia nos anos seguintes à Greve Geral. Um livro recente, no entanto, mostra que as coisas pioraram. Em *Hired* [Contratado] (2018), James Bloodworth descreve suas experiências de trabalho nas ocupações mais humilhantes, mal remuneradas e às vezes desumanas que contribuem para o jactancioso orgulho do governo ao anunciar níveis "recorde" de mão de obra empregada. Esclarecedores e aterrorizantes em igual medida são seus contatos com pessoas que sofrem na pele os efeitos colaterais das recentes políticas públicas, especialmente os indivíduos sem emprego ou casa. Gary, morador de Blackpool, outrora levava uma vida "normal", ganhando 400 libras por semana para manter a si e à família em acomodações modestas, mas quando Bloodworth o conheceu, estava dormindo ao relento em uma mistura de plástico e papelão. Há muitos outros em situação semelhante à de Gary nas calçadas da cidadezinha onde, no passado, os proletários do norte costumavam passar as férias de verão; agora o local se tornou um depósito para os desempregados e um parque de diversões para os da mesma classe que, após uma noitada de bebedeira, sentem prazer em agredir os miseráveis e urinar neles. Gary não desperdiçava suas oportunidades, mas perder o emprego o condenou a uma espiral descendente, e os serviços sociais mostravam-se incapazes ou relutantes em abordar sua trajetória rumo à indigência como algo que não fosse inevitável. Ele relata a Bloodworth a fracassada tentativa de suicídio, o tratamento contínuo para o câncer – ele é elegível para receber quimioterapia, mas não acomodação – e, acima de tudo, a sensação de ser uma criatura sub-humana. Os beberrões lhe davam pontapés e cuspiam nele, e os que eram suficientemente caridosos para lhe atirar algumas moedas sentiam-se no dever de ordenar que ele não gastasse as esmolas com bebida. Os *pew-renters* de Orwell, embora seculares, mas igualmente desdenhosos em relação aos inferiores, sem dúvida ainda estão entre nós hoje. Ninguém, incluindo o ex-chefe de gabinete de Theresa May, que escreveu a orelha do livro, duvidou da autenticidade do relato de Bloodworth.

Com frequência, os moradores em situação de rua que optavam por dormir apoiados no "Twopenny Hangover" envolviam-se em escaramuças com a polícia a respeito da maneira pela qual a Vagrancy Act [Lei da Vadiagem] de 1824 deveria ser interpretada e aplicada; dormir sentado poderia provar que não havia acontecido vadiagem, mas a questão permaneceu sujeita a debate. Em 20 de junho de 2019, o jornal *The Guardian* informou que o Conselho de Westminster havia fechado com tábuas alguns trechos de calçada e colocado avisos informando que os invasores de uma propriedade do Conselho seriam judicialmente processados. Os únicos indivíduos tentados a transpor as barreiras de isolamento seriam aqueles que precisassem dormir ali; todos os demais usariam as partes não isoladas da via pública para se deslocar de um lugar a outro. Se o "Twopenny Hangover" parecia bizarro, então a política do Conselho de Westminster parece ser outra variação do jogo de incitamento-e-dissuasão praticado pelas autoridades contra os sem-teto. Segundo a Rede Combinada dos Sem-Teto e Informação [CHAIN, na sigla em inglês], organização que coleta números sobre desabrigados na capital inglesa, havia 8.855 pessoas dormindo nas calçadas de Londres em 2018, um recorde histórico.

Em abril de 1928, Orwell embarcou no trem para Dover e depois viajou de Calais a Paris, onde se alojou no número 6 da Rue du Pot de Fer, no quinto *arrondissement*, que ele descreve em *Na pior em Paris e Londres* como "casas altas e leprosas, inclinadas umas na direção das outras em atitudes estranhas, como se tivessem sido congeladas no momento em que desmoronavam". Não era um local exatamente elegante para parisienses, mas para norte-americanos e alguns britânicos expatriados, funcionava como um ímã. A presença de artistas e escritores boêmios era maciça. Alguns anos antes da chegada de Orwell, Ernest Hemingway instalara a esposa e o filho primogênito em um apartamento a menos de duzentos metros dali, acima de uma madeireira, com uma "privada" que se resumia a um buraco no chão cercado por uma cortina. Hemingway teria tido condições de pagar por um lugar bem melhor, mas para muitos modernistas baseados em Paris a vida dura era *de rigueur*. Ezra Pound havia morado ali perto, assim como o romancista norte-americano John Dos Passos. Não há evidências de que Orwell tenha sentido vontade de se juntar ao círculo de radicais estéticos que afluíam aos montes para Paris na década de 1920. Na época, parecia não ter conhecimento da existência deles. Mais tarde, quando questionado sobre isso, Orwell afirmou que talvez tivesse visto James Joyce na rua, mas como não o conhecia pessoalmente e tampouco sabia como era a aparência física do irlandês, não podia ter certeza. Orwell nunca comentou por que escolheu ir para Paris, e tudo o que podemos inferir é que ele estava dando continuidade à experiência de viver entre os pobres.

A seção parisiense de *Na pior em Paris e Londres* aponta a diferença entre a capital francesa e sua contraparte britânica. Em Londres, Orwell e seus companheiros vagabundos, desempregados e em situação de rua não são apenas membros de um substrato social diferente; eles estão desprotegidos e à deriva. Orwell teve que se tornar outra pessoa, e Ruth Pitter lembrou que caiu na risada enquanto Orwell tirava da mala e vestia seu "traje" de roupas imundas e esfarrapadas, "o tempo todo lançando-nos um olhar furioso e desafiando-nos a não rir, mas nós rimos". Nos cortiços do quinto *arrondissement*, Orwell não precisava se disfarçar. Ninguém duvidava de que ele era um cidadão inglês bilíngue em aperto financeiro, cujas circunstâncias o levaram a Paris a fim de ganhar uma quantia suficiente dando aulas de inglês para sobreviver. Não ser um completo impostor parecia conferir a Orwell uma sensação de macabra camaradagem com figuras às vezes excêntricas, às vezes completamente desagradáveis. "Charlie", cujas histórias apimentam o livro, vem de uma família educada de classe média e não se dá ao trabalho de explicar suas atuais circunstâncias. No entanto, diverte os amigos com um relato que faz *Lolita* de Nabokov parecer um conto de fadas, descrevendo em detalhes pavorosos como obteve acesso a um bordel para homens com gostos muito específicos. Entre eles, a satisfação de clientes que gostam de fazer sexo com mulheres jovens e relutantes; em suma, ele sente um prazer horripilante em sua narração de como pagou para estuprar uma menina. Depois, chegamos às histórias do próprio Orwell sobre seu trabalho como *plongeur* – um lavador de pratos e factótum encarregado de serviços e tarefas gerais – no Hotel X, onde o cozinheiro não cospe na sopa apenas de vez em quando, mas faz disso uma rotina. Ele lambe o bife e lhe dá um tapa com as mãos sujas, "como um artista que avalia um quadro", depois coloca o pedaço de carne amorosamente no prato com seus "dedos gordos e rosados, que ele já lambeu, um por um, cem vezes naquela manhã". Em seguida, o garçom se junta à cerimônia e "mergulha os *próprios* dedos no molho – dedos asquerosos e engordurados que ele vive passando pelos cabelos besuntados de brilhantina". A torrada dos clientes da manhã é "amanteigada" com gotas de suor da testa do funcionário, depois de ter caído na serragem imunda do chão da cozinha. Orwell relata isso de modo impassível, ou pelo menos faz o melhor que pode nesse sentido. É evidente que sente uma camaradagem com os franceses das classes baixas, em comparação com a pena e furor diante da resignação passiva dos britânicos. Orwell aprova incondicionalmente o gesto dos trabalhadores franceses de emporcalhar a comida. No entanto, ele observa que "em restaurantes muito baratos é diferente": os *chefs* e garçons respeitam os clientes como iguais. "Simplificando, quanto mais cara a comida, mais suor e cuspe o cliente é obrigado a comer com ela."

Orwell viveu em Paris por mais de dezoito meses, retornando à Inglaterra em dezembro de 1929. Sua pior fase na França foi, de acordo com o ensaio "Como morrem os pobres",* o período que passou no Hôpital Cochin, sofrendo do que ele alegou ser uma pneumonia. Orwell ficou surpreso por ter sobrevivido, dado que tais hospitais públicos pareciam-lhe indignas salas de espera da morte para aqueles que não tinham condições de pagar por tratamento particular.

Tem havido boa dose de especulação sobre o quanto Orwell exagerava os fatos, até que ponto os inventava ou deixava outros tantos completamente de fora, em especial no que diz respeito aos aspectos grotescos do período que passou em Paris. Ele ainda não havia publicado nenhum texto de ficção, mas, por conta da intensa nitidez das descrições dos outros residentes dos cortiços, os textos de Orwell são de tirar o fôlego e não muito críveis, especialmente quando comparados à mundanidade desesperançada dos vagabundos ingleses. Além de Charlie, cujo relato do estupro da virgem é uma obra-prima de verborragia exuberante, também encontramos o mais pitoresco dos companheiros de Orwell, Bóris, ex-capitão do Exército russo agora exilado pelos bolcheviques. Orwell declara: "Ele foi meu amigo íntimo durante um bom tempo". Se *Guerra e paz* fosse atualizado para o início do século XX, Bóris poderia ter saído diretamente das páginas de Tolstói:

> "*Voilà, mon ami*! Aqui você me vê no pelotão de frente da minha companhia. Uns belos homenzarrões, né? Não são como esses ratinhos franceses. Capitão aos vinte anos – nada mal, né? Sim, capitão do Segundo Batalhão de Fuzileiros Siberianos; e meu pai era coronel.

---

* "How the Poor Die" (*Now*, n. 6, novembro de 1946). Publicado no Brasil no volume *Como morrem os pobres e outros ensaios*. (N. T.)

Duas figuras que com toda certeza estavam presentes nos arredores da mesma vizinhança de Paris, mas cujas ausências no livro são perceptíveis, são Nellie e Eugène Adam, que moravam em um apartamento a menos de oitocentos metros da Rue du Pot de Fer. Nellie Adam, cujo sobrenome de solteira era Limouzin, era a tia da Birmânia que se mudara para Paris. Orwell estaria fazendo questão de ignorar os membros da família materna, como agira no Oriente? Ele sabia que os familiares estavam lá, mas, independentemente de entrar em contato com eles, é curioso que nunca tenha feito qualquer referência a nenhum dos dois em correspondências ou conversas posteriores; ou melhor, não exatamente. A biografia de Orwell escrita por Bernard Crick foi a que teve o trabalho de pesquisa mais meticuloso, e ele conta como o biografado, em seus últimos anos de vida, "disse a um amigo [...] que, quando jovem, rumara a Paris em parte para aprimorar seu francês, mas teve que se mudar da primeira hospedaria porque o proprietário e a esposa só falavam esperanto – e era uma ideologia, não apenas uma língua". O marido de Nellie, Eugène, fluente em bretão e francês, havia se engajado no comunismo após uma visita a Moscou e escolhera o esperanto como a língua internacional do vindouro mundo da Revolução, recusando-se a falar qualquer outro idioma em casa. Orwell, embora jamais se referisse especificamente ao tio, amiúde repetia que os esperantistas de esquerda eram "rabugentos desequilibrados". Isso importa? Sim, se acreditarmos que Orwell havia descido a um infernal submundo de pobreza, com pouca esperança de retornar, após o roubo do pouco dinheiro que ele havia economizado, e a consequência foi ter chegado à beira da morte. Tivesse Orwell optado por entrar em contato com os Adam, eles seriam uma rede de segurança muito conveniente.

ORWELL ERA ANTISSEMITA?

O realismo documental permite graus de ênfase exagerada e oportunidades silenciosamente ocultas de evasão, mas há pouca dúvida de que grande parte dos relatos baseados em Paris é autêntica, o que nos leva a um atributo que desde então paira como uma sombra sobre a reputação de Orwell como "a consciência do século XX". Logo depois da publicação de *Na pior em Paris e Londres* em 1933, seu editor, Victor Gollancz, recebeu uma carta de um leitor afirmando que "[...] Estou estarrecido que um livro que contenha comentários tão ofensivos e odiosos sobre os judeus tenha sido publicado por uma empresa que leva o nome Gollancz". Bóris é ostensivamente antissemita, choramingando por ter que dividir o quarto com um judeu e amaldiçoando o homem por ousar existir. Ele conta a Orwell um episódio no qual, durante a guerra, "um judeu velho e horrível, com uma barba ruiva como a de Judas Iscariotes", entrou furtivamente em seu alojamento e lhe ofereceu o desfrute de uma "linda jovem de apenas dezessete anos [...] [por] apenas 50 francos". A moça era a filha do próprio homem. "Assim é o caráter nacional do judeu." Ele acrescenta que no Exército russo era considerado "inaceitável" que um oficial cuspisse num judeu: "O cuspe de um oficial russo era precioso demais para ser desperdiçado nos judeus [...]". Orwell nada comenta, mas, no Capítulo 3, descreve que teve de vender algumas roupas em um brechó na Rue de la Montagne Ste-Geneviève, cujo dono era "um judeu ruivo, um homem extraordinariamente desagradável" e, sem explicar por que esse homem era mais detestável do que muitos outros que, de várias maneiras, enganavam e exploravam outros seres humanos naquela parte da cidade, acrescenta: "Teria sido um prazer achatar o nariz do judeu, se alguém pudesse se dar a esse luxo". É interessante que Orwell tenha escolhido o nariz do homem como seu alvo preferido porque, logo após seu retorno a Londres, ele entra em um café em Tower Hill onde "em um canto, sozinho, um judeu com *o focinho enfiado* [ênfase minha] no prato devorava uma porção de bacon, com ar culpado".

Gollancz recebeu mais de uma carta de reclamação, e essa correspondência parece ter tido algum efeito, já que a partir daí Orwell exercitou um notável grau de autocontrole na apresentação dos judeus em sua obra. Sob a superfície, no entanto, algo mais estava acontecendo. Nos *Diários* de Orwell – então inéditos –, que registram suas experiências com os colhedores de lúpulo, efetivamente o estágio seguinte no processo de "tornar-se nativo", ele conta como (em 28 de agosto de 1931) conheceu um "rapaz de vinte anos chamado Ginger, que parecia um sujeito bastante promissor". Ele se afeiçoa a Ginger, mas antipatiza com o companheiro do rapaz:

> [...] O outro era um judeu baixinho de Liverpool de dezoito anos, um moleque de rua completo. Não sei se alguma vez na vida já vi alguém que me desagradasse tanto como esse rapaz. Era guloso feito um porco em relação à comida, eternamente revirando latas de lixo, e tinha um rosto que lembrava um animal nojento comedor de carniça. Sua maneira de falar sobre as mulheres, e a expressão de seu rosto quando fazia isso, eram abominavelmente obscenas, a ponto de quase me fazer vomitar. Jamais conseguíamos persuadi-lo a lavar outra parte do corpo além do *nariz* [ênfase minha] e um pequeno círculo ao redor dele, e ele mencionava com a maior tranquilidade do mundo que tinha vários tipos diferentes de piolho.*

Quanto aos hábitos e à higiene, ele não é pior do que muitos outros moradores de rua com quem Orwell compartilha vários níveis de privação. Então por que ele reserva tamanho desprezo pelo "judeu"? Uma pista pode estar no fato de que Orwell nunca se refere a ele pelo nome. Isso é coerente com *Na pior em Paris e Londres*, em que, além das figuras já mencionadas, um episódio memorável envolve um "judeu" que trapaceia seus companheiros

---

* "Hop-Picking Diary" (publicado em 25 de agosto de 1931). "Diário da colheita de lúpulo", incluído no volume *Como morrem os pobres e outros ensaios*. (N. T.)

de cortiço vendendo-lhes cocaína que, descobre-se no fim, não passava de pó de arroz. É difícil imaginar que Orwell não soubesse os prenomes desses indivíduos, mas ele se refere a cada um deles apenas como "o judeu". Até mesmo nos *Diários* ele mantém essa prática. Em 19 de setembro de 1931, Orwell fala sobre as pessoas que ele conhece em um *"kip"** na rua Tooley, no leste de Londres. Um deles é um ladrão que rouba lojas, casas e carros e vende "as coisas para um judeu em Lambeth Cut". No chamado *Diário do Marrocos*, que abrange o período em que Orwell e a esposa, Eileen, passaram um tempo no Norte da África após a Guerra Civil Espanhola, Orwell demonstra especial interesse pela vasta população de judeus e conversa com alguns deles, mas, novamente, em momento algum se interessa por seus nomes. Era quase como se Orwell não fosse capaz de conferir a esses "judeus" o direito à individualidade desfrutado por todos os outros, preferindo vê-los como parte de uma condição coletiva.

Assim que os nazistas tomaram o poder na Alemanha e deixaram claro que o antissemitismo seria a política oficial do governo, Orwell expressou com todas as letras, em artigos e resenhas de livros, a sua desaprovação. À medida que publicava cada vez mais textos e se tornava um membro do *establishment* literário, também fez amizade com um significativo número de judeus. Com seu primeiro editor, Victor Gollancz, Orwell se manteve num nível, se não de amabilidade, pelo menos do respeito mútuo, o que caracterizava também seu relacionamento com diversos outros escritores, intelectuais e editores. Os escritores e agitadores políticos Tosco Fyvel e Arthur Koestler provavelmente foram seus dois melhores amigos durante os anos de guerra. Fredric Warburg era ao mesmo tempo seu confidente e editor, e Orwell gostava da companhia dos jornalistas Jon Kimche e Evelyn Anderson, os quais respeitava muito.

O texto mais franco de Orwell sobre o antissemitismo foi publicado no *Contemporary Jewish Record* [Registro Judaico Contemporâneo] de abril de 1945, menos de um mês antes do final da guerra na Europa. A horrível natureza do Holocausto ainda não era completamente conhecida do público geral, mas não houvera restrições à cobertura jornalística da política nazista

---

*   *Kip*: no sentido original, bordel; depois, por extensão, uma hospedaria, pensão, estalagem, albergue, e por fim, uma cama, um lugar para dormir ou pernoitar. Sono, cochilo, soneca. (N. T.)

de repressão, perseguição e deportação de judeus do período pré-guerra, e relatos sobre a libertação de Belsen pelas tropas norte-americanas e britânicas já tinham aparecido na imprensa. A reputação de Orwell como um obstinado prevaricador – menos um homem que fica sentado em cima do muro do que um que se recusa a aceitar que qualquer um dos lados seja satisfatório – está bem estabelecida, e seu ensaio "Anti-semitism in Britain" [Antissemitismo na Inglaterra] dá credibilidade a isso. No entanto, o texto mostra também que, a despeito do que se sabia sobre os acontecimentos na Alemanha, o antissemitismo continuou sendo uma característica endêmica da sociedade britânica, e Orwell oferece registros literais de comentários feitos a ele por indivíduos de todo o espectro socioeconômico de Londres "durante o último ano ou par de anos". Há a "mulher de classe média" que afirma que

> ninguém pode me chamar de antissemita, mas acho que o modo como esses judeus se comportam é absolutamente fétido. O modo como eles forçam passagem para abrir caminho nas filas e assim por diante. É abominável como são egoístas. Acho que eles mesmos são os responsáveis por muito do que acontece com eles.

Há um contador licenciado, um leiteiro, uma mulher ("inteligente") comprando um livro, um jovem intelectual ("comunista"), um vendedor de tabaco e um escriturário de meia-idade. Todos eles odeiam judeus e, embora seja impossível refutar a alegação de Orwell de que as declarações dessas pessoas são autênticas, não se pode contestar que muitos têm uma extraordinária semelhança com o próprio senso de repulsa de Orwell ao "judeu baixinho de Liverpool [...] um moleque de rua" e outros judeus que ele encontra em seus *Diários*. É bem provável que essas pessoas fossem reais, mas também se pode suspeitar que Orwell estava reconhecendo nelas, com horror, algo de seu próprio passado.

Orwell segue adiante para investigar a natureza e as causas do antissemitismo, descrevendo como, de Chaucer em diante, a literatura inglesa passou a refletir a atitude para com os judeus na Inglaterra como um todo, com Shakespeare, Smollett, Thackeray, Shaw, H.G. Wells, T.S. Eliot, Huxley, Belloc e Chesterton exibindo, sem rodeios, francas tendências antissemitas. Orwell não expressa suas próprias opiniões acerca desses escritores, apenas que "qualquer um que tenha escrito nessa linha *agora* faria cair sobre si uma tempestade de insultos, ou [...] constataria que é impossível publicar seus escritos". Normalmente um defensor da liberdade de expressão, a despeito da natureza repugnante da mensagem, Orwell não lamenta o fato de que, a partir da guerra, uma forma de censura tornou-se natural.

Orwell admite não ter "nenhuma teoria rígida sobre as origens do antissemitismo". Apresenta uma variedade de fatores contribuintes, por exemplo, preconceito medieval, nacionalismo moderno, a prática de capitalistas e anticapitalistas de eleger bodes expiatórios etc., mas parece satisfeito em considerar isso uma forma de "neurose" ou esquizofrenia. A passagem mais convincente é:

> O que perverte praticamente tudo o que se escreve sobre antissemitismo é a suposição, na mente do escritor, de que *ele próprio* está imune a esse preconceito. "Como sei que o antissemitismo é irracional", ele argumenta, "por conseguinte eu não compartilho dele." Ele, portanto, deixa de iniciar uma investigação no único lugar onde poderia se apossar de alguma evidência confiável – isto é, em sua própria mente.

Especialmente reveladora é a suposição de Orwell de que escritores inteligentes e equilibrados – ao contrário dos antissemitas fanáticos, cuja expressão ele registra – se imunizam contra seu preconceito, tratando-o como algo irracional e, portanto, aquém de sua elevada posição intelectual e moral. Na superfície, Orwell aborda o tema com fria objetividade, mas se lermos a passagem tendo em mente o que sabemos sobre suas próprias transgressões, fica evidente que ele está falando consigo mesmo, ou melhor, interrogando a si mesmo. Para adaptar e ampliar um velho ditado: alcoolismo e antissemitismo têm muito em comum – o primeiro passo para lidar com eles é reconhecer que você tem um problema. Ao longo do ensaio, Orwell retorna à tensão entre o antissemitismo profundamente arraigado, talvez instintivo e automático, e a relutância ou incapacidade dos antissemitas de enfrentar seus preconceitos. Ele conta que, em 1943, uma cerimônia ecumênica foi realizada em St. John's Wood *[distrito em Westminster, oeste de Londres]* para mostrar o sentimento de solidariedade dos londrinos aos refugiados judeus recém-chegados. "Na superfície, foi uma tocante demonstração de solidariedade [...] mas era em essência um esforço consciente de se comportar de maneira decente por parte de pessoas cujos sentimentos subjetivos deviam ser, em muitos casos, bastante diferentes." Orwell enumera adiante mais exemplos de pessoas que ele conhecia, sem nomeá-las, que juravam lealdade aos judeus perseguidos ao mesmo tempo que, em âmbito privado, nutriam aversão pela presença deles. Orwell não cita os nomes dessas pessoas porque, como fica evidente em uma anotação de 25 de novembro de 1940 contida em seus *Diários*, ele próprio era uma delas.

> Outra noite observei as multidões que se abrigavam nas estações Chancery Lane, Oxford Circus e Baker Street. Nem todos são judeus, mas, penso eu, há uma proporção maior de judeus do que normalmente se vê em uma multidão desse tamanho. O que é ruim sobre os judeus é que eles não apenas chamam a atenção, mas se esforçam para se fazer notar. Uma judia medrosa, um judia típica de cartum, pelejou para descer do trem em Oxford Circus, distribuindo sopapos em todos que atravancavam seu caminho [...] A minha sensação é a de que qualquer judeu, isto é, qualquer judeu europeu, preferiria o tipo de sistema social de Hitler em detrimento do nosso, não fosse pelo fato de que ele os perseguiu [...] Eles fazem uso da Inglaterra como um santuário, mas não são capazes de evitar o mais profundo sentimento de desprezo pelo país. Dá para ver em seus olhos, mesmo quando não dizem isso com todas as letras.

Há cinco outras ocasiões em "As I Please" [*"O que me der vontade", série de artigos na coluna de Orwell para a revista* Tribune] em que ele aborda diretamente o antissemitismo, encontrando contínuas evidências de que a opinião pública britânica teria cooperado com os nazistas caso a nação tivesse sido ocupada (ver especialmente "As I Please" de 11 de fevereiro de 1944.) Ele estava desmascarando algo desagradável ao mesmo tempo que se envolvia em um exercício privado de arrependimento. Em 19 de maio de 1944, Orwell expôs um exemplo de correspondência que recebia regularmente:

> AO EDITOR PAGO PELOS JUDEUS
> *TRIBUNE*
> LONDRES
>
> VOCÊ ESTÁ CONSTANTEMENTE ATACANDO NOSSOS GALANTES ALIADOS POLONESES PORQUE ELES SABIAM COMO TRATAR [...] TODOS OS EDITORES PAGOS POR

JUDEUS [...] SABEMOS QUE VOCÊ ESTÁ NA FOLHA DE PAGAMENTO DOS JUDEUS [...] VOCÊ É UM AMIGO DOS INIMIGOS DA INGLATERRA! O DIA DO JUÍZO FINAL ESTÁ PRÓXIMO. CUIDADO. TODOS OS PORCOS JUDEUS SE-RÃO EXTERMINADOS À MANEIRA DE HITLER – A ÚNICA MANEIRA DE SE LIVRAR DOS JUDEUS. MORTE A JUDÁ.

Em qualquer outra circunstância, esse exemplar de lenga-lenga enfurecida e semiletrada poderia ter causado risadas (hoje encontramos brilhantes caricaturas de gente igualmente cretina, vociferando discursos de ódio em redes sociais, na revista satírica *Private Eye*), mas em 1944 Orwell divulgou o texto a fim de envergonhar aqueles que talvez compartilhassem das opiniões do autor ou até mesmo fossem tentados a rir dele. Teria sido essa hedionda figura uma invenção? Possivelmente, mas, em caso positivo Orwell a criou como uma versão dolorosa e grotescamente exagerada de si mesmo. Se houver dúvidas de que o ensaio "Antissemitismo na Inglaterra" deveria ter sido intitulado "Antissemitismo em Orwell", a passagem a seguir há de dissipá-las:

> Veremos, portanto, que o ponto de partida para qualquer investigação acerca do antissemitismo não deve ser "Por que essa convicção obviamente irracional seduz outras pessoas?", mas sim "Por que o antissemitismo me seduz? O que há nele que julgo ser verdadeiro?". Se alguém fizer a si mesmo essas perguntas, pelo menos descobrirá as próprias racionalizações, e talvez seja possível descobrir o que está por trás delas.

Seis meses após o artigo no *Contemporary Jewish Record*, Orwell escreveu um artigo para a *Tribune* intitulado "A vingança é amarga",* em que fala de sua visita a um campo de concentração recém-libertado. Ele é guiado por um "pequenino judeu vienense", um tradutor que fora recrutado para o setor do Exército norte-americano incumbido dos interrogatórios de prisioneiros. Esse "judeu" encontra um oficial nazista e começa a dar pontapés nele. Orwell fica horrorizado, por constatar que os libertadores desceram

---

* "Revenge is Sour" (9 de novembro de 1945). Publicado no Brasil no volume *Como morrem os pobres e outros ensaios*. (N. T.)

ao mesmo nível dos nazistas, mas seu foco está em como o "judeu" sente prazer em se vingar do oficial da SS: "Com o mesmo ar de quem entra em um frenesi de fúria [para chutar o homem da SS] – na verdade, ele estava quase dançando de um lado para o outro enquanto falava –, o judeu nos contou a história do prisioneiro". Não é o "soldado" nem o "tradutor", mas o "judeu". Evidentemente, a tentativa de Orwell de uma autoadministrada "cura pela fala" no artigo anterior foi apenas parcialmente bem-sucedida.

Enfatizo essa questão porque é de imensa relevância para os dias atuais. A partir do período que passou no East End e em Paris, Orwell tornou-se mais e mais comprometido com os objetivos do Partido Trabalhista Independente [ILP, na sigla em inglês]. Na Birmânia, ele descobriu que o Império era intrinsecamente racista, e, quando retornou à Inglaterra, a injustiça social e a desigualdade eram suas únicas preocupações. Como ele pôde conciliar esses engajamentos e princípios com um aparente desprezo pelos judeus? Hoje, o Partido Trabalhista é rachado por acusações de antissemitismo contra um grande número de figuras da esquerda linha-dura. Os que fazem parte da facção moderada – especialmente o ex-vice-líder Tom Watson – defendem expulsões implacáveis de membros que fizeram comentários antijudaicos on-line ou em reuniões, ou que comprovadamente se envolveram em campanhas contra parlamentares Trabalhistas judeus ou seus apoiadores. Entre eles, Luciana Berger, deputada por Liverpool Wavertree, é a vítima mais famosa. Juntamente com outros seis parlamentares Trabalhistas, Berger abandonou o partido em fevereiro de 2019, sendo uma das diversas razões a política da liderança em relação ao Brexit; ela ingressou recentemente no Lib Dems [Partido Liberal-Democrata].* Em outubro, *Dame* Louise Ellman, judia e parlamentar Trabalhista por mais de vinte anos, renunciou por causa do antissemitismo endêmico do partido. Berger e Ellman ficaram especialmente inquietas com evidências de que o partido não havia tratado com a devida seriedade as expressões de antissemitismo dentro das próprias fileiras. Em março de 2018, Berger perguntou a Jeremy Corbyn por que ele, em 2012, antes de ser eleito líder dos Trabalhistas, fez objeções à remoção de um mural no bairro londrino de Tower Hamlets representando um grupo de indivíduos sentados

---

* A judia Luciana Berger afirmou estar "envergonhada" de continuar no partido, porque os Trabalhistas se tornaram institucionalmente antissemitas. Berger foi vítima de ataques virtuais por sua religião e sofreu duas moções de desconfiança por comentários sobre o preconceito do líder do partido, Jeremy Corbyn. (N. T.)

em torno de um tabuleiro de Banco Imobiliário. Deborah E. Lipstadt, historiadora norte-americana do Holocausto, declarou que as figuras eram quase idênticas às caricaturas dos judeus que apareciam no semanário de propaganda nazista *Der Stürmer*. Pode-se acrescentar que o mural também lembra o retrato verbal que Orwell faz de um judeu no café do East End com "o focinho enfiado no prato". O artista plástico autor da obra, Mear One, não fez objeção, alegando que o trabalho representava "um cartel de banqueiros da elite", especialmente os Rothschild e os Rockefeller, e acrescentou que "alguns dos judeus brancos mais velhos da comunidade local ficaram bravos comigo por retratar seus amados #Rothschild ou #Warburg etc. como os demônios que eles são". Corbyn respondeu aos comentários on-line do artista, alegando que o plano para remover a obra ia contra o princípio da liberdade de expressão, acrescentando: "Por quê? Vocês estão em boa companhia. Rockerfeller [sic] destruiu o mural de Diego Rivera porque incluía uma imagem de Lênin". Na ocasião, Corbyn era um parlamentar do baixo clero,* pouco conhecido fora de Westminster, mas com um longo histórico como apoiador de causas da extrema esquerda, envolvendo principalmente grupos pró-palestinos e anti-Israel. O tuíte de Berger causou uma tempestade de fogo, e um grande número de comentários e ações prévias do líder do partido foi trazido à atenção do público. Em 2012, ele havia participado de uma conferência em Doha organizada pelo Hamas, grupo islâmico dedicado à destruição de Israel, e mediou um painel de discussão que incluía Husam Badran, membro sênior do grupo e responsável pela orquestração de uma série de atentados em Israel entre 2001 e 2002, que resultaram na morte de 79 civis. Corbyn alegou mais tarde que era "amigo" tanto do Hamas quanto do Hezbollah, grupo do Líbano que também organiza ataques contra Israel. Em 2010, Corbyn copresidiu um evento na Câmara dos Comuns com Hajo Meyer, antissionista sobrevivente de Auschwitz, durante a Semana em Memória das Vítimas do Holocausto. A palestra de Meyer teve como tema "O mau uso do Holocausto para objetivos políticos" – especificamente, a fundação e perpetuação de Israel como um Estado. Em janeiro de 2013, Corbyn defendeu a declaração feita por Manuel Hassassian, representante diplomático da Autoridade Palestina no Reino

---

* No original, *backbenchers*, literalmente os deputados do partido que assentam nas fileiras localizadas atrás da área onde ficam os líderes. São os parlamentares sem cargo no governo ou no governo paralelo ("Shadow Cabinet") da oposição. (N. T.)

Unido, de que Israel deveria ser impedido de "edificar seu sonho messiânico de Eretz Israel", acrescentando que "os sionistas [...] têm dois problemas [...] um é que não querem estudar história e, em segundo lugar, tendo vivido neste país por muito tempo [...] ainda não entendem a ironia inglesa. Manuel entende a ironia inglesa e a usa de maneira muito, muito eficaz [...]".

A revelação do passado de Corbyn fez com que viessem à luz inúmeras atividades semelhantes de outros membros do partido. Kayla Bibby, uma destacada ativista, publicou em 2016 a ilustração de um alienígena, com a estrela de Davi impressa no dorso, atacando o rosto da Estátua da Liberdade, e acrescentou a legenda: "A imagem mais precisa que eu vi este ano!". Em março de 2018, Christine Shawcroft renunciou ao cargo de chefe do Subcomitê de Litígios do Partido Trabalhista depois de revelado que, em 2015, ela se opusera à suspensão de Alan Bull, candidato ao Conselho Municipal de Peterborough. Bull apoiara um artigo que chamava o Holocausto de farsa. Em março de 2018, Damien Enticott, vereador Trabalhista da cidade de Bognor Regis, fez uma série de publicações antissemitas on-line, incluindo a sugestão de que "Hitler teria uma solução para o problema de Israel". Em 2016, Andrew Slack, membro do Conselho Municipal de Luton, comentou em sua página no Facebook que "Israel foi criado pelos Rothschild, não por Deus [...] e o que eles estão fazendo com o povo palestino agora é EXATAMENTE o que pretendem fazer com o resto do mundo". Ele ilustrou suas palavras com a caricatura de um soldado israelense com sangue pingando das mãos e da boca. Também em 2016, Aysegul Gurbuz anunciou no Twitter que "se não fosse pelo meu camarada Hitler, esses judeus já teriam aniquilado a Palestina do mapa anos atrás", e que tinha a esperança de que o atual programa nuclear iraniano lhes permitisse "varrer Israel da face da Terra". Antes disso, em 2011 e 2014, o vereador Trabalhista atuante em Luton descreveu Hitler como o "homem mais formidável da História". Não parece ser necessário apontar as semelhanças entre essas declarações ensandecidas e a carta recebida pelo "EDITOR PAGO PELOS JUDEUS", em 1944.

Os dois Trabalhistas antissemitas mais renomados são Ken Livingstone e Naz Shah. Livingstone, ex-líder do partido no Conselho da Grande Londres, deputado e ex-prefeito da capital inglesa, acusou Oliver Finegold, fotógrafo do jornal *Evening Standard*, de "assediar" participantes em um evento político de 2005, e lhe perguntou se ele era "um criminoso de guerra alemão". Quando Finegold apontou que sua idade e o fato de ser judeu tornavam isso improvável, Livingstone respondeu: "Você não passa de um guarda de campo de concentração, você está fazendo isso porque estão te pagando, não é?". Um ano depois, durante um conflito por conta de um projeto de construção, Livingstone aconselhou os empresários judeus David e Simon Reuben a "voltarem para o Irã e tentarem a sorte com os aiatolás". Num episódio mais famoso, em 2016 Livingstone afirmou à Rádio Londres da BBC que em 1932, após ser eleito, Hitler era um sionista fervoroso, defendendo que os judeus europeus fossem deportados para Israel. "Ele [Hitler] estava apoiando o sionismo antes de enlouquecer e acabar matando seis milhões de judeus."

Shah também esteve bastante ativa em 2016. Como deputada Trabalhista do distrito eleitoral de Bradford West, ela compartilhou no Facebook um gráfico que mostrava o contorno geográfico de Israel sobreposto a um mapa dos Estados Unidos com o título "Solução para o conflito Israel-Palestina: transferir Israel para os EUA". Desde 2012, houve mais de cem discursos gravados ou declarações on-line de Trabalhistas e apoiadores atuantes, muitos deles representantes eleitos do partido, igualando em selvageria os casos aqui relatados.

Berger, Watson e vários outros Trabalhistas moderados ficaram horrorizados com a natureza desses arroubos, e ainda mais enojados diante da aparente relutância do partido em disciplinar os antissemitas. Livingstone, por exemplo, foi colocado em suspensão temporária durante uma investigação, iniciada em 2016, que se arrastou por um período aparentemente interminável, encerrada somente por seu desligamento voluntário do partido em 2018. O vereador e ex-prefeito de Blackburn, Salim Mulla, chamou os judeus de uma "desgraça para a humanidade", culpou Israel por organizar tiroteios em escolas nos Estados Unidos e disse que o "sionismo" estava orquestrando o grupo terrorista Estado Islâmico *[também conhecido pelas siglas EI ou ISIS]*. Foi temporariamente suspenso do partido, até ser reintegrado. Bob Campbell, um ativista do ramo Teesside do Momentum, grupo pró-Corbyn da extrema esquerda, postou no Twitter a imagem de um rato marcado com a Estrela de Davi e afirmou que o Estado Islâmico é controlado por Israel. Não foi punido pelo partido. Miqdad Al-Nuaimi, vereador Trabalhista em Newport, País de Gales, tuitou que Israel estava assumindo o "caráter genocida dos nazistas" e insistiu que havia uma aliança entre Israel e o EI. Foi temporariamente suspenso e depois reintegrado.

Logo após a renúncia de Berger, um membro importante de seu próprio distrito eleitoral, Margaret Tyson, acusou-a de "apoiar o governo sionista de Israel [cujos] mestres nazistas os ensinaram bem". Outras mensagens de membros do Partido Trabalhista no Twitter diziam o seguinte: "Você deveria se envergonhar, Luciana Berger, cadela sionista [...] Eu odeio o bebê dela *[ela estava grávida de oito meses à época]*, o Israel dela", e outras incluíam a alegação de que Berger era uma "quinta-coluna", que deveria ser acusada de traição por "agir em conluio com uma potência estrangeira [Israel]". Numa das mensagens, alguém prometia matar Berger e o seu bebê assim que ela desse à luz.

Desavergonhadamente, o nazismo e várias organizações de extrema direita surgidas no pós-guerra, na Europa e em outros lugares, combinaram o racismo explícito com ridículas teorias da conspiração como base para o ódio pelos judeus. Mais recentemente, a esquerda passou a fazer a rotineira alegação de que sua atitude nada tem a ver com o que Orwell descreveu como tendências "irracionais" e "neuróticas". Por parte das figuras citadas, a defesa padrão contra as acusações de antissemitismo é a de que suas observações foram manipuladas, tiradas de contexto, e que elas pessoalmente não têm nada contra o judaísmo como um grupo étnico, uma religião e até uma raça; que, na verdade, o verdadeiro alvo de sua crítica é o Estado de Israel, especificamente o tratamento dado aos palestinos a partir de 1948. Esse é o incessante argumento apresentado pelos apoiadores de Corbyn, que insistem que ele não tem "um único fio de cabelo racista ou antissemita". Aqui, as distinções entre as falhas e dilemas de Orwell e o antissemitismo dos Trabalhistas contemporâneos se tornam pertinentes. O nazismo fez Orwell enfrentar o fato de que seus deploráveis preconceitos envolviam algo que ia muito além de uma transgressão privada. De súbito, ele reconheceu que o fanatismo individual poderia tornar-se a licença para assassinatos em massa e que, em suas falhas pessoais, ele era cúmplice do que estava acontecendo na Europa continental. Os antissemitas do Partido Trabalhista invertem essa equação entre contrição e responsabilidade coletiva. Eles ensaiam toda uma galeria de mantras ideológicos e éticos a fim de disfarçar sua aversão aos judeus.

As opiniões de Orwell sobre a Palestina tendem a oscilar. Durante a década de 1930, os judeus europeus, aterrorizados pelo fascismo, aumentaram imensamente o número daqueles que já haviam se estabelecido na região. Em 1938, havia mais de 500 mil judeus na Palestina, e o assentamento contava com o apoio quase inabalável do Partido Trabalhista Independente. Já em 1931, Henry Noel Brailsford, jornalista e socialista britânico, produziu artigos baseados em suas recentes visitas à região. Nos textos, ele relatou que lá estavam sendo realizados "milagres". As comunas dos *kibutzim* eram uma alternativa orgânica e liberal aos esquemas de coletivização impostos com brutalidade por Stálin.

A grande maioria dos ativistas Trabalhistas apoiava o sionismo. Era sinônimo de socialismo democrático, e os informes e relatos da década de 1930 sobre como os assentamentos do *kibutz* transformavam acres de terras áridas, praticamente desertas, em empreendimentos agrícolas férteis eram recebidos com entusiasmo generalizado. A implicação era que os árabes, por negligência ou incompetência, haviam administrado mal sua pátria. Em novembro de 1939, um arquivo de vigilância policial sobre Orwell registra seu apoio ao "Comitê Britânico para a Solidariedade Judaico-Árabe", criado pelo Partido Trabalhista em junho daquele ano. O Comitê não tinha um programa de ação específico, mas foi fundado para monitorar a almejada cooperação entre árabes palestinos e judeus recém-chegados, numa campanha contra a aparente inclinação destes últimos de transformar o *status quo*. Por isso o apoio de Orwell. Mais tarde, em "Antissemitismo na Inglaterra", ele afirmou que "[...] muitos judeus sionistas parecem-me ser meramente antissemitas do avesso"; ele julgava que um grupo oprimido havia muito tempo estava se tornando colonialista, e desde a Birmânia detestava o colonialismo em todas as suas manifestações. Em seu ensaio "Notes on Nationalism" [Notas sobre o nacionalismo], publicado perto do fim da guerra, Orwell afirma que o sionismo "tem as características usuais de um movimento nacionalista", que "floresce quase que de modo exclusivo entre os próprios judeus". O Partido Conservador do pós-guerra tinha uma clara e resoluta postura antissionista, temendo que a fundação de um Estado judaico potencialmente poderoso no Oriente Médio fosse uma ameaça às ambições imperiais inglesas na região. Para os Tóris, o Império estava firme e forte, mais vivo do que nunca. Os Trabalhistas, quando eleitos para o governo, continuaram com a política Conservadora de repressão militar contra vários grupos sionistas que buscavam a independência. No partido como um todo, no entanto, havia um sentimento de que a Grã-Bretanha estava negando aos sobreviventes do Holocausto seu direito inalienável – um território próprio onde pudessem se proteger. Apesar do fato de alguns de seus amigos e associados políticos mais próximos serem fervorosamente pró-sionistas, Orwell resistiu à ideia de apoiar a criação de um Estado judaico. Durante o Natal de 1945, ele passou algum tempo com o amigo Arthur Koestler, que argumentou que as centenas de milhares de refugiados judeus do Holocausto deveriam ser enviadas pelos Aliados para seu "novo lar" na Palestina. Orwell era categoricamente contrário ao projeto, tanto que Koestler julgou melhor colocar um ponto-final no debate para não pôr em risco a amizade dos dois. Depois, em sua coluna "As I Please", na *Tribune* (novembro de 1946), Orwell aparentemente quis dar continuidade à discussão, sustentando que pelo menos 100 mil refugiados judeus que tentavam chegar à Palestina deveriam ser incentivados a se estabelecer na Inglaterra. Ele argumentou que isso impulsionaria a economia do pós-guerra, cronicamente carente de mão de obra. Isso parece ao mesmo tempo generoso e bizarro, uma vez que Orwell deixara bem claro que, em sua experiência, a maioria dos trabalhadores britânicos era virulentamente antissemita. Em uma reunião do conselho editorial da *Tribune*, o deputado Trabalhista Aneurin Bevan, um dos diretores da revista, encetou um discurso pró-sionista, apenas para ser informado por Orwell de que os sionistas britânicos eram "um bando de judeus da rua Wardour que tinham uma influência controladora sobre a imprensa britânica". Quem relatou isso em suas memórias sobre Orwell foi Tosco Fyvel, que continuou sendo um amigo devotado do escritor, ainda que ficasse, em igual medida, profundamente incomodado com suas opiniões sobre a Palestina e o sionismo.

Orwell nunca se opôs abertamente à fundação de um Estado judaico independente, e, a esse respeito, uma comparação entre ele e o atual estado de ânimo do antissemitismo torna-se instrutivo. Em "Antissemitismo na Inglaterra", Orwell conduziu um diálogo secreto com um aspecto de si mesmo que ainda achava difícil sublimar, o que lhe causou certa autoaversão. Malcolm Muggeridge compareceu ao funeral de Orwell e, mais tarde, expressou surpresa pelo grande número de judeus presentes, incluindo sionistas como Fyvel, por acreditar que o falecido era "vigorosamente antissemita". Não temos registros literais das conversas entre Orwell e seus amigos judeus, mas, pelo que podemos inferir, eles o tratavam como um homem que lutava contra vários elementos de culpa e incerteza. Fyvel, por exemplo, protestou com Orwell depois de ler seu relato de judeus chutando o ex-oficial da SS – à maneira do "O que você faria?" –, e Orwell aceitou seu argumento. Em 1946, Koestler publicou um romance chamado *Thieves in the Night* [Ladrões na noite], no qual a decisão de um imigrante judeu na Palestina de se juntar a um grupo paramilitar sionista é apresentada com bons olhos. Orwell disse à esposa de Koestler que gostou de "ler, mas você sabe quais são meus pontos de vista, e em todo caso o Arthur conhece meus pontos de vista sobre esse negócio de terrorismo". Eles permaneceram próximos, e Koestler também compareceu ao funeral. Os amigos judeus de Orwell o conheciam melhor do que Muggeridge, e o consideravam um homem suficientemente decente e honesto para reconhecer as próprias falhas.

Em "Antissemitismo na Inglaterra", Orwell descreve com clareza brutal o estado de coisas em seu país de origem: "Há mais antissemitismo na

Inglaterra do que queremos admitir, e a guerra o acentuou [...] é, fundamentalmente, bastante irracional e não cede a argumentos". Ele acrescenta que as coisas são tão perturbadoras que "o antissemitismo deve ser investigado – e não diria nem pelos antissemitas, mas pelo menos por quem sabe que não é imune a esse tipo de emoção". Seus leitores, muitos dos quais logo se tornariam membros do governo Trabalhista do pós-guerra, evidentemente não levaram a sério seu alerta. Pouco mais de setenta anos depois, no entanto, o partido julgou necessário conduzir exatamente essa investigação, concentrando-se em primeiro lugar em si mesmo. O inquérito foi encabeçado por Shami Chakrabarti, integrante do Partido Trabalhista e mais tarde procuradora-geral extraoficial, nomeação que na opinião de alguns indicava um descaso com a imparcialidade. Chakrabarti concluiu que o partido não estava assolado pelo antissemitismo, e que essa aversão aos judeus não era endêmica na cultura dos Trabalhistas, mas o partido deveria se proteger contra o uso de linguagem ou imagens envolvendo estereótipos raciais e distorções de fatos históricos, especialmente o tratamento dispensado pelos nazistas aos judeus, e deveria tomar medidas disciplinares contra aqueles que transgredissem essas determinações. Como Orwell se sentiria a respeito das descobertas de uma comissão de investigação três gerações depois de ele ter pedido a instauração de uma? Em "Antissemitismo na Inglaterra", de modo bastante assustador, ele próprio parece responder:

> Para estudar cientificamente qualquer assunto, é preciso adotar uma atitude desapegada, o que é obviamente mais difícil quando os próprios interesses ou emoções estão envolvidos. Muitas pessoas plenamente capazes de objetividade acerca de ouriços-do-mar, digamos, ou da raiz quadrada de dois, tornam-se esquizofrênicas se tiverem que pensar nas fontes da própria renda.

Logo depois de entregar seu relatório, Chakrabarti foi, a pedido do líder do partido, Jeremy Corbyn, elevada a um pariato na Câmara dos Lordes. Após a divulgação das conclusões do inquérito, Marc Wadsworth, membro do Momentum, acusou Ruth Smeeth, parlamentar Trabalhista judia, de conspirar com a imprensa Conservadora contra os Trabalhistas. Na cerimônia de lançamento, ele a viu conversando com a jornalista Kate McCann, do *Daily Telegraph*, e alegou que estavam trabalhando "de mãos dadas" para minar o partido. Ao discutir a investigação, Corbyn tergiversou e comparou as ações de Israel contra Gaza ao Estado Islâmico. Ele respondeu às críticas afirmando que "nossos amigos judeus não são mais responsáveis pelas ações de Israel ou do governo de Netanyahu do que nossos amigos muçulmanos são com relação aos autoproclamados Estados ou organizações islâmicos". Resumindo: eu respeito você como muçulmano contanto que você não apoie o terrorismo islâmico, e eu tolero seu judaísmo desde que você se dissocie de Israel. Em sua vasta maioria, os judeus no Reino Unido e em outros países apoiam Israel no âmbito de querer que continue sendo um Estado independente, mas mostram profundas divergências quanto às políticas de seus vários governos. Porém, para Corbyn, os judeus que não renunciam ao sionismo são equivalentes aos fundamentalistas islâmicos que realizam decapitações gratuitas como algo corriqueiro. Coloque isso ao lado da "teoria da conspiração" judaica de Wadsworth e temos um bom exemplo da noção imaginada por Orwell – em *1984*, seu derradeiro romance – da "esquizofrenia" que evoluía para os Dois Minutos de Ódio.

O comentário mais revelador de Orwell sobre o antissemitismo é o de que seus adeptos não são capazes de reconhecer os próprios preconceitos: "Como sei que o antissemitismo é irracional [...] por conseguinte eu não compartilho dele". Isso indica, conforme apontei, uma admissão de suas próprias falhas, mas é também um terrível presságio. Foi perguntado a Tony Blair *[primeiro-ministro do Reino Unido de 1997 a 2007 e líder do Partido Trabalhista de 1994 a 2007]*, durante uma visita a Israel, se ele considerava Corbyn um antissemita. "Algumas das observações não são explicáveis de nenhuma outra maneira [...] Ele acha que é? Não, não acha, absolutamente não" (*Times of Israel*, 4 de junho de 2019). Está acontecendo hoje, mas Orwell dá ênfase especial a isso em *1984*, em que o "duplipensar" permite que as pessoas mantenham simultaneamente duas opiniões inconciliáveis. O personagem mais perturbador em *1984* é Emmanuel Goldstein. Sabemos pouco sobre ele enquanto indivíduo, apenas que era um ex-membro da cúpula do Partido que rompeu com a organização e fundou um movimento dissidente chamado "a Irmandade". É habitual identificá-lo como uma versão de Trótski, em parte porque ambos deixaram o próprio partido e ambos eram de origem judaica. É uma leitura simplista, porque nunca chegamos a ter certeza de que Goldstein sequer existe, muito menos se é responsável por arquitetar atividades traiçoeiras e autorizar a propaganda antipartidária. Tudo o que sabemos é que uma imagem dele é exibida regularmente nas "teletelas":

> Era um rosto judaico encovado, com uma vasta auréola de cabelo branco desgrenhado e um pequeno cavanhaque – um rosto

inteligente, e ainda assim inerentemente desprezível, com uma espécie de tolice senil no nariz comprido e pontudo […] Parecia a cara de uma ovelha, e a voz também tinha uma qualidade um tanto ovina […] Ele era o comandante de um vasto exército obscuro, uma rede clandestina de conspiradores devotados à derrubada do Estado.

Goldstein sintetiza as contradições que alimentavam o antissemitismo do pós-guerra. Será que ele era uma vítima (uma "ovelha") ou uma presença mais inquietante, a de "comandante de um vasto exército obscuro", provavelmente envolvendo banqueiros e agiotas? Qualquer tensão entre simpatia e repulsa era, como Orwell deixa claro em sua representação, anulada por um único fator. Goldstein era "um judeu", e totalmente merecedor dos Dois Minutos de Ódio que se seguiam à projeção de sua imagem.

1984 nos convida a pensar no Partido Trabalhista de hoje. Para muitos de seus membros, o judeu é como Goldstein: passível de transformação, suscetível a infinitas interpretações sobre quem ou o que ele pode representar. O duplipensar está mais vivo do que nunca na cultura do Partido Trabalhista do século XXI, em que contingentes aparentemente ilimitados de ativistas parecem capazes de se alternar com muita facilidade entre opiniões racionais sobre um Estado supostamente colonial, Israel, e um desprezo mais instintivo e feroz pelos judeus só por serem judeus. Recentemente, a Comissão de Igualdade e Direitos Humanos anunciou que iniciaria uma investigação sobre o antissemitismo do Partido Trabalhista, alegando de forma implícita, se não específica, que Chakrabarti havia sido incompetente e fracassado na tarefa.

O jovem Orwell era antissemita, e vestígios de seus preconceitos sobreviveram até o início da Segunda Guerra Mundial, quando ninguém na Grã-Bretanha tinha qualquer dúvida sobre o programa nazista. Ele viria a sentir ódio de si mesmo por aquilo que era, e tinha vergonha do que vira em seu país. Com relação a Israel, tinha uma posição incerta, e sua preocupação primordial era o destino dos judeus que sobreviveram ao Holocausto. Acima de tudo, Orwell foi honesto acerca de suas falhas e alerta ao fato de que os próprios judeus, especialmente sionistas como Fyvel e Koestler, tinham muito mais direito de controlar o próprio destino do que ele. Se ao menos houvesse mais pessoas como Orwell agora, principalmente no Partido Trabalhista…

SEM ESPERANÇA

Duas semanas antes do Natal de 1929, Orwell foi de Paris a Dunquerque, viajando de trem na terceira classe, e de lá pegou a balsa para Tilbury. Talvez tenha passado alguns dias em Londres – os registros exatos sobre sua jornada são superficiais –, mas está claro que seu destino era a casa dos pais em Southwold, onde chegou pouco antes do dia de Natal. Não sabemos se ele informou Richard e Ida de sua chegada com antecedência ou se simplesmente bateu à porta. Avril relatou mais tarde que durante os meses seguintes a atmosfera era desconfortável. Em Paris, Orwell começara dois romances e completara dois contos, mas a única evidência dessas tentativas de se tornar escritor era a coleção de cartas de rejeição. Ele havia vendido alguns artigos, mas nada além disso. Pairava no ar a reação desaprovadora do pai, dois anos antes, ao anúncio de sua vocação projetada; era evidente a todos que Orwell havia fracassado.

Ao longo do ano de 1930, Orwell não fez nenhuma tentativa de conseguir um emprego, e parecia sem foco nem direção. A mãe e a irmã arranjaram-lhe trabalho ocasional como tutor, primeiro para o filho adolescente dos Morgan, uma abastada família local. Bryan Morgan havia ficado debilitado como sequela da poliomielite, e o consenso local dava conta de que o rapaz era "retardado", mas ele e Orwell pareciam dar-se muito bem e passavam a maior parte do tempo passeando pelos campos de Southwold, conversando distraidamente. A irmã de Bryan, Dora, tinha dezesseis anos e era bonita; mais tarde ela descreveu Orwell como "um sujeito um pouco esquisito [...] costumávamos fazer piadas sobre ele". Um dia, quando Orwell e Bryan estavam "brincando" em uma campina perto da casa de Morgan, ela aproximou-se deles "para bater papo". Orwell sorriu e apertou na mão dela um pedaço de papel. Era um poema de amor composto recentemente, "Ode to a Dark Lady" [Ode a uma dama morena]; claramente tratava-se de Dora. Ela jogou fora o poema assim que voltou para casa.

Orwell também fez amizade com Brenda Salkeld, que ele conhecera em 1928. Ela era professora de educação física em uma escola local para meninas; filha de um vigário de Bedfordshire, tinha a mesma idade de Orwell. Os dois compartilhavam um senso de humor lacônico e conversavam sobre os romances de que gostavam; em junho de 1930, Orwell a pediu em casamento. Educadamente, ela recusou. Anos mais tarde, ao rememorar a proposta, ela não pareceu horrorizada com a perspectiva de um relacionamento de longo prazo com ele, mas sim intrigada com a natureza do gesto de Orwell. Em nenhum momento ele dera qualquer indicação de que estava interessado em nada além de companhia. Parecia determinado a agir de maneira deliberadamente irregular e um tanto bizarra. Ela também lembrou que, apesar da chocante revelação de Orwell, eles continuaram bons amigos, e em diversas ocasiões ela o convidou a se hospedar na casa de sua família, uma residência paroquial georgiana em Bedfordshire. Tempos depois, em 1930, Orwell retomou suas peregrinações de vida na pobreza, ainda que por breves períodos, e a mãe de Brenda mal reconhecia o indivíduo imundo à sua porta, um homem que fedia e ostentava uma barba de vários dias por fazer. Ela ordenava que ele imediatamente tomasse um banho e usasse algumas roupas do marido. A sra. Salkeld descreveu o comportamento de Orwell como "curioso", embora não esteja claro se ela queria dizer engraçado ou esquisito.

A mãe de Orwell também arranjou uma ocupação para ele como tutor dos três meninos de um casal de amigos, os Peters, durante as férias de verão. Mais tarde, Richard Peters tornou-se um acadêmico respeitado e lembrou que, embora apreciassem imensamente a convivência com Orwell, suas conversas pareciam girar em torno de tudo, menos de temas relacionados a aspectos educacionais. Orwell falava com os meninos sobre livros, mas de forma aleatória, e em vez disso parecia mais preocupado em instrui-los sobre a fauna local. Muitas vezes, ele os levava para pescar pardelhas no açude Walberswick, e certa manhã anunciou que lhes mostraria como fazer algo que aprendera sozinho quando tinha a idade deles em Henley: como construir uma bomba com pólvora tirada de cartuchos de espingarda. A bomba explodiu e, como acontecera no seu experimento de infância com Prosper

Buddicom, todos ficaram com as sobrancelhas chamuscadas. Na lembrança de Richard, o tutor deles era "bastante esquisito, mas muito legal".

Na primavera, Orwell passou algumas semanas com a irmã Marjorie e o cunhado Humphrey Dakin, que começara em um novo emprego no funcionalismo público. O casal havia comprado recentemente uma casa nos subúrbios de Leeds, e Dakin sentia por Orwell um desprezo que durou muito tempo depois da morte do escritor. Mais tarde, Humphrey comentou que ficou impressionado pelo modo como, durante a visita, Orwell parecia introvertido de um jeito esnobe, principalmente porque se recusava a se misturar com os amigos de Dakin no *pub* local: "Ele costumava ficar sentado sozinho num canto, com uma cara péssima". A visita foi a primeira expedição de reconhecimento de Orwell para suas viagens ao coração da classe trabalhadora do norte, jornada que resultaria em *O caminho para Wigan Pier*. Dakin sugere que a atitude retraída e reservada de Orwell no *pub* local indicava hipocrisia: ele não queria se misturar *de verdade* com as pessoas comuns. O fato é que os companheiros de bebedeira de Dakin eram, como ele próprio, de uma categoria em ascensão social, os profissionais liberais de classe média baixa. Orwell ficava "sentado sozinho num canto" porque aquela não era a Yorkshire que ele queria ver – Dakin não menciona que seu cunhado, no período que passou lá, fazia viagens regulares de ônibus e trem até os vilarejos de mineiros nas zonas carvoeiras dos arredores de Leeds.

Não está claro se Orwell tinha desistido da ficção, mas o fato é que por mais de dois anos após seu retorno a Southwold ele trabalhou incansavelmente no que viria a se tornar *Na pior em Paris e Londres*. A sra. May, faxineira dos Blair, pedia à filha que levasse xícaras quentes de chá ao quarto do andar de cima, de onde Orwell raramente saía, e onde a única evidência de sua presença eram os cliques da máquina de escrever. "Pobre menino", disse ela mais tarde. "Eu sentia tanta pena dele [...] Ele sempre parecia estar com uma barba de três dias por fazer [...] vivendo em um sonho."

Orwell, no entanto, começou a fazer tentativas de contato com membros do *establishment* literário de Londres, especialmente os editores da revista *The Adelphi*. Fundada por Middleton Murry na década de 1920, a *Adelphi* foi em seus primeiros anos uma típica revista do Grupo de Bloomsbury. A publicação brilhava com textos refletindo sobre a nova estética e os estados de ânimo do modernismo, e pouco se importava com o fato de que esses tópicos atraíam pouquíssimos leitores: seus proprietários, editores e colaboradores estavam suficientemente bem de vida para não terem que se preocupar em ganhar dinheiro com seu projeto. Em 1930, a coeditoria ficou a cargo de *Sir* Richard Rees – aristocrata de baixa fidalguia e veterano do Eton – e Max Plowman, homem de origem social semelhante. Rees e Plowman começaram a mover a *Adelphi* das margens para o terreno central da cena literária de Londres, e Rees marcou uma reunião com Orwell nos escritórios da revista em maio de 1930, a fim de contratá-lo, de início como resenhista de livros e potencialmente como colaborador. Mais tarde, Rees diagnosticou-o como um "Tóri boêmio", descontente com suas raízes e *status*, mas indeciso quanto à sua inclinação política. Mais à frente, Orwell confirmou a impressão de Rees: na época ele não sabia o suficiente sobre o socialismo para defendê-lo abertamente, mas suas experiências com os miseráveis o impeliam na direção de uma empatia para com aqueles que lhes ofereciam uma voz política. Há um relato vívido feito por Jack Common, uma das primeiras figuras genuinamente pertencentes à classe trabalhadora a ser acolhido pela cultura literária britânica, e que havia sido cooptado de seu emprego como operário em Tyneside* para atuar como "vendedor" para a revista. Mais tarde ele se tornaria um colaborador habitual do periódico. Seu primeiro encontro com Orwell se deu em uma reunião editorial:

> Já estava se formando uma lenda em torno dele. Ele não era como outras pessoas de Bloomsbury, diziam, era um forasteiro, um rebelde, um vagabundo, vivia e escrevia no mais baixo submundo da pobreza [...]
>
> Numa tarde escura, ele estava sentado na poltrona de Katherine Mansfield [...] conversando com Max Plowman e *Sir* Richard Rees, nossos editores [...] ele parecia muito autêntico: pária, mendigo talentoso, inimigo da autoridade, talvez um quase-criminoso. Mas ele se levantou para validar a nossa apresentação com um aperto de mãos. Imediatamente, boas maneiras – e mais do que boas maneiras, o processo eufemisticamente chamado de "criação" – ficaram evidentes. Uma ovelha em pele de lobo, pensei [...] Eric era apenas um fajuto, então? Ou, de qualquer forma, um mendigo amador (Crick, p. 204).

---

* Tyneside: nome dado a uma área urbanizada localizada ao longo das margens do rio Tyne, no nordeste da Inglaterra, conhecida pela produção de carvão, aço e construção naval. Seus moradores são chamados de Tynesiders. (N. T.)

O esboço completo de *Na pior em Paris e Londres*, ou *A Scullion's Diary* [O diário de um lavador de pratos],* como foi chamado a princípio, foi rejeitado por Jonathan Cape e depois por T.S. Eliot, editor de aquisições da Faber and Faber (19 de fevereiro de 1932). A carta de Eliot é uma explicação vaga e evasiva de por que sua empresa não queria o livro: era uma obra "definitivamente curta demais" (teria ele julgado que os libidinosos leitores tinham apetite por mais retratos de pobreza abjeta, desespero e desesperança?); "a construção é por demais frouxa, tendo em vista vez que os episódios franceses e ingleses se dividem em duas partes com muito pouca conexão entre elas" (uma objeção incompreensível – ele não estava convencido de que a extrema pobreza em Paris e Londres pudesse se manifestar de maneira diferente?). Sabe-se lá por que Eliot decidiu rejeitar o livro de Orwell, mas vale a pena tentar supor. Dez anos antes, em seu monumento ao verso modernista, *A terra devastada*, Eliot tratara as classes trabalhadoras como sub-humanas. Ao trazer o leitor para dentro do mundo dos proletários e tratá-los com empatia, Orwell provavelmente não caiu nas graças do editor da Faber.

Dois meses depois que o livro foi recusado pela Faber, Orwell começou a trabalhar como professor num colégio de Ensino Médio, o Hawthorns High School, em Hayes, subúrbio de Middlesex a cerca de vinte e quatro quilômetros do centro de Londres. Além do proprietário, o sr. Eunson, que não tinha instrução suficiente para lecionar, havia apenas um outro professor. A escola tinha quinze alunos, meninos entre dez e dezesseis anos. Certamente não era uma versão da São Cipriano. Eunson ganhava a vida oferecendo aos moradores locais, que desprezavam a perspectiva de seus filhos irem para as escolas municipais, as formas mais básicas de educação privada. As únicas qualificações disponíveis eram o equivalente contemporâneo do GCSE vocacional *[Certificado Geral de Educação Secundária, similar ao Exame Nacional do Ensino Médio, Enem]*, permitindo a jovens de dezesseis anos evitar os ofícios manuais e encontrar empregos como funcionários da administração local ou de escritórios comerciais. Orwell lecionou lá por quase dois anos, cumprindo diligentemente suas tarefas, divertindo e cativando os meninos e despertando

---

* Numa troca de cartas, o editor Victor Gollancz e Orwell debateram sobre várias sugestões de título, entre elas *The Lady of Poverty* [Nossa Senhora da Pobreza], *Confessions of a Down and Out* [Confissões de um indigente], *Confessions of a Dishwasher* [Confissões de um lavador de pratos]. *Scullion*, além de "ajudante de cozinha, lavador de pratos", tem o sentido de "miserável, infeliz, desgraçado, desprezível". (N. T.)

o interesse deles, assim como fizera com os irmãos Peters em Southwold. Em uma ocasião, ele organizou uma pesquisa de campo com um grupo de alunos do Hawthorns e lhes mostrou como colocar dentro de frascos o gás dos pântanos (metano) da beira do Tâmisa, e depois fazer esse gás natural explodir na sala de aula. Os meninos não eram endinheirados, então é possível que eles desejassem essas incursões para arranjar fogos de artifício grátis.

Orwell morava na escola, e, em junho de 1932, recebeu uma carta despachada do centro de Londres na qual Victor Gollancz afirmava que publicaria *Na pior em Paris e Londres*. Gollancz tinha sido influenciado acima de tudo por seu parecerista Gerald Gould:

> Trata-se de um documento de extraordinária força e relevância social, e creio que certamente deveria ser publicado [...] Nada sei sobre o autor, mas estou convencido de sua genuinidade. Ninguém seria capaz de ter inventado as experiências que ele descreve [...].
>
> O cenário é convincente, e, pessoalmente, embora eu tenha achado repugnante, como está claro que é a intenção, também achei que prendeu minha atenção muito mais do que um romance comum [...].

A conselho de Harold Rubinstein, seu advogado, Gollancz insistiu que todos os nomes dos indivíduos fossem alterados e que as pistas quanto à localização de cafés imundos ou albergues do Exército de Salvação fossem mais vagas, a fim de evitar possíveis processos judiciais. Obscenidades e xingamentos mal disfarçados, tais como "caralho", tiveram que ser excluídos por completo. Orwell não se opôs e, às pressas, reescreveu a primeira versão em seu quarto no colégio Hawthorns. Os relatos divergem quanto ao motivo pelo qual nesse momento ele decidiu deixar de ser Eric Blair. A razão mais óbvia e mais provável era que agora ele sabia que poderia ser um escritor e queria, pelo menos na página impressa, se desapegar do passado que, em parte, ele desprezava. George é um nome solidamente inglês, e, até sua morte, ele nunca foi capaz de se decidir sobre como se sentia em relação à Inglaterra, exceto que não conseguia deixar de fazer parte dela. O rio Orwell serpenteia de maneira lenta, quase pensativa, através de Suffolk, e Eric Blair tinha gostado de caminhar ao longo de suas margens. O adiantamento de 40 libras de Gollancz o decepcionou, mas em valores de hoje é o equivalente a 3.500 ou 4 mil libras, nada mal para um primeiro livro de não ficção de um autor relativamente desconhecido.

Na pior em Paris e Londres saiu em 1933, e praticamente todas as resenhas foram positivas. Os jornais *Evening Standard*, *Daily Mail* e *Sunday Express*, populares e geralmente de direita, julgaram que o livro era chocantemente autêntico, em vez de advertirem que se tratava de munição para agitadores socialistas, como Orwell temia que pudessem fazer. Na revista *The Adelphi*, Cecil Day Lewis escreveu que a obra "abalaria a complacência da civilização do século XX". O fato de que dali a poucos meses Day Lewis ingressaria no Partido Comunista é provavelmente uma coincidência. O jornal *The Manchester Guardian* considerou que o livro poderia "colocar em marcha uma revolução", e o *Times Literary Supplement* opinou: "Uma descrição vívida de um mundo aparentemente louco". John Boynton Priestley, na orelha para a edição em capa dura norte-americana, declarou que era uma leitura "incomumente agradável. Um excelente livro e um valioso documento social". Apenas o resenhista anônimo da revista *The New English Weekly* se aventurou a questionar se o autor havia de fato se desligado de sua vida e suas circunstâncias, supostamente mais estáveis: "Sem dinheiro, certamente, mas na pior?".

Os pais de Eric expressaram alívio pelo filho estar escrevendo sob um pseudônimo, e tinham a esperança de que ele continuasse a fazê-lo se fosse produzir obras similares, de ficção ou não ficção. Ida parecia mais intrigada do que perplexa; a figura que relatava aqueles eventos lhe parecia totalmente diferente do filho, ou pelo menos do filho que ela pensava conhecer. Amigos de Southwold da idade de Orwell – especialmente Eleanor Jacques, Dennis Collings e Brenda Salkeld – adoraram o livro e o incentivaram a comemorar seu sucesso.

Orwell "cortejou" Eleanor e Brenda mais ou menos simultaneamente, mas de maneiras diferentes. Com a última, ele parecia, em parte, desempenhar o papel de um pretendente da pequena aristocracia em um romance de Jane Austen: qualquer perspectiva de sexo, para ambos, aparentemente tinha sido deixada de lado pela bizarra proposta de casamento de Orwell. Ao mesmo tempo, ele deixou claro para Eleanor, de maneira despretensiosa e nada agressiva, que pensava que deveriam fazer sexo, e foi o que eles fizeram. Os biógrafos têm tentado explicar isso em termos das supostas diferenças entre as duas mulheres; Brenda sendo relativamente respeitável e recatada, enquanto Eleanor era sua alternativa mais animada e sexy. À parte o fato de que Eleanor era um pouco mais atraente que Brenda, eles tinham muita coisa em comum. Poucos agora contestam que Brenda serviu de modelo para a solteirona Dorothy de *A filha do reverendo*, e Eleanor foi a inspiração para a mais ardente Rosemary de *A flor da Inglaterra*, mas, em ambos os casos, as personagens fictícias incorporavam grosseiros exageros em relação a suas análogas na vida real. Como logo viria a tornar-se rotineiro para Orwell, ele estava se transformando em um camaleão, interpretando papéis e, de modo mais significativo, envolvendo outras pessoas como membros do elenco à medida que os planos para sua ficção evoluíam.

Pouco antes de enviar a Eliot um esboço de *Na pior em Paris e Londres* no outono de 1931, ele ampliou suas investigações sobre a vida na parte mais baixa da escala social, juntando-se a grupos de londrinos da classe trabalhadora – alguns em empregos informais, outros desempregados – que no final de todo verão rumavam para Kent a fim de colher o lúpulo usado na indústria cervejeira, em troca do que eles descreviam como "salários de fome".

O único registro que temos disso é o "Diário da colheita de lúpulo", publicado quase sessenta anos após a morte de Orwell. Existem muitos paralelos com *Na pior em Paris e Londres*, especialmente a amizade com "Ginger", que se torna o equivalente da classe trabalhadora inglesa de Bóris, o grande Cavaleiro Branco Russo exilado em Paris. O apego de Orwell a Ginger e a identificação com ele são graduais, mas autoevidentes – à medida que o diário avança, "ele" se transforma em "nós". Quando não está ocupado em trabalhos informais, Ginger é um criminoso de pequenos delitos. Para ele, o roubo é um meio de sobrevivência, e Orwell gosta de se tornar parceiro dele no crime: "Ginger e eu tínhamos apenas um cobertor para cada um, então na primeira semana sofremos as agonias do frio; depois disso, roubamos sacos suficientes para nos manter aquecidos".

> Em várias noites, Ginger tentou me convencer a ir com ele roubar a igreja, e teria feito isso sozinho se eu não conseguisse enfiar na sua cabeça que a suspeita estava fadada a recair sobre ele, que era um criminoso conhecido. Ele já havia roubado igrejas antes e disse, o que me surpreendeu, que em geral há alguma coisa que vale a pena na caixa de esmolas. Em uma ou duas noites nós nos divertíamos, aos sábados, sentados em volta de uma grande fogueira até a meia-noite, assando maçãs. Certa noite, eu bem me lembro, aconteceu que, das cerca de quinze pessoas ao redor da fogueira, todas, menos eu, já haviam cumprido pena de prisão. Aos sábados, havia cenas de tumulto no vilarejo, pois as pessoas que tinham dinheiro costumavam ficar muito bêbadas, e a polícia precisava tirá-las à força do *pub*. Não tenho

dúvida de que os moradores do lugarejo nos consideravam um bando vulgar e repugnante, mas eu não conseguia refrear a sensação de que era bom para uma aldeia tão enfadonha ser invadida por *cockneys*[*] uma vez por ano (8 de outubro de 1931).

Em *Na pior em Paris e Londres*, Orwell vez por outra se descuida e descamba para a compaixão e o sentimento de solidariedade para com outras pessoas no fundo do poço da sociedade, especialmente Bóris, mas faz o melhor que pode para dar um passo atrás e apresentar as coisas com a máxima imparcialidade. Como mostra esse trecho de seu *Diário*, o verdadeiro Orwell queria se tornar um membro do clube dos indigentes. Ele não julga Ginger no plano de roubar a igreja, preferindo aconselhá-lo sobre a possibilidade de ser pego. Fica frustrado ao descobrir que é o único que nunca passou uma temporada na prisão; mais tarde ele se embebedaria, numa tentativa de ser levado diante do juiz e condenado por bebedeira e arruaça. E ele claramente gosta do efeito que a presença do "nós" causa no vilarejo.

O "Diário da colheita de lúpulo" é importante porque se tornou a matéria-prima para partes importantes de seu segundo romance, *A filha do reverendo*, escrito quando o primeiro, *Dias na Birmânia*, ainda estava sendo avaliado pelos editores. Orwell disse mais tarde que odiava *A filha do reverendo*, e supostamente comprou e queimou todos os exemplares da primeira edição que conseguiu localizar. Uma vez esgotada a primeira tiragem, Orwell certamente jamais permitiu que o livro fosse reimpresso. Na opinião de D. J. Taylor, Orwell não conseguia se decidir sobre o que estava tentando realizar, fazendo com que Dorothy, a personagem a que se refere o título, "entre e saia do livro, deixada de lado pelas torrentes de reportagem".

Considero a obra bastante comovente, um de seus melhores romances lançados antes de *A revolução dos bichos*. Dorothy Hare é filha de um pároco de condado completamente desagradável, de cuja casa ela cuida. Viúvo, o reverendo Hare é o filho mais novo de um aristocrata da pequena nobreza, mantendo a tradição inglesa da igreja como o destino do irmão que não herda o título. Ele detesta praticamente todos os seus paroquianos, sobretudo porque não suporta ter que falar com indivíduos tão abaixo da

---

[*] Termo usado para se referir aos moradores do East End de Londres ou a membros da classe trabalhadora em geral. (N. T.)

sua posição social, muito menos batizá-los e lhes oferecer consolo espiritual. Dorothy não gosta do pai, mas suporta a vida que leva com ele por falta de uma alternativa óbvia, até que um dia ela se vê numa rua secundária de Londres, sentada na calçada, incapaz de se lembrar direito de onde veio ou quem é. A partir daí, como principal substância do romance, ela se torna uma versão feminina de George Orwell, ou pelo menos de Orwell durante suas aventuras na colheita de lúpulo. As primeiras pessoas com quem ela se depara são Nobby e os dois amigos dele, Flo e Charlie. O dialeto do East End é duplamente intrigante para ela, primeiro por causa de seu desconhecimento e também porque ela não consegue se lembrar do tipo de linguagem – culta, de classe média baixa – que a faz ser quem ela é. O "Diário da colheita de lúpulo" mostra que Nobby é quase uma réplica exata do amigo de Orwell, Ginger. Seria injusto, no entanto, considerar que Orwell está preguiçosamente utilizando seu diário, então inédito, por falta de inspiração criativa. Pelo contrário, ele está fazendo experimentos com a relação entre o que ele havia testemunhado e o hipotético e desconhecido.

Enquanto preparava a primeira versão, que ele completou em pouco mais de seis meses, Orwell trocou uma série de cartas com Brenda Salkeld, e eles se reuniram em várias ocasiões. Antes de partir para Kent, Orwell escreveu a ela para marcar um encontro:

> Não sei em que condição estarei. Suponho que você não fará objeções a uma barba de três dias, certo? Juro que não tenho piolhos, pelo menos. Que divertido se pudéssemos ir colher lúpulo juntos. Mas creio que seu medo exagerado de sujeira impediria você. É um grande erro ter medo demais de sujeira.
>
> Com amor,
> Eric

Orwell sabia que Brenda interpretaria seu convite para colher lúpulo como uma piada, e foi assim, pelo menos para ela. Orwell estava pensando em seu romance, especialmente na direção "e se?" da história. Brenda não irá com ele na vida real, mas ele a levará para dentro do livro de modo a substituir a si mesmo. Dorothy odeia as dificuldades de sua nova existência, em especial a sujeira (e aqui ele faz um aceno para Brenda), mas ao mesmo tempo ela começa a sentir que Nobby, Flo, Charlie e outros a tratam com uma espécie de tosca camaradagem. Gradualmente, fragmentos da memória de Dorothy retornam e ela começa a comparar sua vida anterior à nova vida de pária, e há uma passagem extraordinária no Capítulo 2 em que o narrador fala por ela:

> Contudo, você se sentia feliz, com uma felicidade irracional. O trabalho tomava conta e absorvia você. Era um trabalho estúpido, mecânico, exaustivo, e a cada dia mais doloroso para as mãos, mas do qual ninguém jamais se entediava; quando o tempo estava bom e os cones de lúpulo eram de boa qualidade, a sensação era a de que se poderia ficar colhendo para sempre e sempre.[...] Isso provocava uma alegria física e um sentimento de reconfortante satisfação [...] O sol ardente queimava a pele, bronzeando-a, e o aroma acre e nunca desagradável, feito um vento vindo de oceanos de cerveja fresca, penetrava nas narinas e proporcionava uma sensação de frescor. Quando o sol brilhava, todos trabalhavam cantando; de ponta a ponta, as plantações ressoavam canções.

Dorothy não é ingênua nem romântica, tampouco condescendente com relação ao período que ela passa em meio aos colhedores empobrecidos. Ela sabe que os ocasionais momentos de euforia são raros desvios de um estado de resistência exausta. Nobby, de quem ela gosta e a quem ela até respeita, é preso. "Seu olhar cruzou com o de Dorothy e ele piscou de novo para ela antes que o levassem. E essa foi a última vez que ela o viu." No entanto, tornar-se outra pessoa muda Dorothy. Ela perde a fé, e a qualidade do romance é atestada pelo fato de que Orwell apenas sugere uma razão para isso, evitando uma pesada noção de causalidade. Dorothy retorna ao papel de governanta da casa do pai, coordenadora de eventos do Instituto da Mulher e procuradora do reverendo Hare quando ele não pode se dar ao trabalho de cuidar dos paroquianos. Dorothy não acredita mais em Deus, mas, em certo momento, ela se ajoelha na igreja e pede a Ele que a ajude a lidar com sua certeza de que Ele não existe.

Tornar-se outro alguém oferece a Orwell um caminho para lidar com os dilemas que ele enfrentava sendo ele mesmo. A amnésia de Dorothy é involuntária, mas o criador dela estava continuamente tentando distanciar-se do próprio passado, mesmo que não fosse capaz de removê-lo da memória.

Desde o Eton, Orwell desenvolveu gradualmente uma aversão a todas as formas de religião estabelecidas, mas continuou a oscilar entre o agnosticismo e o ateísmo. Em Southwold, embora de maneira irregular, frequentava a igreja, recusava-se a tomar a comunhão, quase nunca falava com outros fiéis e lia o *[jornal semanal anglicano independente] Church Times* da mesma maneira que um antropólogo esquadrinharia os rituais de uma tribo. Em uma entrevista em 2000, David Astor mencionou que Orwell lhe disse que "eu mesmo passei por devoto, e não resta outra opção a não ser manter o engano". A declaração parece estranha até lermos os trechos em que Orwell descreve Dorothy realizando o mesmo exercício. Ela certamente não está tentando reacender algum aspecto de sua fé – está contente por ela ter desaparecido para sempre –, mas por algum motivo particular a personagem retorna, disfarçada, a aspectos de seu passado, encenando ritos que já deixaram de ter qualquer significado.

Em sua correspondência com Brenda, Orwell oferece pistas sobre a direção e a natureza do romance, referindo-se persistentemente a *Ulisses* de James Joyce. No Capítulo 3 de *A filha do reverendo*, ele adapta a técnica joyceana do fluxo de consciência para as lembranças de Trafalgar Square, onde os colhedores de lúpulo se reuniam para iniciar sua jornada até Kent, misturando-se com prostitutas, vagabundos e porteiros de Covent Garden. Ele não está copiando Joyce; seu capítulo envolve o equivalente a uma cacofonia naturalista de uma explosão de conversas registradas pela metade; é como se ele estivesse andando pelo distrito com um microfone e captando, de forma mais ou menos aleatória, retratos verbais de diálogos humanos. Isso é realismo documental, não modernismo. A presença menos autêntica, a que ele claramente inventou, é também a mais divertida – um pároco privado de suas funções eclesiásticas, divagando sem parar enquanto relembra o passado e revela suas perversões:

> O meu clube de meninos jogadores de críquete, só para abstêmios, as minhas aulas para a crisma – palestras mensais sobre a castidade no salão paroquial – minhas orgias com os Escoteiros! Os Lobinhos soltando o Grande Uivo. Sugestões domésticas para a Revista Paroquial: "As cargas usadas de canetas-tinteiro podem servir como enemas para canários...".

Orwell sabia que, apesar da profissão de seu pai, Brenda iria gostar disso. Ambos desprezavam as hipocrisias dentro da Igreja da Inglaterra, especialmente a Alta Igreja. Em uma carta a Brenda datada de junho de 1933 ele escreveu que

> O *CT* [*Church Times*] me irrita cada vez mais. É uma satisfação minguada vê-los dando uma surra nos católicos romanos, porque fazem isso principalmente descendo ao nível deles [...] disseram-me que as seções de publicidade do *CT* estão repletas de anúncios de aborto disfarçados [...].

Ele abre a carta com "Ontem eu lhe enviei cerca de dois terços do primeiro esboço do meu romance" – contendo o capítulo da Trafalgar Square com o pároco já privado da batina. Em 27 de julho de 1934, ele diz a ela: "Almocei ontem com o dr. Ede. Ele é um pouco feminista e acha que se uma mulher fosse criada exatamente como um homem, seria capaz de arremessar uma pedra, construir um silogismo, guardar um segredo etc." Brenda estava plenamente consciente de que no romance o amigo dela estava conduzindo um experimento semelhante à hipótese de Ede, ao colocar uma mulher exatamente nas circunstâncias que ele, um homem, havia sentido na pele. O relato que Orwell faz das ideias de Ede mostra que ele e Brenda haviam conversado sobre essas questões, e que ambos tratavam o liberalismo charlatão do doutor como um disparate. A premissa de Ede é que as mulheres que são "criadas" como mulheres acabam sendo em muitos sentidos atrasadas e intelectualmente inferiores.

A principal causa do descontentamento dos críticos com o romance é o salto aparentemente arbitrário do passado de Dorothy para seu iminente futuro. Ela não sabe como ou por que acaba em uma ruela remota de Londres, e Orwell nega ao leitor uma explicação. Como gesto estético a qualidade dessa mudança é discutível, mas como um momento de escrutínio autobiográfico é fascinante. Dorothy estava, como seu criador, cruzando fronteiras entre *status*, históricos, dialetos, classes, perspectivas e até mesmo estados de espírito. Orwell lança no romance novas perguntas que o incomodavam com relação a suas aventuras não ficcionais, principalmente: posso compreender – ou me tornar parte de – um modo de vida em que só posso participar como um impostor? Igualmente significativo é recrutar Brenda como correspondente e consultora sobre o andamento do romance. Ela foi a caixa de ressonância de Orwell para mais um exercício do livro: o de se tornar outra pessoa, uma mulher. *A filha do reverendo* é um romance sutilmente feminista. Dorothy não é de forma alguma uma "nova mulher" cosmopolita, alguém que poderia ter um diploma acadêmico ou seguir uma carreira própria. Ela é despretensiosamente inteligente, com pouca experiência além do lugarejo da paróquia de seu pai, e, a esse respeito, ela é Brenda Salkeld. Brenda sabia disso, mas certamente não se sentiu insultada. Jogada para dentro de um mundo de perigo e trabalho braçal, à beira da fome e sem esperança de retornar à vida anterior – ela não consegue lembrar o que essa vida envolvia –, Dorothy mostra qualidades inatas de resiliência e coragem. Orwell estava dizendo à amiga: você teria lidado com isso tão bem quanto eu.

Brenda já tinha visto os rascunhos da obra antes da publicação, mas, quando Orwell lhe enviou um exemplar, em março de 1935, ele declarou: "Você vai ver [...] que utilizei você como colaboradora em dois lugares". Ela sabia que ele a tomara emprestada para o livro, mas o termo "colaboradora" tem diferentes nuances, e "dois lugares" é intrigante. No romance, vemos Warburton, um devasso abastado e amoral que vive no mesmo vilarejo que os Hare. Ele tenta seduzir Dorothy, que resiste a suas investidas e o considera especialmente repugnante. Depois disso, ele a trata com uma curiosa mistura de condescendência e desdém. E depois há Nobby:

> Nobby tentara fazer amor com Dorothy, é claro, mas, tendo sido rechaçado por ela, não guardou um pingo de rancor. Ele tinha aquele temperamento feliz que é incapaz de levar a sério as próprias derrotas.

Orwell nunca havia tentado convencer Brenda a fazer sexo, mas a deixara perplexa ao propor casamento (e ele já tinha ensaiado isso com seu poema de amor para a Dora de dezesseis anos). Ela havia "colaborado" uma vez na vida com o próprio Orwell, e, no romance, sua substituta havia feito o mesmo em dois lugares, rejeitando o repulsivo Warburton e, de forma mais gentil, os avanços de Nobby.

Orwell estava investigando os paralelos entre sedução proativa e outros gestos e papéis atribuídos com exclusividade aos homens, propondo especificamente o casamento ou declarando em verso emoções e inclinações potencialmente sexuais. Em todos os casos, a mulher, em especial quando não é avisada de antemão, é forçada a ficar em estado defensivo; ela é obrigada a responder, ao passo que o homem está livre para dar uma cantada quando ou como quiser.

O movimento #MeToo [Eu também] permitiu às mulheres, e a alguns homens, falar abertamente, nas mídias tradicionais e redes sociais, e apresentar relatos sobre todo tipo de abuso, de indiretas e piadinhas no ambiente de trabalho ou na rua a estupros. Além de dar voz a indivíduos, possibilitando que tornassem públicos episódios ocorridos talvez décadas antes, em questão de meses o movimento gerou também um efeito que convida à comparação com as revelações muito mais graduais dos segredos, mentiras e hipocrisias que a sociedade ocidental vinha sancionando, de forma consensual, desde o século XIX. Exemplos óbvios incluem o reconhecimento legal, na década de 1960, de que a homossexualidade não é nem um crime nem uma perversão e, desde então, uma percepção geral dentro da sociedade de lésbicas, gays, bissexuais e transgêneros como "nós" em vez de "eles". O #MeToo, muito mais rapidamente, expôs o que parece ser o último esqueleto dentro do armário da nossa sociedade supostamente liberal e de Primeiro Mundo: em todos os setores da indústria do entretenimento, passando pelos escritórios até o transporte ferroviário, os homens foram autorizados a atuar como predadores, aparentemente contando com a aprovação de tácitas convenções sociais.

Eu não me atreveria a declarar que Orwell antecipou o #MeToo, não exatamente, mas ele fez um pequeno gesto em direção ao que, mais de oito décadas depois, viria a se tornar um movimento de massa. Pense nas maneiras como os biógrafos de Orwell – todos homens – lidaram com Dorothy. Taylor a descreve como "condenada a uma vida de solteirona devido ao terror que ela sente por sexo". Com que fundamento ele a apresenta dessa forma? Tudo o que sabemos com certeza é que o contato físico não solicitado com Warburton a faz sentir-se enojada. No que diz respeito a Nobby, ela simplesmente o rejeita, sem prejudicar a amizade entre ambos. Na opinião de Shelden, "ela gosta de homens como amigos, mas não é capaz de suportar seus avanços físicos", e como prova disso ele cita a passagem em que Dorothy, em um momento de reflexão íntima, se irrita com a natureza dos homens depois das investidas de Warburton: "Por que eles não podiam deixar a gente *em paz*? Por que tinham sempre que beijar a gente e colocar as mãos na gente?". Está claro que Shelden extrapola a experiência de Dorothy com um único homem para concluir que ela é, em igual medida, virtuosa e frígida. Meyer a apresenta como "pálida, tímida, *reprimida* [ênfase minha] e sobrecarregada [...] frígida e solteirona [...]". No romance que foi para o prelo, a tentativa de Warburton de fazer sexo com ela tem uma impressionante semelhança com a maioria das acusações feitas contra Harvey Weinstein. Duas mulheres alegaram que ele fez sexo não consensual com elas; as demais afirmaram que o produtor de filmes exigia que elas praticassem atos sexuais em troca da decisão dele sobre o avanço ou a ruína de suas carreiras. Embora Warburton não tenha influência sobre o futuro de Dorothy, ele e Weinstein compartilham a percepção de sua posição social, que os isenta de responsabilidade em termos de como se comportam com relação às mulheres.

Devo enfatizar o termo "romance que foi para o prelo", porque Victor Gollancz insistiu que Orwell descrevesse o ato de Warburton da seguinte maneira: "[…] [ele] começou a fazer amor com ela de forma violenta, ultrajante, até brutal". No esboço original, Orwell escreveu que ele "tentou estuprar Dorothy". Gollancz era um radical social, que sabia que mulheres de todas as classes na Inglaterra eram vulneráveis a estupros e outras formas de agressão sexual. Mas era também um empresário ciente do efeito que o primeiro rascunho de Orwell teria sobre os leitores, até mesmo os de pensamento mais liberal. Ele estava excessivamente ansioso. O drama histórico britânico *Downton Abbey* se passa no mesmo período do romance de Orwell. A série *[exibida em seis temporadas entre 2010 e 2015, mais um filme especial de 2019]* desfrutava de extraordinária popularidade no Reino Unido e nos Estados Unidos, mas em 2014 um episódio mostrou uma representação bastante explícita de estupro. Apresentações violentas e horríveis de estupro vêm ocorrendo há algum tempo no cinema e na televisão, e praticamente todas refletem uma ampla aceitação de que se trata de um crime terrível, que não deve ser ignorado nas representações de nosso mundo que pretendam ter algum grau de realismo. Após o episódio de *Downton Abbey*, no entanto, as mídias sociais foram inundadas com reclamações dos fãs da série, que pareciam chocados e angustiados; a avassaladora opinião dos queixosos foi a de que a cena do estupro tinha sido inapropriada. A popularidade de *Downton Abbey* fundamentava-se no apelo, geralmente crível, da falsa nostalgia, a volta a vários períodos do passado como um meio de escapar da própria época. A cena não chocou simplesmente por se tratar de um estupro, mas por mostrar que as pessoas nas décadas de 1920 e 1930 poderiam ser tão desagradáveis quanto seus análogos atuais. Fingir que a vida naquela época era totalmente diferente da vida de agora é ridículo, é claro, mas isso se baseia na mesma premissa que levou Gollancz a exigir que Orwell revisasse seu texto. Os fãs de *Downton Abbey* deslocaram o presente em favor de um passado inventado, feito de segredos e mentiras: sabemos que isso acontece, mas o telespectador moderno compartilha com Gollancz uma relutância em aceitar que aquilo que realmente acontece não corresponde à nossa ilusão. Nas décadas de 1920 e 1930, homens condenados por estupro enfrentavam penas de prisão perpétua, mas tanto para a polícia quanto no âmbito do sistema judicial predominava um pressuposto comum de que a vítima se mostrara subconscientemente disposta, ou "estava pedindo". Até mesmo psicólogos da época defendiam a tese de que o estupro era um "crime precipitado pela vítima". Aqui deveríamos reexaminar as variadas análises dos biógrafos de Orwell, que apresentaram Dorothy como a solteirona apavorada com a ideia de sexo, incapaz de suportar a presença física de homens, virtuosa e frígida. Até o final da década de 1970, esses mesmos estereótipos moldaram a opinião geral sobre mulheres que acusavam homens de estupro. Warburton é um homem de meia-idade, fisicamente pouco atraente, egoísta e satisfeito com sua posição de homem que pode tratar mulheres como Dorothy da mesma maneira que predadores selvagens tratam suas presas. Weinstein vem à mente, mas pensamos também em uma figura ainda mais poderosa, que alegou que "eu até podia usar uma expressão, vocês sabem que há uma expressão, mas as regras do #MeToo não me permitem usar mais essa expressão. Não posso dizê-la". A expressão aludida era "a pessoa que escapou", "a pessoa" sendo uma mulher que resistiu a suas investidas sexuais.* Há um vídeo que registra o seguinte comentário de Trump, feito nos bastidores de uma entrevista: "Quando você é famoso, elas deixam. Você pode fazer qualquer coisa [...] Pode agarrá-las pela xoxota. Pode fazer qualquer coisa". Os modos de Trump são certamente mais grosseiros e brutais do que o tratamento dado a Dorothy pelos biógrafos de Orwell, mas todos pertencem ao mesmo clube.

Orwell estava tentando jogar a isca para atrair leitores contemporâneos, estratégia que Gollancz quase minou. Orwell queria que eles olhassem por trás das ilusórias convenções dos costumes sociais para enxergar o que realmente poderia ocorrer quando os homens se sentiam autorizados a tratar as mulheres como seres inferiores e como conquistas sexuais. Mais à frente, em *1984*, Orwell retornaria a esse experimento. A relação de Winston e Julia é mais equânime que a de Warburton e Dorothy, mas para Orwell, o autor, há algo igualmente abominável nisso.

---

* Trump gostaria de ter dito "the *girl* that got away" [a mulher que escapou], mas em vez disso optou pela forma mais politicamente correta "the *person* that got away", aludindo ao mau desempenho dos Republicanos no estado da Pensilvânia, onde deixaram escapar a vitória. A referência direta é ao título da canção "The Gal that Got Away", de Frank Sinatra, sua versão para "The Man that Got Away", do filme *Nasce uma estrela*, de 1954. (N. T.)

LIVROS, CASAMENTO E A JORNADA PARA O NORTE

Orwell deixou o Hawthorns em 1933 e encontrou outro emprego como professor em um colégio um pouco mais prestigioso, o Frays College, em Uxbridge. Sabe-se pouco sobre esse período, já que Orwell foi forçado a pedir demissão depois de apenas alguns meses. Ele comprou uma motocicleta de segunda mão e passava grande parte de seu tempo livre em excursões pelas vielas da zona rural nos arredores de Uxbridge. Em meados de dezembro, saiu debaixo de uma chuva torrencial vestindo apenas roupas leves e, um dia depois, sucumbiu a um resfriado que logo se transformou em pneumonia. A mãe e Avril o visitaram no Hospital Cottage de Uxbridge, onde o médico as informou de que a vida dele estava em perigo. "Como morrem os pobres" (1946) baseia-se amplamente nas experiências em um hospital de Paris, mas há algumas passagens memoráveis que vêm do período em Uxbridge. As enfermeiras inglesas, ele observa,

> são bastante estúpidas, leem a sorte com folhas de chá, usam distintivos com o pavilhão do Reino Unido e têm retratos da rainha sobre os consolos de lareira, mas [ao contrário de suas colegas francesas] pelo menos não largam os pacientes sujos e constipados em cima de uma cama desarrumada, por pura preguiça.

Nostalgia e arrogância com uma pitada de patriotismo, talvez, mas devemos também lembrar que, quando ele escreveu esse livro de memórias, a política mais radical do recém-eleito governo Trabalhista foi a instituição da Lei do Serviço Nacional de Saúde [NHS, na sigla em inglês], de 1946.

Orwell parecia confiante de que as enfermeiras inglesas forneceriam excelentes serviços "gratuitos enquanto estivesse internado no hospital". Ele conta também sobre um paciente com quem estava tomando chá e que morreu de repente, e como as enfermeiras o removeram com tanta destreza que mais ninguém na ala percebeu.

Orwell teve alta em janeiro de 1934 e voltou mais uma vez para a casa da família em Southwold; dias depois, ainda em janeiro, recebeu uma carta de Gollancz informando-o de que haviam decidido não publicar *Dias na Birmânia*. Seu agente, Leonard Moore, firmou contrato com a Harper Brothers, que lançou uma edição norte-americana do livro; por fim, Gollancz mudou de ideia e publicou a obra no Reino Unido em 1935, depois de insistir que todos os nomes fossem mudados, inclusive os dos personagens nativos, a fim de evitar ações na justiça.

Orwell concluiu *A filha do reverendo* em setembro e enviou o manuscrito pelo correio a Moore, depois de deixar Southwold rumo a um novo endereço e um novo emprego em Londres. O arranjo se deu com a ajuda da tia Nellie, ainda em Paris, que escreveu para os amigos Francis e Myfanwy Westrope, casal que morava no extremo sul de Hampstead. Assim como Nellie e Eugène Adam, os Westrope eram socialistas fervorosos e fãs do esperanto como a língua que traria unidade e paz a um novo mundo de riqueza compartilhada. Nellie perguntou aos Westrope se poderiam conseguir alguma ocupação para o sobrinho, ainda que com salário modesto, e um lugar onde morar. Eles entraram em contato com Orwell em Southwold oferecendo-lhe um cargo na livraria da qual eram donos, chamada Booklovers' Corner [Cantinho dos amantes de livros], em South End Green, Hampstead. Além do emprego, também propuseram que ele alugasse um quarto no apartamento do próprio casal na sobreloja.

Não existem evidências de que Orwell tenha pedido ajuda a Nellie, mas não precisamos de nenhuma. Sabemos que ele queria se mudar para Londres, e sua tia não era clarividente. Mais uma vez ele cobriu seus rastros no que diz respeito aos contatos com o ramo da família Limouzin, e uma mistura de mentiras e segredos daria a tônica do período que ele passou na livraria em Hampstead. Foi o cenário para seu romance mais autobiográfico, *A flor da Inglaterra*, obra inigualável nos anais da ficção por sua dupla fidelidade, tanto à autenticidade quanto à desinformação. Orwell ainda levaria quinze anos para começar a formular a distopia de *1984*, mas tinha esse quixotesco e internalizado exercício em novilíngua a que recorrer.

Em termos de temperamento e perspectiva, o protagonista do livro, Gordon Comstock, é uma réplica exata do autor – cínico, furtivamente ambicioso como escritor e propenso a ataques de introversão e excentricidade. Ambos trabalham, por uma míngua de dinheiro, numa pequena livraria do norte de Londres, mas em todos os outros aspectos Orwell se reinventa como tudo aquilo que não é, envolvendo características que o envergonham e assustam, e das quais espera livrar-se.

Comstock reserva implacável desprezo pela vasta maioria dos clientes, a seu ver um punhado de enganadores enfadonhos, de cultura apenas mediana, que viviam alugando o tempo dele e nunca se cansavam de compartilhar suas opiniões. Mas só ficamos sabendo disso por meio do narrador. Orwell era incansavelmente bem-educado e atencioso, feliz em trocar ideias com qualquer pessoa que entrasse na loja, independentemente de inteligência ou bagagem de leituras. Vale notar que, nas cartas de Orwell a Brenda, descobrimos vestígios de Comstock que, talvez por uma questão de decência ou para manter o emprego, autor e personagem guardavam para si.

Comstock descreve todo o espectro literário contemporâneo, dos autores e das obras mais incultos e vulgares aos mais eruditos e intelectualizados, como "estrelas mortas em cima, tremendos fiascos embaixo. Será que algum dia voltaremos a ter algum escritor que valha a pena ser lido?". D. H. Lawrence é apenas "razoável", e Joyce é "melhor antes de ter ficado biruta". Pode-se supor que ele está se referindo a *Ulisses*, então o romance mais recente de Joyce. Nas cartas de Orwell a Brenda fica evidente que ele era grande admirador de *Ulisses* e se maravilhava com os empreendimentos *antiestablishment* de Lawrence. Acima de tudo, Comstock odiava a *intelligentsia* literária de Londres por ser a mais ampla rede de privilégios infiltrados no mundo editorial, assegurando o sucesso de "livros presunçosos e refinados […] escritos por aquelas jovens bestas-feras endinheiradas que deslizam graciosamente do Eton para Cambridge e de Cambridge para as revistas literárias". Comstock faz o possível para promover sua carreira literária sem buscar esse tipo de patrocínio, mas apesar disso acaba se associando a Ravelston, o esperto editor socialista da revista *Antichrist*. Segundo Comstock, a *Antichrist* era publicada para aliviar a consciência de seu editor: "[…] Dava a impressão de ser editada por um ardoroso não conformista que havia transferido sua lealdade de Deus para Marx […] A *Antichrist* publicava praticamente qualquer coisa, bastava que Raveslton suspeitasse que o autor estivesse passando fome". Evidentemente, Ravelston e sua revista são baseados em *Sir* Richard

Rees e na *Adelphi*. Orwell cultivou uma estreita amizade com Rees e era um colaborador regular da revista, mas será que Comstock nos permite vislumbrar sentimentos que lhe causavam inquietação, quase autoaversão?

Tudo isso evoca as lembranças do vendedor da *Adelphi*, Jack Common, ex-mecânico e filho de um maquinista de Newcastle. Quando conheceu Orwell, Common não fazia ideia de que ele estava criando Comstock, seu *doppelganger* distorcido, mas, inadvertidamente, nos conta muita coisa sobre o que estava acontecendo. Common perguntou-lhe como ele acabara escrevendo para a *Adelphi*, e Orwell disse que lera a revista pela primeira vez na Birmânia. Foi, ele disse, um alívio em relação às "mentes mesquinhas [...] famintas pelo debate intelectual", mas que ele passou a odiar sua falsa santidade de classe média alta. "Muitas vezes, a revista o enojava. Então ele encostava seu exemplar contra uma árvore e disparava o rifle nele até destroçá-lo." Isso, ao que parece, é Orwell falando com ele, mas poderíamos facilmente estar ouvindo sua contraparte fictícia. Common se lembra de uma conversa com Orwell em que os dois discutiram a "maldição" do Natal para aqueles que não podiam se dar ao luxo de celebrar:

> De qualquer forma, é certo que ele ficou tentado a se sair com uma daquelas declarações que ele adorava usar para chocar, e que o faziam parecer um longevo *enfant terrible* em decadência. "Eu gostaria de passar o Natal na prisão", disse ele.

No romance, Comstock arrasta Ravelston para um imundo *pub* da classe trabalhadora e o apresenta às prostitutas. Ravelston tem que pagar a multa que o amigo recebe por estar embriagado e causar arruaça, e o livra da prisão. Orwell estava determinado a descobrir como era estar sob custódia, e o relato "Em cana",* escrito em 1932, mas inédito até muitos anos mais tarde, registra suas ridículas tentativas de beber o suficiente a ponto de ser detido e encarcerado.

O interesse de Comstock por Rosemary combina *páthos* com desespero; ele é um pretendente assustadoramente inepto. Orwell, quando escreveu o romance, estava se relacionando com três mulheres ao mesmo tempo.

---

* Publicado no Brasil no volume *Como morrem os pobres e outros ensaios*. No original, o título é "Clink", gíria para prisão, cadeia. (N. T.)

Além de sua amiga Eleanor Jacques, que ele conhecera vários anos antes em Southwold e agora vivia em Londres, havia Sally Jerome – que estudara em escola particular e era parte sul-africana, parte norte-americana – e Kay Welton, muito versada e "moderna" em termos de quem ela escolhia levar para a cama. De acordo com Mabel Fierz, amiga de Orwell que também flertava com ele, "Kay tinha uma bela aparência, útil para o sexo". A senhoria de Comstock, "uma chata de galochas", proíbe os inquilinos de receber visitas femininas, e quando Myfanwy Westrope perguntou a Orwell se ele receberia convidadas, ele supôs que ela estava prestes a aplicar a mesma proibição. A princípio ele disse "não", e ela respondeu: "Eu só quis dizer que não me importo se você recebe ou não".

No que diz respeito à vida social, Comstock é igualmente malsucedido – a única exceção é Ravelston –, e mesmo assim não fica claro se isso se deve à decisão de se isolar de uma cultura que despreza ou se as pessoas que conhece simplesmente não gostam dele. Seu criador, no entanto, era ativamente sociável e desfrutava de uma ampla gama de amizades com pensadores e figuras culturais interessados na mesma medida em literatura e política. Um deles era seu companheiro inquilino no apartamento dos Westrope, Jon Kimche, judeu suíço que chegara à Inglaterra aos doze anos de idade. Ele trabalhava com Orwell na livraria. Kimche era ativo no Partido Trabalhista Independente e se tornaria um influente escritor e ativista político; era fervoroso defensor de um Estado judaico pós-guerra. Os dois se davam bem e continuaram amigos, apesar das opiniões antissionistas de Orwell. Por causa da doença de Myfanwy Westrope, Orwell e Kimche tiveram que encontrar novas acomodações. Mabel Fierz entrou em contato com sua amiga Rosalind Obermeyer, que então cursava psicologia na University College de Londres e era dona de um apartamento no número 77 da Parliament Hill. Lá Orwell recebia visitas de Kay Welton, que ele apresentou a dois homens que conhecera recentemente via Rosalind. Rayner Heppenstall, formado em inglês pela Universidade de Leeds, futuramente escreveria romances e poemas e trabalharia como produtor do serviço nacional de rádio Third Programme, da BBC. Eles costumavam sair para beber, às vezes com Kay, e Orwell ocasionalmente os recebia para jantares simples na sala de estar do apartamento, em geral costeletas cozidas no "forninho". Tinha aprendido o básico da culinária quando trabalhou na cozinha do hotel em Paris.

Certa noite, Orwell jantou no elegantíssimo restaurante boêmio Bertorelli, no distrito de Fitzrovia *[em Westminster]*, saboreando a melhor comida italiana – geralmente indisponível em Londres à época – na companhia de Rees, Heppenstall e do poeta Dylan Thomas; beberam muito, e Heppenstall relembra a noite como um bizarro encontro entre dois homens cujo impacto na literatura seria enorme, mas que estavam incapacitados demais por litros de sidra e gim para falar sobre isso. Heppenstall também apresentou Orwell a T. Sturge Moore e ao poeta Michael Sayers. O primeiro era um acólito de Yeats que jamais havia aceitado completamente o século XX, enquanto Sayers era um comunista de carteirinha que sofreria os horríveis efeitos do macarthismo após sua mudança para os Estados Unidos. Para Orwell, ambos reforçaram sua suspeita de que a cultura literária era um refúgio para o egoísmo, o transcendentalismo ou a arrogância. Na mesma época ele reatou a amizade com o velho colega do Eton, Cyril Connolly, que escrevera uma resenha favorável a *Dias na Birmânia*. Connolly havia se tornado um indivíduo de má reputação, uma versão libertina e orgíaca de Rees, adotando a política de esquerda mais como um acessório da moda do que um genuíno engajamento. No entanto, Orwell manteve contato com ele, e a panelinha de escritores, pensadores e ativistas próximos de Connolly se sentiu atraída por aquele novo simpatizante da esquerda um tanto excêntrico. Orwell tornara-se uma espécie de ímã social e cultural. Depois de receber uma carta do antropólogo social Geoffrey Gorer com uma enxurrada de elogios a *Dias na Birmânia*, Orwell o convidou a Parliament Hill e preparou uma ceia à base de fígado e bacon. O convidado achou a refeição horrenda, mas o jantar cimentou uma amizade para a vida inteira e garantiu a Orwell outro contato na *intelligentsia* dominante.

Por que Orwell se transformava inteiramente em seu *alter ego* Comstock? Uma coisa que o autor e sua invenção ficcional tinham em comum era o temperamento irascível e rabugento, e uma tendência a discordar e criar problemas pelo prazer de arranjar encrenca. Posteriormente, Heppenstall apresentou Orwell como uma urdidura de contradições; "uma mente curiosa, apegada de um modo satírico a tudo o que é tradicionalmente inglês, sempre cheio de informações interessantes e incomuns [...] mas árido, incolor, desprovido de poesia, irônico, e ainda assim sombriamente obcecado". Isso poderia ser a descrição de Comstock, exceto pelo fato de que ele internaliza sua amargura e se desapega do mundo que a provoca. Orwell chegou a um meio-termo. Não gostava daquilo que ele se tornara, mas as oportunidades de fazer sexo, fazer amigos e tornar-se parte do *establishment* literário falavam mais alto que a inquietação. Comstock é seu ato de remorso ficcionalizado.

Jack Common escreveu artigos para a *Adelphi* sobre seu passado e sua bagagem, e uma coletânea deles, *The Freedom of the Streets* [A liberdade das ruas], foi publicada em 1938. Ainda que o respeitassem, Common era tratado pelos editores como uma curiosidade e alívio de consciência. Ele estava plenamente ciente disso, assim como da presença de outro desajustado, Orwell. "Ele não era como outras pessoas de Bloomsbury, diziam, era um forasteiro, um rebelde, um vagabundo, vivia e escrevia no mais baixo submundo da pobreza." Common via paralelos entre os dois, mas também sabia que Orwell aspirava ao "mais baixo submundo da pobreza", ao passo que ele já havia nascido nesse ambiente. No entanto, Orwell era "um homem a quem ficar atento na época, um homem para se conhecer". Nenhum dos dois gostava do sistema do qual faziam parte, que os sustentava como escritores, mas aceitaram o fato de que, sem ele, não seriam publicados.

Sem dúvida as coisas mudaram consideravelmente, certo? Em fevereiro de 2018, Kit de Waal publicou no jornal *The Guardian* um artigo intitulado "Make Room for Working-Class Writers" [Abram espaço para escritores da classe trabalhadora]. Ela pretendia, em parte, promover seu livro *Common People: An Anthology of Working-Class Writers* [Pessoas comuns: uma antologia de escritores da classe trabalhadora], mas incluiu detalhes esclarecedores sobre a situação do mundo editorial e da cultura literária em geral, que se tornaram evidentes para ela enquanto preparava a antologia. A vida da classe trabalhadora contemporânea ainda é o objeto de ficção, ela constata, mas é um mercado de nicho específico, algo que pode ser comparável às formas mais macabras e moralmente questionáveis do crime *noir*. Este último gênero não é lido pelo tipo de protagonistas retratados nele; assassinos em série, psicopatas, suas vítimas e justiceiros sedentos de sangue geralmente representam uma pequena porcentagem do público leitor. Da mesma forma, moradores de conjuntos habitacionais com alto índice de criminalidade e violência, traficantes, dependentes químicos, agressores e vítimas de violência doméstica, sem falar nos que mal sobrevivem com um salário mínimo, raramente compram romances que oferecem representações explícitas de sua vida. Os quem leem esses romances estão do outro lado da pista, numa situação social mais favorecida, e são tentados a entrar em outro mundo por uma mistura de falsa empatia e voyeurismo. *Trainspotting [romance de Irvine Welsh, 1993]* é o caso óbvio. Não há registros de quantos sadomasoquistas e lunáticos da classe baixa de Edimburgo gostaram do livro em comparação com seus fãs das classes médias instruídas escocesa e inglesa, mas é possível dar um bom chute.

Kit de Waal fala de autores como Lisa Blower, cuja origem social é genuinamente a classe trabalhadora da cidade de Stoke-on-Trent; ela havia sido alçada ao *establishment* quando alcançou um posto acadêmico na Universidade de Bangor, mas ainda assim passou dois anos tentando encontrar uma editora para seu romance *Sitting Duck*s [Alvos fáceis]. Os editores acharam o livro fascinante, mas estavam céticos quanto à autenticidade dos personagens, como se comportavam, como viam a si mesmos e até a maneira como conversavam. Blower ficou exasperada, já que esses detalhes vinham de sua experiência pessoal, enquanto seus leitores das prestigiadas editoras de Londres nunca haviam estado nesses lugares e muito menos sido criados neles; no dizer de Blower, esses leitores vivenciavam suas representações "do lado de fora da casa, olhando para dentro".

Recentemente, a editora Penguin lançou um projeto chamado "WriteNow" [Escreva agora], iniciativa para encontrar novos escritores de diversos extratos e origens sociais, enfatizando os autores de "proveniência socioeconômica marginalizada", incluindo "BAME" [negros, asiáticos, minorias étnicas, na sigla em inglês] ou LGBTQ (lésbicas, gays, bissexuais, transexuais, *queer*), [e] pessoas com deficiência". Quando Orwell se tornou editor literário da *Tribune*, em 1943, estava embarcando sem alarde em um projeto similar para prestigiar autores inéditos, geralmente de classe baixa. Muitos viram seus textos serem impressos pela primeira vez e depois desapareceram sem deixar vestígios. Alguns eram realmente muito ruins, mas pelo menos Orwell lhes permitiu uma refeição à Mesa Alta. De tempos em tempos, o *establishment* literário tenta tornar-se menos exclusivista, menos "panelinha", muitas vezes para se sentir melhor consigo mesmo, mas, na maioria das vezes, o exercício é transitório, um gesto simbólico, e em seguida as atividades normais são retomadas. A Penguin anunciou também que abriria mão do pré-requisito de que os funcionários tivessem um diploma universitário. Eles não ofereceram uma justificativa para isso, mas pode-se supor que, na opinião do conglomerado editorial, pessoas desprovidas de formação universitária levam uma triste vida de privação. No entanto, os conselhos editoriais da Penguin/Random House, até onde me consta, atualmente não incluem versões reais de Renton, Begbie e Sick Boy, personagens de *Trainspotting*.

Houve um breve período em que as classes trabalhadoras se comunicavam diretamente com o *establishment* literário e com o público leitor de cultura mediana, principalmente no final dos anos 1950 e início da década de 1960. Os chamados *angry young men* [jovens revoltados] e figuras do "Movimento" dos anos pós-guerra (em especial Kingsley Amis, Philip Larkin, John Wain, John Osborne e Robert Conquest) eram em grande parte de classe média e educados em Oxbridge. O outro grupo, as "pessoas comuns", ruidosas, porém dedicadas aos fatos corriqueiros da vida, de modo geral vinham mais do norte: particularmente Keith Waterhouse, John Braine, David Storey, Stan Barstow, Barry Hines e Alan Sillitoe. Pela primeira vez na história da literatura, a vida "no mais baixo submundo da pobreza", como disse Common, tornara-se a matéria-prima da ficção para escritores que o vivenciaram na pele. No entanto, isso também foi uma espécie de ilusão. A maioria desses escritores foi criada por pais da classe trabalhadora autodidatas, alguns dos quais já haviam cruzado a fronteira entre a pobreza e a modesta condição financeira, e se tornaram professores, donos de mercearias, funcionários públicos e assim por diante. A única exceção era Sillitoe, cujo pai era um beberrão analfabeto que espancava a mulher e a obrigava a recorrer à prostituição ocasional. Após esse festival de vituperação e revelação confessional das intimidades da classe trabalhadora, as coisas voltaram ao estado de nós-e-eles de 1932-33, com pequenas variações.

Em um artigo publicado em 2016 por Dave O'Brien, da Universidade Goldsmiths, demonstrou-se que 47% de todos os escritores e tradutores são originários da classe média – e frequentaram predominantemente escolas particulares, Oxbridge ou universidades do Russell Group – enquanto apenas 10% têm pais e mães trabalhando em posições ou ofícios manuais (*Cultural Trends*, v. 25, 2016).

Nas editoras mais importantes, 46% dos cargos decisórios são ocupados por indivíduos das classes média ou alta, e a proporção aumenta para quase 60% entre os editores responsáveis por definir o que deve ou não ser publicado. Das pessoas que trabalham no mercado editorial, 10% são provenientes da classe trabalhadora, e entre as que decidem o que vai ou não para o prelo o número cai para 4%. Houve uma mudança desde que Comstock/Orwell criticou "aquelas jovens bestas-feras endinheiradas que deslizam graciosamente do Eton para Cambridge e de Cambridge para as revistas literárias", mas foi uma mudança pequena. Dois editores literários dos principais jornais e revistas semanais são veteranos do Eton, e a grande maioria dos outros consiste em egressos de colégios particulares de elite, com diplomas de Oxbridge.

É interessante notar que, depois de *Um pouco de ar, por favor!*, Orwell desistiu da ficção convencional. Ele escrevera, e continuaria a escrever, sobre as classes trabalhadoras e a revolução, mas apenas como comentarista. Sabia que não poderia fingir pertencer à infraestrutura da classe trabalhadora existente, tampouco reproduzi-la. Somente aqueles que faziam parte dela poderiam concebê-la na ficção, e o mundo literário teria que esperar até o surgimento de Sillitoe e companhia. Como habitante da história, Orwell reservaria seus talentos como romancista para dois livros distópicos, politicamente engajados e sombriamente proféticos, mas que nunca podem ser considerados como exemplos de realismo documental: *A revolução dos bichos* e *1984*.

No outono de 1935, Orwell perguntou à sua senhoria, Rosalind Obermeyer, se eles poderiam, juntos, organizar um jantar, uma vez que seus aposentos eram pequenos demais para oferecer mais do que uma refeição básica a um ou dois convidados. Ele convidou Rees e Heppenstall, e Rosalind chamou algumas pessoas que trabalhavam e estudavam com ela. Terminado o jantar, Orwell, o anfitrião oficial, acompanhou todos os convidados às várias paradas de ônibus, estações de metrô e de trem; ao voltar, anunciou a Rosalind seu fascínio por uma de suas colegas estudantes, Eileen O'Shaughnessy. "Ora, *esse* é o tipo de garota com quem eu adoraria me casar!", disse ele. E foi o que fez, menos de um ano depois, em 9 de junho de 1936, na Igreja de Santa Maria, no vilarejo de Wallington, condado de Hertfordshire. Eileen era filha de um coletor de alfândega de South Shields, arredores de Newcastle, e ganhou uma bolsa para cursar literatura inglesa na St. Hugh's, uma faculdade de Oxford. Depois de se formar em 1927, ela trabalhou em diversos empregos em Londres; quando conheceu Orwell, estava estudando para tentar uma vaga na pós-graduação em psicologia na Universidade de Londres, com o objetivo de tornar-se assistente social. Assim como Orwell, ela era atenta à questão das generalizadas desigualdades sociais na Inglaterra na década de 1930, mas ainda não estava afiliada a um partido ou causa política específica. Segundo relatos dos amigos de Orwell, ela não era a mais bonita nem a mais inteligente das namoradas que ele teve.

O casal decidiu alugar um chalé quase em ruínas no vilarejo de Wallington, com a esperança de que o ar campestre ajudasse com as agravadas crises de bronquite de Orwell, e a quietude do local parecia oferecer um ambiente adequado para o trabalho de escrita dele. Em relação à saúde de Orwell, a nova residência mostrou-se contraproducente. As lareiras bufavam fumaça, não havia água quente nem eletricidade, apenas um banheiro do lado de fora, o telhado enferrujado tinha vazamentos em vários pontos, além de produzir um barulho ensurdecedor que se alastrava pelo chalé inteiro quando chovia forte. Tendo desistido da carreira que havia planejado, Eileen cuidava da casa e ajudava Orwell em seu projeto de autossuficiência: ele comprou cabras e galinhas, plantou macieiras e converteu o jardim tomado por mato em uma horta produtiva, incluindo áreas para batatas, repolho, brotos e cenouras. Outrora, a sala da frente da casa havia sido usada como o armazém geral do lugarejo, e Orwell tinha planos de reabri-lo para vender seus produtos caseiros aos habitantes locais, um empreendimento sem fins lucrativos. Quando ele recebia algum pagamento por artigos que tivesse escrito ou um adiantamento da editora, o casal saía para beber no *pub* local, The Plough.

Existem apenas alguns detalhes anedóticos sobre a relação pré-conjugal de Orwell com Eileen, mas dos oito meses de intervalo entre o primeiro encontro e o casamento, ele esteve ausente por nove semanas consecutivas. Em janeiro de 1936, Victor Gollancz entrou em contato com Orwell e, sem solicitar uma proposta ou sinopse, encomendou um livro documentando as condições dos desempregados e trabalhadores manuais mais mal remunerados em várias partes do norte da Inglaterra. O adiantamento de 500 libras era de fato generoso, e permitiria a Orwell convencer Eileen de que eles teriam o suficiente para viver juntos na zona rural de Hertfordshire; o aluguel do chalé era de 7 xelins e 6 centavos por semana.

Orwell passaria dois meses longe de Eileen durante fevereiro e março de 1936, em pesquisas para o livro encomendado por Gollancz. Primeiro, ele pegou o trem para Coventry, depois, tentou mergulhar no estilo de vida dos trabalhadores das áreas mais miseráveis em Manchester, Wigan, Barnsley, Sheffield, Macclesfield e, por um breve período, Liverpool. A não ser por algumas noites que passou em Leeds, na casa da irmã e do cunhado, os Dakin, ele fez o possível para repetir aspectos de *Na pior em Paris e Londres*, pelo menos em termos de acomodações. Seu adiantamento lhe teria permitido hospedar-se em hoteizinhos simples, embora ainda respeitáveis e higiênicos, mas em vez disso ele optou pelos quartos das pensões baratas que eram ocupados por "trabalhadores solteiros", que, como ele deixaria claro em *O caminho para Wigan Pier*, sofriam mais do que outros homens da classe operária. Sem o modesto apoio das redes familiares que vinham com o casamento, os homens solteiros eram obrigados a gastar, simplesmente para sobreviver, tudo o que conseguiam ganhar. Jim Hammond, dirigente comunista do Sindicato Nacional dos Mineiros, foi uma das muitas figuras do Partido Trabalhista Independente que fizeram a intermediação entre Orwell e os lugares e pessoas sobre os quais ele pretendia escrever. Ele relembrou como Orwell escolhia suas acomodações:

> Ele poderia ter ido para qualquer uma das mil pensões respeitáveis da classe trabalhadora e se hospedado lá, ou ficado exatamente onde estava. Mas ele não faz isso. Ele prefere ir para um albergue de pobres, como se ainda estivesse na pior em Paris. Veja só, quando eles deixam a classe alta, têm que ir direto para o estrume e começar a chafurdar [...] Ele gostava desse tipo de coisa?

Talvez, como Hammond sugere, houvesse certo grau de hipocrisia e falsa santidade na insistência de Orwell em sentir na pele as condições mais miseráveis – ele voltaria para a segurança de seu ambiente de classe média, de remuneração modesta mas garantida, ao passo que seus colegas das pocilgas e pensões vagabundas não tinham perspectiva de melhoria. No entanto, de que outra forma Orwell seria capaz de relatar com veracidade as horríveis condições da classe trabalhadora do norte da Inglaterra? E os relatos são extraordinários e horripilantes. Em uma casa ele encontra

> uma velhota com o pescoço enegrecido de fuligem e o cabelo desgrenhado, xingando o senhorio com seu sotaque meio irlandês, meio de Lancashire; e no fundo da cena a mãe dela, que já passara muito dos noventa anos, sentada em um barril que fazia as vezes de banheiro, olhando fixamente para nós sem expressão, com um rosto amarelo e apalermado.

As casas, especialmente em Wigan, muitas vezes assumiam o aspecto de instalações tridimensionais surrealistas, com paredes e janelas um pouco em desacordo com o que outrora fora a simetria de alinhamentos horizontais e verticais. Mas isso não era uma antecipação da arquitetura pós-moderna pós-Bauhaus. Os homens que moravam nessas casas também estavam, inadvertidamente, destruindo-as. À medida que as galerias subterrâneas iam penetrando cada vez mais fundo no substrato da terra, mais a superfície acima das minas cedia. Orwell relata como um mineiro, ao voltar para casa, constatou que a porta da frente estava travada após uma variação de centímetros ocorrida enquanto ele trabalhava no subsolo. Ele teve que usar uma marreta para libertar sua família e entrar em casa. Quando o afundamento causava rachaduras nas paredes dessas propriedades já mal construídas, exércitos de insetos se moviam com maior confiança de um cômodo para outro.

Uma das piores experiências de Orwell no contato com a miséria ocorreu como inquilino na pensão dos Brooker, casal unido no desprezo pelo inquilino mais velho, o sr. Hooker, permanentemente acamado no andar de cima.

> Às vezes o sr. Brooker tirava os olhos das batatas que estava descascando, atraía o meu olhar e, com uma amargura inexprimível, sacudia a cabeça na direção do teto, apontando o quarto do velho Hooker. "É uma m..., não é?", ele dizia. [...] Os Brooker estavam claramente ansiosos para que ele morresse. Quando isso acontecesse, eles pelo menos conseguiriam receber o dinheiro do seguro.

Orwell fica horrorizado sobretudo com o apego dos Brooker, aparentemente gratuito, à falta de higiene.

> Por mais que eu tentasse, valendo-me de toda a delicadeza, jamais consegui fazer com que o sr. Brooker me deixasse preparar meu próprio pão com manteiga; ele *fazia questão* de me passar fatia por fatia, agarrando firmemente cada uma delas com seu grande polegar encardido.

No café da manhã, o pão com manteiga, geralmente cortado na noite anterior, sempre vinha com nítidas marcas de polegares, como para lembrar aos hóspedes de que a presença tangível dos Brooker era um traço constante de toda a comida consumida na casa. A sra. Brooker era igualmente repugnante e

> [...] tinha o hábito de constantemente enxugar a boca em um de seus cobertores. Já perto do fim da minha estadia, ela começou a rasgar tiras de jornal para esse propósito, e de manhã o chão estava muitas

vezes atulhado de bolas amassadas de jornal cuspido, que lá ficavam por horas a fio. O fedor da cozinha era pavoroso, mas, assim como ocorria com o cheiro do quarto, depois de algum tempo as pessoas paravam de sentir.

Orwell constatou que era insuportável viver na pensão dos Brooker no dia em que viu um penico cheio até a borda embaixo da mesa do café da manhã. Para quem leu *Na pior em Paris e Londres*, o subentendido é que as classes trabalhadoras inglesas são capazes de tratar seus próprios semelhantes com desprezo, ao passo que os franceses, no hotel em que ele trabalhava, reservavam porções especiais de catarro, cuspe e gomalina apenas para clientes que tinham condições de pagar por refeições com preços exorbitantes. Será que ele se sentia indignado com o comportamento de seus conterrâneos miseráveis? O pensamento lhe ocorre:

> É claro que a imundície nessas casas às vezes é culpa dos próprios moradores. Mesmo que a pessoa more numa casa encostada na outra, tenha quatro filhos pequenos e uma renda total de 32 xelins e 6 pence por semana do PAC,* não é *necessário* ter penicos cheios no meio da sala. Mas é igualmente evidente que as circunstâncias em que vivem não incentivam o respeito próprio.

Os parisienses com os quais Orwell se misturava eram oportunistas acossados pela pobreza, mudando constantemente de um emprego para outro e tirando o máximo proveito do que estivesse disponível. As classes trabalhadoras no norte da Inglaterra, especialmente os desempregados com famílias, estavam presas em uma espiral descendente que incessantemente as despojava de qualquer coisa parecida com orgulho ou dignidade.

Nas cidadezinhas de mineração, os mineiros que conseguiram permanecer no emprego sobreviviam da melhor maneira que podiam em fieiras de casebres superlotados; no entanto, aqueles que haviam perdido o trabalho após a Greve Geral em 1926 tornaram-se o equivalente a vagabundos, mas vagabundos com esposas, filhos e às vezes mães e pais. Quando o auxílio recebido do governo não era mais suficiente para cobrir o aluguel, eles se

---

* Public Assistance Committee: serviço público de assistência social. (N. T.)

144

juntavam ao que Orwell chama de "colônias de carroções"; mas ele adverte o leitor contra a falsa imagem de um "acolhedor acampamento cigano". Em sua maioria, os "carroções" de Wigan eram ônibus enferrujados, sem rodas e apoiados em vigas de madeira. Outros eram vagões de trem, com um teto de lona precariamente mantido no lugar por quaisquer pedaços de madeira que eles conseguissem recolher vasculhando o aterro, onde "os carroções eram despejados feito o lixo jogado de um balde". Todas essas habitações rudimentares estavam permanentemente úmidas por causa do solo pantanoso em que estavam fixadas, perto do "canal lamacento de Wigan", e os colchões ainda estavam encharcados às onze da manhã. O único calor vinha dos "fogõezinhos" toscos, geralmente barris ou caixotes de lixo em desuso, nos quais eles queimavam qualquer coisa inflamável disponível, em geral carvão recolhido dos montões de escória. A água era compartilhada por todos os moradores – eram mais de mil, na estimativa de Orwell – a partir de um único hidrante. Não havia instalações sanitárias; cada família construía no terreno em volta do seu carroção uma cabaninha que servia de banheiro, e uma vez por semana cavava-se um buraco profundo para enterrar os baldes de dejetos. Orwell tem dificuldade para descrever a sujeira, a aglomeração e o mau cheiro da colônia, que o faz lembrar-se da pior imundície que ele vira na Birmânia. "Mas, na verdade, nada no Oriente poderia ser tão ruim, pois lá ninguém precisa enfrentar o nosso frio úmido e penetrante, e o sol age como um desinfetante."

As autoridades municipais talvez pudessem ter encontrado uma cláusula relacionada aos padrões de higiene ou decência pública na Lei da Vadiagem de 1824 como um meio para fechar as colônias, mas provavelmente optaram por não fazer isso porque não havia outro lugar para onde encaminhar essas pessoas. Nos dias de hoje (ver *The Guardian*, 18 de junho de 2019), autoridades locais na Grã-Bretanha estão envolvidas em um expurgo de "acampamentos", geralmente conjuntos de tendas, mas às vezes abrangendo instalações em galpões. Entre as cidades mais assíduas na "limpeza da sujeira" estão Peterborough, Bristol, Milton Keynes, Cardiff, Manchester, Leeds e, claro, Londres. Essas versões modernas das colônias de carroções de Orwell foram montadas em terrenos baldios ou em propriedades da igreja, de modo a evitar a atenção da polícia que patrulha as calçadas dos centros das cidades – a igreja da Inglaterra sendo geralmente mais indulgente que os governos locais. No entanto, as autoridades municipais tendem a optar por uma interpretação literal da Lei da Vadiagem que inclui "ações penais por acomodar-se [...] ao ar livre, ou sob uma tenda ou barraca, ou em qualquer carroça ou vagão". Em Brighton, a prefeitura confisca regularmente as tendas e barracas dos acampamentos de pessoas que dormem ao relento, cobrando 25 libras pela devolução em cada instância. No distrito de East Dorset a taxa é de 50 libras. Apesar da imundície em que viviam, os moradores das colônias de carroções de Orwell não precisavam temer que suas "moradias" fossem confiscadas pelas autoridades locais.

Com relação aos que tinham trabalho, os mineiros, Orwell oferece um relato pormenorizado da vida profissional desses operários. A rota para os veios de carvão envolvia algo próximo à tortura voluntária. Os homens podiam passar grande parte da jornada trabalhando encurvados ou de quatro, e o maior espaço livre com que poderiam contar tinha 1,20 metro de altura, em um caminho pontuado a cada um ou dois metros por esteios de madeira sustentando vigas e traves, "e às vezes você esquece de se esquivar". A atmosfera era sufocante devido ao calor, e asfixiante e cegante por causa da poeira. Todos os mineiros trabalhavam nus da cintura para cima, trazendo na pele um emblema do ofício, os chamados "botões nas costas", uma casca de ferida permanente sobre cada vértebra, resultado das rotineiras colisões contra pedra, madeira ou aço, em espaços tão confinados que às vezes era impossível girar o corpo para dar meia-volta. A "viagem" mina abaixo, da superfície até o veio de carvão, era, como Orwell ressalta, pelo menos tão assustadora e desgastante quanto extrair, cortar, quebrar e colocar na esteira o carvão, ou fazer reparos de manutenção nas máquinas, mas o pagamento dos mineiros não computava essa parte como rotina de trabalho. Na mina em que Orwell desce, a distância desde a base do poço, onde o elevador sobe e desce, até a parede da rocha a ser trabalhada era de cerca de um quilômetro e meio, espaço misericordiosamente curto em comparação com outras minas na localidade, onde os homens tinham que caminhar ou engatinhar por até oito quilômetros, antes e depois de receber seu pagamento por hora. "Nunca tinha pensado que, antes mesmo de chegar ao local de trabalho, ele talvez tivesse que percorrer, rastejando, passagens que podem ser tão longas como a distância entre a Ponte de Londres e Oxford Circus."

Orwell escreve que "o trabalho na mina de carvão estaria tão além da minha capacidade quanto fazer acrobacias no trapézio ou ganhar o grande prêmio numa corrida de cavalos". Isso não era falsa modéstia nem hipérbole. Apesar das crises de bronquite, ele tinha um físico atlético, e o relato feito muitos anos depois pelo homem que foi seu principal guia salienta a afirmação de Orwell de que os mineiros eram submetidos a condições que até os mais fisicamente aptos considerariam desumanas. O próprio Orwell excluiu de *O caminho para Wigan Pier* detalhes sobre os efeitos físicos causados pelo período, ainda que breve, que ele passou nas galerias subterrâneas onde se escavava o carvão. Seu guia, Jerry Kennan, eletricista e membro do ILP, acrescenta episódios que evidenciam o comentário de Orwell de que "às vezes [eles] esqueciam de esquivar" das vigas. Orwell tinha uns bons quinze centímetros a mais do que o mais alto dos trabalhadores subterrâneos.

> Bem, nós o equipamos com um capacete e uma lanterna, e nos enfiamos na galeria principal na qual [...] eu podia confortavelmente ficar de pé [...] não tínhamos avançado nem trezentos metros quando Orwell simplesmente não abaixou a cabeça rápido o suficiente. Não foi o capacete que caiu da cabeça dele. Ele é que desabou. Ficou estatelado no chão.

No entanto, assim que o reanimaram, as condições tornaram-se ainda piores: "Eu acho que [...] percorremos um bom pedaço, mais de um quilômetro, com o corpo absolutamente curvado". Tinha ocorrido uma forte queda de rocha, e depois de um desvio eles alcançaram o veio. "E a face do veio de carvão tinha, creio eu, uns sessenta e seis centímetros." Antes de voltarem à superfície, Orwell desmaiou várias vezes; de acordo com a lembrança de Kennan, "[...] houve três ocasiões em que ele apagou completamente". Orwell tinha enfrentado os horrores do que acontecia nos subterrâneos na companhia dos homens que tornavam possível a vida na superfície.

> Praticamente tudo que fazemos, de tomar um sorvete até atravessar o Atlântico, de assar pão até escrever um romance, envolve o uso de carvão, direta ou indiretamente. Para todas as artes da paz, o carvão é necessário; se a guerra irrompe, ele é mais necessário ainda. Em tempos de revolução, os mineiros precisam continuar trabalhando, caso contrário a revolução tem que parar, pois a revolução, assim como a revolta, precisa do carvão. Aconteça o que acontecer na superfície, as pás e picaretas têm que continuar, sem pausa [...] Para que Hitler possa marchar em passo de ganso, para que o papa possa acusar o bolchevismo, para que as multidões de fãs de críquete possam assistir às partidas no estádio Lord's, para que os poetas maricas possam dar palmadinhas nas costas um do outro, deve haver carvão disponível. Mas, de modo geral, não temos consciência disso [...].

Durante as décadas de 1950 e 1960, o carvão ainda era a principal fonte de energia no Reino Unido, o combustível de carbono sendo o principal meio de produção de eletricidade. Seus concorrentes eram a energia nuclear, com o primeiro reator entrando em operação em 1956, seguida pelo gás e o petróleo do mar do Norte. Em 2018, as fontes de energia renováveis, a exemplo dos parques eólicos, representaram uma fatia recorde de geração de eletricidade no Reino Unido. Em 2017, para demonstrar sua crescente independência do carvão, a National Grid *[empresa responsável pela distribuição de energia no Reino Unido]* cessou a queima de combustíveis fósseis por cinquenta e cinco horas consecutivas, embora só o futuro possa dizer se esse foi um sinal de seu "comprometimento verde". Um cínico poderia comentar que, se por um lado conseguiríamos sobreviver por apenas três dias sem centrais abastecidas a carvão, por outro, as torres de resfriamento precisariam ser reabertas nos outros 362 dias.

A visão de Orwell de que sem carvão todos os aspectos do mundo avançado seriam interrompidos já não é mais válida, pelo menos para nações como o Reino Unido, embora ainda importemos uma enorme quantidade desse combustível. Além disso, a apresentação que Orwell faz de que a vida na superfície depende inteiramente do trabalho incansável das "pás e picaretas" dezenas de metros abaixo da terra sintetiza à perfeição o estado da economia que mais cresce no mundo, a China.

Não vamos nos iludir achando que o declínio da mineração de carvão no Reino Unido foi devido à consciência ecológica da nação e de seus políticos. Estes últimos, especificamente o governo Conservador da sra. Thatcher, embarcaram em uma política de sistemático fechamento das minas britânicas muito antes de a consciência verde tornar-se uma força em prol da mudança. No início da década de 1980, quando o Sindicato Nacional dos Mineiros de Arthur Scargill travou uma batalha direta com o governo a despeito das negociações com o Conselho Nacional do Carvão, a visão de Orwell do carvão como a força vital da economia ainda era verdadeira. Essa foi a arma de Scargill – e da extrema esquerda – contra o thatcherismo, e Thatcher e seu gabinete sabiam que, se conseguissem derrotar o Sindicato Nacional dos Mineiros, enfraqueceriam o poder de todos os principais sindicatos. Dez anos após a greve dos mineiros, a mineração profunda na Inglaterra havia praticamente desaparecido, e comunidades inteiras criadas pelo carvão e sustentadas por ele durante um século e meio foram abandonadas, perdendo qualquer senso de foco ou propósito.

Na terceira parte de *Hired*, James Bloodworth chega mais perto de invocar as experiências de Orwell com os mineiros. Ele vai de carro até Gales do Sul a fim de trabalhar para a seguradora Admiral Insurance, mas o trecho mais sugestivo envolve suas experiências com pessoas das regiões de Glamorgan e Swansea, que parecem existir em um estado de torpor involuntário. A maioria era de ex-mineiros. Ele conhece Flash, que ajuda a administrar um museu que preserva as memórias da mineração em Gales do Sul. Flash e outros não são nostálgicos sobre a vida nos subterrâneos; era uma vida dura e perigosa. Mas a consequência de ter a alma de sua comunidade arrancada deles é muito pior. Bloodworth resume as lembranças de Flash:

> A vida no subsolo, onde a morte era onipresente, podendo estar à espreita no próximo poço ou cavidade do teto, tinha o poder de unir os homens como um cabo de cobre entrançado. Selwyn *[nome real de Flash]* me disse enfaticamente que, tivesse a chance, "voltaria amanhã", porque "todo mundo ficava junto, independente de qualquer coisa".
>
> [...]
>
> "A camaradagem, as risadas. Tempos tristes, veja bem, mas dias bons. Era uma camaradagem das boas. Melhor do que era não dava pra ficar, eu acho, porque você não sabia que, se virasse as costas, estava morto. Então é melhor dizer que vivíamos o hoje, ou vivíamos para o momento presente."

A esse respeito, pouca coisa tinha mudado nas minas desde 1936. Orwell também descobriu que os homens obrigados a trabalhar em horríveis situações de risco formavam laços de amizade especiais. O relato de Jerry Kennan atesta a autenticidade da visão de Orwell e Bloodworth sobre a mineração, como uma atividade que criava uma irmandade singular. Kennan é honesto acerca da noção de que Orwell era um forasteiro ligeiramente bizarro, com um sotaque que eles só tinham ouvido antes nas transmissões de rádio; no entanto, quando desceu a uma mina e se feriu, Orwell tornou-se um deles.

Na segunda parte de *O caminho para Wigan Pier*, Orwell reflete sobre o que poderia e deveria ser feito a respeito das medonhas condições em que as classes trabalhadoras do norte eram obrigadas a viver. Ele pondera acerca das contradições e anomalias do socialismo, pelo menos na sua visão. O autor considera que a ideologia é sinônimo da substituição do esforço humano

149

pela máquina. O trabalho, enquanto uma tediosa obrigação para satisfazer à ganância da classe dos patrões e industriais, não existiria mais. Mas o que iria substituí-lo?

> Mas o que é trabalho e o que não é trabalho? Será trabalho cavar a terra, fazer carpintaria, plantar árvores, derrubar árvores, andar a cavalo, pescar, caçar, dar de comer às galinhas, tocar piano, tirar fotografias, construir uma casa, cozinhar, costurar, fazer chapéus, consertar motocicletas? Todas essas coisas são trabalho para alguém e divertimento para outrem. Na verdade, há pouquíssimas atividades que não podem ser classificadas como trabalho ou como divertimento, de acordo com o ponto de vista de cada pessoa [...] A verdade é que quando um ser humano não está comendo, bebendo, dormindo, fazendo amor, conversando, jogando algum jogo ou simplesmente à toa – e essas coisas não preenchem o tempo integral de uma vida –, ele precisa trabalhar, e geralmente procura o trabalho [...].

Marxistas de vários matizes provavelmente discordariam da visão de Orwell, segundo a qual a utopia socialista é um estado entorpecedor de inutilidade e despropósito, algo que vai contra o instinto humano fundamental de enfrentar e suportar coisas. Porém, o mais interessante em *O caminho para Wigan Pier* é que, na primeira parte do livro, Orwell nos apresenta uma descrição quase exata dessa mesma condição de apatia involuntária, exceto que dessa vez sua causa é o desemprego, ocasionado pelo capitalismo:

> Lembro-me do choque de espanto que senti quando me misturei pela primeira vez aos vagabundos e andarilhos e descobri que uma boa parte – talvez um quarto – desses seres, que eu tinha aprendido a ver como cínicos e parasitas, era formada, na verdade, de ex-mineiros e operários das fábricas de algodão – homens jovens e decentes, fitando seu destino com o mesmo olhar pasmado de um animal preso numa armadilha.

Adiante, Orwell descreve como o desemprego afeta não apenas indivíduos, mas comunidades inteiras, que são infectadas com sentimentos de impotência e desespero. Há, ele observa, uma espiral descendente impulsionada pela culpa, como se de alguma forma eles incriminassem a si mesmos por sua condição e por uma incapacidade igualmente degradante de fazer qualquer coisa a respeito:

> Qualquer um que tenha assistido à peça de Greenwood, *Love on the Dole* [Amor e seguro-desemprego], deve se lembrar daquele momento terrível em que o operário [...] dá um soco na mesa e grita: "Ó, meu Deus, me mande algum trabalho!". Isso não era nenhum exagero dramático; era um toque da vida real. Esse grito deve ter sido lançado, quase exatamente com essas mesmas palavras, em dezenas de milhares, talvez centenas de milhares de lares da Inglaterra, durante os últimos quinze anos.

Em Lancashire e Yorkshire, Orwell diagnostica que há na população uma tendência a buscar "uma razão para viver", um aumento do consumo de todo tipo de luxos baratos: roupas mixurucas que parecem ter sido "cortadas por um alfaiate de Savile Row", um quilo de doces comprados pelo preço de uma refeição completa, bilhetes da loteria esportiva, toda sorte de jogos de azar, ingressos de cinema "fantasticamente baratos" e o rádio. "Vinte milhões de pessoas estão subnutridas, mas literalmente todo mundo na Inglaterra tem acesso a um rádio." Ele certamente não está fazendo exortações morais ou sendo um santarrão – confessa que nas mesmas circunstâncias ele também optaria pelo escapismo como compensação pela inelutável futilidade. O que o enfurece é o consenso da classe média de que qualquer pessoa desempregada que pareça estar se entregando a um devaneio é prova suficiente de que as classes trabalhadoras são endemicamente preguiçosas e, certamente, não são vítimas do desemprego: "Minha querida, [...] ainda na semana passada queríamos chamar alguém para arrancar o mato do jardim e não conseguimos arranjar ninguém. Eles *não querem* trabalhar, essa é a questão!".

Na experiência de Bloodworth em Gales do Sul, os preconceitos do estereótipo da classe média de Orwell desceram na escala social:

> "Acho que há empregos por aí para as pessoas e elas não querem trabalhar", disse-me um beberrão aposentado no bar de Wetherspoons. "Elas estão felizes da vida, moram com os pais, recebem o dinheiro do seguro-desemprego uma vez a cada quinze dias, dão para a mãe uns dois xelins, e o resto fica com elas."

Bloodworth pergunta o que ele faria a respeito dessas pessoas, e o homem responde que o governo deveria acabar com o benefício social e "obrigá-los a trabalhar, porra":

> Façam alguma coisa, pintem cercas, em qualquer lugar. Não os deixem ficar sentados em casa com os pés para cima assistindo à televisão […] Eu saí da escola em 1961 e trabalhei a minha vida inteira. Trabalhei a minha vida inteira. E tive alguns empregos de merda.

Em 2020, tornou-se mais enigmática do que nunca a noção do que é uma pessoa trabalhadora por excelência ou o que vem a ser o ponto de vista da classe operária. O parceiro de bebedeira de Bloodworth ecoa a famosa recordação de Norman Tebbit* sobre seu pai desempregado: "Ele montou na bicicleta e procurou trabalho, e continuou procurando até encontrar". Os homens que Orwell encontrou precisariam pedalar por um longo caminho para encontrar trabalho, e depois competir com outros ciclistas pelo mesmo emprego. A presença "autêntica" e ligeiramente anárquica de Arthur Seaton, o beberrão personagem do romance *Sábado à noite, domingo de manhã*, de Alan Sillitoe, ainda é utilizada por liberais de esquerda nas exibições de seu museu do homem comum, mas Flash parece confirmar que essa noção de camaradagem e raiva *antiestablishment* é, para aqueles que ainda estão no fundo do poço, apenas uma miragem. Os Seatons da vida real do Referendo de 2016 certamente dissiparam os mitos que poderiam ter perdurado, entre a esquerda metropolitana, sobre as classes trabalhadoras da região de East Midlands ou do norte.

Em janeiro de 1936, Orwell participou de uma reunião organizada por Oswald Mosley na Câmara Municipal de Barnsley. Mosley era o líder da União Britânica de Fascistas [BUF, na sigla em inglês], grupo que teve como modelo de inspiração os nazistas de Hitler e o Partido Nacional Fascista de Mussolini. Cerca de setecentas pessoas estavam presentes; um pequeno grupo vaiou, e outros foram expulsos por protestar, mas Mosley, "para minha consternação, parecia ter quase todos os demais a seu favor". Orwell deixou de fora de *O caminho para Wigan Pier* qualquer referência a esse evento. Teria ele julgado que o aparente apoio a Mosley revelava características não

---

* Político do Partido Conservador que atuou no gabinete de Thatcher de 1981 a 1987 como secretário de Estado do Emprego. (N. T.)

edificantes do povo comum do norte? Olhando para trás, alguns podem ver isso como um indício. Em abril de 1968, o discurso "Rivers of Blood" [Rios de sangue], de Enoch Powell *[parlamentar do Partido Conservador]*, recebeu seu apoio público mais vibrante em uma marcha dos estivadores de Londres. Hoje, muitos deputados Trabalhistas que talvez estejam horrorizados com as perspectivas econômicas e sociais do Brexit relutam em expressar suas opiniões, e "ainda mais" em votar contra a implementação da saída da União Europeia. Entre os distritos eleitorais Trabalhistas "seguros", foi esmagadora a votação a favor da saída. Seria equivocado fazer generalizações quanto aos motivos dessa tendência demográfica, mas a glorificação do nacionalismo xenófobo, a sistemática estereotipagem de Bruxelas como uma "ameaça" à nossa independência e a inundação de nossa terra por imigrantes estrangeiros provavelmente desempenharam um papel importante. Orwell escreveu em seu *Diário*:

> M. [Mosley] é um orador muito bom. Seu discurso foi a habitual conversa para boi dormir – baboseiras sobre o livre-comércio do Império, abaixo os judeus e os estrangeiros, salários mais altos e horas de trabalho mais curtas etc. etc. [...] a plateia (majoritariamente) da classe trabalhadora foi facilmente ludibriada por M. [...] condenando sucessivos governos por terem traído os trabalhadores. A culpa por tudo foi atribuída a misteriosas gangues internacionais [...] Impressionou-me como é fácil trapacear uma multidão sem instrução, se você tiver preparado de antemão um conjunto de respostas prontas para fugir de perguntas embaraçosas [...].

No discurso de Mosley, os instigadores de várias ameaças à integridade da Inglaterra são principalmente os judeus, mas mude a ênfase para os medonhos agentes da União Europeia ou os "estrangeiros" (os imigrantes) roubando nossos empregos, leitos de hospital e benefícios sociais, e o orador poderia ser o eurodeputado Nigel Farage ou qualquer outro membro do alto escalão do UKIP, do Partido do Brexit ou do Grupo Europeu de Pesquisa (ERG), o braço de pesquisa do Partido Conservador. Adicione a isso as "trapaceiras" promessas de maior prosperidade, e então figuras como Boris Johnson vêm à mente, de pé ao lado do ônibus cuja lateral ostentava, em letras garrafais, a surpreendente mensagem de que a "Saída" da União Europeia nos economizaria 350 milhões de libras por semana.

A decisão de Mosley de deixar a política bipartidária e fundar seu próprio partido espelha vários desdobramentos nos extremos do nosso próprio cartel esquerda/direita, especialmente a extrema direita do Partido Conservador e seu indesejado convidado nacionalista de direita, o Partido do Brexit. Quando era um parlamentar do Partido Trabalhista, Mosley defendia a economia protecionista como um meio de defender a Inglaterra contra as mudanças globais e, potencialmente, novas crises. Ele argumentava que uma política baseada na exportação deveria ser substituída por um mercado focado no Reino Unido "isolado", e que o sucesso dessa diretriz seria assegurado pelo relacionamento comercial com o Império, uma versão expandida do protecionismo. No dia 13 de maio de 2019, o Featherstone Working Men's Club [Clube dos Trabalhadores de Featherstone] estava abarrotado de homens – e mulheres; mudamos um bocado desde a década de 1930 –, que saudaram Farage com uma estrondosa salva de palmas. Farage não ofereceu um relato detalhado de como uma saída sem acordo da União Europeia melhoraria nossa vida, mas sua receita trumpista – cujos ingredientes são tornar a nação grandiosa novamente, a humilhação imposta pelos estrangeiros e a traição por parte do *establishment* político – deu resultado. Ele foi aclamado como o Salvador da Inglaterra (*The Guardian*, 18 de maio de 2019). As boas-vindas ao herói também foram oferecidas a sua mais nova recruta no Brexit, *[a eurodeputada e ex-ministra Conservadora]* Ann Widdecombe, devotada acólita de Thatcher, que uma semana depois anunciaria que os gays podem sem "curados". A cerca de três quilômetros do clube fica uma pequena empresa – financiada em grande parte pela União Europeia –, que é a única fonte séria de oportunidades de emprego em uma área de mineração onde faltam postos de trabalho desde que as minas foram fechadas.

Trabalhistas e Conservadores uniram-se na rejeição às diretrizes políticas de Mosley, mas ele as levou adiante no manifesto de seu "Novo Partido", que logo se transformaria na União Britânica de Fascistas. Em vez de aborrecer seu eleitorado alvo – os mais gravemente afetados pela Depressão – com as complexidades do keynesianismo radical, ele resumiu suas teses em uma fórmula que colocava a culpa por eventos recentes em conglomerados de economias internacionais, oferecendo uma visão de futuro que envolvia a promessa de independência e renovação para todos os britânicos, especialmente os da região de Midlands e do norte do país. Mosley transformou elaborados planos e projeções econômicos – falhos, mas tão intelectualmente robustos quanto as políticas de Roosevelt nos Estados Unidos – em uma fantasia mais simplista, na qual a Inglaterra se libertaria de nações de fora do Império que a haviam arrastado para a Depressão e se lançaria rumo aos ensolarados planaltos da independência e da prosperidade. Quem não vê os paralelos entre isso, a ascensão do UKIP – a facção extremista dos Conservadores favoráveis à saída do Reino Unido da União Europeia – e o novo Partido do Brexit provavelmente esteve dormindo nos últimos tempos.

Teriam as classes trabalhadoras britânicas dado uma guinada à direita? Algumas delas, provavelmente, mas com a ajuda do populismo tóxico engendrado primeiro por Kelvin Mackenzie, editor-chefe do tabloide *The Sun* na década de 1980, e evidente hoje nos mantras de Michael Gove *[político do Partido Conservador, ministro da Educação entre 2010 e 2014]*, que aconselhou o povo a ignorar o conselho de "especialistas" (ou seja, acadêmicos, economistas, industriais e outros) a respeito dos efeitos do Brexit. A implicação sendo: confie, em vez disso, em seus instintos mais fanáticos, violentos e selvagens (e provavelmente xenofóbicos e racistas). A mudança foi provocada também pelos efeitos diretos e secundários do thatcherismo. A desindustrialização envolveu a fragmentação, a partir da década de 1980, de qualquer noção de "trabalhadores" como parte de uma comunidade ou sindicato, pelo menos para aqueles no nível mais baixo.

Armazéns da Amazon, *call centers* e vários tipos de trabalho no setor de serviços – principalmente supermercados e hotéis econômicos – incubaram um sistema de contratos de zero hora, ameaças e *bullying*, o que é, se não pior, pelo menos mais desumanizante do que as condições de trabalho dos mineiros de Orwell. Nesse caso, aqueles que tornam sua vida miserável não são mais os proprietários de minas particulares, mas algo mais insidioso e intangível, e assim, o conjunto formado pelo Partido UKIP/ERG/Partido do Brexit/Campanha "Vote Leave" [Vote para a saída] foi capaz de ludibriar e "trapacear" o eleitor ao projetar uma culpa populista no outro lado do canal da Mancha, contra aquelas pessoas asquerosas em Bruxelas.

Quando partiu rumo ao norte, Orwell não estava totalmente comprometido com uma causa política. No entanto, estava de olho nas várias linhas de ação política estabelecidas por grupos de esquerda, do Partido Trabalhista e do ILP ao Partido Comunista da Grã-Bretanha (CPGB, na sigla em inglês), com vários grupos radicais marginais no meio. Ele logo se aliaria ao ILP.

ESPANHA E POLÍTICA SÉRIA

eoffrey Gorer, que conheceu Orwell em 1936, descreveu o primeiro ano do escritor no chalé em Wallington, durante o qual ele se casou com Eileen e viajou pelo norte do país, como o "mais feliz da vida dele". Orwell começou a trabalhar em *O caminho para Wigan Pier* em maio de 1936; pouco mais de um mês depois, ele e Eileen se casaram na igreja paroquial de Wallington, em um dia que poderia ter servido como episódio-piloto para uma comédia dos Estúdios Ealing.* No início daquela manhã, ele redigiu uma carta endereçada a um colega do Eton em Londres, Denys King-Farlow, lamentando não poder comparecer a uma festa na cidade dali a dois dias. "Eu vou me casar esta manhã – na verdade, estou escrevendo isto com um olho no relógio e o outro no livro de orações, que venho estudando há alguns dias na esperança de me fortalecer contra as obscenidades da cerimônia de casamento." Eileen era agnóstica, e Orwell detestava todas as formas de religião organizada, mas o casal concordou em cumprir o protocolo em consideração a suas respectivas famílias e alguns de seus amigos. Juntos, e sem a companhia de pais ou padrinhos, eles desceram a vereda entre o chalé e a igreja, e Orwell saltou por cima do muro do cemitério da igreja para esperar a noiva passar pelo pórtico coberto. Ele a pegou no colo e a levou até a porta do templo. A "recepção" foi um evento regado a

---

* Estúdio cinematográfico de Londres fundado em 1902. As comédias em preto e branco, produzidas no período do pós-guerra, são famosas pelo humor leve e satírico da sociedade britânica da época. (N. T.)

cerveja e sanduíches no *pub* The Plough, a poucos metros do chalé em que moravam, antes de voltarem para casa com um seleto grupo de convidados. A mãe e a irmã de Orwell, que só tinham estado pessoalmente com Eileen uma única vez, levaram a moça para o andar de cima e disseram que lamentavam muitíssimo por ela, pois estavam dolorosamente cientes do fardo que ela havia assumido. Eileen concordou e disse que não se importava. Um dos presentes que os noivos ganharam foi uma panela cheia de marmelada caseira, que no dia seguinte Eileen abriu e colocou no centro de sua precária mesa de cozinha. A insistência de Orwell de que a geleia deveria ser adequadamente despejada dentro de um pote a fez rir, e ela observou que seus amigos da classe trabalhadora lá do norte provavelmente nunca tinham ouvido falar desses costumes burgueses. Eles caíram na gargalhada e comeram direto da panela.

Todas as manhãs, Eileen insistia em preparar para Orwell o que é conhecido hoje como o "café da manhã inglês completo". Ela queria engordar o marido – ele não carregava carne extra para impulsionar suas empreitadas –, e, sem recusar o bacon e os ovos, Orwell geralmente disparava diatribes sobre como os moradores locais, principalmente os trabalhadores agrícolas, eram impedidos de manter suas próprias galinhas e porcos.

O mais nítido retrato de Orwell em seus anos de Wallington vem de Jack Common, que alugou uma casa de fazenda num vilarejo a menos de sete quilômetros dali. Orwell, que mantivera contato com ele desde as primeiras reuniões como colaboradores da *Adelphi*, procurou os conselhos de Common sobre como criar animais, especialmente galinhas e cabras, e fazer uso de legumes e verduras cultivados na horta caseira. O relato de Common sobre a visita de Orwell é revelador e tocante. Common tinha gostado de Orwell quando se conheceram, mas não conseguira se decidir se ele era um ator da classe alta ou um radical engajado; em Hertfordshire, Orwell deixou de ser um enigma. A lembrança de Common – verbal, não escrita – mostra que seu gosto pela encantadora simplicidade da linguagem combinava com o de seu amigo:

> Inclinei-me contra um poste de sinalização de três placas, nas quais se lia: Para Knebworth, Woolmer Green; para Datchworth Green; para Bragbury End. Nesta última direção e bem ladeira abaixo, um instante depois apareceu um ciclista solitário, um homem alto numa bicicleta alta. No pior grau de inclinação do declive, ele poderia ter desmontado e caminhado. Mas não. Esse Dom Quixote veio serpenteando

para este lado, ziguezagueando para aquele lado, derrotando moinhos de vento de gravidade até surgir altivo no cume do morro, e altiva também aquela bicicleta-Rocinante, uma velha Triumph que poderia ter pertencido ao pai dele.

Companheiros de roça, homens de Herts, nós nos cumprimentamos. Era uma estranha aparição, vê-lo naquelas circunstâncias campestres. Ele poderia ter sido um sórdido construtor de impérios, a versão real de algum personagem sobre quem se lê em histórias de aventura para meninos, um ex-oficial alquebrado. O que quer que tenha sido o que vi naquela manhã, tenho certeza de que tive uma apreciação mais completa do meu amigo Eric.

(Trecho da entrevista de Common a Bernard Crick.)

Eles conversaram sobre a experiência de Common na criação de uma horta a partir de um prado nu. Orwell estava planejando fazer o mesmo arrendando um pedaço de terra pedregosa em frente ao chalé, onde também criaria galinhas e venderia ovos e os legumes e verduras de seu próprio "armazém". Depois disso eles foram ao *pub*, onde o senhorio, "um alegre ex-marujo beberrão", insistiu em se dirigir a Orwell como *"sire"*. De maneira louvável, em momento nenhum Orwell tentou fingir que seu sotaque era qualquer outra coisa. Entre uma dose e outra, os dois falaram sobre política, especialmente o ILP, uma organização tão enigmática em suas concepções políticas quanto o próprio Orwell. Alguns viam o ILP como a ramificação radical e purista do Partido Trabalhista parlamentar, outros como seu parente quixotesco e sem foco.

Em 1937, Richard Rees foi de carro até Wallington para apresentar Orwell a Mark Benney, sua mais recente curiosidade proletária. Benney publicara recentemente *Low Company* [Companhias abjetas], uma história de sua vida como um londrino sem instrução escolar, que tinha optado pelo roubo como profissão e passado a maior parte da juventude na prisão. Com o mesmo fascínio divertido de Common, Benney conta como ele e Rees interromperam a luta de Orwell contra a chaminé. A porta "foi aberta por uma figura alta, rosto e roupas cobertos por fuligem de carvão, e que nos espiou através de uma ondulante nuvem de fumaça". Algumas pedras da parte de trás da lareira e do alto da chaminé haviam se soltado, e Orwell perguntou a Rees e Benney se eles poderiam ajudá-lo trazendo alguns pedaços de granito, de tamanho considerável, da horta que ficava nos fundos da casa. Eles encontraram alguns blocos adequados, mas quando os mostraram a Orwell ele explicou que não se sentia bem de usá-los, uma vez que eram fragmentos de antigas lápides da igreja. Benney escreveu:

> Eu acabaria me familiarizando um pouco mais com a reverência de Eric Blair por coisas tradicionais; na ocasião, eu simplesmente relevei aquilo como um gesto ligeiramente amalucado. Mais tarde, voltando de carro para a cidade, Richard estava absolutamente efervescente: parecia sentir que tínhamos testemunhado uma impressionante demonstração de como ser dolorosamente escrupuloso ao mesmo tempo em que se está dolorosamente desconfortável.

No início do outono de 1936, Orwell havia completado os capítulos documentais de *O caminho para Wigan Pier*, a primeira parte, e estava trabalhando na segunda metade do livro, que envolvia especulações e hipóteses políticas. Ele também estava prestando muita atenção a eventos que vinham acontecendo no exterior e que, em poucos meses, culminariam no abrupto encerramento do que Gorer chamou de "o ano mais feliz da vida dele".

A Guerra Civil Espanhola começou oficialmente em 17 de julho, quando um grupo de conservadores antigovernistas, incluindo os generais mais graduados no Exército, provocaram uma série de levantes militares com o intuito de derrubar a coalizão democraticamente eleita, em que predominavam partidos liberais e de esquerda. Originalmente, o líder dos chamados nacionalistas era o general José Sanjurjo, mas meses depois o general Francisco Franco assumiu as rédeas. Sob o comando de Franco, os nacionalistas, ou em termos mais precisos, fascistas ou falangistas, chegariam à vitória em 1939, e ele governaria a Espanha como um ditador não eleito até sua morte, em novembro de 1975. O eixo da sublevação foi o Marrocos, protetorado espanhol que os fascistas tomaram em questão de dias e, em seguida, usaram como base para o embarque de regimentos do exército formado principalmente por mouros africanos rumo ao continente espanhol. Eles esperavam tomar Madri em questão de semanas, já que a grande maioria do exército permanente, dentro e fora da capital, estava sob o comando dos generais. O governo foi forçado a armar operários sem treinamento e qualquer outra pessoa disposta a lutar; para o espanto dos fascistas e do mundo, os rebeldes foram derrotados, e Madri continuou nas mãos do governo. Em toda a Espanha, diversas milícias antifascistas conseguiram resistir ao Exército e, em agosto, a única cidade grande controlada pelos rebeldes era Sevilha.

Já em julho, a Alemanha nazista estava enviando abertamente armas e consultores militares para ajudar os fascistas, mas, temendo uma reação contrária de outros Estados, em teoria não intervencionistas, Hitler disfarçou seu envolvimento ativo na guerra criando a Legião Condor, unidade supostamente formada por voluntários, embora não explicasse com exatidão de que modo esses legionários "voluntários" conseguiram levar consigo bombardeiros de mergulho *Stuka* e tanques leves. Já a Itália de Mussolini deu apoio bem mais ostensivo, fornecendo a Franco mais de 50 mil soldados e aviadores, além de usar sua frota do Mediterrâneo para bloquear o envio de suprimentos às forças do governo. Tal qual a Alemanha, o Portugal de Salazar se escondeu atrás de uma suposta força voluntária de vinte mil homens, os Viriatos, e discretamente transportou armas e equipamentos até o outro lado da fronteira para uso das forças franquistas.

Stálin foi o mais poderoso defensor das forças e facções do governo. Apesar de ter assinado o Acordo de Não Intervenção, ele imediatamente começou a disfarçar navios mercantes com conveses falsos para o transporte de armas e equipamentos, além de hastear bandeiras falsas. Cerca de quinhentos soldados soviéticos lutaram na linha de frente, mas muito mais significativa foi a chegada de um contingente de dois a três mil dos chamados "consultores militares", a maioria dos quais eram membros da NKVD ou estavam sob ordens desse órgão, precursor da KGB.

King-Farlow visitou Wallington em setembro e mais tarde lembrou que Orwell estava dedicando quase a mesma quantidade de tempo aos eventos na Espanha do que ao trabalho de conclusão do livro. Ele lia todas as reportagens disponíveis e, sem dúvida, tinha consciência de que as alianças políticas dos meios de comunicação muitas vezes distorciam a autenticidade das informações. Claud Cockburn, que escrevia uma coluna regular para o jornal *The Daily Worker*, porta-voz do Partido Comunista, mais tarde admitiu que inventava histórias sobre os êxitos dos Republicanos quando não tinha conhecimento dos eventos reais. Jornais como o *Daily Mail*, de sólida postura conservadora, publicavam regularmente relatos de assassinatos em massa de proprietários de terras e clérigos pelas mãos de milícias comunistas e anarquistas. Em *O caminho para Wigan Pier*, Orwell escreveu:

Se você quiser alguns exemplos inequívocos do crescimento do sentimento fascista na Inglaterra, dê uma olhada em algumas das inúmeras cartas enviadas à imprensa durante a Guerra da Abissínia, aprovando as ações da Itália, e também o berro de alegria que se ergueu dos púlpitos, tanto católicos como anglicanos (ver o *Daily Mail* de 17 de agosto de 1936), pela ascensão do fascismo na Espanha.

O Partido Trabalhista mantinha uma postura cautelosamente favorável aos Republicanos, mas relutava em se aliar oficialmente por medo de afugentar os católicos em seus distritos eleitorais do norte, em especial em Liverpool e na Escócia. Menos contido, o Partido Trabalhista Independente engajou-se abertamente na luta armada contra os fascistas.

Em julho, logo após o início da guerra na Espanha, o ILP realizou um curso de férias de verão em Letchworth. Não há provas de que Orwell tenha comparecido, mas é provável que sim, dado o contato regular que manteve com Common, que estava presente. Na segunda parte de *O caminho para Wigan Pier*, Orwell conta sua experiência em um ônibus viajando por Letchworth: embarcaram no veículo dois "velhos de aspecto horrível" usando "camisas verde-pistache e shorts cáqui", que na opinião de Orwell sintetizam os piores aspectos do socialismo e do comunismo, como ímãs que atraem "todos os bebedores de sucos de frutas, calçadores de sandálias, nudistas, viciados em sexo, quacres, charlatães da 'cura pela natureza', pacifistas e feministas que existem na Inglaterra". Vem à mente o atual líder da Oposição de Sua Majestade* *[Jeremy Corbyn]* a caminho do trabalho ostentando um reluzente agasalho esportivo. Por que Orwell estava dentro desse ônibus se não era para comparecer, como os homens "de aspecto horrível", ao evento do ILP? Ele ficou consternado com a crescente reputação do grupo como uma força política exaurida – não tinha mais seus próprios parlamentares – e como abrigo de gente esquisita. No entanto, o ILP e o CPGB eram as únicas organizações dispostas a tomar uma posição sem reservas contra os fascistas espanhóis.

A segunda parte de *O caminho para Wigan Pier* foi tratada pelos biógrafos de Orwell como prova de que ele tinha, na melhor das hipóteses,

---

* Também chamada de Lealíssima Oposição de Sua Majestade (*Her Majesty's Most Loyal Opposition*) ou Oposição Oficial (*Official Opposition*). Posição no Parlamento britânico em geral ocupada pelo segundo maior partido da Câmara dos Comuns. (N. T.)

apenas uma compreensão indireta dos fundamentos do marxismo, socialismo, comunismo e suas várias permutações. Prefiro vê-la como uma série de louváveis e honestas reflexões de um homem testemunhando um país, um continente, em um estado de turbulência que não poderia ser explicado por uma determinada codificação ou fórmula ideológica. Orwell tinha certeza de que o fascismo era intrinsecamente, fundamentalmente, maligno, mas não sabia ao certo por que tantas pessoas foram atraídas pelo fascismo, nem o que a alternativa a ele seria capaz de fornecer e garantir.

Orwell conta como, no Eton, certo dia um professor pediu aos garotos que citassem quem eram, na opinião deles, as dez figuras mais importantes da História. Dos dezesseis colegas de classe de Orwell, quinze incluíram Lênin na lista. O socialismo extremo, ou de preferência o comunismo, se tornara desde a Revolução Russa um elegante acessório da moda para a classe de Orwell:

> Veja só o Camarada X, membro do Partido Comunista da Grã-Bretanha e autor de *Marxismo para crianças*. O Camarada X, por coincidência, estudou no Eton. Ele estaria pronto para morrer nas barricadas, pelo menos em teoria, mas você nota que ele continua deixando de fechar o botão inferior do colete. Ele idealiza o proletariado, mas é notável como seus hábitos pouco se parecem com os dos trabalhadores.

Algumas coisas parecem durar, como por exemplo o estereótipo do ativista de extrema esquerda de Orwell. Uma geração atrás, tínhamos Tony Benn (Westminster School e Oxford), e hoje em dia o cérebro por trás da ascensão do corbynismo é Seumas Milne (Winchester College e Oxford), que recebia do Partido Trabalhista, pelas últimas estimativas, um salário de 110 mil libras.

Na visão de Orwell, o jargão da esquerda linha-dura ("consciência de classe", "expropriação dos expropriadores", "ideologia burguesa", "solidariedade proletária") afugenta o tipo de pessoa cuja vida os marxistas prometem transformar. Ele acredita que o socialismo deve envolver uma fórmula simples, segundo a qual "todas as pessoas com uma renda pequena e incerta estão no mesmo barco e deveriam lutar do mesmo lado" contra as desigualdades financeiras, e que "o 'proletariado' inclui o dono do armazém do vilarejo, o escriturário [...] o mestre-escola, o jornalista que passa fome [...] o desempregado recém-formado em Cambridge, o funcionário público de baixo escalão, o operário da construção civil, o peão de fábrica e o mineiro".

Orwell também considera que sua modalidade simples de socialismo será o último bastião contra a ameaça que os povos da Europa terão de enfrentar, uma tão horrível quanto o rescaldo da Grande Depressão. E aqui a preocupação dele com os eventos na Espanha é evidente:

> Nos próximos anos, ou conseguiremos aquele partido socialista efetivo de que precisamos ou não conseguiremos nenhum. Se não conseguirmos, então o fascismo vai chegar; provavelmente uma forma repugnante e anglicizada de fascismo, com policiais cultos em vez de gorilas nazistas, e o leão e o unicórnio em vez da suástica.

Claramente, Orwell não previu uma invasão nazista da Inglaterra. Em vez disso, essa passagem é inspirada no que ele testemunhara no comício de Mosley em Barnsley. O que Orwell temia era a capacidade de sedução do fascismo como uma variedade tosca e violenta do socialismo, misturada com a xenofobia e o patriotismo da tirania da maioria, algo que atraiu a multidão em Barnsley, decepcionada com o Partido Trabalhista oficial.

Mosley (egresso de Winchester) era o arquétipo do "policial culto", um aristocrata que o jornal *The Westminster Gazette* descreveu como "o orador literário mais refinado da Câmara dos Comuns", um homem capaz de adaptar seu arsenal de "frases graciosas e epigramáticas" a uma clientela mais popular, a fim de arrebatar os ruidosos aplausos de mais de setecentos trabalhadores braçais de Lancashire.

Tommy Degnan era um mineiro e ativista que havia visitado a Alemanha em 1930, quando viu de perto o modo como Hitler conseguiu persuadir os grevistas nas minas de carvão do Ruhr de que sua forma de nacional-socialismo ofereceria a eles um futuro melhor do que o prometido pelos comunistas ou pelos social-democratas. Degnan conheceu Orwell em Barnsley e lhe disse que Mosley seria capaz de alcançar na Inglaterra o mesmo êxito de Hitler na Alemanha. Alguns dias após a reunião com Mosley, Degnan discursou em um comício do CPGB em Barnsley que, como Orwell registrou em seu *Diário*, atraiu apenas 150 pessoas, que ouviram Degnan com "rostos inteiramente impassíveis". Isso também foi deixado de fora de *O caminho para Wigan Pier*. Muito tempo depois, Degnan disse a Crick que havia falhado em convencer Orwell de que Mosley poderia transformar o fascismo na Grã-Bretanha em um movimento de massas. Quando escreveu a segunda parte de *O caminho para Wigan Pier*, Orwell aparentemente havia mudado de ideia.

Fosse discursando na Câmara dos Comuns ou cutucando a ferida dos trabalhadores ("Se você ama nosso país, você é nacional, e se você ama nosso povo, você é socialista" era seu mantra mais repetido), Mosley foi o precursor do que agora chamamos de era da "pós-verdade" (o *Oxford English Dictionary* ungiu o termo como sua "palavra do ano" em 2016). Entretanto, ao contrário de muitos dos políticos mais proeminentes, incluindo o atual primeiro-ministro, Mosley raramente dizia mentiras deslavadas. Em vez disso, ele lançava mão de hipnótica eloquência para obscurecer fatos verificáveis. Isso mostra a que ponto afundamos, quando o presidente dos EUA, um mentiroso contumaz, é capaz de fazer lavagem cerebral em seu eleitorado com a mesma eficácia valendo-se de vulgaridades semianalfabetas.

A União Britânica de Fascistas atingiu o pico de sua popularidade em 1936, quando Orwell testemunhou eventos como o encontro em Barnsley. Mais tarde naquele ano, a Batalha da Rua Cable* fez com que muitos da classe trabalhadora reconhecessem os elementos mais repugnantes da política de Mosley, vendo paralelos com o que estava acontecendo na Alemanha, Itália e, mais recentemente, na Espanha. O apoio aos fascistas britânicos entrou em rápido declínio a partir de então, e os temores de Orwell de que alguma variedade grotescamente anglocêntrica de fascismo se tornasse uma grande força política mostraram-se injustificados.

A semelhança mais duradoura entre aquela época e os tempos atuais diz respeito à habilidade dos políticos de apresentar mentiras como fatos discerníveis, assim como a disposição do eleitorado de aceitar a mentira como verdade, mesmo que ambos saibam que estão enganando a si mesmos. Orwell ainda levaria doze anos para criar a visão distópica de uma sociedade na qual indivíduos aceitam que "2 + 2 = 5", mesmo sabendo que essa soma não está correta, mas sua experiência com as plateias sendo "facilmente trapaceadas" pela "conversa para boi dormir de Mosley" deve

---

* Em 4 de outubro, durante a marcha dos apoiadores da União Britânica de Fascistas, liderada por Mosley, a polícia entrou em confronto com os vários grupos antifascistas, incluindo judeus, socialistas, anarquistas e comunistas, que faziam uma contramanifestação. (N. T.)

ter semeado isso: venda às pessoas uma fantasia pela qual elas anseiam, por mais ridícula que seja, e elas se convencerão de que é possível. Não sei o que acontecerá em 31 de janeiro de 2020,* mas não vou revisar esta frase, porque, enquanto escrevo, o país está passando por um surto de "2 + 2 = 5" que supera a trapaça de Mosley e as autoilusões impostas de *1984*. Durante quase três anos, Theresa May sustentou o mantra de que "A ausência de acordo é melhor do que um acordo ruim", e a maioria de seus partidários extremistas do Brexit ofereceu apoio irrestrito a essa postura. Praticamente todo mundo, do Serviço Nacional de Saúde à Confederação da Indústria Britânica [CBI, na sigla em inglês], declarou que a ruptura sem qualquer acordo era, comprovadamente, um ato de suicídio político e econômico. De repente, a sra. May admitiu que estava mentindo (sem usar essa palavra); no entanto, seu sucessor Boris Johnson adotou o "nenhum acordo" como uma alternativa nobre a novos adiamentos. Recentemente, uma pesquisa do YouGov indicou que, no país como um todo, o apoio ao Brexit sem acordo havia subido de 35% para mais de 40% em duas semanas. Como Mosley e *1984* demonstraram, mentiras e loucura autoenganadora às vezes podem se tornar viciantes.

Em 21 de dezembro de 1936, apenas seis dias depois de enviar a Gollancz o manuscrito de *O caminho para Wigan Pier*, Orwell partiu de Wallington rumo a Londres, em busca de uma entidade que endossasse sua jornada para a Espanha. Ele foi primeiro à sede do Partido Comunista da Grã-Bretanha, na rua King, onde o secretário-geral do CPGB, Harry Pollitt, concordou em recebê-lo, provavelmente depois de consultar Victor Gollancz. Pollitt desconfiou da aparente relutância de Orwell em se filiar a qualquer grupo político, muito menos aos comunistas, e, apesar da recusa em oferecer a ele qualquer apoio oficial, Pollitt aconselhou-o a visitar a Embaixada da Espanha em Paris, que ainda representava o governo eleito, e declarar seu apoio à causa deles. O único outro partido que se alinhara aos Republicanos era o Partido Trabalhista Independente, então, no dia seguinte, Orwell se reuniu com o líder do ILP, Fenner Brockway, que lhe forneceu cartas de recomendação para o representante do ILP em Barcelona. Embora não haja registro de que Orwell tenha expressado nessas reuniões a intenção de lutar, era evidente para todos que ele faria mais do que produzir artigos e um livro. Jack Common lembrou que tempos depois, pouco antes

---

* Oficialmente, Brexit Day, ou "Exit Day" [Dia da saída]. (N. T.)

de deixar Wallington, Orwell lhe dissera que se todos os que tinham ido para a Espanha matassem um fascista, não restariam muitos deles.

Em 23 de dezembro, um dia após a reunião com Brockway, Orwell seguiu para Paris. Alguns meses antes, havia se correspondido com Henry Miller sobre o tema do segundo romance do escritor norte-americano, *Primavera negra*, e ao chegar à capital francesa ele fez contato com Miller em seu estúdio em Montparnasse. É difícil imaginar um diálogo entre duas figuras tão opostas quanto ao papel do escritor. Miller tratava a literatura como um ramo da *schadenfreude*, e seus praticantes como aqueles que deveriam contemplar o estado do mundo e especular sobre ele − incluindo seus habitantes mais vis −, mas nunca tentar intervir. Ele concordava com Orwell sobre a ameaça que o fascismo representava para a civilização, mas optou pelo desinteresse quando a conversa se voltou para os eventos que estavam acontecendo nos Pirineus. O amigo de Miller, Alfred Perlès, lembrou que ele tratou Orwell com divertida delicadeza, como uma figura "durona, resiliente e politizada, sempre se esforçando para melhorar o mundo", mas, com um sorriso se formando, Miller perguntou se ele não seria mais útil fazendo isso "vivo em vez de morto" na Espanha. A conversa deles deveria dissipar qualquer suspeita de que Orwell estivesse indeciso sobre o que pretendia fazer quando partiu de casa alguns dias antes: ele certamente tinha a intenção de combater o fascismo.

Há uma passagem em *O caminho para Wigan Pier* em que Orwell registra sua impressão absolutamente deprimente dos arredores de Wigan enquanto o trem o leva embora da cidade. Ele fala do "monstruoso cenário de montões de escória de carvão, chaminés, ferro-velho empilhado, canais imundos, caminhos de lama e cinzas riscados pelas marcas de tamancos", e, em seguida, uma imagem pontual do sofrimento humano fixa sua atenção:

> No fundo de uma das casas, havia uma jovem ajoelhada no chão de pedras, e ela estava enfiando um pedaço de pau no cano de esgoto de chumbo que saía da pia dentro da casa, o qual, suponho, devia estar entupido. Tive tempo de olhar muito bem pra ela − o avental folgado, os tamancos desajeitados, os braços avermelhados de frio. Quando o trem passou, ela levantou os olhos, e eu estava tão perto que nossos olhares quase se encontraram. Ela tinha o rosto redondo e pálido, o habitual rosto exausto da moça de cortiço, que aos vinte e cinco anos parece ter quarenta por causa dos abortos e da pesada

labuta; um rosto que estampava, naquele segundo em que eu o fitei, a expressão mais infeliz e desesperançada que jamais vi [...] Ela sabia muito bem o que estava lhe acontecendo – compreendia, tão bem quanto eu, como era terrível seu destino, ter que ficar de joelhos naquele frio penetrante, no chão de pedras viscosas de limo no quintal de uma favela, enfiando um pedaço de pau em um cano de esgoto entupido de imundície.

Desespero. Orwell sugere que essa mulher e a maioria das outras parecidas com ela resignaram-se a uma vida de privação sombria, sem esperança evidente de mudança; exceção feita a algumas figuras como Degnan, as classes trabalhadoras pareciam dispostas a tolerar seu destino como uma espécie de inferno antes da morte. Compare isso ao registro de outra viagem de trem, nove meses depois, de Paris até a fronteira espanhola, atravessando o sudoeste da França:

Mas naquela noite parti para a Espanha. O trem, lento, estava lotado de tchecos, alemães, franceses, todos unidos na mesma missão [...] o trem era praticamente um comboio de tropas, e o povo da zona rural sabia disso. De manhã, enquanto nos arrastávamos através do sul da França, todos os que trabalhavam nos campos viravam-se, aprumando-se solenemente na posição vertical, e faziam a saudação antifascista. Eram como uma guarda de honra, cumprimentando o trem quilômetro após quilômetro.

Os camponeses do sudoeste da França e, como Orwell descobriria, os lavradores e trabalhadores braçais da Catalunha estavam preparados para tomar uma posição, mesmo que fosse apenas um gesto de braço, contra o fascismo e o conservadorismo político. No entanto, a maioria de suas contrapartes no norte da Inglaterra parecia sombriamente satisfeita com a vitimização.

Muitos escritores usaram em sua obra as próprias experiências de serviço militar, tendo lutado por seu país, na maioria dos casos, como recrutas ou voluntários. Apenas um pequeno número pegou em armas no exterior em nome de algum ideal ostensivo, e para a maior parte deles as verdadeiras motivações eram autoengrandecimento e egoísmo (ver os casos de Byron e Hemingway). Somente um estava genuinamente comprometido com sua causa e preparado para morrer por ela, independentemente da criação de alguma lenda: George Orwell.

Ele atravessou a fronteira para a Espanha sem incidentes, e tão logo chegou a Barcelona foi primeiro ao escritório do representante do ILP, John McNair, um Tynesider da classe trabalhadora. McNair se lembrou da sentinela anunciando que "um inglês grandalhão [...] quer vê-lo". O estrangeiro alto entrou e "com voz arrastada e um sotaque nitidamente burguês, disse: 'Estou procurando um sujeito chamado McNair' [...]. Respondi secamente: 'Eu sou o sujeito que você procura'". Orwell entregou-lhe as cartas de Brockway, e quando McNair perguntou-lhe por que ele tinha vindo para a Espanha, Orwell respondeu: "Eu vim para [...] me juntar à milícia e lutar contra o fascismo". Somente depois de ler as cartas McNair percebeu que aquele homem era o autor de uma obra sobre a penúria dos pobres britânicos, um livro que ele admirava muito. Orwell insistiu que era bem treinado como atirador, por causa de seus tempos a serviço da Polícia Colonial, e McNair acompanhou-o à sede do POUM [*Partido Obrero* [Operário] *de Unificación Marxista*], onde ele se alistou como membro da milícia.

Quando falou com Pollitt em Londres, Orwell estava razoavelmente a par da aliança firmada entre as Brigadas Internacionais e os comunistas, o que o levou a procrastinar sua adesão aos primeiros. É improvável que tivesse percebido o que estava acontecendo em Barcelona ou na Catalunha como um todo, pelo menos antes de sua chegada à Espanha. Uma vez lá, ficou extasiado com a caótica revolução que havia tomado conta da região. Por conta de sua associação com o ILP, ele se tornou parte do braço armado do POUM, mas sem a devida compreensão do que o partido espanhol representava. A bem da verdade, nem mesmo os envolvidos com o POUM sabiam ao certo o que era o partido. O POUM endossava o socialismo e vários aspectos do comunismo, ao mesmo tempo que se afastava dos comunistas convencionais patrocinados pelos soviéticos. Em vez disso, o partido formou uma aliança com grupos anarquistas e anarcossindicalistas que vicejavam na Catalunha, a CNT *[Confederación Nacional del Trabajo]* e a FAI *[Federación Anarquista Ibérica]*. Independentemente das diferenças, os três grupos se uniram no apoio a uma revolução antiautoritária. Queriam derrubar as ortodoxias – principalmente a nobreza, as classes altas proprietárias de terras, os militares e a Igreja Católica – que até a década de 1930 fizeram com que a Espanha permanecesse um Estado conservador, pseudofeudal e avesso a mudanças progressistas. Certamente não pretendiam substituir uma variedade de absolutismo por outra, razão pela qual opunham-se totalmente aos comunistas, postura política que resultaria em sua obliteração nas mãos dos soviéticos.

Se em termos abstratos o manifesto anarquista do POUM era um pouco vago, sua implementação prática logo se tornou evidente para Orwell. Muitas das igrejas de Barcelona haviam sido saqueadas, e todos os padres e freiras pareciam ter se escondido. Os salões de jantar e bares dos melhores hotéis da cidade eram agora cantinas para os membros das milícias e para os civis, que trabalhavam para manter intacta a infraestrutura urbana. Ninguém dava gorjeta aos que os atendiam em bares, restaurantes ou lojas. Gravatas e chapéus – sinais da superioridade burguesa – haviam desaparecido, e todos os bordéis e boates foram fechados. Esta última medida talvez carregasse um quê de puritanismo, mas na verdade era o feminismo em ação. Não se esperava mais que as mulheres fossem dançarinas ou acompanhantes, e muito menos que se entregassem à prostituição. Algumas delas agora passavam por treinamento militar, recebiam armas e serviam na milícia. Recursos básicos, inclusive alimentos, eram escassos, mas, sem que nenhuma ordem fosse emitida por um órgão oficial, tornou-se convenção o escambo – quem tinha algo trocava por outra coisa de que precisasse, como uma garrafa de vinho decente por um filão de pão e um pouco de queijo, por exemplo. Além disso, aqueles que serviam nas lanchonetes e açougues improvisados, ou nas lojas em geral, passaram a dar de graça os víveres quando ficava evidente que o "cliente" estava em necessidade, mas desprovido dos meios para pagar. Em outras circunstâncias, esse sistema sem controle poderia ter dado ensejo a oportunidades para saques, golpes e extorsão, mas todos os cidadãos pareciam tratar uns aos outros com confiança e respeito mútuos. Na lembrança de Jason Gurney, outro voluntário inglês, "o mais emocionante era o glorioso sentimento de otimismo; a convicção de que qualquer coisa que não estivesse certa na sociedade seria, sem dúvida, corrigida no novo mundo de igualdade e liberdade universal que viria pela frente".

Joaquín Maurín e Andreu Nin eram colíderes do POUM, mas não tentaram se estabelecer em posições de autoridade política em Barcelona, e nem eles nem seus compatriotas POUM/anarquistas tentaram instituir qualquer coisa que se assemelhasse a uma administração. A cidade e grande parte da Catalunha pareciam estar em funcionamento, sem descambar para o caos ou a criminalidade. Até mesmo o dinheiro, como meio de troca, parecia quase obsoleto. Foi a única vez na história que uma região, um povo, chegou perto da implementação prática do idílio anarquista sonhado por figuras como Proudhon, Godwin e Bakunin. Não duraria mais que um ano.

Muitas das obras de não ficção de Orwell foram encaradas com ceticismo quanto a serem relatos autênticos e literais das experiências e eventos que elas alegam registrar. O livro *Homenagem à Catalunha*, apesar de ser execrado por figuras da esquerda de Londres a Moscou, pode ser considerado como a verdade absoluta, pela simples razão de que aqueles que lutaram ao lado de Orwell e sobreviveram para contar a história confirmam todos os principais episódios que ele descreve. Alguns, em especial McNair, emprestam uma coloração sardônica e afetuosa aos fatos contados no livro:

> O ex-etoniano se foi e deu lugar a um ardoroso homem de ação [...] George estava obrigando cerca de cinquenta jovens catalães, entusiasmados, mas indisciplinados, a aprender os rudimentos do treinamento militar. Ele os fez correr e saltar, ensinou-os a marchar em colunas de três, mostrou-lhes como usar o único rifle disponível, um Mauser antigo, desmontando-o em partes e explicando cada uma.

Os fuzis Mauser, que datavam da década de 1880, foram considerados impróprios para o combate pelos militares alemães antes do início da Primeira Guerra Mundial. Alguns estavam enferrujados, mas Orwell, sempre prático e um entusiástico atirador, instruiu seus recrutas sobre como limpar e consertar as armas antigas. Ele treinou e comandou cinquenta homens, mas possuía apenas a patente de cabo, sem usar duas listras no braço. Sem uniformes era difícil indicar a superioridade hierárquica. Orwell usava uma calça de veludo cotelê e uma jaqueta de couro, dadas a ele por Miller em Paris, além de um pesado cachecol de lã. Pode fazer frio na Catalunha em janeiro.

McNair, trinta e cinco anos depois, relatou palavra por palavra a história que Orwell lhe contou sobre como alguns jovens recrutas tentaram embebedá-lo. "Eles não sabiam que eu tinha trabalhado durante um ano e meio em hotéis e bares de Paris e conhecia tudo sobre vinho tinto barato." Orwell bebeu mais que todos eles, foi o primeiro a acordar na manhã seguinte e os arrastou para fora de suas camas. "Ora, jovens companheiros, nós nos divertimos um bocado ontem à noite, mas não estamos aqui para encher a cara, estamos aqui para esmagar os fascistas. Agora vocês vão treinar como soldados sob minhas ordens e seguir o que eu faço." Depois disso, disse ele a McNair, "eles me trataram com camaradagem e respeito".

Depois de apenas uma semana treinando a milícia, Orwell foi despachado para Alcubierre, na frente de batalha de Aragão, a noroeste da fronteira entre a Catalunha e a Espanha. Ele era o segundo em comando do pequeno pelotão, que se resumia a doze homens, e lutaria lá por cinco meses. Para os jovens milicianos, a energia revolucionária de Barcelona se dissipou frente ao que era, efetivamente, uma reprise da Frente Ocidental da Primeira Guerra Mundial. Foi um conflito de atrito travado ao longo de uma ampla paisagem montanhosa e desprovida de árvores, com ambos os lados entrincheirados a cerca de setecentos metros um do outro.

Até mesmo franco-atiradores habilidosos e com bons rifles tinham dificuldade em escolher alvos. Como nas trincheiras da guerra anterior, as condições sanitárias eram precárias, e os sentimentos de letargia e inutilidade começaram a minar o entusiasmo que Orwell tinha tentado incutir nos recrutas em Barcelona. Mesmo assim, ele conseguiu iniciar uma das mais memoráveis trocas de fogo de fuzilaria, ainda que acidentalmente. Durante toda a vida, Orwell temeu e odiou a presença de ratos (ver a tortura de Smith em *1984*), e esses animais corriam soltos em meio aos excrementos e à comida podre das trincheiras. Certa feita, ele matou um a socos; mais tarde, quando uma "besta-fera" particularmente bem alimentada o encarou de forma intimidadora, Orwell o explodiu com o revólver. O tiro ecoou através do vale e desencadeou uma escaramuça de pequenas proporções, que deixou a cozinha de acampamento dos Republicanos crivada de balas de metralhadora e dois de seus ônibus praticamente destruídos. Orwell fazia a barba usando vinho, que era mais abundante que água, e sofria terríveis crises de bronquite no ambiente frio e seco das colinas de Aragão. O comandante do pelotão era Bob Edwards, miliciano inglês e mais tarde deputado Trabalhista, que descreve Orwell com profusão de detalhes para Crick:

> Ele veio caminhando a passos largos em minha direção − 1,90 metro de altura − vestindo uma mistura grotesca de peças de roupa: calções de veludo cotelê, bandagens cáqui para proteger as canelas, enormes botas salpicadas de lama, jaqueta amarela de couro de porco, um gorro balaclava cor de chocolate com um cachecol tricotado cáqui de comprimento incomensurável, que dava várias voltas no pescoço e no rosto até as orelhas, um antiquado rifle alemão sobre o ombro e duas granadas de mão penduradas no cinto.

Edwards acrescenta que, como soldado, "ele era absolutamente destemido", e conta como cerca de três vezes por semana Orwell anunciava que "vou lá buscar batatas". Numa faixa entre trinta a quarenta metros da guarnição de metralhadoras fascista mais próxima havia uma pequena plantação de batatas, e Orwell rastejava até lá para encher um saco delas. Edwards implorava a ele para que evitasse o que pareciam ser atos de loucura quase suicida; toda vez que o escritor saía, os atiradores abriam fogo contra ele. Orwell sorria. "Eles não conseguem me acertar, isso já está provado." Orwell já havia calculado que, embora os atiradores pudessem facilmente elevar ou girar o cano da metralhadora para a direita ou para a esquerda, incliná-lo em direção ao chão a fim de mirar um alvo mais próximo e ligeiramente mais baixo que os sacos de areia era extremamente difícil. Porém, ele e Edwards sabiam que não era impossível.

Em *Homenagem à Catalunha*, Orwell faz um relato honesto dos breves períodos em que ele e os outros milicianos saíam das trincheiras e encaravam diretamente o inimigo, o que muitas vezes envolvia combate corpo a corpo com baionetas e granadas. Muitos dos que lutaram com ele, incluindo seu comandante Georges Kopp, que logo se tornaria um amigo, mais tarde confirmaram a autenticidade do livro. Surpreende, no entanto, o que Orwell deixou de fora. Em abril, o jornal *The New Leader*, veículo do ILP, publicou uma matéria com trechos extraídos de cartas e relatos de seus membros, sem incluir Orwell:

> "Carga!" gritou Blair [...] Na frente da balaustrada estava Eric Blair, sua figura alta avançando friamente através da tempestade de fogo. Ele saltou sobre a balaustrada, e depois tombou. Inferno, eles o acertaram? Não, ele passou por cima [...].

Outras histórias, contadas mais tarde pelos camaradas de Orwell, John ("Paddy") Donovan e Stafford Cottman, que era então um adolescente, descrevem como Orwell sempre parecia liderar o ataque. Apesar de ter instruído os recrutas em Barcelona na técnica britânica de "corra um pouco e se jogue no chão, corra um pouco e se jogue no chão, depois aponte e atire, e repita o exercício", o Orwell em ação ignorava seu próprio conselho e avançava diretamente para as linhas inimigas, do alto de seu 1,90 metro, disparando enquanto corria a passos largos.

Ele se tornou o talismã da unidade, tanto por ser um desajustado quanto por seu heroísmo. Edwards o descreveu como "escriba sangrento", que gastava o tempo livre na trincheira preenchendo páginas e páginas de seu caderno de anotações. No início, Cottman não sabia ao certo como lidar com um homem cujo sotaque indicava origem na pequena aristocracia; mais tarde, porém, ele constatou que Orwell era "comum e decente" e "pronto para dar uma mãozinha". Os mais próximos a Orwell nas trincheiras quase sufocavam por causa dos cigarros enrolados com tabaco preto de cachimbo, que ele fumava incessantemente, e ficavam surpresos por um homem atormentado pela bronquite ter a aparente intenção de agravar sua doença.

Bob Edwards retornou à Inglaterra no final de março para participar da conferência anual do ILP e, em consonância com o pluralismo ILP/POUM, seu sucessor como líder da unidade de milícias foi decidido por meio da eleição de voluntários. Orwell foi a escolha unânime. Seu comando durou cerca de três semanas.

Em fevereiro, Eileen havia chegado a Barcelona para trabalhar como secretária e assistente-geral do ILP, e era a ela que Orwell enviava, quando podia, os rascunhos que ele compunha à mão nas trincheiras, manuscritos que Eileen datilografava. Nunca saberemos se esse trabalho foi o protótipo de *Homenagem à Catalunha* ou outra coisa – o material foi apreendido pela NKVD depois que os Orwell fugiram de Barcelona, e supostamente está guardado em algum arquivo de Moscou. No final de abril, Orwell teve uma licença e juntou-se a Eileen na cidade, "completamente esfarrapado, quase descalço, um pouco piolhento, bronzeado, com uma aparência realmente muito boa", como ela escreveu ao irmão.

Três dias depois, unidades da Guarda Civil, o instrumento oficial do governo Republicano baseado em Madri, tentaram arrancar do POUM e dos anarquistas o controle sobre a cidade de Barcelona. Ainda hoje a natureza exata do "golpe" e do conflito que se seguiu é matéria de debates entre historiadores e analistas políticos. Não há registros confiáveis a respeito de quem em Madri ordenou à Guarda Civil que agisse, ou com que finalidade, mas a opinião que prevaleceu na capital espanhola, durante e após as batalhas das forças governamentais contra as milícias anarquistas e do POUM, foi a de que havia *agents provocateurs* fascistas infiltrados entre o milicianos, e de que a condição de desgoverno e ingovernabilidade de Barcelona e da Catalunha não tinha nada a ver com um consenso antiautoritário popular; pelo contrário, tal situação fora gerada para enfraquecer o noroeste da Espanha contra as forças de Franco. Essa narrativa foi criada exclusivamente por agentes de propaganda, que trabalhavam para os comunistas apoiados pelos soviéticos.

O cerne do conflito inicial foi a central telefônica, controlada pelos anarquistas, que a Guarda Civil tentou tomar em 3 de maio, mas trocas de fogo entre pequenas unidades logo se espalharam pela cidade como um todo. A central telefônica ficava na avenida Ramblas, uma das principais vias públicas, perto do Hotel Continental, onde Eileen estava hospedada. Orwell se viu abrigado de fogo do outro lado da rua, no Hotel Falcón, que rapidamente se converteu em posto avançado de milicianos do POUM e do ILP, que em sua maioria estavam na cidade de licença. John McNair chegou com suprimentos de cigarros, seguido por voluntários catalães munidos de rifles e munições. Orwell se armou e em 4 de maio abriu caminho até o Continental, onde encontrou seu novo amigo, Georges Kopp, compartilhando uma garrafa de vinho com Eileen enquanto tentava seduzi-la. Ela, alegre e lisonjeada pelo flerte, manteve distância, e Orwell não se ofendeu.

Ao longo dos dias seguintes, os eventos assumiram um ar de empolgação e loucura. Também perto do Continental ficava a sede do POUM, e na porta ao lado funcionava o Café Moka. Cerca de trinta Guardas Civis haviam feito uma barricada de proteção dentro do café, mas não estava claro se os homens lá aboletados se preparavam para outro ataque à telefônica ou se tinham acabado de se esconder. Uma unidade das chamadas "tropas de choque" do POUM cercou o local, disparando aleatoriamente contra as janelas e rolando granadas pela calçada em direção às portas da frente. Os soldados da polícia – bizarramente, diante dos eventos em andamento e dos iminentes – eram todos voluntários alemães. Kopp deu ordens para que parassem de atirar e, em seguida, com uma afetada indiferença, caminhou até a porta do café. Todos acharam que ele seria fuzilado, mas em poucos minutos entabulou conversa com os Guardas Civis e convocou um de seus homens para lhes trazer uma caixa de cerveja. Firmou-se um acordo de cessar-fogo, e a Guarda Civil se dispersou – alguns inclusive decidiram juntar-se ao POUM. Orwell jamais conseguiu decidir se Kopp era um super-homem ou um embusteiro confiante. Tempos depois o escritor descobriu que Kopp havia contado reiteradas mentiras sobre seu passado e herança. No entanto, havia algo nele, uma mistura de irresponsabilidade e comprometimento heroico, que parecia personificar o estado de espírito da Catalunha, pelo menos antes de os comunistas assumirem o controle. Kopp ordenou que Orwell levasse um rifle até o observatório no telhado do cinema Poliorama, instruindo-o a abrir fogo contra qualquer homem das forças do governo que se aproximasse do quartel-general do POUM pelo outro lado da rua. Antes de subir no telhado, Orwell disparou um tiro para destruir uma granada não explodida lançada anteriormente pelos soldados alemães. Errou o alvo.

As hostilidades na cidade cessaram por algum tempo, e, em 10 de maio, Orwell voltou para sua unidade POUM em Aragão, agora como líder interino e promovido a segundo-tenente. Por um breve momento, pensou em se alistar como voluntário nas Brigadas Internacionais para se envolver nas ferozes, e provavelmente decisivas, batalhas pela sobrevivência de Madri. Decidiu não seguir essa estratégia, no entanto, porque durante seus dez dias em Barcelona ficou claro para ele que os comunistas tinham a intenção de sufocar o espírito da revolução catalã, e as Brigadas eram dirigidas pelos comunistas.

Às cinco da manhã de 20 de maio, Frank Frankford estava conversando com Orwell sobre Paris, onde ambos tinham morado. Eles estavam logo acima do parapeito, "e de repente [Orwell] desabou, alvejado na garganta". A bala de um franco-atirador atravessou o pescoço, milagrosamente errando por centímetros a artéria carótida e a coluna vertebral, mas danificando suas cordas vocais. No hospital de campanha, os médicos presumiram que era um ferimento fatal, mas, contrariando todas as probabilidades, Orwell sobreviveu e, depois de algum tempo internado em hospitais de Lérida e Tarragona, acordou e viu Eileen e Kopp sentados em ambos os lados de sua cama no Sanatório Maurín, nos arredores de Barcelona. Sua guerra tinha acabado.

Apesar de Orwell ter recebido o diagnóstico de que jamais voltaria a falar direito, sua voz retornou gradualmente após a eletroterapia; no entanto, seu tom passou a ter uma inflexão monótona e quase invariável, sem modulação. Ele e Eileen deixariam a Espanha no início de julho, mas o intervalo de cinco semanas entre o ferimento e a partida teriam um efeito crucial em tudo o que Orwell pensou, disse e escreveu pelo resto da vida.

Enquanto Orwell convalescia no Sanatório, o efetivo cessar-fogo entre as milícias locais e as várias forças governamentais, incluindo a Guarda Civil e a polícia, começou a desmoronar. Os comunistas se aproveitaram do vácuo de poder na região, tornaram-se dominantes na administração catalã e iniciaram uma campanha de propaganda "oficial". A campanha apresentava os anarquistas e o POUM como trotskistas que estariam em conluio com os falangistas para minar o apoio da União Soviética aos Republicanos.

Outra guerra civil tivera início na Catalunha, com forças do governo seguindo ordens dos comunistas para dizimar o POUM e os anarquistas.

Agentes da NKVD participaram diretamente de uma campanha que envolveu a detenção sem julgamento, tortura e assassinato judicial de figuras do POUM e de indivíduos associados ao grupo. Bob Smillie (neto do líder dos mineiros escoceses e membro do contingente ILP/POUM) foi preso e, logo depois, morreu em uma prisão de Valência; segundo a explicação oficial do governo, a causa da morte foi apendicite aguda, mas provavelmente tratou-se de assassinato. Georges Kopp, preso e torturado continuamente ao longo de dezoito meses, foi dado como morto depois que seus amigos foram impedidos de vê-lo. Andreu Nin acabou sendo sequestrado pela NKVD e fuzilado.

No hospital, Orwell e três de seus colegas feridos da frente de batalha de Aragão − Stafford Cottman, Robert Williams e Arthur Clinton − começaram a destruir todos os documentos relativos às diretrizes políticas do ILP, as operações da milícia, incluindo mapas e suas conexões com o POUM. Foram alertados sobre o expurgo que estava ocorrendo em Barcelona e se espalhando pela Catalunha.

Orwell solicitou dispensa médica, que foi concedida em 14 de junho, e cinco dias depois de receber alta juntou-se a Eileen em Barcelona. Ela estava esperando no saguão do Hotel Continental e insistiu que saíssem do prédio imediatamente. O POUM e as organizações aliadas agora eram oficialmente ilegais, e qualquer suspeita de associação com eles levaria à prisão imediata pela polícia ou Guarda Civil, ou, pior ainda, detenção pela NKVD. Orwell e Eileen passaram os dez dias seguintes fugindo, se escondendo e às vezes dormindo em ruínas de igrejas, ou buscando abrigo em esconderijos seguros com a ajuda de John McNair, ele também um fugitivo. Sem saber, Orwell fizera por merecer a duvidosa distinção de figurar em uma lista negra de jurados de morte por Moscou, após a publicação de *O caminho para Wigan Pier* em 8 de março. Se a NKVD o sequestrasse, sem dúvida ele teria o mesmo destino que Nin.

Em um ato de extraordinária coragem, que beirava a loucura, Orwell e Eileen conseguiram marcar uma visita a Kopp na prisão. Kopp lhes disse que, após sua prisão, uma carta que deveria ter sido enviada a um coronel no Corpo de Engenheiros tinha sido confiscada pela polícia, e, se havia alguma esperança para a sobrevivência da milícia, era fundamental recuperar essa missiva. Orwell rumou imediatamente para o escritório do coronel no centro de Barcelona, descobriu que o oficial ainda não estava sob custódia e lhe contou que a carta enviada por Kopp para ele havia sido apreendida. O coronel seguiu de carro para a sede da polícia e, por meio da pura força de sua personalidade, exigiu a devolução da carta, até que por fim o chefe de polícia cedeu e lhe devolveu o documento. O valor tático do documento era insignificante, uma vez que, a essa altura, o braço militar do POUM tinha sido dominado por seus antigos aliados. Mas Orwell arriscara a vida envolvendo-se na tentativa sabidamente fútil de Kopp para manter viva a chama da causa, que ambos julgavam ser insuperavelmente justa.

Um dia antes desse episódio, os Orwell se juntaram a McNair e a Cottman no consulado britânico para se assegurar de que os documentos de identificação que tinham em mãos, fossem quais fossem, seriam suficientes para atravessarem a fronteira com a França. O conselho que receberam não foi nem tranquilizador nem particularmente sinistro. Os diplomatas foram honestos em sua incerteza acerca da fluidez da situação; autoridades governamentais estavam, pelo menos em teoria, no comando da Catalunha, mas persistia a ameaça por parte dos comunistas soviéticos, cuja intenção era capturar apoiadores do POUM ou anarquistas, que por sua vez queriam apenas deixar o país. Os quatro fugitivos rumaram para a estação ferroviária no dia seguinte, quando constataram que o trem com destino à França havia partido antes do horário previsto. Eles passaram mais três dias perambulando por bares e cafés e dormindo ao relento em escombros de edifícios. Por fim, conseguiram embarcar em um trem para a fronteira, fazendo questão de ocupar assentos no vagão-restaurante, onde poderiam se misturar a observadores políticos, turistas e jornalistas. Atravessaram a fronteira sem serem interrogados. Em Perpignan, encontraram acomodações e se reuniram com Fenner Brockway, que estava indo na direção oposta para tentar resgatar membros do ILP que haviam sido considerados culpados por associação com o POUM. Os cinco passaram a noite inteira conversando, principalmente sobre quão difícil seria convencer simpatizantes da esquerda na Grã-Bretanha de que os comunistas na Espanha estavam, tanto quanto os falangistas, determinados a agir segundo os ditames do autoritarismo mais impiedoso. Orwell já estava ciente de que o livro para o qual ele havia tomado notas, e que começaria a escrever tão logo voltasse para a Inglaterra, seria rejeitado por Victor Gollancz. Ele explicou a Brockway que a obra seria mais do que um relato sobre suas experiências durante a Guerra Civil. Serviria também para mostrar que os comunistas de Stálin haviam arruinado sistematicamente a causa Republicana. Posteriormente Brockway contou que, a partir desse encontro, passou "a considerar [Orwell] muito mais maduro como socialista". Ele quis dizer que Orwell agora tratava o socialismo como um compromisso de

180

melhorar a condição dos empobrecidos e oprimidos, assim como de repudiar qualquer ideologia ou doutrina inflexível. Três semanas depois de George e Eileen terem atravessado a fronteira, o Tribunal de Espionagem e Traição em Valência recebeu um documento declarando que os dois eram "trotskistas confirmados" e que o "ERIC B participou dos eventos de MAIO [de 1937]" numa tentativa de minar a causa Republicana em nome das forças de Franco. O Tribunal era um instrumento da NKVD, e os Orwell foram considerados culpados à revelia. A sentença dos dois teria sido a morte.

Orwell declararia mais tarde que "a primeira vez que pensei neste livro, pelo menos no que diz respeito à sua ideia central, foi em 1937 [...]". Ele estava se referindo não a *Homenagem à Catalunha*, mas a outra obra, *A revolução dos bichos*. O romance só começou a tomar forma em 1943, quando os britânicos, em deferência a seu novo aliado soviético, estavam convenientemente esquecendo o recente Pacto Molotov-Ribbentrop, a subsequente invasão russa da Polônia e o segredo escancarado de que a Rússia soviética era um Estado totalitário. Entretanto, quando Orwell chegou a Perpignan e partiu para Wallington, as ideias do livro já tinham sido semeadas. Dois incidentes que ele deixou de fora de *Homenagem à Catalunha* são destacados aqui. Em certa ocasião durante um combate, Orwell avistou um soldado falangista correndo ao longo da borda de sua trincheira e se oferecendo como um alvo fácil para qualquer fuzileiro de competência mediana. Orwell apontou, mas não conseguiu puxar o gatilho. Por ter perdido o cinto, o soldado estava correndo de forma desajeitada, segurando as calças, e isso fez com que ele se tornasse, Orwell percebeu, algo diferente de um fascista: era agora um ser humano bastante cômico e vulnerável. Orwell não disparou, assim como no episódio em que entrou em uma trincheira falangista e encostou a baioneta no peito de um soldado desarmado e indefeso. Por que matar outro homem só por matar? *A revolução dos bichos* trata da linha tênue entre idealismo e desumanidade cega. Em 1938, Orwell escreveu a Frank Jellinek, que também estivera na Espanha, sobre o significado que a experiência teve para ele. "Eu não sou marxista e não concordo com essa história que se resume a dizer: 'Vale tudo para avançar a causa do partido'." *A revolução dos bichos* é sobre o que acontece quando os indivíduos deixam de agir de acordo com sua consciência ou com as noções de certo e errado; nesse sentido, os comunistas linha-dura eram, para Orwell, tão malignos quanto os fascistas.

Há muito tempo a Guerra Civil Espanhola é tida como singular. Depois dela, nenhum outro conflito atraiu quarenta mil voluntários para lutar por um governo eleito democraticamente contra um tirânico golpe militar. Contudo, o poder de atração que o Estado Islâmico exerce sobre jihadistas estrangeiros, com a adesão de muitos jovens de países como França, Reino Unido, Alemanha e Holanda, levou comentaristas e analistas, como mariposas atraídas pela luz, a fazer comparações entre o EI e a Espanha daquela época. George Monbiot (*The Guardian*, 10 de fevereiro de 2014) deu a um artigo seu o título "Orwell foi aclamado como herói por lutar na Espanha. Hoje ele seria condenado por terrorismo". O nome de Orwell figura com destaque em todos os artigos sobre o tema. Monbiot concentra-se na Lei de Terrorismo de 2006 do governo Blair, de acordo com a qual qualquer pessoa comprovadamente envolvida em ação militar no exterior com uma "motivação política, ideológica, religiosa ou racial" pode ser presa, potencialmente pelo resto da vida. O artigo de Monbiot é baseado na postura relativista da nova esquerda liberal, em que as antiquadas noções de certo e errado, bem e mal, são vistas como polaridades simplistas que obscurecem os vieses, preconceitos e subterfúgios do discurso público. Monbiot argumenta que *Sir* Malcolm Rifkind *[ex-ministro da Defesa e ex-ministro das Relações Exteriores do Partido Conservador nas gestões de Margaret Thatcher e John Major]* poderia ser passível de inquérito judicial se o item "financiamento" tivesse sido incluído no texto da lei como uma das motivações, pois tinha sido presidente de uma fabricante de armas que exportava seus produtos para regimes bastante suspeitos. Segundo Monbiot, Tony Blair, xará de sobrenome de Eric Blair, poderia ser alvo de investigação do Ministério Público, uma vez que, sem sanção democrática, participou da invasão do Iraque; contudo, ele e seu gabinete estavam protegidos pela imunidade da Coroa.

Monbiot deixa a questão em aberto quanto à diferença entre os jihadistas que foram ao exterior para arriscar, e às vezes perder, a vida por uma causa e membros das Brigadas Internacionais e milícias. Do outro lado do espectro político, o *Daily Mail* (5 de dezembro de 2015) se posicionou de forma contrária aos recentes pronunciamentos do grupo "Stop the War" [Pare a guerra], que, como eles apontaram de forma exultante, outrora fora liderado pelo líder Trabalhista Jeremy Corbyn. Hilary Benn *[político Trabalhista, ex-ministro de Relações Exteriores e ex-líder do comitê do Brexit no Parlamento]* havia defendido o apoio de seu partido à decisão do governo de David Cameron de desferir ataques aéreos contra o Estado Islâmico, invocando o espírito das Brigadas Internacionais. A Real Força Aérea [RAF, na sigla em inglês], alegava ele, estava defendendo os combatentes anti-Assad, mais liberais, contra o EI. A perversão da história e da lealdade política empreendida por Benn é insólita, para dizer o mínimo, mas nem de longe tão bizarra quanto a resposta do grupo "Pare a guerra":

> Benn nem sequer parece perceber que o movimento jihadista que, em última análise, gerou o *Daesh* [EI] está muito mais próximo do espírito de internacionalismo e solidariedade que impulsionou as Brigadas Internacionais do que a campanha de bombardeios de Cameron – exceto pelo fato de que a *jihad* internacional assume a forma de solidariedade para com os muçulmanos oprimidos, em vez da classe trabalhadora ou a Revolução Socialista.

No jornal *The Daily Telegraph* (21 de maio de 2014), o dr. Usama Hasan, acadêmico especialista em política do Oriente Médio que havia atuado como testemunha em julgamentos de indivíduos retornados do EI, afirmou que o artigo de Monbiot era "uma observação inútil" e que "faríamos bem em não propagar o mito de que esses homens são combatentes da liberdade ou de que deveriam ser comparados aos britânicos que lutaram na Guerra Civil Espanhola; tanto do ponto de vista legal quanto político, os tempos mudaram desde 1939". A explicação de Hasan indica que ele e Monbiot, apesar das aparentes diferenças, compartilham certos prejulgamentos. Especificamente, ações e motivações devem ser tratadas como produtos de mudanças e circunstâncias históricas, e noções absolutas de bem e mal são ilusões.

Sejamos claros sobre algo que esses comentadores, incluindo o conservador *Daily Mail*, têm em comum. Ninguém está disposto a apontar que os jihadistas são ideólogos assassinos e descerebrados, ao passo que os voluntários da Guerra Civil Espanhola eram corajosos agentes lutando por uma Europa baseada em democracia e liberdade de expressão. A incapacidade, ou falta de vontade, desses analistas de admitir isso provavelmente se deve à "lei" em vigor de que não devemos ousar insultar idealistas violentos, por medo de ofender figuras supostamente não beligerantes que compartilham suas crenças. Os homens e mulheres que foram defender o governo democraticamente eleito da Espanha eram em sua maioria de esquerda, mas não eram cegos do ponto de vista moral nem ideológico. A recusa de Orwell de matar a tiros ou golpes de baioneta falangistas que estavam tão comicamente prejudicados – a exemplo daquele que fugiu com as calças na mão –

atesta isso; eles estavam do lado errado, mas eram humanos. O governo espanhol eleito era uma entidade díspar, mas estava unido na determinação de arrastar o país para uma condição pós-iluminista que era desfrutada por grande parte da Europa Ocidental. No começo do século XX, a Espanha era um resquício de seu passado feudal, dominada pela Igreja, pelas classes de proprietários de terras e pela aristocracia. Franco queria remodelar isso como um fascismo ultranacionalista, e os voluntários estrangeiros que lutaram contra ele o fizeram para oferecer a seus compatriotas ibéricos um futuro que envolvesse liberdade de expressão e democracia. Os voluntários do Estado Islâmico estão empenhados no contrário, um retorno ao passado em que o pensamento se rende ao fervoroso fanatismo religioso. É difícil imaginar um islamita radical que, como fez Orwell, se absteria de pressionar o gatilho ou usar a baioneta. Eles consideram sua causa como uma licença para a mais abominável crueldade cara a cara; sentem prazer com assassinatos e mutilações em nome de Alá. Muitos daqueles que foram lutar pelo governo espanhol eram da classe média, mas muitos mais eram das classes trabalhadoras autodidatas, pessoas que consideravam a Primeira Guerra Mundial como o último suspiro do imperialismo europeu, e que viam o futuro como algo empolgantemente fluido, um aprimoramento do que havia acontecido antes, mas abrangendo conversas humanistas entre aqueles que o moldariam. O fascismo era seu pior e mais óbvio inimigo; porém, mesmo para os que atuaram nas Brigadas Internacionais dominadas pelos comunistas, o totalitarismo soviético era visto como uma ameaça igual, pelo menos depois que Franco triunfou. Como esses homens e mulheres diferiam dos voluntários do Estado Islâmico? Estes últimos são incapazes de pensar, escravizados por um credo implacável e fundamentalista. Eles não se voluntariam para lutar pela possibilidade de que as pessoas vivam da maneira que escolherem; o que desejam é impor aos outros uma religiosidade cretina. Não há paralelo algum entre os voluntários Republicanos e os terroristas do EI. Eles são opostos absolutos.

ENTREGUERRAS

No início de julho de 1937, os Orwell estavam de volta ao chalé em Wallington. Na ausência do casal, Jack Common tomara conta da casa e cuidara das galinhas e dos outros animais que Eileen tinha deixado para trás ao partir para Barcelona. O primeiro sinal de que *Homenagem à Catalunha* seria tratado com desprezo pela esquerda ortodoxa na Inglaterra veio quando Orwell foi convidado pela revista *New Statesman and Nation* para resenhar *The Spanish Cockpit: An Eyewitness Account of the Spanish Civil War* [A cabine espanhola: relato de uma testemunha ocular da Guerra Civil Espanhola] (1937), de Franz Borkenau. Borkenau trabalhara para a Comintern [Internacional Comunista] em Moscou e tinha sido um comunista dos mais entusiasmados, até a Espanha. Lá, na Catalunha, testemunhou uma versão dos farsescos julgamentos-show e das políticas totalitárias de Stálin: quem não seguia a linha do partido era julgado sem defesa, ou simplesmente "desaparecia". Ele deixou isso claro em seu livro, e Orwell, como resenhista e companheiro voluntário na Catalunha, avaliou de forma positiva a obra, corroborando com veemência o testemunho de Borkenau. O editor da revista, Kingsley Martin, escreveu para Orwell: "Não será possível" publicar a resenha porque "contraria em demasia a diretriz política do periódico" (29 de julho de 1937). Martin não disse que Borkenau e Orwell estavam faltando com a verdade, mas simplesmente que ele, seus colegas editores e os leitores não desejavam ler o que os dois tinham a dizer.

A maioria das resenhas sobre *O caminho para Wigan Pier* apareceu em março, mas Orwell ouvira muito pouco a respeito delas na Espanha. Quando voltou para casa, elas o aguardavam como o início de uma tempestade de controvérsia política. Para o veículo *The New Leader*, do ILP, era "uma grande pena [...] ele não se limitar a fatos e números", o que sugere que não viam com bons olhos as opiniões políticas de Orwell. Arthur Calder-Marshall, da revista *Time and Tide*, ofereceu uma avaliação moderada, suspeitando que Orwell havia exagerado os níveis de degradação que encontrou em pensões e outros lugares. Harry Pollitt, secretário-geral do CPGB, insistiu em escrever ele próprio a resenha para o jornal *The Daily Worker*, na qual acusa Orwell de ser "um menino da classe média desiludido", cheio de "esnobismo" e com uma aversão inata às classes trabalhadoras cuja causa jura apoiar.

Em 28 de julho, Orwell escreveu uma longa carta a Victor Gollancz sugerindo que a esquerda ortodoxa, incluindo o Partido Trabalhista oficial e os comunistas, estava em conluio contra ele. Pollitt alegara que, em *O caminho para Wigan Pier*, as persistentes referências de Orwell ao "cheiro" das casas, roupas e pessoas que ele encontrava eram uma demonstração cabal de que as considerava irrevogavelmente inferiores, e várias outras resenhas e artigos sobre o livro também fizeram questão de apontar uma suposta repugnância de Orwell pelas classes baixas, conforme evidenciava a sua acusação de que os pobres da classe operária "cheiram mal". Orwell apontou para Gollancz que usou o termo com pouca frequência, e mesmo assim em relação a problemas de higiene causados pela pobreza. Mais significativo é o fato de Orwell deixar claro que não era coincidência esses exercícios de difamação terem começado justo quando chegaram ao Reino Unido as notícias de que ele estava envolvido com a milícia do POUM. Orwell ressalta que, ainda em março, quando o livro foi publicado, o CPGB e os comunistas soviéticos na Espanha estavam insinuando que o POUM, ao mesmo tempo que era trotskista na linha de ação política, também atuava como quinta-coluna para os falangistas. Em seguida, ele passa a tratar de uma "questão mais séria", envolvendo uma "campanha organizada de difamação" contra vários dos seus camaradas de luta na Espanha, incluindo "um garoto de dezoito anos que conheci na linha de fogo". Pouco antes de esboçar a carta, ele viajara até Bristol para defender o "garoto", Stafford Cottman, em uma reunião do comitê local do CPGB. Cottman tinha sido expulso da Liga Comunista Jovem, e a casa onde ele morava com os pais foi cercada por enfurecidos membros do partido. Tudo porque ele, tal qual Orwell, havia se associado ao POUM. Cottman recebera uma carta oficial do partido descrevendo-o como "a serviço de Franco"; Orwell chamou a atenção dos membros do partido – os que se dispuseram a reunir-se com ele – para o fato de que, embora Stálin pudesse montar julgamentos-show sumários e farsas judiciais daquele tipo na Rússia, a Inglaterra ainda era, e por enquanto continuava sendo, um país livre, onde tais acusações infundadas poderiam ser tratadas como difamatórias. Ele também salientou que seus acusadores no CPGB, paladinos morais, não eram veteranos da Guerra Civil. Na carta a Gollancz, Orwell afirmou que também ele fora alvo, em textos impressos, da mesma acusação de estar "a serviço dos fascistas", além de não "fazer sua parte na luta contra os fascistas", tendo permitido às forças falangistas alcançar vitórias fáceis. Ele anexou o artigo em que essas acusações foram feitas e sublinhou as passagens a fim de chamar a atenção de Gollancz. Mas por que ele escreveu para Gollancz? No final da carta, Orwell pede desculpas, de maneira um pouco dissimulada, por "jogar esse tipo de fardo sobre o senhor", mas explica que, como seu editor, "seu bom nome está, em certa medida, envolvido com o meu". As desculpas e explicações de Orwell eram falsas. No início de julho, ele havia se encontrado com Norman Collins, o editor-assistente de Gollancz, e o informado sobre o que pretendia fazer em *Homenagem à Catalunha*; Collins, conhecendo seu chefe, disse que era mais que "provável" que Gollancz fosse se recusar a publicar o livro. A carta foi o bilhete de despedida de Orwell a seu editor e, por implicação, uma declaração para aqueles dentro dos círculos da esquerda ortodoxa – para os quais ele supunha que Gollancz, também um membro dessa patota, atuaria como mensageiro. E Orwell estava certo. Alguns dias depois, Gollancz encaminhou uma cópia da carta para Harry Pollitt.

Quando estava na Espanha, Orwell recebeu uma carta da revista *International Literature*, cuja sede era em Moscou, solicitando o envio de um exemplar de *O caminho para Wigan Pier* para ser resenhado e encomendando um artigo sobre as experiências de Orwell com as classes trabalhadoras do norte da Inglaterra. Ele respondeu que pediria a seu editor que encaminhasse o livro, mas que no momento não tinha condições de escrever um artigo, pois se recuperava de um ferimento. Ingenuamente, mencionou também que havia sido baleado enquanto lutava ao lado da milícia do POUM. Só recebeu uma resposta de Moscou em agosto, depois de já ter retornado a Wallington. "Nossa revista", ele foi informado, "não tem associação alguma com membros do POUM; essa organização [...] faz parte da 'quinta-coluna' de Franco."

Apesar da reiterada insistência de que a Europa enfrentava a ameaça crescente das nações que adoravam o fascismo, Orwell também sentiu que estava sendo transformado em uma "não pessoa" por praticamente todos os elementos da esquerda.

Tudo isso aconteceu enquanto ele preparava o primeiro rascunho de *Homenagem à Catalunha*, principalmente em Wallington e, às vezes, para o bem de sua saúde, na casa dos O'Shaughnessy em Londres. Foi também nesses primeiros dias que ele se decidiu pelo título. O livro era sobre a Espanha, mas a Catalunha lhe parecia sintetizar a singularidade do que havia ocorrido, ainda que brevemente, em 1936 e 1937. Essa região da Espanha tornara-se um Estado-dentro-de-um-Estado, uma colagem de facções radicais que não concordavam totalmente quanto aos objetivos gerais, mas cooperavam entre si numa mistura de energias rebeldes. Ainda hoje a Catalunha é considerada pelo resto da Espanha como a província renegada. Por que outro motivo seus líderes nacionalistas continuariam sendo mantidos na prisão sem acusação formal? Muitos ainda veem Nin como o principal mártir da província, um homem dedicado à singularidade da região tanto quanto a uma ideologia. Há uma praça dedicada a ele em Barcelona, e a cerca de um quilômetro de distância encontra-se a Plaça de George Orwell.

Orwell terminou *Homenagem à Catalunha* nos últimos dias de 1937, um feito notável tendo em vista as contínuas dores na garganta ferida e o agravamento de seus problemas respiratórios. Ele foi poupado de ver o livro ser formalmente rejeitado por Gollancz quando os editores da Secker & Warburg lhe escreveram, no início de 1938, perguntando se podiam ler o manuscrito. Decidiram, sem hesitação, que o livro era para eles. Durante a segunda metade de 1937, Orwell participou de um curso de verão do ILP, mais para procurar amigos da Espanha – em especial McNair, Cottman e Fenner – do que com a intenção de se comprometer com o grupo. Orwell é lembrado ainda por sua generosidade em outro acampamento, também organizado pelo ILP, de crianças bascas refugiadas, poucas das quais sabiam falar inglês. A maioria delas estava sofrendo do que agora chamamos de transtorno do estresse pós-traumático. As que conversaram com Crick décadas depois lembravam-se de Orwell como um homem gentil, uma espécie de figura paterna.

Figuras do Comitê Internacional de Solidariedade Antifascista – organização de fachada para anarquistas – também tentaram cortejar Orwell. Em *Homenagem à Catalunha*, ele escrevera que, na Espanha, "se dependesse de preferências puramente pessoais, teria gostado de me juntar aos anarquistas", que eram, segundo sua explicação, "a principal força revolucionária", sugerindo que a ideologia um tanto irregular, quase dissoluta, dos anarquistas lhe convinha melhor do que os mantras inflexíveis de outros grupos, especialmente os comunistas. Mas, por ora, Orwell optou por não se juntar a nenhuma organização política, e somente em 1938 decidiu tornar-se membro do ILP, a seu ver uma versão britânica do POUM – partido vagamente afiliado ao marxismo e ao socialismo, mas aberto a ideias sobre o que essas concepções e doutrinas poderiam, em última instância, abranger.

No início de março de 1938, subitamente o pulmão esquerdo de Orwell começou a sangrar em profusão. O diagnóstico foi rápido: uma lesão tuberculosa. O irmão de Eileen, Laurence, era médico e tinha contatos nos altos escalões de sua profissão, e por isso assegurou um leito para Orwell no Sanatório Preston Hall, em Kent, uma instituição de prestígio. A enfermidade era tão grave que ele lá permaneceu por seis meses, e, como distração do cansativo processo de tentar respirar novamente, Orwell aproveitava para colocar em dia a leitura de todos os textos, vindos dos quatro cantos, em que havia sido acusado de traição ideológica.

Homenagem à Catalunha foi publicado em abril, apenas seis semanas depois do confinamento de Orwell, e algumas das primeiras resenhas críticas, especialmente no *Manchester Guardian* e no *Times Literary Supplement*, foram respeitosas com o relato documental da guerra, mas questionaram, com arrogante desconfiança, sua relevância política. O resenhista anônimo da revista *Listener* declarou que Orwell era parte da "quinta-coluna trotskista [...] sobre a qual o general Franco constantemente se vangloriava". O jornal *The Daily Worker* imprimiu uma breve e indiferente notícia, repetindo a acusação de que o livro fora escrito por um trotskista mancomunado com os falangistas, incriminação repetida em quatro outros periódicos e semanários de esquerda.

Fora da esfera da mídia, Orwell recebeu cartas tranquilizadoras de outros que sabiam que ele estava dizendo a verdade, especialmente Borkenau, cujo livro sobre a Espanha Orwell havia resenhado; o fato de que a *New Statesman and Nation* rejeitou a análise crítica de Orwell comprovava que o dois homens eram camaradas de luta. Borkenau o visitou no Sanatório. Os renomados autores esquerdistas Naomi Mitchison e Herbert Read escreveram para Orwell elogiando sua honestidade e corajosa resistência contra a postura solidamente pró-franquista da maioria dos jornais britânicos, sem falar da obstinada aceitação com que a narrativa dos comunistas soviéticos foi encampada por todos os partidos da esquerda inglesa, à exceção do ILP. O livro causou polêmica pública, mas vendeu pouquíssimo. Dos 1.500 exemplares da primeira tiragem, mais da metade ainda estava em armazéns ou nas prateleiras das livrarias no ano da morte de Orwell.

É consenso que as *fake news*, ou "notícias falsas", surgiram juntamente com a marginalização da imprensa convencional, consequência do crescimento de redes sociais como Twitter ou Facebook. Essas redes não estão sujeitas à ética do jornalismo, tampouco se submetem às convenções de verificação de fatos pelas quais os jornais, rádios e emissoras de televisão assumem a responsabilidade, e sobre as quais devem prestar contas. Os usuários de mídias sociais são isentos de regulação, e qualquer noção do que é crível se desloca na direção de um consenso populista, distante da prova documentada. O destino de Orwell indicou que um ambiente de pós-verdade antecedeu as mídias sociais em cerca de seis décadas. A disputa entre qual das partes estava dizendo a verdade sobre a Catalunha em 1938-39, especialmente com relação às atividades do POUM e dos anarquistas, foi travada em grande parte na mídia impressa, mas os órgãos esquerdistas de divulgação de notícias e polêmicas ideológicas já haviam doutrinado a si mesmos sobre o que realmente havia ocorrido em Barcelona e na linha de frente da Catalunha – e inculcaram também em seus leitores o que julgavam ser a verdade. Se o presidente Trump faz uma declaração no Twitter – seja sobre uma conferência de paz com a Coreia do Norte, a intenção de obrigar o México a pagar pelo muro da fronteira ou dizendo que os Democratas pró-aborto defendem "a execução de bebês APÓS o nascimento" –, seus tuítes, por mais questionáveis que sejam, são protegidos pelo *status* que ele detém, de figura que trata a "verdade" como a arma de antipatriotas com inclinações esquerdizantes.

Mas não devemos considerar as distorções e manipulações dos fatos de hoje como exclusividade da direita norte-americana. Em novembro de 2018, o filósofo e esteta *Sir* Roger Scruton – homem com visões moderadamente conservadoras sobre as artes – foi nomeado presidente não remunerado de uma organização não governamental semiautônoma [QUANGO, no acrônimo em inglês], uma comissão interministerial de urbanismo chamada "Building Better, Building Beautiful" [Construindo melhor, construindo bonito], incumbida de avaliar projetos de casas populares financiadas pelo governo e tratar do futuro da arquitetura britânica. Após uma entrevista concedida a George Eaton, vice-editor da *New Statesman and Nation*, publicada em março de 2019, *Sir* Roger foi sumariamente demitido do cargo. A isso se seguiu um amplo linchamento de Scruton na imprensa escrita, mas principalmente on-line, por figuras que transcendem a divisão entre política de esquerda e direita, incluindo

Tom Tugendhat e Johnny Mercer (ambos deputados Conservadores), lorde *[Daniel]* Finkelstein, colunista do jornal *The Times* (decididamente da esquerda liberal), George Osborne, ex-ministro da Fazenda e agora editor do jornal *Evening Standard*, e muitos outros. No artigo, Eaton relatou que *Sir* Roger havia feito comentários antissemitas, observações sobre como ele aprovava as políticas do populista premiê húngaro Viktor Orbán – mais uma vez, aparentemente defendendo o antissemitismo e a islamofobia – e se referiu à "invasão" do sul e do centro europeus por "tribos" de muçulmanos. Eaton distorceu completamente o conteúdo real da entrevista (e mais tarde admitiu tê-lo feito, embora permaneça no cargo), mas o que chama a atenção nesses episódios é que, uma vez que os botões de "cancelamento" são pressionados – principalmente no que diz respeito ao antissemitismo e à islamofobia –, um grupo de indivíduos aparentemente sensatos e racionais transformam-se em uma turba enlouquecida do Twitter. A culpa de *Sir* Roger fica em segundo ou terceiro plano, porque qualquer pessoa que pareça transgredir certos códigos deve ser tratada como maligna e inadequada para assumir um cargo público, independentemente da validade da "prova do crime".

Algo semelhante aconteceu no fim da década de 1930, quando aqueles que se opuseram à narrativa pró-soviética foram apresentados como traidores. A mídia da esquerda radical contou mentiras sobre Orwell e o retratou como um quinta-coluna trotskista, assim como Eaton alterou sua entrevista com *Sir* Roger a fim de apresentá-lo como um neofascista racista. Em ambos os casos, a turba – de esquerda e direita – imediatamente atacou sua vítima. A aterradora atmosfera de *1984*, em que fatos e verdade tornam-se propriedade daqueles que manipulam o consenso oficial, originou-se nas experiências de Orwell após a Espanha. Em 1942, ele escreveu um ensaio intitulado "Recordando a Guerra Civil Espanhola"* (publicado na revista *New Road*, em junho de 1943), no qual a seguinte passagem dissipa qualquer dúvida de que a alteração que o *establishment* da esquerda impôs a suas lembranças da Catalunha, especialmente as semanas em fuga no que efetivamente se tornara uma versão da Rússia de Stálin, seria levada para o seu último romance, o mais aterrador:

---

* "Looking Back on the Spanish War". No Brasil, incluído no volume *Lutando na Espanha, Homenagem à Catalunha, Recordando a Guerra Civil Espanhola e outros escritos*. (N. T.)

No passado, as pessoas [...] esforçavam-se em busca da verdade, sabendo muito bem que acabariam cometendo erros; mas em todos os casos,
acreditavam que os "fatos" existiam e eram mais ou menos identificá-
veis [...] É exatamente essa base comum de acordo, com a implicação
de que todos os seres humanos são uma única espécie de animal, que
o totalitarismo destrói [...] O objetivo implícito nessa linha de pensamento é um mundo de pesadelo no qual o Líder, ou algum pequeno
grupo governante, controla não apenas o futuro, mas também *o passado*.
Se o Líder disser, acerca de tal ou tal evento, que "jamais aconteceu"
– bem, então jamais aconteceu! Se ele disser que dois e dois são cinco –
muito bem, então dois e dois são cinco.

No final do verão de 1938, Orwell foi desaconselhado por médicos
a passar outro inverno na Inglaterra, sob o risco de desencadear um surto de
sua doença. Leopold Hamilton Myers, romancista cuja riqueza veio em grande parte de herança e não das vendas de livros, foi procurado por Dorothy
Plowman, esposa do coeditor da *Adelphi*, a respeito dos Orwell. O casal, ela disse a Myers, precisava de dinheiro para ir para o exterior; Myers, simpatizante
comunista que vivia bem, mas com culpa na consciência, deu a Dorothy 300
libras. Depois de deixarem o sanatório em 1º de setembro e passarem um dia
em Londres, Orwell e Eileen embarcaram no *Stratheden* rumo a Gibraltar, atravessaram o estreito para Tânger e pegaram um trem para Marrakesh. Mais
uma vez, Jack Common ficou incumbido de cuidar do chalé e dos animais;
desde o retorno da Espanha, Orwell e Eileen tinham adotado também um
grande poodle preto em que puseram o nome de "Marx". Fizeram uma reserva no Hotel Majestic, depois se hospedaram na casa de uma certa Madame
Vellet e por fim alugaram uma espaçosa *villa* no norte da cidade. Era uma espécie de "Wallington no Saara", com um laranjal, algumas cabras e um criado
que vinha diariamente para fazer limpeza básica e lavar roupas. Em carta a
Mary, a esposa de Jack Common, Eileen escreveu que "aqui, ele [Orwell] tem
estado pior, como nunca vi. O país é, ou era, de qualquer maneira, quase into-
leravelmente deprimente [...]" (5 de dezembro de 1938). Ela não se estendeu
para explicar a causa exata da depressão de Orwell, mas podemos deduzir
um bocado. O ambiente, embora bastante quente, não aliviou a bronquite
de que ele padecia. Ele tinha de lidar com incessantes rajadas de areia fina
do deserto circundante, e em dezembro adoeceu gravemente, dessa vez sem
acesso a médicos ou medicamentos. Orwell e Eileen acharam a arquitetura de

Marrakesh ao mesmo tempo encantadora e triste, já que era o legado de uma população nativa que teve que suportar, nas mãos dos franceses, condições de opressão colonial que faziam os britânicos na Índia parecerem filósofos iluministas. Mas foi o gradual fluxo de notícias do exterior que mais contribuiu para o desalento de Orwell. Durante a jornada do casal para o Marrocos, a exigência de Hitler de anexar os Sudetos resultara na Conferência de Munique, na qual Grã-Bretanha e França cederam o controle da região à Alemanha. Em março de 1939, pouco antes de Eileen escrever a Mary relatando o desânimo de Orwell, os nazistas invadiram o restante da Tchecoslováquia, e dias depois Hitler entregou um ultimato à Lituânia, efetivamente forçando o país a ceder a região de Klaipėda. Em certa ocasião, Orwell conversou com um grupo de soldados franceses em Marrakesh sobre a probabilidade da eclosão da guerra; ficou chocado e bastante enojado diante da indiferença bem-humorada dos militares.

Tudo isso explica a têmpera de *Um pouco de ar, por favor!* – Orwell começou a escrever o romance logo após chegar à *villa* marroquina e enviou o manuscrito ao escritório de seu agente Leonard Moore um dia depois de retornar a Londres, no final de março. O livro cobre um breve período na vida de George Bowling, o narrador em primeira pessoa. Bowling é um vendedor de seguros gorducho de meia-idade, casado e pais de duas crianças, que atura, a duras penas, a vida em um despretensioso subúrbio de Londres. Ele é o arquétipo do enfadonho comodismo da classe média baixa, não exatamente feliz com o destino que lhe coube, mas desprovido do dinheiro ou da vitalidade para mudar as coisas. Ele ganha numa aposta uma pequena quantia em dinheiro, nada que vá alterar sua existência, mas o suficiente para dar uma olhada em algo que ele ainda aprecia muito: seu passado. Ao empreender uma viagem de trem para uma cidadezinha de origem muito semelhante àquelas em que seu autor passara a infância e a adolescência, Bowling recorda tudo aquilo que durante quase quarenta anos o deixou enlevado: a namoradinha de juventude, o ar de facilidade despretensiosa que parecia dar consistência ao lugar, as pessoas, as edificações e a lagoa onde ele pescava carpas – que, ele imagina, agora devem estar gigantescas. Tudo havia mudado. O distrito foi alterado por pessoas que aparentemente desrespeitaram o bom gosto ou o legado; a lagoa foi aterrada, e quando ele reencontra sua antiga amada ela está devastada pela idade, trabalhando como garçonete em uma casa de chá. Para seu alívio, ela não o reconhece. Bowling confessa que sua noção do passado é uma ilusão:

[...] eu tinha ido para Lower Binfield com uma pergunta em mente. O que o futuro nos reserva? Bem, encontrei a minha resposta. A velha vida terminou, e sair por aí a procurá-la é apenas perda de tempo.

Bowling sabia o tempo todo que a mítica infância perdida era um refúgio de algo que, se ele pudesse, excluiria. Ao longo de suas várias jornadas, ele é atormentado pela visão de algo horrível e iminente:

> O trem estava correndo ao longo do aterro. Um pouco abaixo de nós, eram visíveis os telhados das casas, que se estendiam a perder de vista, os pequenos telhados vermelhos onde as bombas vão cair [...] Engraçado como continuamos pensando em bombas. Claro que sem dúvida elas virão em breve. Dá para ver pelas coisas animadoras das quais começaram a falar nos jornais [...] que bombardear os locais já não causa estrago algum hoje em dia. Que os canhões antiaéreos ficaram tão bons que os bombardeiros têm que permanecer a 20 mil pés de altitude.

Orwell testemunhara os efeitos dos bombardeios aéreos pelos alemães em Barcelona; não tão infames quanto Guernica, mas mesmo assim igualmente calculados para causar terror em uma área metropolitana. Durante um ataque aéreo a Barcelona, mais de sessenta civis morreram, em sua maioria crianças. E a previsão de Orwell do que aconteceria às cidades britânicas durante a *blitz*, dali a cerca de dezoito meses, é arrepiante.

GUERRA

GUERRA

os anos entre o final de 1939 e 1945, Orwell esteve ocupadíssimo produzindo centenas de artigos para vários periódicos e semanários. Entre 1943 e 1945, ele atuou como editor literário da esquerdista *Tribune*, proporcionando a um grande número de escritores até então inéditos a chance de publicar seus textos. O que é notável nesse período de guerra é que a prolífica hiperatividade de Orwell foi acompanhada por um persistente sentimento de raiva e frustração.

Em abril, ele recebeu notícias de Southwold de que o pai estava com câncer em estágio terminal, e nos últimos dias de junho a irmã lhe disse que seria melhor se ele pudesse retornar imediatamente à casa dos pais. Mais tarde, Orwell informou a Moore, seu agente, que havia se reconciliado com o pai durante esses derradeiros encontros: "Ele não estava tão decepcionado comigo quanto antes". Avril leu para o pai uma resenha positiva de *Um pouco de ar, por favor!*, publicada no *Sunday Times*, e ele morreu em paz no dia seguinte.

Logo após a eclosão da guerra em setembro de 1939, Eileen começou a trabalhar no Departamento de Censura do Ministério da Informação. Ela foi morar com a sogra e a cunhada na espaçosa casa em Greenwich. A cada quinze dias, voltava para passar o fim de semana em Wallington, mas Orwell ficou lá, cuidando do gado e plantando uma grande quantidade de tubérculos, em certa ocasião quase sete quilos de batatas, como parte do que em breve seria propagandeado como a campanha do Ministério da Agricultura chamada "Cavando para a vitória". Ele também escrevia. *Um pouco de ar, por favor!* recebera boas críticas, e a primeira tiragem vendeu três vezes mais do que *Homenagem à Catalunha* nos doze anos seguintes à sua publicação. Mas Orwell não estava mais interessado em ficção, pelo menos em produzir ficção. Vinha preparando o primeiro rascunho do ensaio que daria título ao volume *Dentro da baleia e outros ensaios*, um cáustico ataque contra a literatura em si como algo endemicamente autoindulgente, ineficaz e, de modo geral, inútil.

Em janeiro de 1940, Orwell se submeteu a um exame físico na esperança de se qualificar para o serviço militar, o que era uma perspectiva improvável para qualquer pessoa com trinta e sete anos – o que, à época, já se considerava como uma bem estabelecida meia-idade. Ele foi reprovado, principalmente por causa da condição pulmonar e da lesão na garganta. Em abril, escreveu a Geoffrey Gorer para dizer que a decisão de se juntar a Eileen em Londres foi porque "eu quero tirá-la disso, porque eles [o ministério] simplesmente a estão matando de trabalhar [...] Além disso, está se tornando impossível ficarmos juntos". O verdadeiro motivo foi revelado em outra carta, novamente endereçada a Gorer, escrita após a reprovação no exame médico: "[...] Agora estamos nesta maldita guerra e temos que ganhar, e eu adoraria dar uma mãozinha". Eileen se mudou da casa da família, e pelos três anos seguintes o casal alugou apartamentos toleráveis, mas em geral austeros, em várias partes do oeste e do norte de Londres.

A primeira oportunidade que Orwell teve para "dar uma mãozinha" surgiu seis semanas depois de chegar à cidade. Ele se juntou ao que seria formalmente conhecido como Companhia C, 5º Batalhão do Condado de Londres (a Companhia St. John's Wood), da Guarda Interna (uma unidade civil da Guarda Nacional para emergências locais, então conhecida como Voluntários de Defesa Local). A maioria de seus colegas, que como ele haviam se voluntariado logo no começo, era de veteranos da Primeira Guerra, homens cansados, mas ainda patrioticamente comprometidos com algo pelo qual já tinham lutado. Não demorou muito, porém, para que muitos outros homens mais jovens se sentissem atraídos pela Guarda Interna para atuar como aprendizes para o serviço de período integral. Havia poucos braços disponíveis, e Orwell sentiu que estava revivendo seus dias como suboficial e instrutor da milícia do POUM. Ele procurava moradores dos arredores que tivessem espingardas para servirem de tapa-buraco enquanto o pelotão aguardava os rifles Lee-Enfield e, com base nas experiências que tivera na Espanha, mostrava aos colegas voluntários como montar bombas incendiárias básicas. Em junho, no mesmo mês em que Orwell assumiu o comando da unidade, seu cunhado Laurence O'Shaughnessy, que era oficial-médico, foi morto por estilhaços da artilharia alemã enquanto tratava de feridos da

204

infantaria na praia de Dunquerque. Eileen ficou devastada pela perda do irmão. Tosco Fyvel a descreveu sentada no jardim de um dos apartamentos do casal, "afundada em um silêncio imóvel enquanto nós falávamos". Segundo o testemunho de todos que conheciam os Orwell, ela caiu em um estado de depressão do qual nunca se recuperou por completo.

Orwell começou a escrever a coluna "Cartas de Londres" para a *Partisan Review*, revista política norte-americana de esquerda, e foi trabalhar na rádio BBC, escrevendo roteiros esporádicos e fazendo locução de transmissões. Em outubro de 1940, tornou-se o crítico-chefe de cinema da *Time and Tide*, revista semanal de política e literatura – desistiu do emprego em agosto de 1941. Não há registro de quem foi o responsável por contratá-lo, mas a decisão era o equivalente a nomear uma feminista radical como juíza do concurso Miss Universo. Nas 26 resenhas que Orwell escreveu, não há evidência alguma de que ele realmente tenha apreciado – muito menos endossado – qualquer um dos filmes para os quais foi pago, ainda que com um cachê módico, para assistir. Ele ficou particularmente enojado pelo aparente apetite por violência gratuita alimentado pelos filmes estadunidenses de faroeste e de gângsteres. Sobre *Seu último refúgio*,* ele comenta que

> [...] Bogart é o figurão que esmaga o rosto das pessoas com a coronha da pistola e assiste aos companheiros gângsteres queimarem até a morte com um comentário casual, "Eles eram apenas homens de cidade pequena", mas é gentil com os cães e, em teoria, a cena em que é arrebatado de afeto "puro" por uma moça aleijada, que nada sabe sobre seu passado, deveria ser profundamente tocante.

Orwell era igualmente impiedoso com melodramas, comédias e romances escapistas, destruindo com selvageria, entre outros, Noël Coward e George Cukor, a seu ver populistas descerebrados. Não que Orwell tivesse uma aversão temperamental ao cinema em si – não exatamente. Em vez disso, ele descobriu que tudo a que assistia era feito por e para pessoas que existiam em um universo paralelo, desesperadas para escapar de qualquer noção do próprio mundo, e não apenas da Europa, que estava à beira de um apocalipse.

---

* *High Sierra*, filme de 1941 dirigido por Raoul Walsh. (N. T.)

Esse sentimento energizou o ensaio-título de *Dentro da baleia e outros ensaios*, publicado por Gollancz em março de 1940. O texto foi avaliado e resumido por dezenas de críticos e biógrafos de Orwell, mais ou menos da mesma maneira como alguém poderia tentar descrever o comportamento bizarro de um amigo ou parente próximo, mas ao mesmo tempo evitando qualquer tentativa de explicá-lo. Nesse ensaio, Orwell faz com a literatura, a partir de meados do século XIX até o presente, o mesmo que fez com os filmes nas resenhas para a *Time and Tide*. O único escritor que ele admira, a contragosto, é Henry Miller. *O Trópico de Capricórnio* de Miller é uma cele-bração das volúveis bacanais, um Orwell às avessas em Paris, que em vez de trabalhar para sobreviver se entrega a relações com prostitutas e bebe até perder a consciência. O argumento de Orwell era que Miller tinha sido pelo menos honesto acerca da absoluta irrelevância da literatura como meio de melhoria, ao passo que a grande maioria dos poetas e romancistas sen-tia-se no direito de evitar essa questão e se esconder, fechando-se para o que realmente estava acontecendo ao redor. Orwell não poupa ninguém, e direciona seu desprezo especialmente para os modernistas, que se torna-ram obcecados pela natureza da "escrita" nos anos imediatamente após um continente inteiro haver se consumido em uma orgia de autoaniquilação. É uma peça literária soberbamente radical, que de alguma forma explica a relutância dos estudiosos orwellianos em aceitar o que o texto diz. Ele não exorta seus colegas literatos a se amoldarem de acordo com um mundo novo e inquietante. Ele lhes diz para calarem a boca e aceitarem que, embora sua obra possa ser aprovada como uma forma de entretenimento ou de dis-tração artística e sofisticada, já não é mais significativa em termos de como pensamos, nos comportamos e tomamos decisões políticas. Um ano depois, Orwell volta sua atenção especificamente para H.G. Wells, que personifi-caria a tendência essencialmente inglesa para a escrita literária como uma forma de escapismo introvertido. A preocupação de Wells com a criação de utopias ficcionais pseudocientíficas o cegara para o mal inerente de um Estado ser governado segundo qualquer modelo ideológico, a ponto de ele ser incapaz de levar Hitler a sério – chamou-o de "aquele sujeitinho defi-ciente berrando em Berlim" ("Hitler and the World State" [Hitler e o Estado Mundial], *Horizon*, agosto de 1941). Logo após a publicação do artigo, Wells jantou com os Orwell, e a noite poderia ter terminado em troca de socos caso Orwell não tivesse pensado melhor e reconsiderado a ideia de bater em um senhor de setenta e cinco anos. Em seu *Diário* de 27 de março de 1942, ele escreve: "Os crocos floresceram por completo agora [...] Carta ofensiva de H.G. Wells, que se dirige a mim como 'seu merda', entre outras coisas".

Se concordamos com Orwell ou discordamos dele é irrelevante, pelo menos em termos de sua vida e carreira. Ele já estava pensando em *A revolução dos bichos*, romance que não seria agradável nem instrutivo; apenas um reflexo de vários níveis de fiasco humano. Isso, como mostra *Dentro da baleia*, é a visão pessoal de Orwell sobre a literatura e sua única função. A admiração que sentia na infância por Swift estava se materializando em sua própria obra.

Em Londres, Orwell começou a socializar novamente com amigos e colegas do início da década de 1930, principalmente Richard Rees, Max Plowman, Rayner Heppenstall e Cyril Connolly. No período em que trabalhou na BBC, supervisionando transmissões radiofônicas para a Índia e o Sudeste Asiático, Orwell conheceu Malcolm Muggeridge, também empregado da corporação pública de rádio e televisão do Reino Unido. Em suas memórias, Muggeridge lembrou como ambos tinham a sensação de serem participantes involuntários de uma farsa, Orwell recitando passagens da *Areopagitica* de Milton, versos de *A terra devastada* de Eliot e outras joias da cultura ocidental, para ajudar a fortalecer a determinação de ávidos ouvintes de Kuala Lumpur, Rangum e Kanpur. O desprezo de Orwell pela irracional e sufocante burocracia da BBC se infiltraria em várias partes de *1984*.

Em janeiro de 1940, Orwell foi apresentado por Fredric Warburg a Tosco Fyvel. Nascido em Colônia em 1907, Fyvel passou a década de 1930 na Palestina, para onde seus pais sionistas haviam emigrado, e mais tarde mudou-se para Londres a fim de ajudar de qualquer maneira que pudesse no esforço de guerra contra o nazismo. Ele acabaria sendo convocado para servir como oficial de Inteligência especializado em guerra psicológica no Oriente Médio e na África. Antes disso, reunia-se com frequência com Orwell, Warburg e um refugiado antinazista, Sebastian Haffner, e eles planejaram uma série de livros curtos e panfletos focados principalmente nos males do fascismo e de outras doutrinas totalitárias (inclusive o comunismo), mas também alcançando uma pauta mais ampla que abarcava as injustiças do colonialismo, divisão de classes e as várias questões culturais e morais trazidas à baila pela guerra na Europa. A série foi chamada de "Searchlight Books". Quinze volumes, de uma série de dezessete planejados, foram publicados antes de a gráfica da Secker & Warburg em Portsmouth ser destruída por um bombardeio alemão em 1942. Orwell e Fyvel foram os principais coeditores, e permaneceriam amigos próximos até a morte do primeiro.

Em dezembro de 1941, David Astor perguntou a Cyril Connolly quem ele considerava "bom em política", pois pretendia fazer uma transformação no jornal *The Observer*, até então um tanto ponderoso e previsível. Astor só assumiria a função de editor depois da guerra, durante a qual serviu nos Fuzileiros Navais Reais, mas o jornal era de propriedade de seu pai e ele estava determinado a recrutar pessoas que energizassem a publicação nesse ínterim. Connolly recomendou Orwell, e os dois se deram bem desde o início. Faziam refeições juntos, Astor sendo obrigado a engolir os tipos de prato, em pequenas porções, que Orwell insistia em criar em seu apartamento. Como baronete da pequena nobreza latifundiária, Astor jantava regularmente nos mais elegantes restaurantes do mercado clandestino da cidade, e as misturas que ele comia à mesa da cozinha de Orwell – por exemplo, enguia, batata e pão de banha – lhe pareciam um tanto masoquistas. Orwell contribuiu para o jornal com alguns poucos artigos bastante controversos, mas exercia enorme influência nos bastidores. De acordo com Crick, Astor o tratava como sua "consciência substituta", uma caixa de ressonância criadora de ideias para o jornal, a voz inclinada à esquerda – embora não exatamente socialista – do liberalismo na Grã-Bretanha do pós-guerra. Astor era fascinado pelas observações e perguntas de Orwell sobre o que a Grã-Bretanha poderia vir a se tornar caso sobrevivesse à luta contra a Alemanha nazista, e passou muitas noites na cama de acampamento de Orwell, para não perder o que seu mentor tinha a dizer.

Warburg foi também o responsável por apresentar Orwell a Arthur Koestler, que era como uma versão de Tosco Fyvel refeita por Rabelais. Judeu húngaro, ele debandou do comunismo principalmente porque estava envolvido em igual medida com a luxúria, a bebida e a aventura. Em 1926, partiu para a Palestina, trabalhou em um *kibutz* e empreendeu uma vigorosa campanha para a fundação de um Estado judaico. Depois de fundar o semanário sionista *Zafon*, foi nomeado correspondente da agência de notícias Ullstein em Paris e se tornou um agente secreto do Partido Comunista Alemão, trabalhando principalmente sob ordens de Moscou. Durante suas visitas à União Soviética nesse período, testemunhou o totalitarismo stalinista e os julgamentos-show de dissidentes. Cobriu a Guerra Civil Espanhola, foi preso pelos falangistas e escapou da execução, enquanto todos os outros homens capturados junto com ele foram mortos pelo pelotão de fuzilamento. Na condição de último homem condenado vivo, Koestler foi trocado por um valioso prisioneiro nacionalista, um piloto de caça. Depois de vários meses em um campo de detenção francês, ele se juntou à Legião Estrangeira, desertou e fugiu para a Inglaterra, onde foi novamente encarcerado, por um breve período, em Pentonville, que, declarou, era sua prisão favorita. Orwell resenhou o relato de Koestler sobre os efeitos psicológicos dos expurgos de Moscou, *Darkness at Noon* [Escuridão ao meio-dia] (1940). "Brilhante como este livro é [...] provavelmente é mais valioso como interpretação das 'confissões' de Moscou por alguém com conhecimento íntimo de métodos totalitários."

Orwell conheceu Koestler em fevereiro de 1941, e ao longo dos nove anos seguintes eles mantiveram conversas regulares. A Operação Barbarossa, invasão alemã da Rússia soviética, teve início em junho de 1941, e apesar dos rápidos avanços em direção a Leningrado, Moscou e Stalingrado, no início de 1942 já estava evidente que o Exército Vermelho era capaz de absorver e frustrar as táticas de *blitzkrieg*,* até então muito bem-sucedidas. Em 8 de dezembro de 1941, os Estados Unidos entraram no conflito após o bombardeio de Pearl Harbor no dia anterior, declarando guerra ao Japão e às forças do Eixo na Europa. De modo inevitável, Orwell e Koestler especularam sobre o desenho da Europa na esteira do que agora parecia ser a derrota inevitável dos nazistas. Estavam especificamente preocupados com a provável influência da União Soviética no continente pós-guerra. Apesar de desesperadas contraofensivas da Wehrmacht em 1942, ficou claro que o Exército Vermelho logo lançaria um ataque contra as áreas ocupadas pelos nazistas na Europa Central, antes que os Aliados pudessem iniciar uma invasão a partir do oeste. Com base em suas experiências na Espanha, os dois homens sabiam que os soviéticos não libertariam esses territórios, mas os anexariam como partes de um superestado comunista. Não há registros acerca da natureza exata das conversas entre Orwell e Koestler, mas quando *Dentro da baleia e outros ensaios* foi reeditado em 1945, Orwell incluiu um perfil de seu amigo, e a partir disso é possível avaliar de que modo seus diálogos energizaram *A revolução dos bichos*. Por um lado, Koestler "acredita em um Paraíso Terreno, o Estado-Sol que os gladiadores planejavam fundar e que por centenas de anos assombrou a imaginação de socialistas, anarquistas e hereges". No entanto, "sua inteligência diz a ele [...] que na verdade o que

---

* Tática militar de ataques rápidos, de modo que o oponente não seja capaz de organizar uma defesa. (N. T.)

o futuro nos reserva são derramamento de sangue, tirania e privação". Seria difícil encontrar uma síntese mais astuta do paradoxo que habita o cerne do romance de Orwell: ele transpõe o otimismo irrestrito, um futuro envolvendo encantamento ilimitado para todos, com uma insistência de que isso não passa de ilusão.

Em *A revolução dos bichos*, os porcos Napoleão (Stálin) e Bola-de-Neve (Trótski) são idealistas de curto prazo para quem o poder proporciona oportunidades ilimitadas de atender a interesses pessoais egoístas. Koestler reconhecia que esses impulsos eram uma característica endêmica da humanidade – uma demonstração de que o comunismo linha-dura está em desacordo com quem somos –, mas ele era também honesto com relação ao modo como esses impulsos manifestavam-se em si próprio: atormentado pelo desespero e pela insegurança ao mesmo tempo que faminto por ideias e engajamento político. É por isso que Orwell gostava da companhia dele. Essa espécie de dolorosa sinceridade era escassa entre os membros da esquerda, e Orwell a usou, ou melhor, a perverteu para o romance: ao contrário de Koestler, Napoleão e Bola-de-Neve escondem os aspectos de sua personalidade que arruinarão a revolução.

Orwell tinha uma afinidade particular com os forasteiros centro-europeus desarraigados, especialmente Borkenau, Fyvel, Kimche e Koestler. Todos eram expatriados involuntários e nômades; judeus que haviam enfrentado a real perspectiva do fascismo como uma ideologia assassina. Nesse sentido, nenhum deles tinha nada em comum com Orwell, e foi por esse motivo que ele buscou a companhia e a amizade deles, e a razão pela qual eles cultivavam a amizade de Orwell. Esses homens acabaram por considerar o comunismo, em especial o comunismo soviético, como o antídoto para os males do nazismo, do capitalismo desenfreado e do imperialismo, mas a despeito do fato de que sua origem e história pessoal talvez os tivessem levado a ignorar os defeitos do comunismo, todos constataram que se tratava de outra variedade de totalitarismo. Orwell compartilhava os presságios desses homens, e, embora sua experiência em primeira mão da caça às bruxas soviética na Catalunha tivesse sido breve, e nem de longe comparável à de seus amigos, todos estavam perplexos diante da cegueira de tantos indivíduos, em países livres como a Grã-Bretanha, ao que estava acontecendo na Rússia.

Ao mesmo tempo, Orwell não conseguia reprimir por completo suas tendências camaleônicas, a inclinação para se socializar com grupos e indivíduos dos quais anteriormente se afastara. Sem dúvida, gostava da companhia dos Astor, mas em igual medida sentia prazer em testar a credulidade deles em relação a seu verdadeiro caráter e temperamento. Inez Holden *[romancista, contista, jornalista e radialista]* vinha da aristocracia proprietária de terras e, durante a década de 1920, fora dona de uma beleza notória nos círculos da alta sociedade. Quando conheceu os Orwell em 1941, esses dias de glória já tinham ficado para trás; sua aparência havia sido afetada pelo ganho de peso causado por um distúrbio glandular, e ela se tornara uma boêmia de má reputação, mas ainda era evidentemente rica. Com cálculo malicioso, Holden organizou um jantar envolvendo os Orwell e Wells, sabendo que este último lera o artigo e chegaria furibundo, prestes a explodir de raiva. Ela recebia os Orwell nos melhores restaurantes da cidade, especialmente aqueles em que havia comida e bebida do mercado clandestino disponíveis, colocando à prova a imagem com que George gostava de apresentar a si mesmo, a de uma figura ascética e lúgubre, satisfeito com as privações da guerra. Orwell cooperava e entrava no jogo; fazia objeções quanto ao privilégio de comer refeições de qualidade pelas quais as pessoas comuns jamais teriam condições de pagar, e ao mesmo tempo sugeria que as safras supostamente raras do Bordeaux de antes da guerra talvez não fossem tudo isso que alegavam os rótulos.

Logo depois que Orwell conheceu Koestler, em 1940, Holden levou George e Eileen para jantar no Café Royal e os apresentou a um casal que ela conhecia, Anthony e Violet Powell. Anthony publicara cinco romances, todos impregnados de seu ambiente cultural, o ramo intelectual da aristocracia, figuras que flanavam entre propriedades nos condados, casas em Londres e escapadelas para o continente. No âmbito político, era um conservador moderadamente liberal que nutria um duradouro desdém pela esquerda; em termos sociais e ideológicos, poderia ser tratado como um primo de segundo grau de Mosley. Inez provavelmente esperava que durante o jantar o clima esquentasse e voassem faíscas, mas Orwell jogou melhor que ela. Powell estudara no Eton, um ano abaixo de Orwell; ele tinha sido um *oppidan* [citadino], um dos meninos ricos que não precisavam de bolsa de estudos. Quando se encontraram, Powell estava usando o uniforme formal de seu regimento, os "Azuis", o equivalente militar do Eton ou de Oxbridge, parte da Divisão Doméstica Real e reserva exclusiva das classes altas, pelo menos para as patentes de oficiais. Tempos depois, Powell lembrou, com alguma perplexidade, que Orwell iniciou a conversa perguntando se suas calças regimentais "eram presas por uma correia embaixo dos pés" e comentando que ele próprio, nos tempos de policial imperial na Birmânia, havia usado calças daquele tipo e que "as correias sob os pés dão a você uma sensação sem igual no mundo". Estaria Orwell oferecendo a Powell uma espécie de aperto de mão maçônico, como se dissesse "pertencemos à mesma cepa"? Improvável, já que ele detestava tudo relativo à Birmânia, incluindo seu próprio envolvimento com o país, e era igualmente desdenhoso acerca da cultura dos direitos herdados que era preservada em instituições como o Eton. Os Orwell e os Powell passaram o resto da noite em termos amigáveis, mas até que ponto isso havia sido uma performance de George beirando a caricatura? Muito mais tarde, quando jornalistas e biógrafos entrevistaram Powell e lhe perguntaram como poderia se dar bem com um homem com quem era aparentemente incompatível, ele confessou seu estarrecimento. O que é compreensível; Orwell o fizera de bobo.

Anos depois, Orwell descreveu a atmosfera na BBC como "algo entre uma escola de meninas e um manicômio" e declarou que "tudo o que estamos fazendo […] é inútil ou um pouco pior do que inútil". Ele queria dizer que se tornara instrumento do departamento de propaganda oficial, que foi fundado mais ou menos segundo os princípios da tese de Matthew Arnold sobre os benefícios de se estudar literatura; que, de alguma maneira pseudomística, a "grande" literatura fortalece o caráter e a moral. Conforme demonstrou seu impiedoso ataque à suposta relevância da literatura, Orwell achava isso ridículo, mas trabalhava com afinco e, além de fazer as próprias transmissões, recrutava algumas das figuras mais eminentes para falar sobre literatura e ler trechos de suas obras, incluindo T.S. Eliot (que ele secretamente detestava), E. M. Forster (por quem demonstrava tolerância, na condição de uma relíquia vitoriana), Dylan Thomas, Cyril Connolly, Stephen Spender (de quem ele zombara durante a Guerra Civil Espanhola como um pacifista dentro do armário, mas com quem já tinha quase feito as pazes a essa altura), John Lehmann, Herbert Read e V. S. Pritchett.

Em junho de 1942, o braço de propaganda mudou-se para as instalações anteriormente ocupadas pela loja de departamentos Peter Robinson, completamente inadequadas para transmissões radiofônicas. O menor dos cômodos foi transformado em cantina, que vivia superlotada e fedia a repolho, a chá, que, por causa do excessivo tempo de infusão ficava amargoso, e a gim, que praticamente todo mundo levava para o local como um antídoto para o tédio implacável. Orwell estava ciente das estatísticas básicas.

212

Na Índia, apenas 0,4% da população de mais de trezentos milhões de habitantes tinha acesso regular a um aparelho de rádio, e a maioria tinha afazeres melhores do que ouvir transmissões do número 200 da rua Oxford, Londres. Ele estava levando ao estúdio as maiores presenças culturais da época para tagarelar sobre irrelevâncias, às quais , de modo quase hilário, ninguém estava ouvindo. Por causa disso, em suas próprias transmissões Orwell adotou um tom de voz que indicava irrecuperável tédio e monotonia de sua parte, e ele esperava de sua audiência inexistente o mesmo enfado. Fora das transmissões, ele começou a adotar uma persona de excêntrico empenhado, o que incluía sorver ruidosamente o chá de sua xícara – sinal distintivo das classes trabalhadoras – e em seguida fazer comentários sobre a qualidade do chá, em um afiado sotaque etoniano. Mas ele fez amizades, inicialmente com Muggeridge e depois com John Morris, George Woodcock e o acadêmico literário William (Bill) Empson, que compartilhavam sua opinião sobre a total inutilidade do trabalho na BBC.

Durante os dois primeiros anos em Londres, Orwell teve a impressão de que estava envolvido em algo ao mesmo tempo bizarro e apocalíptico. Lembrava-se de uma caminhada num parque, acompanhado por Connolly, em junho de 1940. Várias partidas de críquete estavam em andamento, mães empurravam carrinhos de bebê, e babás brincavam com as crianças pequenas sob seus cuidados; no entanto, a cerca de cento e setenta quilômetros a sudeste, mais de trezentos mil soldados britânicos, que consistiam na maior parte do Exército, faziam desesperadas tentativas de evacuar as praias de Dunquerque. Connolly observou, com desdém, que o pânico se instalaria assim que as bombas começassem a cair. A *blitz* teria início em três meses, mas os londrinos pareciam, pelo menos para Orwell, ter optado pelo estoicismo em detrimento do terror. Ele registrou em seu *Diário* ter sido abordado na rua por duas mulheres, cujos rostos, cabelos e roupas estavam cobertos por fuligem preta, resultado de um ataque aéreo noturno. "Por favor, senhor", uma delas perguntou com serena elegância: "O senhor pode nos dizer onde estamos?" (21 de setembro de 1940). Inez Holden divertiu-o com uma história sobre como ela e outros fitaram, fascinados, o espetáculo de uma árvore no Parque Regent's em que estavam penduradas roupas de seda de várias cores, além de meias e um chapéu-coco reluzente. Um amigo dela, artista plástico, observou que certa vez ele tinha pintado "esse tipo de coisa [...] levou algum tempo para chegar aqui". Ele era surrealista, e a árvore fora decorada com entulho multicolorido de um hotel bombardeado na noite anterior.

213

Orwell, de acordo com Connolly, estava secretamente empolgado com a *blitz*, mas ao mesmo tempo se sentia excluído; ele podia observar, mas não participar da ação. Logo depois disso, ele participaria.

A vida e a carreira de Orwell sofreram uma mudança em setembro de 1943, quando ele abriu mão do emprego na BBC. O jornal *The Observer* ofereceu-lhe a posição de correspondente estrangeiro no Mediterrâneo, o que incluiria cobrir a invasão britânica e norte-americana da Sicília, na Itália, mas ele recusou, com relutância, sabendo que os recorrentes ataques de bronquite provavelmente o matariam em uma região sem assistência médica confiável. Em vez disso, ele se tornou editor literário da *Tribune*, revista semanal que apoiava os Trabalhistas. O editor-chefe era o político Trabalhista Aneurin Bevan, filho de um mineiro de carvão galês que se tornaria uma das figuras mais influentes do governo Trabalhista do pós-guerra. No verão de 1942, a irmã e a mãe de Orwell mudaram-se para Londres; Avril para trabalhar em uma fábrica de chapas metálicas e Ida como vendedora da loja de departamentos Selfridge's. Depois de apenas nove meses, porém, em 19 de março de 1943, Ida morreu de ataque cardíaco. Orwell ficou genuinamente triste; ele sempre havia sido mais próximo dela que do pai, Richard, mas sua nova vida como jornalista, ou em termos mais exatos, como polemista, já o estava distanciando de seu passado.

JORNALISMO EXPLOSIVO

ouco após a morte da mãe, Orwell se dedicou energicamente a dois projetos que o estabeleceriam como a voz dissonante de sua era. Um deles, *A revolução dos bichos*, é bem conhecido. Foi iniciado em 1943 e publicado em 1945. O outro não é considerado como uma obra única. Ao lado das funções editoriais de Orwell na *Tribune*, suas contribuições regulares receberam um título coletivo, "As I Please". Desde 1968, o material dessa coluna foi publicado de maneira dispersa, em meio a muitos outros textos, nos volumes da série *The Collected Essays, Journalism and Letters of George Orwell* [Ensaios reunidos, jornalismo e cartas de George Orwell], mas os artigos têm um caráter próprio, um inflexível caráter de irreverência, travessura e fúria cortante.

Orwell foi um dos poucos a defender o Comando de Bombardeiros e suas equipes contra uma condenação generalizada, da esquerda e da direita, do que foi chamado de "bombardeio de obliteração"; ele zombava daqueles que exigiam o cessar dos bombardeios na tentativa de impor uma noção aconchegante de "jogo limpo" em meio a uma luta mundial contra o totalitarismo (19 de maio de 1944). Levando em consideração o tempo que a nação levou para erigir um monumento em homenagem ao Comando de Bombardeiros (hoje em dia, periodicamente vandalizado e pichado), Orwell foi sem dúvida uma voz pregando no deserto. No mesmo texto, ele declara que as teorias da conspiração estão alimentando algumas "obscuras necessidades psicológicas do nosso tempo". Na opinião de todos os comunistas, todo trotskista está a serviço de Hitler; todas as pessoas que não fazem parte da maçonaria acreditam que os maçons estão conspirando contra todo mundo; todos os indianos estão convencidos de que todos os ingleses, anticolonialistas incluídos, estão maquinando contra os interesses do subcontinente; e, é claro, todos os judeus estão engendrando uma conspiração secreta contra todos os não judeus. Orwell duvida de que o estresse da guerra seja o único responsável por isso, e o que se seguiu ao assassinato de John Kennedy (obra do FBI e/ou da máfia) e aos atentados do 11 de Setembro (arquitetados pela Mossad) sugerem que ele estava certo.

Em 7 de janeiro de 1944, Orwell publicou um artigo que hoje certamente não chegaria a aparecer na imprensa, e que provavelmente lhe renderia um processo judicial se fosse compartilhado nas mídias sociais. Depois de examinar as fotografias que acompanhavam a Lista de Honrarias de Ano-Novo – que nomeava os novos membros de ordens de cavalaria e recebedores de outras honras oficiais pelo monarca –, ocorreu-lhe que um pré-requisito para a eminência, ainda que não merecida, era um físico em algum grau grotesco. E ele extrapola essa constatação para personagens que encenavam papéis importantes no enorme palco do mundo. "Um ditador com mais de 1,65 metro é uma enorme raridade", e a baixa estatura é geralmente acompanhada de "feiura absolutamente fantástica"; "[...] líderes militares japoneses imitando babuínos, Mussolini com sua papada atrofiada, De Gaulle sem queixo, o atarracado Churchill com seus bracinhos curtos, Gandhi com seu narigão adunco e enormes orelhas de morcego, Tojo exibindo trinta e dois dentes com ouro em cada um deles". No episódio da então recente captura de Ezra Pound (28 de janeiro de 1944), Orwell declara ter a esperança de que os norte-americanos não o matem a tiros por traição, já que seu martírio poderia levar algumas pessoas a achar que seus poemas eram bons.

Em outro artigo, Orwell escreve sobre uma carta recebida de um leitor da África Ocidental, tratando da imposição generalizada do "balcão para pessoas de cor" em bares e salões de dança. Preconceito originado por soldados norte-americanos brancos que não queriam se socializar com os companheiros militares negros, mas que os ingleses logo encamparam com entusiasmo. Orwell ouvira dizer que um soldado de infantaria das Índias Ocidentais fora levado perante um magistrado por ter entrado de uniforme em um "local de entretenimento", embora a natureza exata da acusação não fosse clara – ele teria permissão para entrar vestindo um terno? (11 de agosto de 1944). Orwell segue contando como, em Paris, no final dos anos 1920, norte-americanos negros – músicos, cantores e tais – conviviam amigavelmente com os parisienses, e cortejavam sem pudores as mulheres francesas.

As objeções vinham apenas dos britânicos e estadunidenses. A sordidez que aguardava a "geração Windrush"* parecia estar bem implantada. Uma semana depois, continuando com o tema da comparação entre a Inglaterra e o exterior, Orwell pergunta por quê, em tempos de paz, atraímos tão poucos turistas da Europa continental. Há, ele responde, regras em excesso sobre o que se pode e o que não se pode fazer. Tudo fecha aos domingos, placas de "PROPRIEDADE PRIVADA – ENTRADA PROIBIDA" obstruem o acesso a paisagens belas e sedutoras, e os *pubs* seguem regulamentos draconianos de abertura e fechamento, aparentemente elaborados para infligir sofrimento a quem simplesmente deseja passar algum tempo bebendo. Ao contrário da França, Itália ou Espanha, onde se pode caminhar por quilômetros sem notar qualquer indicação de propriedade no cenário: "Na França, e em vários outros países, o dono do café abre ou fecha como lhe convém" (18 de agosto de 1944). Como veremos, Orwell era um inglês que considerava os costumes europeus como algo a que devemos aspirar.

Um dos artigos mais proféticos é sobre o uso desmedido das palavras "fascista" e "fascístico" ("O que é fascismo?", 24 de março de 1944),** na medida em que ambos os termos haviam se esvaziado de sentido. Qualquer ponto de vista, estado de espírito ou indivíduo que um oponente julgasse ligeiramente desagradável seria logo rotulado com esses termos. Os tempos não mudaram.

Orwell abriu o artigo de 12 de maio de 1944 descartando como mito a crença de que a tecnologia moderna, a exemplo do avião e do rádio, havia trazido a reboque a "abolição das distâncias" e "o desaparecimento das fronteiras". Na opinião dele, o "efeito das invenções modernas foi aumentar o nacionalismo, tornar tremendamente mais difíceis as viagens, reduzir os meios de comunicação entre um país e outro [...]". A tese subjacente de Orwell é a

---

* A expressão se refere aos imigrantes de países do Caribe, como Trinidad e Tobago, Jamaica e Barbados, que o governo inglês convidou para trabalharem no Reino Unido após a Segunda Guerra Mundial, entre 1948 e 1973. O nome vem de um navio, o *MV Empire Windrush*, que em junho de 1948 atracou em Tilbury, Essex, com cerca de quinhentos jamaicanos a bordo. Em 2018, a ministra do Interior do Reino Unido, Amber Rudd, renunciou ao cargo após a polêmica em torno do fato de que caribenhos residentes havia décadas no país e descendentes da "geração Windrush" foram erroneamente classificados como ilegais. (N. T.)

** "What is Fascism?". Publicado no Brasil no volume *O que é fascismo? e outros ensaios* (Tradução de Paulo Geiger. São Paulo, Companhia das Letras, 2017). (N. T.)

de que quanto mais as nações tomam consciência umas das outras e se comunicam entre si, maior a tendência de se fecharem em si mesmas. "Exceto para uma visita breve, [antes da guerra] era muito difícil entrar na Grã-Bretanha, como descobriram muitos miseráveis refugiados antifascistas." De uma ponta à outra da Europa, "ao longo de todas as fronteiras, havia cercas de arame farpado, metralhadoras e sentinelas à espreita [...]". Isso nos faz pensar na estratégia recentemente adotada pelo líder húngaro Orbán, de tentar fechar o país e isolá-lo dos Bálcãs e da Grécia, que são o primeiro ponto de entrada para um vasto contingente de refugiados, econômicos e políticos, vindos de várias partes do Oriente Médio e do Norte da África. Orwell continua:

> Quanto à migração, praticamente minguou desde a década de 1920. Todos os países do Novo Mundo fizeram o melhor que podiam para manter o imigrante longe, a menos que trouxesse consigo significativas somas de dinheiro [...] Os judeus da Europa tiveram que permanecer e ser massacrados porque não havia lugar algum para onde pudessem ir [...].

A política de livre circulação interna da União Europeia foi aliada ao princípio igualitário de abrir a Europa como refúgio para indivíduos de áreas devastadas por conflitos civis, durante o período pós-Guerra do Iraque e a desastrosa Primavera Árabe.

Pouco mais de um ano após o término da Segunda Guerra Mundial (24 de janeiro de 1947), Orwell conta ter entreouvido uma conversa entre dois empresários em um hotel:

> O mais jovem ressaltou que pertencia a várias associações comerciais e cívicas, e que em todas elas fazia questão de propor resoluções exigindo que os poloneses fossem enviados de volta para seu próprio país. O mais velho acrescentou que os poloneses eram "muito degradados em seus princípios morais". Eles eram responsáveis por grande parte da imoralidade presente nos dias de hoje. "Os costumes deles não são os nossos costumes", concluiu ele piedosamente.

Os dois homens concordaram que os poloneses também estavam "invadindo a área médica" e roubando empregos dos "nossos rapazes". "Que esses polacos voltem para seu próprio país." Os mesmos estrangeiros que estavam se apropriando da medicina, e pelo visto de outras profissões, eram também os responsáveis pela escassez de moradias e, para um dos empresários, dificultavam a obtenção de lucros com a compra e venda de propriedades. "Aparentemente era impossível comprar casas ou apartamentos hoje em dia. Os poloneses estavam pegando todos [...]" e "de onde eles tiram o dinheiro é um mistério." Orwell cogita entrar na conversa e apontar que os poloneses provavelmente são responsáveis também por furar filas, por usar roupas de cores vivas e por demonstrar covardia durante ataques aéreos, estereótipos dos judeus que se tornaram lugares-comuns durante a *blitz*. Ele não fez isso, mas refletiu que a frase mais deprimente foi "que voltem para seu próprio país". Os judeus, os poucos que sobreviveram, não tinham um país, tampouco os poloneses refugiados que haviam sido traídos por Churchill, cujas negociatas resultaram na perda de sua nação para a URSS. Os antecedentes que levaram ao Referendo de 2016, e suas consequências, poderiam ter ocorrido em 1947. É verdade que os imigrantes que para cá vieram – poloneses, romenos, búlgaros, tchecos e outros – não são refugiados, mas também não são, como insistem os dois homens de negócios, o inimigo. Nem o UKIP, nem o Partido do Brexit de Farage, tampouco os Conservadores pró-Brexit foram capazes de apresentar evidências de que a imigração prejudicou a economia do Reino Unido, e muito menos que envolveu o roubo de empregos dos nativos na área da medicina ou a usurpação das propriedades de gananciosos especuladores imobiliários britânicos. No entanto, a insidiosa crença de que esses estrangeiros são a causa de nossas inúmeras aflições, às vezes espúrias e ilusórias, foi a tônica da campanha anti-União Europeia.

No âmbito da mídia impressa britânica, apenas os jornais *The Guardian* e *Daily Mirror* adotaram uma postura severamente anti-Brexit. O veículo *The Times* jogou os dois pontos de vista um contra o outro, mas o restante dos órgãos de imprensa, especialmente desde o resultado do Referendo, apresentou ora como inimigos do povo, ora como traidores aqueles que questionaram a sabedoria do Brexit. Em algum lugar no meio, encontramos questionamentos sendo feitos acerca da "imparcialidade da BBC". O argumento preponderante é mais ou menos o seguinte: uma vez que as equipes da BBC, tanto no nível da produção como da gestão, são compostas principalmente por pessoas da classe média instruída, em grande medida liberais, talvez figuras inclinadas à esquerda, estando incluídos aí um grande número dos apresentadores, a corporação será inevitavelmente anti-Brexit. Portanto, distorcerá a verdade objetiva, embora como ela faria isso sem contar mentiras descaradas – contrariando fatos indiscutíveis – é algo que seus acusadores nunca explicam. Em 21 de abril de 1944, Orwell informou que recebera cartas raivosas após sua declaração de que a BBC era "uma fonte melhor de notícias [objetivas] do que os jornais diários". Orwell tinha um conhecimento direto de como a BBC e os jornais de propriedade privada funcionavam. "Era impossível", argumenta ele, "fazer um jornal *inteligente* [ênfase minha] ser rentável, porque o público quer lixo."

> Ao permitir que sua profissão fosse degradada, [os jornalistas] agiram em grande parte com os olhos abertos, ao passo que, suponho, culpar alguém como Northcliffe *[1865 – 1922, magnata britânico do ramo dos jornais, fundador do* Daily Mail *e do* Daily Mirror*]* por ganhar dinheiro da maneira mais rápida possível é como culpar um gambá por feder.

Para Orwell, a BBC era culpada apenas de propagar o tédio; detalhes verificáveis que dificilmente distrairiam o bebedor de cerveja ou o jogador de dardos quando o rádio estava ligado ao fundo. Mas se você quiser atrair a atenção deles e dar a cartada populista, distorça a verdade, conte mentiras. Aconteceu naquela época com a BBC e a imprensa; acontece hoje, especialmente com o Brexit.

Os pensamentos que Orwell expressou em "As I Please" sobre a natureza do populismo e o caráter da Inglaterra se originaram em *The Lion and the Unicorn* [O leão e o unicórnio] (1941), um dos livros curtos lançados como parte da série "Searchlight", coeditada por Orwell e Fyvel. Na primeira parte, "Inglaterra, nossa Inglaterra", Orwell tenta chegar à verdadeira natureza do que significa ser inglês, sem excluir por completo os escoceses e os galeses. A seção de abertura parece evocar uma peculiaridade coletiva, "amarrada a sólidos desjejuns e domingos melancólicos [...] estradas sinuosas, campos verdes e caixas de correio vermelhas [...] as solteironas marchando para a Sagrada Comunhão através das brumas das manhãs de outono". John Major *[primeiro-ministro Conservador do Reino Unido de 1990 a 1997]* citou isso em sua visão da Inglaterra, acrescentando uma contribuição própria de delicado lirismo: "Longas sombras sobre os campos [de críquete] do condado, cerveja morna, subúrbios verdes invencíveis, amantes de cães [...]", mas Major negligenciou o fato de que Orwell tempera sua saudosa compilação com características que provavelmente preferiríamos guardar para nós mesmos. Enquanto as velhotas avançam rumo à igreja, outros são ensurdecidos pelo "vaivém de caminhões na Great North Road". Outros não vão para lugar nenhum, empacados nas "filas na porta das Centrais de Trabalho" ou matando tempo em "jogos nos *pubs* do Soho". As multidões nas "cidades grandes" são diferentes das multidões europeias, em parte por sua devoção a "modos brandos", mas também porque são mais feias, "com seus rostos levemente nodosos, seus dentes ruins [...]". É, ele reconhece, uma "confusão", e, "bem ou mal, é sua, você pertence a ela, e deste lado do túmulo jamais se livrará das marcas que ela deixou em você". Esse apelo por um senso de unidade – redigido em 1940, cinco meses após Dunquerque – era essencialmente o preâmbulo de Orwell para as partes posteriores de um livro no qual ele enfatizaria um manifesto de seis pontos para a nova Inglaterra socialista que, ele estava confiante, surgiria das ruínas após o conflito então em curso: nacionalização de todas as principais indústrias e serviços públicos; *status* de domínio (levando à independência) para a Índia e outras colônias; o estreitamento, por meio de tributação, da enorme desigualdade de renda entre o trabalhador comum e os excessivamente ricos; uma reforma do sistema educacional para diminuir a divisão entre as escolas particulares e o sucateado setor público; um Conselho Geral Imperial que garantiria que os não brancos nas colônias e nos domínios tivessem voz para decidir sobre seus direitos e seu futuro, pelo menos enquanto durasse o Império; e uma aliança internacional formal com todas as "vítimas das potências fascistas". Em 1941, era uma proposta extraordinária – menos de 10% dos deputados Trabalhistas teriam apoiado esse programa –, mas espantosamente profética, na medida em que é uma réplica quase exata das políticas radicais adotadas pelo governo Trabalhista de 1945. Tudo, exceto o Serviço Nacional de Saúde, estava presente, e algo da natureza do NHS estava implícito. Ademais, essa era a fórmula que moldaria o cenário social e econômico da Grã-Bretanha por gerações vindouras. Eileen, de maneira um tanto jocosa, definiu-a perfeitamente como uma combinação bastante inglesa de radicalismo e senso comum. Em carta a uma amiga, ela disse que "George escreveu um livrinho [...] explicando como ser socialista, ainda que Tóri" (carta a Norah Myles, 5 de dezembro de 1940), embora Jon Kimche o visse como "um ponto de virada para pessoas como eu". Durante os anos da guerra, o livrinho vendeu mais que todos os romances de Orwell combinados – ultrapassou os 12 mil exemplares –, e é impossível imaginar que algumas das figuras que forjariam as políticas do governo Trabalhista de 1945 não o tenham lido. De fato, Warburg estava convencido de que o livro fornecia a mais convincente propaganda para a vitória na eleição.

Nem mesmo o governo Thatcher dos anos 1980 solapou por completo os pilares da economia mista, mais especificamente o Estado de Bem-Estar Social, a educação de qualidade decente para todos e a assistência médica gratuita. A esse respeito, Orwell foi um excepcional profeta, mas no livro há também algo que antevê as tensões e contradições que, após 1945, militariam contra seu ideal. Esses aspectos tornaram-se mais evidentes desde o Referendo de 2016.

Nossa expectativa é a de que a "bagunça" descrita na seção de abertura de "Inglaterra, nossa Inglaterra" seja o prólogo de um exercício de raciocínio e discernimento, que Orwell nos mostre de que modo as contradições da Inglaterra mascaram algum senso mais profundo de fraternidade, ou pelo menos de que maneira essa condição pode ser ocasionada. Mas nossas expectativas serão frustradas.

Toda vez que Orwell aponta uma gritante imperfeição ou um asqueroso desequilíbrio que rouba da Grã-Bretanha qualquer possibilidade de reivindicação de respeito, muito menos de unidade, aguardamos um contrapeso profético, alguma indicação vaticinadora de que a mudança está em andamento ou é desejada, mas fazemos isso em vão. Ele propõe um par de generalizações sobre a Inglaterra "que seriam aceitas por quase todos os observadores":

> [...] os ingleses não são talentosos do ponto de vista artístico [...] Em se tratando de europeus, os ingleses não são intelectuais. Têm horror ao pensamento abstrato, não sentem necessidade de nenhuma filosofia ou "visão de mundo" sistemática. E isso não acontece porque os ingleses são "práticos", como eles tanto gostam de afirmar sobre si mesmos. Basta apenas olhar para seus métodos de planejamento urbano e fornecimento de água [...].

Os ingleses também "têm certo poder de agir sem pensar. Sua hipocrisia, mundialmente famosa – a postura de duas-caras em relação ao Império, por exemplo – está ligada a isso". O leitor quase sente o ímpeto de pedir, aos gritos: "Pare de procurar problema, cara!". O qualificador, quando aparece, é o de que nós, ingleses, "em momentos de crise extrema [...] podemos de súbito nos unir e agir segundo uma espécie de instinto, na verdade um código de conduta compreendido por quase todos, embora nunca formulado". Pouco depois, no entanto, essa tranquilizadora noção de união instintiva se desfaz, com uma explicação de como a política de apaziguamento de *[Arthur Neville]* Chamberlain *[primeiro-ministro Conservador do Reino Unido entre 1937 e 1940]* foi de longe a resposta mais popular à ameaça do nazismo, e que mesmo em 1941 o sucesso de jornais semanais como o *Peace News* indicava que um grande número de pessoas preferia algum tipo de armistício a uma guerra prolongada. Às vezes, sentimos pena de Orwell. Ele tinha um intelecto afiado como uma espada, mas o estava empregando em uma causa perdida. Sobre a descomunal desigualdade de renda na Inglaterra, ele escreveu:

> [...] a Inglaterra é certamente duas nações [...] Mas, ao mesmo tempo, em sua vasta maioria as pessoas SENTEM que são uma única nação, e estão convencidas de que se parecem mais umas com as outras do que com estrangeiros. Via de regra o patriotismo é mais forte que o ódio de classe, e sempre mais forte que qualquer tipo de internacionalismo.

É como ouvir um advogado imaginário que, tentando defender o povo inglês, emprega todas as suas habilidades lógicas e retóricas para isentar de culpa o acusado e, em seguida, admite que o caso está perdido:

> Exceto por um breve momento em 1920 (o movimento "Mãos fora da Rússia"),* a classe operária britânica jamais pensou ou agiu de modo internacional. Durante dois anos e meio, observou seus camaradas na Espanha sendo lentamente estrangulados e jamais os ajudou com uma única greve sequer.

O que nos leva ao Brexit. Em "Inglaterra, nossa Inglaterra", Orwell escreveu que:

> As famosas "insularidade" e "xenofobia" dos ingleses são muito mais fortes na classe operária que na burguesia. Em todos os países, os pobres são mais nacionalistas que os ricos, mas a classe trabalhadora inglesa se sobressai pela aversão aos hábitos estrangeiros. Mesmo

---

* Intervenção britânica (e Aliada) na Rússia após a Revolução de Outubro de 1917, na tentativa de apoiar forças antibolcheviques (os "Russos Brancos"). (N. T.)

quando são obrigados a viver no exterior por muitos anos, os trabalhadores ingleses recusam-se a se acostumar com a comida estrangeira ou a aprender línguas estrangeiras [...] Durante a guerra de 1914–18, a classe operária inglesa esteve em contato com estrangeiros em um grau raramente imaginável. O único resultado foi que trouxe de volta um ódio por todos os europeus [...] A insularidade dos ingleses, sua recusa em levar a sério os estrangeiros, é uma asneira pela qual, de tempos em tempos, temos de pagar um altíssimo preço.

Em 1941, Orwell não poderia imaginar os eventos que levariam a 2016 e suas consequências – o Mercado Comum do pós-guerra seguido pela União Europeia não era sequer uma hipótese –, mas é impossível não notar as semelhanças entre os soldados britânicos que se isolaram do "estrangeiro" na Primeira Guerra Mundial e os compradores de imóveis no exterior da série de televisão *A Place in the Sun* [Um lugar ao sol] – exportando seu inglesismo, mas nem um pouco preocupados com a cultura ou a história do sul da Espanha ou das Canárias. Orwell certamente diagnosticou nesse inglesismo características endêmicas que criariam disparidades políticas e ideológicas muito mais selvagens do que aquelas trazidas à tona pelo thatcherismo. Ele não tenta justificar a insularidade inglesa e, em vez disso, sugere algo que soa mais como Boris Johnson no jornal *The Daily Telegraph*. A xenofobia "desempenha papel importante na mística inglesa, e os intelectuais que tentaram destruí-la geralmente causaram mais dano do que bem. No fundo, é a mesma qualidade do caráter inglês que repele o turista e mantém afastado o invasor".

No outro extremo do espectro, temos a *intelligentsia* inglesa, que é europeizada:

Eles importam a culinária de Paris e as opiniões de Moscou [...] A Inglaterra talvez seja o único grande país cujos intelectuais sentem vergonha da própria nacionalidade. Nos círculos esquerdistas, sempre paira a sensação de que há algo de ligeiramente desonroso em ser inglês, e que é um dever desdenhar de todas as instituições inglesas [...].

Poucos refutariam a constatação de que, entre professores, acadêmicos, funcionários públicos do alto escalão, figuras "sérias" da mídia e aqueles que controlam esses veículos, o Brexit foi tratado como um ato de mau comportamento intelectual, praticado por indivíduos que deveriam guardar para si mesmos seus preconceitos desajustados e opiniões imaturas. Subitamente empoderados por um referendo de questão única envolvendo um *nós* (os britânicos) contra *eles* (os estrangeiros desprezíveis), adotaram o que Orwell chamou de "certo poder de agir sem pensar".

Em setembro de 1943, Orwell foi contratado por Collins para produzir um panfleto chamado *The English People* [O povo inglês]. O folheto foi escrito em maio e junho de 1944 e concluído após o Dia D, momento em que o Exército Vermelho estava avançando em direção à fronteira oriental da Alemanha. A derrota do regime nazista, isso era ponto pacífico, seria dispendiosa, mas inevitável. Embora não tenha se autoplagiado, Orwell conseguiu reescrever "Inglaterra, nossa Inglaterra", ainda que mantendo a mensagem intacta.

The English People só seria publicado em 1947, e nesse ínterim Orwell mexeu e remexeu no texto. Será que sua percepção sobre o caráter inglês havia se alterado agora que a sobrevivência da nação estava garantida? Não muito. As classes trabalhadoras estão preocupadas com "cerveja e apostas no futebol, enquanto a pesquisa científica definha por falta de verbas". Gastamos dinheiro para construir "incontáveis pistas de corrida de galgos, mas não temos um único Teatro Nacional". As pessoas comuns estão "mais do que dispostas a dar ouvidos a qualquer jornalista que lhes diga para confiar em seus instintos e desprezar a 'cultura erudita'". Substitua "cultura erudita" por "especialistas" e somos transportados para a Grã-Bretanha pós-Referendo e as proclamações de Michael Gove. A *intelligentsia* do pós-guerra também não mudou. "Os intelectuais ingleses, em especial os mais jovens, são acentuadamente hostis ao seu próprio país [...] A ignorância do povo inglês afugenta ainda mais a *intelligentsia*." Mais uma vez nos vemos na Grã-Bretanha pós-2016. Políticos de direita reformulam como patriotismo as narrativas anti-intelectuais e xenófobas da imprensa popular, um desejo de independência da interferência estrangeira, enquanto os membros da elite metropolitana anti-Brexit — a *intelligentsia* — são vistos como traidores da pátria. Orwell diagnostica isso como algo caracteristicamente inglês; porém, no documento posterior, revisado depois de terminada a guerra, ele se mostra otimista com a mudança:

> Os ingleses nunca se tornarão uma nação de filósofos. Sempre preferirão o instinto à lógica, e caráter à inteligência. Mas precisam se livrar de seu sincero desprezo pela "inteligência". Não podem mais se dar a esse luxo.

As duas frases seguintes, para as quais esse apelo a uma mentalidade receptiva a novas ideias serve de prólogo, são discretamente inspiradoras e emocionantes. "E têm que parar de desprezar estrangeiros. Eles são europeus e devem estar cientes disso." Atribui-se a Churchill o crédito por ter sido o primeiro a considerar a possibilidade dos "Estados Unidos da Europa", mas o pensamento ocorreu a Orwell quando ele escreveu isso, em 1943. Menos de um ano após o discurso de Churchill de 1946, Orwell compôs o que foi efetivamente o primeiro manifesto completo sobre o que, por fim, viria a se tornar a UE, "Towards European Unity" [Rumo à unidade europeia] (1947). Seu argumento é convincente e profético. "Os povos europeus, e especialmente os britânicos, há muito tempo devem seu elevado padrão de vida à exploração direta ou indireta dos povos de cor." No entanto, ele prevê, o imperialismo acabará completamente depois da guerra, e ainda que as "vantagens que obtivemos com a exploração colonial" sejam abandonadas, devemos buscar a recuperação por meio de nossas relações comerciais – justas em vez de predatórias – com as nações pós-coloniais, e mais significativamente no âmbito da nova comunidade dos Estados europeus. Haverá, ele reconhece, dificuldades. "Os russos não deixarão de ser hostis a qualquer União Europeia que não esteja sob seu próprio controle." Os norte-americanos serão igualmente antipáticos. "Os domínios de língua inglesa, as dependências coloniais [...] e até mesmo os suprimentos britânicos de petróleo são reféns nas mãos dos estadunidenses. Portanto, sempre existe o perigo de os Estados Unidos desmantelarem qualquer coalizão europeia retirando a Grã-Bretanha dela." Quatro anos antes de os países do Benelux *[acordo de cooperação intergovernamental firmado entre Bélgica, Países Baixos e Luxemburgo]* assinarem o Tratado de Paris, precursor da Comunidade Econômica Europeia (CEE), Orwell previu com exatidão as forças externas que ameaçariam a União Europeia no início do século XXI. Trump certamente quer "retirar a Grã-Bretanha dela", e Putin a viu como uma ameaça à sua contínua presença como o Grande Irmão da Europa Central e do Leste Europeu. O único elemento do documento que poderia parecer discrepante face ao desenrolar dos acontecimentos correntes é a previsão de Orwell, ainda que "improvável", sobre a futura existência dos "Estados Unidos Socialistas da Europa". Mas, como ele deixa claro, sua noção de um conceito compartilhado dos princípios "socialistas" tem muito pouco a ver com o comunismo. Em vez disso, ele imaginou um tratado que permitiria a seus membros certo grau de autonomia, ao mesmo tempo submetendo-os ao compromisso de compartilhar alguns princípios, entre eles a proteção social e um impulso geral para remediar a pobreza. A noção de Orwell de um socialismo europeu baseava-se no modelo de economia mista introduzida pelo governo Trabalhista britânico do pós-guerra. Ao longo da década de 1950, o então inédito Mercado Comum seria baseado quase inteiramente em acordos comerciais, mas quando a CEE se transformou na UE, no final do século XX e início do século XXI, houve um impulso em direção a um Estado de Bem-Estar Social coletivo semelhante ao que Orwell vislumbrara cinquenta anos antes. A manifestação mais marcante disso foi a publicação do projeto, em 2000, da Carta dos Direitos Fundamentais da União Europeia. Juntamente com artigos concebidos para proteger os direitos civis, que incluíam a proibição de preconceitos com base em raça, gênero ou orientação sexual e a abolição da tortura e da pena de morte, cidadãos de todos os Estados-Membros estavam protegidos por regulamentos concernentes aos direitos dos trabalhadores, condições de trabalho justas, proteção contra demissão injusta, acesso a assistência médica e provisões sociais e de moradia. Cinco décadas são muito tempo, mas, ao que tudo indicava, a hipótese aparentemente fantástica de Orwell por fim tinha se confirmado.

Igualmente significativo é que Orwell considerava essa nova organização europeia uma vanguarda do secularismo. A seu ver, a eliminação da liberdade de expressão implementada pelos fascistas e comunistas era o legado moderno do cristianismo organizado, especificamente da Igreja Católica:

> Mas se for permitido [ao catolicismo] sobreviver como uma organização poderosa, isso tornará impossível o estabelecimento do verdadeiro socialismo, porque sua influência é, e sempre deverá ser, contrária à liberdade de pensamento e de expressão, contrária à igualdade humana e contrária a qualquer forma de sociedade que tenda a promover a felicidade terrena.

Nos últimos trinta anos, membros da União Europeia, como a Espanha e a Irlanda, foram transformados pela atmosfera aberta e secular da UE que Orwell previra. Nesses dois países, bem como em outros nos quais o poder da Igreja havia muito estava estabelecido, sendo a base para tudo o que tinha autorização para ser dito ou feito, o consenso mudou, passando para a tolerância de crença religiosa e a rejeição da religião estabelecida como uma marca distintiva de autoritarismo social.

Orwell era um veemente defensor da permanência do Reino Unido na União Europeia muito tempo antes de a UE ser concebida. Os ativistas pró-Brexit se apoderariam de todos os argumentos que Orwell havia usado em seu ensaio de 1947 e os distorceriam, usando-os como justificativas para a saída da UE: não devemos prestar contas a um tribunal de direitos humanos "estrangeiro", muito menos a um grupelho de eurodeputados burocratas ou a princípios eurocêntricos que poderiam ameaçar nossa integridade nacional. O movimento favorável à "saída" insistia ainda que, tão logo nos libertássemos das restrições políticas e econômicas da UE, renegociaríamos acordos não apenas com os EUA, mas, de maneira decisiva, com os Estados que deixamos para trás logo antes de ingressarmos no Mercado Comum, em meados da década de 1970. Renovaríamos as relações com o antigo Império, cujo colapso, previsto por Orwell, energizaria uma Europa coletiva. O conceito de "Império 2.0" foi supostamente inventado por funcionários públicos do alto escalão que eram bastante céticos, mas o governo Conservador pós-Referendo viu isso como um meio de angariar apoio para suas políticas. A Comunidade das Nações – legado politicamente correto da exploração e opressão imperiais – agora permitiria à Grã-Bretanha concretizar suas ambições globais, sem nenhum compromisso com a Europa. Boris Johnson, durante seu breve período como ministro das Relações Exteriores pós-Referendo, declarou que os amigos da Grã-Bretanha fora da União Europeia "agarrariam a oportunidade" de se tornar nossos parceiros comerciais: "Outrora administrávamos o maior império que o mundo já viu, e com uma população doméstica muito menor e um serviço público relativamente pequeno". A incapacidade de Liam Fox *[secretário de Estado para relações comerciais entre 2016 e 2019]* de firmar acordos comerciais com outros países além de Liechtenstein, Fiji e Papua-Nova Guiné apontam para o otimismo delirante do prognóstico de Johnson. Theresa May visitou a Índia com uma delegação de empresários após o plebiscito do Brexit em 2016. Ela parecia acreditar que o Império 2.0 era uma possibilidade realista, que poderia dar o pontapé inicial no antigo arranjo colonial, a Grã-Bretanha no papel de parceiro afável em vez de opressor e explorador. May voltou de mãos vazias. Como Orwell havia previsto em 1947, o Império morreria, e nem todos os seus Estados manteriam uma relação tolerante e indulgente com o antigo soberano. Nosso futuro, na visão de Orwell, tinha que ser com a Europa. Providencialmente, no entanto, ele também considerava a Grã-Bretanha o país menos entusiasmado com a ideia de uma aliança entre as nações europeias do pós-guerra. Os intelectuais podiam aprovar a ideia, mas o restante do eleitorado, sobretudo a classe trabalhadora, rejeitaria instintivamente qualquer associação formal com estrangeiros do outro lado do canal. Ano de 2016, lá vamos nós.

Os escritos de Orwell como jornalista e comentarista durante os últimos dois anos da guerra e início do período pós-guerra são caracterizados por uma disposição a atacar o populismo, bem como as ortodoxias de esquerda e de direita.

A aversão de Orwell pela pena de morte é evidente em "Um enforcamento", e o leitor começa a se perguntar se isso foi tingido por um gosto culpado pelo macabro, dado que em 1944–46 ele escreve a respeito do tema em cinco ocasiões. Mas não, Orwell agora está horrorizado com o que parece ser o ressurgimento do apetite pelo assassinato judicial como um esporte com plateia. Na coluna "As I Please" de 3 de novembro de 1944, ele reflete sobre as descrições de execuções, fictícias e reais, feitas por escritores de literatura, e supõe que não existem antologias desse tipo de texto porque o duradouro sentimento exibido pelo autor, independentemente de ter inventado ou testemunhado o evento, é o horror. No entanto, ao que parece, esse sentimento de desprazer não é compartilhado por sua plateia potencial, dado que os jornais populares têm "lambido os beiços" diante da popularidade de seus relatos sobre o "massacre de espiões desgraçados na França e em outros lugares". Um jornal foi mais longe e alcançou recordes de vendas incluindo fotografias da execução de *[Pietro]* Caruso, ex-chefe da polícia de Roma, estampadas em sequência como fotogramas de um filme. "Você via o corpo gordo e enorme sendo escarranchado em uma cadeira, de costas para os [...] canos dos rifles, e o corpo desabando de lado." Em 8 de setembro de 1944, Orwell relatou que o *Star* e a maioria dos outros jornais publicaram fotografias de duas mulheres francesas seminuas, com a cabeça raspada e suásticas pintadas no rosto, sendo humilhadas publicamente em Paris, para o evidente deleite do aglomerado de pessoas, cuja satisfação, aparentemente, era compartilhada de modo vicário pelo público leitor britânico. Orwell afirma que não culpa os franceses por punir e linchar colaboracionistas, mas ao mesmo tempo sente que a vingança justificável se tornou infectada por algo mais próximo do sadismo e da lascívia da turba, especialmente entre os leitores da imprensa popular na Grã-Bretanha.

Ao que parece, aprovação ainda maior foi demonstrada pela publicação de fotografias de cadáveres pendurados – homens alemães enforcados pelos russos em Carcóvia –, ao lado da promessa de que "estas execuções foram filmadas, e [...] o público em breve poderá testemunhá-las nos cinejornais".

Em 15 de novembro de 1946, Orwell relata os Julgamentos de Nuremberg por crimes de guerra. Aparentemente, os repórteres da imprensa popular dedicaram à natureza das execuções a mesma atenção dada aos malignos crimes cometidos pelos condenados. Aproveitadores ardilosos cultivavam o apetite dos leitores pelo voyeurismo macabro, informando que vários dos condenados foram submetidos a um antiquado enforcamento por estrangulamento lento em vez do patíbulo, cuja queda era projetada para tornar a morte instantânea. Orwell aponta que "antes da guerra, a execução pública era coisa do passado [...] agora parece estar voltando [...] e, embora nós mesmos não a tenhamos reintroduzido, participamos de segunda mão assistindo ao noticiário do cinejornal". Ele observa que, "uma década atrás", "qualquer pessoa esclarecida" defendia a abolição da pena capital como uma questão óbvia. Mas agora parece que entramos em uma "espiral descendente" na direção do entusiasmo pela pena de morte. Ele observa que o povo inglês está seguindo essa espiral "desde 1933", o ano em que os nazistas foram eleitos por voto popular. Orwell sugere que, devido ao especial deleite que parecemos sentir assistindo às execuções desses agora derrotados agentes da desumanidade, nós nos tornamos tão maléficos quanto eles. Durante uma visita à Alemanha logo após o final da guerra, Orwell testemunhou um grande número de pessoas que haviam sido oprimidas pelos alemães e agora se vingavam fisicamente de soldados capturados, sobretudo dos membros da SS.

> Isso tornou evidente para mim [...] que toda essa ideia de vingança e punição é um sonho infantil. Em termos mais adequados, não existe vingança. A vingança é um ato que a pessoa deseja cometer quando está impotente e porque está impotente: assim que a sensação de impotência é removida, o desejo se evapora também ("A vingança é amarga", *Tribune*, 9 de novembro de 1945).

Isso nos faz pensar novamente na repulsa de Orwell diante do judeu dando pontapés no guarda do campo de concentração – ele sentiu pena do ex-prisioneiro que tinha sido reduzido à condição de seu opressor. Como Orwell observa com frequência em outros textos, a vingança e a noção espúria de justiça são o que há por trás do atual apetite por execuções. Mas a vingança é também um "devaneio infantil" que mascara um estímulo muito mais sombrio: os seres humanos gostam de testemunhar o assassinato cerimonial de seus semelhantes.

Seria esse um retrato desiludido da condição humana, fruto de um período em que a humanidade estava em um estado deplorável? Ou um astuto diagnóstico de algo sórdido, endêmico e duradouro?

As mídias sociais e a imediata disponibilidade de vídeos on-line reavivaram uma paixão, mencionada por Orwell, cuja melhor descrição pode ser uma sádica gratificação disfarçada de horror ou falsa beatice. A filmagem do enforcamento de Saddam Hussein "viralizou", e, de acordo com fontes da mídia, foi a atração on-line mais popular entre os homens jovens nos EUA em dezembro de 2006, superando em muitos milhões de acessos e visualizações os principais sites pornográficos. Dez anos depois, essa marca foi ultrapassada pela compilação de cenas de decapitações disponibilizadas pelo Estado Islâmico no YouTube e em outros sites. No mesmo ano de 2016, o tabloide *The Sun* entrou em cena e avisou seus leitores on-line de que estava disponível em seu site "um dos vídeos mais perversos que o EI já fez. Algumas cenas são tão perturbadoras que o *Sun On-line* preferiu não exibi-las". O que foi muito sensato da parte deles, considerando que os leitores mais "perturbados" poderiam acessar as imagens originais a partir de um rastro deixado pelo próprio *Sun On-line*. Tudo isso nos faz lembrar dos bons e velhos tempos da Página Três, em que o tabloide publicava a imagem de uma mulher de *topless*: pornografia leve versão família, mas com um sorrisinho e um meneio de cabeça apontando para a pornografia explícita, que estava disponível na prateleira superior da banca de jornais. Em abril de 2019, o jornal *The Sun* noticiou em seu site o tratamento "bárbaro" dado na Arábia Saudita a trinta e sete cidadãos acusados de "professar ideologia terrorista extremista" e prejudicar a "paz e segurança" da sociedade. Não se apresentou nenhuma acusação de atos de violência, e, de acordo com a entidade de direitos humanos Reprieve, o mais jovem do grupo, detido aos dezessete anos de idade, tinha "confessado" sob tortura. O relato do *Sun* é devidamente contido, mas, caso os leitores do site não estivessem suficientemente chocados com os fatos verbais, o jornal facilitou a vida deles ao disponibilizar um link mostrando o rapaz tendo a cabeça cortada. Entre todos os países do mundo, a China lidera o ranking dos defensores mais entusiásticos da pena de morte, punição aplicada a uma ampla variedade de crimes, cometidos contra outros cidadãos ou contra o Estado, e que resultam na execução do condenado por meio de uma bala na nuca. Em 14 de agosto de 2013, o site do *Daily Mail* publicou uma matéria recriminando a política de execuções em massa em vigor na China, um de nossos principais parceiros comerciais, acrescentando, em tom zeloso: "Se você tiver um estômago sensível, desvie o olhar agora", enquanto direcionava os leitores para o link de download do vídeo.

Na coluna "As I Please" de 22 de novembro de 1946, uma semana depois de um de seus lamentos sobre as abomináveis simpatias do público leitor pela pena de morte, Orwell estabelece duas listas dos nove jornais britânicos mais renomados, uma intitulada "INTELIGÊNCIA" e a outra, "POPULARIDADE". No topo da primeira, encontramos, em ordem decrescente, *The Manchester Guardian*, *The Times* e *News Chronicle*. O *Daily Express* encabeça a lista dos mais populares, seguido de perto pelo *Herald* e pelo *Mirror*. Ele explica:

> Por inteligência não quero dizer concordância com minhas próprias opiniões. Minha intenção é descrever uma disposição para apresentar notícias de forma objetiva, dar destaque a coisas que sejam realmente importantes, discutir questões sérias, ainda que enfadonhas, e defender políticas pelo menos coerentes e inteligíveis.

A classificação dos jornais populares se dá em função de termos estatísticos – eles vendem mais –, mas também, como Orwell sugere, porque eles alimentam o oposto da INTELIGÊNCIA: populismo, mau gosto vulgar e distorções da verdade. Deixarei que você, leitor, deduza em quais deles Orwell encontrou os relatos sensacionalistas e as fotografias de execuções. Faz muito tempo que Orwell tem sido enaltecido como o paladino do povo comum, mas é preciso indagar se não era apenas sua altura que o levava a, de tempos em tempos, olhar com nariz empinado para as coisas.

A Guerra Fria terminou há três décadas, mas no Ocidente persistem diferenças de opinião quanto à natureza do comunismo de Estado. Como Orwell afirmou diversas vezes, durante e após a guerra, chegava a ser heresia apresentar a União Soviética como qualquer outra coisa além de um heroico aliado na batalha contra o nazismo. A concepção pré-guerra da Rússia como uma utopia social e política era compartilhada pela maioria – de uma ponta à outra – do espectro da esquerda, abarcando desde o CPGB e os simpatizantes não filiados até os elementos mais radicais no alto escalão do Partido Trabalhista. Assim que os soviéticos entraram na guerra, até mesmo os liberais e os aristocráticos Conservadores declararam uma lealdade agradecida e acrítica aos novos amigos no Leste. Orwell era, para variar, uma voz pregando no deserto. Ele insistia em chamar a atenção para o Pacto Molotov-Ribbentrop – efetivamente, o acordo entre Hitler e Stálin para dividir entre ambos a Europa Oriental – e para o realinhamento de poder pós-1941. Incansavelmente, Orwell lembrava seus compatriotas da grotesca hipocrisia de Hitler e Stálin. Após a invasão nazista da Rússia em 1941, todos os escritores na Grã-Bretanha fingiram que o pacto nunca existira. Como era de seu feitio, Orwell salientou que a imprensa britânica e francesa, agindo em conluio, havia conspirado para falsificar a história, alegando que o comunista francês *[Maurice]* Thorez desertara do Exército e partira para Moscou antes do início da guerra, e não, como de fato ocorreu, durante o período em que a Alemanha nazista e a União Soviética eram aliadas ("As I Please", 17 de novembro de 1944). Os comunistas pró-soviéticos foram muito influentes na França logo após a guerra, e estavam ávidos para reescrever o passado.

Em 1º de dezembro de 1944, Orwell observou como o livro *Stálin*, biografia que Trótski concluiu pouco antes de ser assassinado por agentes a mando do biografado, tinha sido banido; proibido na União Soviética, obviamente, mas também na imprensa norte-americana e britânica. Orwell não deu a devida importância ao fato de que não se tratava de um livro "totalmente imparcial", mas apontou que viés – opinião – era sinônimo de liberdade de expressão, princípio que o Reino Unido e os EUA se comprometeram a defender na guerra contra o totalitarismo. Orwell acrescentou que, um pouco antes, havia participado de uma reunião do PEN Club para comemorar o terceiro centenário de *Areopagitica*, de Milton, o primeiro tratado em língua inglesa em defesa da liberdade de imprensa, e refletiu que a expressão de Milton sobre o pecado especial de "assassinar" um livro se tornara subitamente muito relevante em 1944.

A mídia britânica não se recusou a cobrir a Revolta de Varsóvia em 1944, mas Orwell foi o único escritor que se atreveu a apresentar a verdade ("As I Please", 1º de setembro de 1944). É um artigo extraordinário, em que ele conta como os membros do governo polonês anticomunista no exílio – em Londres – foram retratados como traidores devido a sua antipatia pelos soviéticos, e como estes suspenderam o ataque, a partir da margem leste do Vístula, para permitir que os alemães esmagassem os poloneses antes que eles se deslocassem. Orwell admite que não é capaz de explicar por que a "*intelligentsia* britânica [...] desenvolveu uma lealdade nacionalista pela URSS e é tão desonestamente acrítica com relação a suas políticas". Mas decide oferecer à elite intelectual duas "considerações":

237

Lembrem-se de que a desonestidade e a covardia sempre cobram seu preço. Não imaginem que por anos a fio vocês possam fazer o papel de bajuladores propagandistas do regime soviético [...] e depois, de repente, voltar à decência mental. Uma vez prostituta, sempre uma prostituta.

Em seguida, ele prevê as consequências dessa reverência cega e obtusa. Tão logo a Alemanha fosse derrotada, os soviéticos manteriam um regime igual ao nazismo em termos de totalitarismo inflexível e, empregando vários meios, imporiam esse sistema opressivo à maior parte da Europa Central e Oriental. Orwell chega a prever que haveria duas Alemanhas, em que a parte oriental seria uma versão radicalmente extrema da ditadura stalinista. A menos que os intelectuais banissem de imediato o mantra "Stálin tem sempre razão", as "ilusões" nele embutidas garantiriam sua permanência, assegurando o sustentáculo do superestado stalinista nos anos do pós-guerra.

Em janeiro de 1946, Orwell expandiu esses pensamentos em um ensaio muito mais longo para a revista *Polemic*, intitulado "A prevenção contra a literatura"* e centrado na censura estatal dos textos literários. Ele se concentra principalmente na União Soviética, mas faz uma breve digressão sobre "nossa própria sociedade [...] de um modo geral, liberal":

> O grande público, de uma maneira ou de outra, não se importa com a questão. Não é a favor de perseguir o herege, mas tampouco vai se esforçar para defendê-lo. A opinião pública é ao mesmo tempo sensata demais e estúpida demais para adquirir a perspectiva totalitária. O ataque direto, consciente, à decência intelectual vem dos próprios intelectuais [...] a *intelligentsia* russófila.

Cinco meses antes, *A revolução dos bichos* havia sido publicado, mas os eventos anteriores à aceitação do livro pela Secker & Warburg confirmaram a crença de Orwell de que o *establishment* cultural e intelectual da Grã-Bretanha era capaz de impor sua própria política de censura. O livro fora rejeitado por Gollancz, Jonathan Cape, Faber and Faber e várias editoras independentes menores. Ninguém criticou as qualidades da obra, mas todos, com

---

* "The Prevention of Literature". No Brasil, incluído no volume *Como morrem os pobres e outros ensaios*. (N. T.)

desavergonhada engenhosidade, apresentaram razões para se distanciar do livro. Uma carta de rejeição involuntariamente hilária veio de T.S. Eliot, diretor da Faber and Faber, que se esforça na tentativa de encontrar uma razão para não aceitar o livro, e diversas vezes se contradiz. O segundo parágrafo é um clássico exemplo de evasão e hipocrisia:

> [...] não temos convicção [...] de que esse seja o ponto de vista certo a partir do qual criticar a situação política no momento atual. É certamente o dever de qualquer casa editorial, que tenha a pretensão de buscar outros interesses e motivações além do mero sucesso comercial, publicar livros que vão contra os interesses da corrente atual; mas em cada instância isso demanda que ao menos um membro da casa tenha a convicção de que essa é a coisa que deve ser dita no momento. Não vejo nenhuma razão para prudência ou cautela que impeça alguém de publicar este livro – desde que acredite no que ele significa (13 de julho de 1944).

E ele segue divagando, sem explicar *por que* sua editora não vai publicar o livro. É uma extraordinária peça de prosa, tão descontínua e impenetrável quanto a poesia inicial de Eliot. A carta pode muito bem ter contribuído para o conceito de duplipensar. Orwell sabia que Eliot não faria oposição à ideologia pró-Stálin predominante, e sabia também que ele não tinha coragem de dizer isso. A editora Jonathan Cape inicialmente aceitou o livro, mas depois mudou de ideia seguindo "conselhos" do Ministério da Informação, exatamente o tipo de conspiração entre o *establishment* político e a *intelligentsia* que Orwell retrataria em "A prevenção contra a literatura". Se o livro não tivesse sido aceito pela Secker & Warburg, talvez não fosse publicado ou, na melhor das hipóteses, teria sido aceito por uma editora muito pequena e pouco prestigiada, cuja falta de recursos, influência e fôlego promocional condenariam a obra à obscuridade. A própria aceitação de *A revolução dos bichos* foi um golpe do acaso; Fredric Warburg foi na contramão da opinião quase unânime no escritório da editora – de que o livro era um ataque herético aos aliados da Grã-Bretanha – e, em âmbito mais doméstico, contrariou a afirmação da esposa, Pamela, de que *A revolução dos bichos* seria visto como um grosseiro ato de ingratidão para com o heroico Exército Vermelho, e que a publicação do livro seria financeiramente catastrófica para a empresa.

MUDANÇAS

A Secker & Warburg ofereceu a Orwell um contrato para *A revolução dos bichos* em julho de 1944, mas o livro só seria impresso em agosto de 1945. A Alemanha se renderia incondicionalmente em maio de 1945, e, após o lançamento de bombas atômicas em Hiroshima e Nagasaki, o imperador Hirohito fez um discurso no rádio anunciando a rendição do Japão em 15 de agosto de 1945. Um romance em que duas das mais poderosas nações Aliadas vitoriosas eram compostas por animais de fazenda briguentos e corruptos não poderia ter vindo em melhor hora.

Durante o mesmo período, a vida pessoal de Orwell passaria por um bocado de bruscas mudanças. Em maio de 1944, ele iniciou um caso amoroso com Sally McEwan, uma das secretárias do escritório da *Tribune*, e a relação continuaria por seis meses. O casamento com Eileen não era exatamente "aberto" no sentido moderno, mas ela veio a aceitar, um tanto exausta, que o marido era viciado em ocasionais surtos de infidelidade. O primeiro sinal dessa tendência se manifestou na Espanha, logo após a cerimônia de casamento. Desta vez, no entanto, a aventura extraconjugal de Orwell se sobrepôs à decisão do casal de adotar um menino. Eileen era menos entusiasmada do que George em relação a ter filhos, mas estava disposta a tentar pelo marido, e não se sabe se a dificuldade em conceber devia-se à infertilidade de Orwell ou dela. Gwen O'Shaughnessy, a viúva do irmão de Eileen e também médica, prometera procurar bebês para adoção na área de Newcastle, perto de seu consultório. No final de maio, ela anunciou que um menino nascido no dia 14 estava disponível, e os Orwell pegaram o trem rumo ao norte para cuidar dos arranjos formais, tornando-se pai e mãe de Richard Horatio Blair. Planejavam voltar com ele para Londres em 28 de junho, mas a jornada foi adiada quando uma bomba voadora V-1 "Doodlebug" (a "bomba zumbidora") caiu sobre Mortimer Crescent, a menos de cem metros do apartamento deles. Embora não tenha sido destruído, o edifício foi considerado inabitável. Paredes e tetos ficaram perigosamente instáveis, canos de água e esgoto tiveram danos irreparáveis, e a eletricidade foi cortada. Inez Holden convalescia de uma doença na casa de campo da família, então ofereceu aos Orwell seu apartamento na elegante rua George. Por fim, eles encontraram um lugar próprio no número 27b da praça Canonbury, em Islington, um apartamento com dois quartos, uma modesta sala de estar e uma cozinha com um pequeno espaço para refeições. Hoje seria difícil comprar um apartamento pequeno como esse na área por menos de 850 mil libras. As casas são, em sua maioria, graciosas propriedades do fim do período georgiano ou da Regência, e as que não foram convertidas em apartamentos custam cerca de 3 ou 4 milhões de libras. Quando os Orwell se mudaram, a área era uma curiosa combinação de passado e futuro. Os edifícios do século XVIII haviam saído de moda entre as classes média e alta vitorianas, tendo sido comprados por senhorios e agora alugados como apartamentos completos ou como quartos para trabalhadores braçais e suas famílias. Tornara-se uma versão do East End. Muitos dos vizinhos de Orwell viviam em relativa pobreza, ao lado de ornamentados tetos de madeira com decoração esculpida e lareiras de mármore. Todavia, na década de 1940, os membros menos abastados da intelectualidade cosmopolita que não podiam se dar ao luxo de morar em Hampstead, Knightsbridge ou Mayfair começaram a colonizar essa região do norte de Londres como um destacamento avançado da boemia. Orwell apreciava o bizarro contraste entre os residentes da classe trabalhadora, que se mudaram para lá de forma involuntária, e suas empobrecidas contrapartes intelectuais. Parecia uma reprise da vida do próprio Orwell antes da guerra, quando ele continuamente cruzava as fronteiras entre classes e estados de espírito.

Todas as pessoas que conheceram Orwell ou conviveram com ele nesse momento concordavam que o escritor, ainda que por um período breve, havia recuperado a felicidade de seu primeiro ano em Wallington. Sessenta anos antes de o termo entrar em circulação, ele era um "novo homem", que, feliz da vida, dava banho em Richard, trocava as fraldas do menino e escolhia com escrupulosa minúcia o carrinho e o moisés mais adequados. Carpinteiro autodidata, Orwell construía brinquedos e edifícios em miniatura para o filho e passava horas andando pelas ruas ao redor da praça, na esperança de que seu encantador bebê atraísse elogios dos transeuntes. A princípio, Eileen pareceu incerta sobre seus sentimentos por Richard, mas no final de 1944 ela se juntara ao marido como mãe dedicada, para não dizer eufórica.

Os Orwell recebiam um número enorme de escritores e ativistas, alguns de esquerda e outros do lado oposto do espectro político. Astor, Koestler, Muggeridge, Powell e outros eram visitas regulares. De acordo com Paul Potts, poeta e editor independente que se ofereceu para lançar *A revolução dos bichos* quando as grandes editoras praticamente censuraram o livro, a atmosfera no apartamento envolvia uma estranha combinação de inglesismo nostálgico e caos. Um pote de pasta de anchovas Gentleman's Relish ocupava o centro da mesa enquanto Orwell elogiava a qualidade irrepreensível do rosbife britânico, sem dizer aos convidados de onde vinha essa iguaria, que era racionada. Ele tampouco explicava como havia conseguido os melhores chás indianos, gim de Londres e uísque escocês.

No final de fevereiro de 1945, Astor perguntou a Orwell se ele queria atuar como correspondente de guerra para o *Observer*. O jornal queria que ele cobrisse a investida Aliada, cruzando o Reno e avançando Alemanha adentro para relatar a derradeira derrota do nazismo. Apesar da nova experiência da paternidade, Orwell não pôde resistir a essa oportunidade de reviver as experiências espanholas. Ele não pegaria em armas, mas estaria na linha de frente, testemunha da derrubada de um regime que havia assegurado a vitória de Franco e se tornara uma manifestação muito mais maligna do fascismo.

Orwell deixou Londres rumo a Paris em 15 de março de 1945, orgulhosamente vestindo o uniforme de primeiro-tenente, correspondente de guerra. Levou consigo uma mala e a máquina de escrever dentro de um estojo; assim que chegou a Paris, convenceu um oficial do Exército a lhe arranjar um revólver. Parecia 1936 novamente. Orwell encontrou um quarto no Hôtel Scribe, uma base popular para correspondentes de guerra, entre eles Ernest Hemingway. Ele não sabia que Hemingway havia colaborado com os soviéticos em Madri e fora conivente na captura e execução de José Robles, um conhecido que era muito próximo do antigo amigo de Hemingway, John Dos Passos. Na Paris de 1945, Orwell o viu como um colega veterano por conta daquela primeira tentativa de derrubar o fascismo. Mais tarde, Orwell contou a Paul Potts a história do encontro com o norte-americano. Ele foi ao quarto de Hemingway, bateu à porta, foi convidado a entrar e se apresentou: "Meu nome é Eric Blair". Hemingway o encarou com expressão vaga. "Bem, e o que diabos você quer, porra?" Ao que o desconhecido inglês grandalhão respondeu: "Sou George Orwell". De repente, o homem que tinha ficcionalizado a Guerra Civil Espanhola em *Por quem os sinos dobram* reconheceu o autor de *Homenagem à Catalunha*, abriu um sorriso largo, tirou uma garrafa de uísque de baixo da cama e berrou: "Por que diabos você não disse logo, caralho? Tome uma dose. Uma dose dupla. Puro ou com água, não tenho soda".

Orwell seguiu para Colônia, de onde enviava despachos via telégrafo para o *Manchester Guardian* e o *Observer* sobre o avanço dos Aliados. Queria estar lá na queda de Berlim e esperava que os britânicos e os norte-americanos chegassem antes dos soviéticos. De súbito, apenas duas semanas após a chegada à Alemanha, as coisas deram terrivelmente errado. Primeiro ele adoeceu, mais uma vez acometido pelo que parecia ser bronquite, e enviou uma carta ao advogado com instruções para o seu executor literário. Não tinha a esperança de encontrar um especialista em pulmão ou um sanatório acolhedor nas cidades bombardeadas do oeste da Alemanha, mas se arranjou com uma instituição em ruínas no que restara de Colônia. Quando seu estado de saúde estava melhorando, ele recebeu um telegrama em 30 de março, via *The Observer*, informando que sua esposa havia morrido. Antes de partir, Orwell sabia que Eileen estava com uma cirurgia marcada, que ela lhe assegurou tratar-se apenas da correção de um pequeno problema na parte inferior do estômago. Na verdade, ela passaria por uma histerectomia após a detecção de tumores, mas sofreu um ataque cardíaco e morreu por causa do efeito da anestesia.

Orwell se deu alta do hospital e voltou para Londres em um avião militar. A primeira coisa que encontrou foi uma carta não enviada de Eileen, que ela havia escrito pouco antes de ser levada ao centro cirúrgico. Em tom trivial, Eileen menciona o cirurgião, Harvey Evers, como se ele fosse um alfaiate tirando medidas dela para ajustar um vestido. Aparentemente, ela foi considerada uma "paciente *modelo*".

"Eles me acham maravilhosa, tão plácida e feliz, é o que eles dizem." No último parágrafo da carta, ela parece preocupada com o ambiente, talvez como uma maneira de assegurar a si mesma de que aquele mundo, aquele quarto, é o lugar para onde ela em breve retornará:

Este quarto é agradável − no térreo, então dá para ver o jardim. Não há muita coisa nele, exceto narcisos e, acho, árabis, mas um belo gramado. Minha cama não fica rente à janela, mas está virada na direção dela. Vejo também a lareira e o relógio.

Ler a frase final, incompleta e sem pontuação, que ela provavelmente rabiscou às pressas antes de ser levada para a sala de cirurgia, é uma experiência angustiante para alguém de fora, mas o que Orwell deve ter sentido?

Em Londres, após o funeral, os conhecidos de Orwell e as pessoas que o encontraram pareciam aflitas com seu estoicismo desajeitado, mas as descrições que fazem dele dão a impressão de um homem em um estado de entorpecimento involuntário. Ele iniciava uma conversa com um amigo com algo como "Você sabe, a minha esposa morreu. Que pena, ela era gente muito boa". Ou, para *[o escritor e editor]* Julian Symons: "Minha esposa morreu semana passada. Ia realizar uma operação de rotina e morreu durante o procedimento". Ele parecia determinado a repetir a mesma declaração esquemática para lidar com algo que não era capaz de compreender direito. Alguns outros, principalmente Geoffrey Gorer, Paul Potts e Inez Holden, relataram como, na esfera privada, Orwell chorava durante horas a fio e confessava que estava sentindo uma dor indescritível. Em seu livro de memórias, Fyvel afirmou que "a morte de Eileen foi um golpe [para Orwell] do qual ele nunca se recuperou completamente".

Três semanas após a morte de Eileen, Orwell pediu a amigos e parentes que cuidassem de Richard e partiu novamente para Paris, hospedando-se por algumas noites com sua tia Nellie. Foi uma escolha estranha, uma vez que durante anos ele visivelmente fizera questão de evitá-la; parecia que estava por fim reconhecendo a existência dela. Em seguida, Orwell foi para a Alemanha, onde acompanhou o avanço Aliado e enviou relatórios frequentes sobre a situação dos vilarejos e cidades ocupadas por tropas britânicas e norte-americanas. Ele estava a cento e sessenta quilômetros de Berlim quando os nazistas se renderam. Ao longo desse período, seus despachos, com pouquíssimas exceções, eram factuais e sem vida. Ele queria vivenciar em primeira mão o que a Alemanha tinha sido desde a ascensão do nazismo, mas os alemães que encontrou, em especial os civis, pareciam mais preocupados com comida e roupas do que com o legado de seu recente passado totalitário.

Orwell retornou a Londres em junho, reabriu o apartamento de Islington e contratou uma governanta para residir no emprego e também atuar ocasionalmente como babá de Richard. Susan Watson tinha vinte e cinco anos, era separada do marido, um professor de Cambridge, e tinha uma filha pequena. Mudaram-se para o apartamento no final de junho; Orwell pagava a ela 7 libras por semana, mais 10 libras pelos cuidados com a casa, além de oferecer alimentação e moradia; Richard se juntaria a eles logo depois.

Avril, irmã de Orwell, não gostava de Susan, provavelmente por desconfiar que ela tinha segundas intenções pelo homem que, um mês depois de Richard chegar ao apartamento, se tornaria um dos mais célebres escritores do mundo de língua inglesa. Esse intento não passava pela cabeça de Susan. Sua amizade com Orwell era peculiar, mas completamente platônica.

Alguns aspectos da vida de Orwell com Eileen perduraram. O mesmo círculo de amigos continuava a frequentar a casa, mas agora eram mais frequentes os tradicionais chás ingleses com bolos e sanduíches do que os jantares. Orwell não parou de beber; porém, como Susan estava mais seguindo instruções do que fazendo as vezes de coanfitriã, muitas vezes a bebida simplesmente acabava. Certa noite, os Connolly foram convidados para o que Cyril supôs que seria mais um dos habituais encontros com horas de conversa regadas a uísque, gim e tônica, mas quando os convidados chegaram, Orwell rapidamente abriu os armários e confessou não ter nada além de chá. Connolly saiu correndo e retornou trazendo uma combinação pouco atraente de cerveja Mackeson e xerez doce.

Nessa época, a impressão geral daqueles que conheciam Orwell era a de um homem aferrado a seus antigos hábitos, mas ao mesmo tempo angustiado. Susan ocupou o lugar de Eileen como uma esposa casta. Ela se acostumou aos gritos dele do outro lado da parede adjacente e inventou uma maneira de acordá-lo delicadamente dos constantes pesadelos. Orwell não falava sobre o conteúdo de seus sonhos aflitivos, e ela não perguntava. Eles tomavam o café da manhã juntos às 8h30, e depois disso ele trabalhava; vez por outra ia vasculhar livros em sebos ou tomar cerveja e comer sanduíches em um *pub*. Quando não havia convidados, Orwell e Susan tomavam chá da tarde juntos e mais tarde faziam uma refeição com as crianças. O prato favorito dele, segundo a lembrança de Susan, era o bife inglês com molho de caldo de carne, batatas assadas e *pudding* de Yorkshire. Em seguida ele ia para o estúdio e, geralmente, datilografava até as três da manhã. Entre seu retorno da Alemanha e o início de 1946, Orwell produziu 130 artigos. Além dos brinquedos para Richard, montava estantes de livros ou pequenas mesas e cadeiras, embora suas realizações como carpinteiro rendessem mais expressões educadas de perplexidade do que de admiração. Aparentemente, a assimetria das pernas de uma das cadeiras construídas por ele permitia que ela balançasse em duas direções.

Orwell apresentou Inez Holden a Susan como uma antiga amiga da família, mas Susan também lembra que ele recebia outras mulheres, que pareciam, a julgar pelo comportamento dele e delas, conhecidas recentes, em especial Celia Kirwan e Sonia Brownell. Ambas faziam parte de um triunvirato cuja terceira envolvida era Anne Popham, que Orwell namorou e cortejou durante os dezoito meses após a morte de Eileen. Ele propôs casamento a todas elas de forma aleatória, sem esperar para descobrir se as outras haviam tomado alguma decisão sobre a proposta.

Sonia era a mais bonita e quixotesca. Trabalhara com Connolly na revista literária *Horizon*, parte de sua coleção de inteligentes e belas assistentes. Ela vinha de uma família católica de classe média, de situação financeira confortável, e levou para a vida adulta uma rebeldia que teve início com seu ódio pelas escolas conventuais que frequentou na infância. A esse respeito, Sonia e Orwell combinavam muito bem, mas ela se diferenciava dele quanto à preferência pela companhia de figuras de má reputação em vez dos que defendiam o radicalismo de esquerda. No entanto, eles se davam bem, e conversavam e bebiam até altas horas da noite. Sonia admitia sentir atração por ele como um enigmático forasteiro, mas não o achava bonito. Eles tiveram um breve caso após o qual Orwell lhe propôs casamento; ela recusou.

Celia Kirwan era irmã de Mamaine, esposa de Arthur Koestler, que apresentou o amigo Orwell à cunhada em dezembro de 1945, e o casal Koestler convidou os dois para passarem o Natal e o Ano-Novo com eles em uma fazenda que haviam alugado em Merionethshire. Celia, recém-separada do marido, estaria lá também, e Orwell respondeu que ele, acompanhado de Richard, ficaria muito feliz em ir para o País de Gales.

Koestler ouvira falar que Orwell vinha cortejando Sonia e, com escancarada avidez, quis saber se Celia estaria interessada em um relacionamento de longo prazo. Ele sentia um vínculo fraterno com o amigo, e pensar em Orwell como irmão, mesmo que fossem apenas parentes por casamento, o fascinava. Arthur, Mamaine e Celia ficaram divertidamente espantados ao ver a facilidade com que Orwell lidava com Richard – dando banho no menino, trocando suas roupas, alimentando-o e carregando-o em um braço ou nos ombros quando saíam para passear. Nunca tinham visto um homem tão contente em desempenhar tarefas rotineiramente atribuídas a mães ou criadas. Quando mais tarde perguntou o que sentia sobre Orwell, Celia disse que ele a lembrava de uma frase no início de *Homenagem à Catalunha*: "Que estranha afeição podemos sentir por um desconhecido!". Ela disse a Crick que, durante esse breve período, sentiu haver algo especial entre eles. "Se eu chamar isso de amor (e eu chamo), poderia dar a impressão de que estou apaixonada por ele." Era "amor", explicou ela, mas não do tipo que a instigaria a se casar ou ter um caso com ele. Orwell a pediu em casamento, de forma honesta e canhestra, explicando que sofria de bronquite, que ela corria o risco de se tornar viúva em breve, que a diferença de idade entre os dois – ele tinha trinta e nove, e ela, vinte e nove – poderia causar problemas, e falou até mesmo sobre a suspeita de que era estéril. Celia sabia que em pouco tempo Orwell se tornaria rico e famoso, embora nenhum deles tenha mencionado isso. Continuaram sendo amigos íntimos até a morte do escritor.

Quando Orwell voltou para Londres, foi apresentado por Connolly a outra jovem, Anne Popham, que dividia um apartamento no mesmo prédio em que ele morava. Os Connolly convidaram ambos para um jantar, e na manhã seguinte Anne e Orwell se encontraram novamente nas escadas. Ele lhe perguntou o que ela fazia – Anne estava de licença do trabalho na Comissão de Controle na Alemanha –, e quando ela voltou para o apartamento naquela mesma tarde, encontrou um bilhete de Orwell, empurrado por debaixo da porta, perguntando se ela gostaria de subir para tomar chá, porque ele tinha algo importante a lhe dizer. Estaria Orwell prestes a apresentá-la a alguém que pudesse lhe dar um empurrão na carreira, ou aconselhá-la, de forma geral, sobre a situação do país e do mundo? Anne ficou admirada, e um tanto surpresa, quando Orwell iniciou a conversa afirmando que se sentia atraído por ela, perguntando em seguida se ela cogitaria a possibilidade de se casar com ele. Dez dias depois, Orwell lhe escreveu uma longa carta de desculpas:

> A verdade é que não resta mais nada na minha vida, exceto trabalhar e garantir que Richard comece com o pé direito. É que por vezes sinto-me desesperadamente sozinho [...] Claro que é absurdo uma pessoa como eu querer fazer amor com alguém da sua idade.

Anne respondeu, consolando-o ao assegurar que não havia ficado chateada com a proposta e expressando a esperança de que sua recusa não o tivesse magoado. A réplica de Orwell foi uma segunda carta, na qual parece aceitar a decisão de Anne, mas sem resistir à tentação de explicar em mais detalhes o que sua oferta acarretava, de bom e de ruim:

> O que estou realmente lhe perguntando é se você gostaria de ser a viúva de um homem de letras. Se as coisas permanecerem mais ou menos como estão, há certa diversão envolvida, uma vez que você provavelmente receberia os direitos autorais que estão por chegar [...] Supostamente eu tenho uma "vida ruim" [suscetível a uma doença que representa risco de morte] [...] e em diversas ocasiões no passado estive à beira da morte, mas sempre segui vivendo apesar delas [...] se você se considerar essencialmente uma viúva, então não seria uma má escolha [...] Se eu puder viver mais dez anos, acho que ainda tenho em mim três livros que valem a pena [...] mas quero paz e sossego e alguém para gostar de mim.

> (Nenhuma data registrada nas cartas – ambas foram mostradas a Crick por Anne Popham.)

Orwell certamente esperava que Anne considerasse a sugestão com carinho, mas é perceptível que ele está se dirigindo tanto a si mesmo quanto a ela. Ambas as cartas são muito mais sinceras e reflexivas do que qualquer coisa que ele tenha escrito em seus diários. Dez anos era um período breve para um homem de sua idade, mas no fim ficou claro que Orwell estava sendo otimista demais. Quanto a estar *"desesperadamente* sozinho", o termo poderia referir-se tanto à resignação quanto à infelicidade. Alguns meses antes de propor casamento a Anne, ele começara a tomar providências para alugar uma velha cabana na propriedade de Astor em Jura, uma das mais remotas ilhas nas Hébridas Interiores da Escócia.

A REVOLUÇÃO
DOS BICHOS

ntes da publicação de *A revolução dos bichos*, Orwell era uma celebridade literária de moderado renome, seus romances e textos de não ficção respeitados polidamente como contundentes contribuições argumentativas ao debate político que assolara a Europa a partir dos anos 1930. No entanto, um mês após o lançamento de seu penúltimo romance, ele alcançou a fama dos dois lados do Atlântico. *A revolução dos bichos* só ganharia edições nos Estados Unidos em 1946, mas, antes que os norte-americanos tivessem a oportunidade de ler o livro, sua atenção já havia sido conquistada pelas notícias de um autor britânico que havia ridicularizado a União Soviética apenas meses depois de os russos terem ajudado os Aliados a acabar com a guerra na Europa.

À exceção do jornal *The Daily Worker*, que viu *A revolução dos bichos* como mais uma prova de que Orwell era um quinta-coluna traiçoeiro, as resenhas sobre a obra variaram de positivas a extáticas. A imprensa popular de direita considerou o livro uma licença para expressar opiniões antissoviéticas agora que a guerra acabara. Os jornais da esquerda moderada e liberal aprovaram o romance por diferentes razões. À sua maneira habitual, Connolly, na *Horizon*, viu o livro como o retrato de uma "revolução traída": não era um ataque aos louváveis princípios que fundamentaram 1917, mas sim uma representação satírica de indivíduos, em igual medida repugnantes e incompetentes, que tentaram implementá-los. A maioria dos resenhistas adotou a mesma linha: não havia nada de errado com o marxismo enquanto ideologia, a falha estava em sua manifestação na União Soviética. Anos mais tarde, o livro foi examinado atentamente por críticos determinados a explicitar, um por um, paralelos entre os personagens do livro – animais e humanos – e indivíduos reais, de Karl Marx em diante. Hoje há um consenso, oferecido até mesmo a crianças e estudantes de graduação, que poucos contestam, mas que suscita uma indagação: por que se dar ao trabalho de ler o livro ou pensar a respeito dele se já não nos desconcerta?

O porco Velho Major é Marx – com uma pitada de Lênin –, o porco Napoleão é Stálin e o porco Bola-de-Neve é Trótski. O porco Garganta, o segundo em comando e ministro da Propaganda de Napoleão, é quase certamente Molotov, que serviu a Stálin em funções semelhantes. Os varrões, que mais tarde são executados por causa das críticas a Napoleão, são vistos como as vítimas dos expurgos de Stálin, em especial Zinóviev, Kámenev, Bukhárin e Ríkov. O sr. Jones, o fazendeiro decadente e cruel, é o czar Nicolau II, e o sr. Frederick, proprietário de uma fazenda nos arredores que firma uma aliança com Napoleão, é Hitler, evocando assim o Pacto Molotov-Ribbentrop. Sansão, o cavalo leal e trabalhador, supostamente teve como modelo Alexei Stakhanov, o mineiro que Stálin costumava alardear como modelo de trabalhador ideal. Ao contrário de Sansão, Stakhanov não foi vendido ao carniceiro para financiar o gosto de Napoleão/Stálin por boa comida e uísque – morreu de causas naturais em 1977 –, mas a mitologização que Stálin empreendeu de sua figura, dando-lhe a feição de um trabalhador dedicado e feliz, era uma perversão do fato de que a maioria dos trabalhadores braçais soviéticos nas décadas de 1930 e 1940 vivia em condições pouco melhores do que seus análogos anteriores a 1917. Seria possível seguir adiante com a lista, mas fazê-lo equivaleria a transformar um romance em uma versão recreativa de um curso avançado de história moderna.

É inquestionável a precisão do retrato que Orwell faz da Rússia stalinista, ou ao menos pouca gente questionaria isso hoje. Quando *A revolução dos bichos* foi publicado, a maioria dos resenhistas tratou o livro como a história da transformação da Rússia comunista em uma tirania pelas mãos de Stálin, embora os críticos não tivessem certeza de que as minúcias do horror fossem baseadas no que realmente ocorreu. Orwell sabia dos expurgos e dos assassinatos no regime totalitário de Stálin por meio de relatos testemunhais, especialmente de Koestler, mas foi somente a partir de 1968 que um relato não ficcional baseado em pesquisa histórica levou pensadores de esquerda no Ocidente a rever suas ilusões sobre o comunismo em ação.

256

O grande terror,* de Robert Conquest, era efetivamente *A revolução dos bichos* com os nomes alterados de volta para os dos indivíduos reais. Orwell nos contou a horrível verdade muito antes de ela ser aceita, com relutância, pelo *establishment* cultural do mundo livre. Mas é por isso que o livro deveria ser tratado como um clássico, o que ele de fato é? E a obra tem relevância política hoje? Logo depois da publicação de *A revolução dos bichos*, Stálin estava estendendo seu regime para além das fronteiras da Rússia em direção à maioria dos Estados da Europa Central a leste da Alemanha Ocidental, Áustria e Itália; a Guerra Fria (termo cunhado por Orwell) estava prestes a começar. Napoleão, durante a batalha com o sr. Frederick, da fazenda vizinha – uma versão da Segunda Guerra Mundial – cogita brevemente uma noção semelhante de expandir seus domínios. Mas o Bloco Comunista começou a se fragmentar no final da década de 1980, e agora é composto de Estados em vários graus de democracia, semiliberais e entregues à economia de livre mercado. A Rússia não é mais administrada pelo Partido Comunista, mas o demagógico presidente Putin mantém o legado de seus antecessores, tomando providências para assegurar que enfrentá-lo em eleições seja uma perda de tempo. Existem cerca de cinco países no mundo que ainda guardam alguma semelhança com o modelo forjado por Lênin, Stálin e Napoleão. A sobrevivência de Cuba depende do apoio de Putin, que o mantém como um nostálgico lembrete dos dias em que a URSS tinha um aliado bem armado a poucos quilômetros da Flórida. A Venezuela finge ser uma forma de socialismo/comunismo democrático, enquanto a maior parte da população do país vasculha latas de lixo em busca de comida para sobreviver a mais um dia. A Coreia do Norte, graças a um híbrido de maoismo e stalinismo, e o relutante apoio da China, é o mais próximo que temos da visão distópica de Orwell e do regime de Napoleão em sua configuração mais assassina e repressiva. A China ainda é, tecnicamente, um país comunista, em que o Partido é o único órgão político existente, impondo a censura e o monitoramento da liberdade de expressão. No entanto, a China diluiu, com elementos do liberalismo, sua natureza autoritária anterior, principalmente para se tornar um dos mais importantes atores no livre-comércio global. O Vietnã, embora muito menos poderoso em termos

---

* Edição brasileira: *O grande terror – Os expurgos de Stálin* (Tradução de Henrique Benevides. Rio de Janeiro, Expressão e Cultura, 1970). (N. T.)

econômicos, inspirou-se no projeto chinês de forte atuação em mercados globais ancorada em um Estado de partido único.

Vêm à mente as páginas finais do romance de Orwell, em que os humanos, liderados pelo granjeiro Pilkington, e os porcos de Napoleão comemoram sua nova aliança. O sr. Pilkington abre o evento com um discurso, e Orwell resume seus sentimentos.

> Ele finalizaria seus comentários, continuou, enfatizando mais uma vez os sentimentos de amizade, que prevaleciam e deviam prevalecer, entre a Granja dos Bichos e seus vizinhos. Entre os porcos e os humanos não havia, e não era necessário que houvesse, quaisquer conflitos de interesses. As lutas e dificuldades de uns e outros eram uma só.

Inúmeros políticos britânicos atuais ecoaram as palavras de Pilkington. Os defensores do Brexit acreditam que nossos arranjos com a Europa frustraram oportunidades comerciais muito mais lucrativas com outros parceiros, como a China, atualmente a segunda maior economia do mundo e o país de mais rápido crescimento econômico. Boris Johnson, ainda no cargo de ministro das Relações Exteriores, falou com entusiasmo das negociações para um acordo comercial; a planejada visita seria abreviada pela sua renúncia do gabinete, por conta do Acordo de Saída da União Europeia da sra. May. Seu sucessor, Jeremy Hunt, partidário da permanência da Grã-Bretanha na UE e depois convertido ao Brexit, mal assumiu o cargo e já foi confrontado por uma declaração feita por ele on-line dois anos antes:

> Se quisermos que a [Grã-Bretanha] seja um dos países mais bem-sucedidos no mundo nos próximos vinte, trinta, quarenta anos, há uma pergunta bastante difícil a ser respondida [...] Seremos um país disposto a trabalhar duro da mesma maneira que as economias asiáticas estão preparadas para trabalhar duro?

Ele estava se referindo principalmente à China, um pouco constrangido pelas implicações de sua comparação: os trabalhadores britânicos escolhiam não trabalhar com afinco porque, ao contrário de seus colegas chineses, não eram forçados a fazê-lo por um Estado amplamente autoritário. A desajeitada tentativa de Hunt de mostrar que os governos da China e da Grã-Bretanha estavam unidos em uma resolução semelhante é antecipada pelo sr. Pilkington. "Pois o problema do trabalho não era o mesmo em toda parte? [...] 'Se vocês têm que lidar com os seus animais inferiores', ele disse, 'nós temos as nossas classes inferiores'." A conclusão do romance, em que os porcos firmam uma precária aliança com os granjeiros humanos, foi escrita em sua versão final pouco antes do término da guerra na Europa. Ninguém se atreveu a sugerir que os Aliados em breve se voltariam uns contra os outros, e ninguém previu que setenta anos depois as chamadas democracias estariam negociando, humildemente, com os porcos tirânicos. Ninguém, exceto Orwell.

A China transformou o comunismo em um capitalismo controlado pelo Estado, e, a esse respeito, é astuta a observação de Orwell de que os sistemas de Hitler e Stálin tinham muito em comum. Ainda mais reveladora a previsão de Orwell da relação instável entre a China e o Ocidente. Pilkington é um pragmático e um hipócrita. Em âmbito privado, sente apenas desprezo por Napoleão e seus asseclas, mas para o bem de sua própria fazenda, ele, em público, negligenciará essa anomalia moral. Pelo menos Pilkington tinha confiança suficiente para argumentar com Napoleão. Em 2018, quando Theresa May visitou Pequim para conhecer Xi Jinping, foi de pires na mão. Suas sugestões sobre oportunidades de exportação de carne e hortifrútis britânicos foram solapadas de forma pouco sutil pela insistência de Xi de que os produtos agrícolas chineses eram suficientes para atender às demandas do país. A sra. May, no entanto, assegurou a venda dos direitos de distribuição da série televisiva *Poldark*, da BBC. May disse a jornalistas que havia mencionado brevemente a questão da deterioração dos direitos humanos em Hong Kong, mas logo depois o jornal *Global Times*, porta-voz do governo chinês, afirmou que ela estava simplesmente "fazendo pose", reagindo à atitude dos "meios de comunicação ocidentais" de criticar Pequim, e sabia que seus comentários não surtiriam efeito sobre a política chinesa.

Quanto ao final de *A revolução dos bichos*, a humilhação de May pela China empalidece até quase desaparecer se comparada aos recentes episódios de brigas intercontinentais do presidente Trump. As contradições das declarações políticas do presidente norte-americano disseminadas via Twitter desde 2016 são inúmeras, mas ele manteve uma constante postura combativa com relação à China. Trump não tem preocupação alguma com a moralidade do tratamento opressivo, às vezes assassino, que o governo chinês dispensa a seu povo, mas conquistou o cargo prometendo defender empregos norte-americanos contra os baixos preços de produtos chineses. Em 2019, Trump deu início a uma guerra comercial, impondo vultosas tarifas às importações da China, e, em maio, ordenou que as empresas de tecnologia da informação dos EUA interrompessem os negócios e a colaboração com a gigante chinesa de tecnologia Huawei. A Huawei foi acusada de ser um instrumento do governo de Pequim, permitindo aos chineses espionar sistemas de inteligência ocidentais, hackeá-los e, potencialmente, destruí-los. Como Orwell escreveu: "De fato, uma discussão violenta estava em andamento. Havia gritos, socos na mesa, olhares afiados e desconfiados, furiosas negativas. A origem da briga, ao que parecia, fora o fato de Napoleão e o sr. Pilkington terem jogado simultaneamente um ás de espadas". A imagem captura à perfeição o resultado de dois indivíduos, dois governos, competindo entre si enquanto reescreviam as regras do jogo para adequá-las a seus próprios interesses. Nenhum dos atuais líderes ocidentais reconhece que as tentativas de estabelecer acordos comerciais justos, ou mesmo lucrativos, com a China envolvem pactos com um Estado que é liberal/capitalista apenas no nome. Certamente, o sucesso da base industrial e exportadora chinesa baseia-se na capacidade do país de competir com outras economias de livre-comércio. No entanto, ao mesmo tempo, a economia chinesa de livre-empresa é um mito. Todas as organizações econômicas aparentemente independentes prestam contas ao Estado e são, com efeito, controladas pelo Partido. Napoleão, em seu discurso aos humanos, é bastante honesto com relação a isso: "A granja que ele tinha a honra de controlar, acrescentou ele, era um empreendimento cooperativo. As escrituras de que ele estava de posse conferiam a propriedade a todos os porcos conjuntamente". É improvável que Trump, May ou Hunt estejam alheios a essa anomalia (embora, no caso de Trump, isso seja discutível), ainda que pareçam ter se tornado cegos para ela; o resultado é que, nas palavras de Orwell, ouvimos regularmente "um alvoroço de vozes [...] vindas lá da casa da fazenda".

Algo que poderia muito bem ter alertado os políticos britânicos para sua bizarra situação também encontra um lugar nas passagens finais de *A revolução dos bichos*. Napoleão chama a atenção de sua plateia, incluindo os granjeiros humanos, para alguns hábitos da história recente da fazenda que ainda sobreviviam, mas agora parecem ter um significado questionável. "Existira também o costume muito insólito, cuja origem era desconhecida, de marchar, todo domingo, desfilando diante de uma caveira de porco pregada num poste." Em 1946, o embalsamento e exibição do cadáver de Lênin em Moscou já era um fato conhecido por todos no Ocidente. Seu túmulo continua sendo uma atração popular para quem sente um carinho nostálgico pelos velhos tempos ou para quem tem gosto pelo macabro. Até 1961, Lênin estava na companhia de Stálin em seu mausoléu, mas, como resultado do processo de desestalinização durante o final dos anos 1950, o ditador acabou sendo sepultado em outro lugar. Com admirável antevisão, Orwell previu a capacidade do Partido de imediatamente fabricar e desmistificar as relíquias de seu passado. Napoleão ordena que a caveira seja enterrada. O crânio pertencia ao Velho Major, mas a ideologia, em nome da contingência e do lucro, deveria seguir em frente, para alguns. Enquanto nossos ilustres representantes ocidentais tentam fazer negócios em Pequim – na base do livre mercado e do livre-comércio – com a Nova China, centenas de milhares de cidadãos desfilam diante dos restos mumificados de Mao Tsé-tung, preservados em um caixão de cristal a poucos quilômetros de onde as negociações acontecem. O maoismo em sua forma econômica mais pura não é mais a ordem do dia, mas o legado maoista de totalitarismo e controle intransigente do Partido perduram.

Já levantei a questão de por que *A revolução dos bichos* merece o *status* de clássico da literatura. Poucos dos primeiros resenhistas do livro discordaram de seu poder como uma sátira, com laivos de Swift, sobre o estado do comunismo soviético, mas Isaac Rosenfeld, após a publicação nos EUA, perguntou: "De que trata *A revolução dos bichos*?" (*The Nation*, 7 de setembro de 1946). O livro sugere que o marxismo é, por natureza, defeituoso, independentemente de quem tenta implementá-lo e, como consequência, continuará a fracassar na prática? Isso é muito diferente da interpretação do romance feita por Connolly, entre outros, de que alguns talvez pudessem ter tido sucesso onde Stálin não conseguiu.

Já nas páginas iniciais do romance, antes mesmo de o Velho Major concluir seu discurso e Napoleão e Bola-de-Neve assumirem o controle, era evidente que a revolução e sua ideologia estavam fadadas ao fracasso. "Todos os animais são camaradas", declara o Velho Major, e imediatamente depois os cães avistam quatro ratos grandes, encantados com as palavras do Velho Major, e tentam atacá-los. O Velho Major declara que deve haver uma votação para decidir se todas as criaturas, incluindo as selvagens, são "nossos amigos". A maioria concorda que sim, que todos os ratos são camaradas, embora haja quatro dissidentes, "os três cachorros e o gato que, depois se descobriu, votara pelos dois lados".

A analogia de Orwell entre animais e seres humanos é ao mesmo tempo transparente e enganosa. Ele não sugere que nós – especificados por classe ou circunstância – somos geneticamente predeterminados a comportamentos peculiares e previsíveis. Mas esse é o preceito que fundamenta o marxismo. Assim como é impossível fazer com que diferentes espécies de não humanos ajam da mesma maneira – o princípio que, no romance, rege a ideologia do animalismo, também conhecido como marxismo –, é igualmente absurdo tratar uma abrangente tese econômica, filosófica e sociopolítica como um meio de curar os males que assolam a humanidade. Orwell acreditava que a liberdade de escolha era mais do que um direito ou uma aspiração. Era, a seu ver, a característica endêmica e definidora da condição humana, mesmo se instigada por capricho ou ausência de lógica, como no caso dos cães e do gato. Não havia dúvida de que marxismo e animalismo fracassariam porque ambos submetiam a noção de individualidade – ainda que por vezes inconstante, arbitrária ou mesmo caótica – a uma doutrina restritiva. O fato de Napoleão ser inerentemente desagradável, louco pelo poder e nepotista é irrelevante. Ele não destruiu o sonho do animalismo; esse sonho já estava condenado mesmo quando o Velho Major o cultivava como um ideal abstrato.

Orwell publicou o ensaio "Catastrophic Gradualism" [Gradualismo catastrófico] (*Commonwealth Review*, novembro de 1945) logo após *A revolução dos bichos*, e o texto é um dos argumentos mais convincentes de que o comunismo estatal é, por sua própria natureza, autodestrutivo e fadado ao fracasso. Os processos da "economia centralizada" e "propriedade comunal" são admiráveis como pontos de debate político, mas na prática requerem a abolição da resistência e a "pavimentação do caminho para uma nova forma de oligarquia". O comunismo inevitavelmente será o precursor de uma ditadura, porque não se pode esperar que as pessoas, mesmo as oprimidas e miseráveis, se tornem padronizadas em um estado de espírito novo e coletivo; elas precisam ser forçadas a se alinhar. E, quando isso acontece, cria-se o vácuo para o controle máximo. "Na mente de revolucionários ativos, pelo menos aqueles que 'chegaram lá', o anseio por uma sociedade justa sempre se misturou de maneira fatal à intenção de assegurar o poder para si mesmos." E assim acontece com Napoleão e Stálin. As verdades do diagnóstico de Orwell, sua previsão, mostraram-se axiomáticas. Todo regime comunista desde 1917 envolveu a vigorosa eliminação da autonomia do indivíduo pelas mãos de uma ditadura tirânica. Isso não veio à tona por causa de uma "teoria histórica dos homens maus", como definiu Rosenfeld; pelo contrário, os homens maus, de Stálin a Maduro na Venezuela, foram gerados pelo comunismo.

Faz setenta e cinco anos que *A revolução dos bichos* nos apresentou o mal viciante e autodestrutivo que é o comunismo, mas as coisas não parecem ter mudado. A Venezuela é uma espécie de república do Bloco Soviético reprisada como pantomima macabra. É, potencialmente, um dos mais ricos Estados sul-americanos, com recursos petrolíferos comparáveis aos do Oriente Médio, mas, sob o governo de Maduro, os cidadãos fazem fila em todas as fronteiras, buscando refúgio em um país que lhes remunere com uma soma em dinheiro que não perderá todo o valor em questão de segundos, carcomida pela inflação. Os venezuelanos continuarão sofrendo, mas ao menos seus padecimentos serão um pouco atenuados pelo fato de o restante da América Latina ser – relativamente – reformado e democrático. É como uma pessoa louca e suicida cercada por vizinhos e amigos que, de tão exaustos, tornam-se tolerantes.

E, ainda assim, o líder da Oposição de Sua Majestade se recusou a condenar a implementação da censura imposta à imprensa pelo regime de Maduro, bem como a detenção e prisão de dissidentes e a utilização do que é, em rigor, a lei marcial em resposta a protestos de rua. Ele declarou que a causa da crise do país era a interferência externa, principalmente dos EUA, e que cabia aos venezuelanos enfrentar de maneira autônoma seus próprios problemas. A base dessa postura é a duradoura crença, que Orwell se propôs a desmantelar em *A revolução dos bichos*, de que o socialismo/comunismo é um ideal sagrado que fracassou apenas por causa da intromissão por forasteiros como o granjeiro Pilkington e o capitalista-imperialista presidente Trump.

"Sucesso da noite para o dia" costuma ser uma expressão mal-empregada, mas é uma descrição bastante exata do que Orwell alcançou nos anos seguintes à publicação de *A revolução dos bichos*. A Secker & Warburg supôs que uma tiragem inicial de 4.500 exemplares era um tiro no escuro, especialmente porque Orwell não era muito conhecido fora dos círculos da intelectualidade literária de Londres. No entanto, toda a tiragem inicial foi vendida em poucas semanas, e a editora encomendou 10 mil exemplares extras, impressos em outubro, e que também se esgotaram no início de 1946. As cartas de fãs chegavam aos borbotões à editora e seguiam diretamente para o endereço do autor em Islington, e os remetentes variavam de gente de quem Orwell nunca tinha ouvido falar aos leitores mais eminentes, incluindo E. M. Forster e Evelyn Waugh. Orwell admirava Waugh como escritor, mas detestava sua inclinação política e dedicação ao catolicismo romano, e começou a temer que o livro se tornasse uma arma do conservadorismo britânico, não apenas um talismã antissoviético, mas um ponto de convergência para aqueles que tentavam impedir a ação do governo Trabalhista recém-eleito. Em novembro, por exemplo, a duquesa de Atholl convidou Orwell para falar em um comício da Liga Britânica pela Liberdade Europeia, grupo dedicado tanto a preservar o Império quanto a defender a democracia europeia contra a extrema esquerda. Ele recusou o convite com calculada descortesia.

Ao longo dos quatro anos seguintes, as vendas de *A revolução dos bichos* renderiam a Orwell cerca de 12 mil libras, valor que, levando em conta o custo de vida e a inflação, equivale hoje a cerca de meio milhão de libras. Além disso, seu "Caderno de pagamentos" de 1945, detalhando a renda obtida com o jornalismo, mostra que naquele ano ele ganhou "£961.8s 6d" [961 libras, 8 xelins e 6 centavos], cerca de 40 mil libras hoje. Ele não estava extraordinariamente rico, mas jamais teria que se preocupar com as dificuldades que o perseguiam desde o seu retorno da Birmânia.

Orwell divertia os amigos contando a história de como a rainha Elizabeth, mais tarde a rainha-mãe, fora informada sobre o romance por seu consultor literário, *Sir* Osbert Sitwell, e imediatamente enviou um cortesão de libré completo, incluindo a cartola, aos escritórios da Secker & Warburg, apenas para descobrir que todos os exemplares haviam sido despachados para livrarias e distribuidores. O representante real, então, partiu na carruagem e empreendeu uma busca por todos os cantos de Londres, até que finalmente localizou um exemplar na Livraria Liberdade, estabelecimento de inclinação anarquista que ficava na rua Red Lion. Alguns pensavam que Orwell tinha inventado a história, mas a única parte inautêntica do relato envolvia o meio de transporte e o traje de libré. O cortesão, de terno e chapéu-coco, pegou um táxi.

JURA

E m meados de 1945, a vida social de Orwell envolvia almoços e jantares regulares com Koestler, Heppenstall, Empson, Muggeridge e Powell. Porém, tão logo as notícias sobre *A revolução dos bichos* começaram a circular por Londres, sua rede se expandiu, gostasse ele disso ou não. Michael Meyer era um jornalista e tradutor recém-chegado de Oxford e muito bem relacionado; ninguém sabe ao certo como ou por que ele e Orwell vieram a se conhecer. Mas os dois se deram bem, e certa noite Meyer levou o novo amigo para jantar com um ministro recém-nomeado do novo governo Trabalhista. Nem Meyer nem Orwell foram capazes de se lembrar do que o político disse, pois o que mais os impressionou foi a aparente indiferença do ministro à presença deles. Ele falava sem parar, como se os dois não estivessem ali. O almoço seguinte de Orwell na companhia de Meyer foi uma reprise do primeiro: o tradutor o apresentou a Graham Greene, que transformou suas tribulações com o catolicismo e a política em um monólogo dramático, impassível à educada demonstração de irritação por parte de Orwell. Apesar disso, ele e Meyer permaneceram em termos amigáveis, e Orwell se encontraria com Greene novamente em várias ocasiões. No geral, Orwell teve a impressão de que a celebridade literária envolvia associar-se a algum tipo de irmandade tácita, cuja principal qualificação para admissão era a autoestima elevada. Durante um almoço com Muggeridge no restaurante Little Akropolis, Orwell viu Kingsley Martin pendurando o casaco. Depois da Espanha, Martin rejeitara a resenha escrita por Orwell sobre o livro de Borkenau para a *New Statesman and Nation*, sob o argumento de que os dois homens eram quintas-colunas trotskistas, mas agora ele parecia estar atravessando o salão do restaurante para cumprimentar a estrela literária. Orwell fez questão de pedir a Muggeridge para trocar de lugar com ele, efetivamente virando as costas para Martin – que se aproximava da mesa –, em um silencioso gesto de desprezo.

Orwell levou George Woodcock para um almoço comemorativo num restaurante chique em Fitzrovia que estava muito na moda entre os literatos: *A revolução dos bichos* havia sido selecionado para o Clube do Livro do Mês. Fazia calor em agosto, e depois de chamar o garçom, Orwell foi educadamente informado de que os clientes deveriam usar paletó e gravata. Ele lhe agradeceu, conduziu Woodcock para um bistrô chinfrim do outro lado da rua e se sentou, feliz da vida, em mangas de camisa e suspensórios.

Quando, no outono de 1945, Orwell foi substituído por Tosco Fyvel na função de editor literário da *Tribune*, deixou de ter qualquer vínculo profissional regular com Londres. Ao longo da década de 1940, continuaria contribuindo com artigos e resenhas para a *Tribune* e outros jornais e revistas, mas esses textos podiam ser preparados e despachados à distância. Desde 1944, Orwell vinha conversando com David Astor sobre as propriedades da família Astor nas Hébridas Interiores da Escócia, e David presumiu que o amigo desejasse encontrar uma casa de férias, um lugar para onde pudesse escapar do sudeste da Inglaterra por algumas semanas quando o tempo estivesse bom. Somente depois da morte de Eileen é que Astor percebeu que Orwell queria tornar-se um morador semipermanente daquela que era a região mais remota da Grã-Bretanha. Barnhill não pertencia à família Astor, mas foi David quem a encontrou para Orwell. Era uma casa espaçosa perto do mar na ilha de Jura, propriedade de Robin Fletcher, um veterano do Eton que Astor conhecia. A casa estava vazia e em mau estado, mas tinha quatro quartos, uma cozinha de bom tamanho, sala de estar e sala de jantar no piso térreo, além de um grande jardim.

Em maio de 1946, a irmã mais velha de Orwell, Marjorie Dakin, morreu de doença renal, e, depois de participar do funeral em Nottingham, ele embarcou no trem para a Escócia. Em Edimburgo, hospedou-se na casa dos Kopp, seus amigos da Espanha, e comprou de Georges uma pequena perua que dirigiu para o oeste, antes de fazer a travessia de balsa até Jura e Barnhill. Ao longo dos dois meses seguintes, ele reformou e redecorou a casa, na qual instalou alguns móveis confortáveis. Satisfeito com o estado da residência, partiu para o sul, reuniu Susan, a filha dela e Richard e voltou com eles para sua nova casa.

270

Alguns trataram a decisão de Orwell de ir para Jura como um gesto quase suicida, tendo em vista que ele era regularmente acometido de aflitivos problemas pulmonares, mas por trás disso havia muita sensatez e sabedoria. A costa oeste da Escócia não chega a ser um Mediterrâneo, mas é favorecida por temperaturas moderadas da corrente do Golfo. Mesmo no auge do inverno, a ilha quase nunca sofria geadas severas, e, em comparação com Londres, onde em alguns anos milhares de pessoas morreriam em decorrência da poluição urbana, o ar era gloriosamente puro.

A perua que Orwell comprou de Kopp só o levava até cerca de três quilômetros da casa. Depois disso a viela era salpicada de buracos e intransitável para veículos motorizados de quatro rodas. Para desviar dos atoleiros e crateras, Orwell recorreu a um antigo meio de transporte favorito e comprou uma motocicleta, que quebrava com frequência. Os mantimentos e a correspondência podiam ser entregues na casa dos Fletcher, Ardlussa, a cerca de dez quilômetros de distância, e Orwell usava a moto, quando ela funcionava, para buscar suas coisas. A viagem de trem desde Londres, via Glasgow, até a balsa de Jura demorava quarenta e oito horas, seguidas por várias formas pouco confiáveis de transporte até o início do caminho impraticável. Depois disso, os convidados tinham que continuar a pé. Na primeira vez que chegaram à estradinha, Orwell carregara no colo o filho Richard, então com menos de dois anos de idade, seguido por Susan e a filha dela. Meyer, Heppenstall e Julian Symons receberam convites para visitar Jura ao longo de 1946, mas apesar de dedicarem a Orwell uma amizade sincera, consideraram a perspectiva um exercício de masoquismo e, com toda polidez, alegaram outros compromissos. No fim do ano, Orwell, Susan e as crianças receberam o namorado de Susan, David Holbrook, que se formara em Cambridge e tinha servido como oficial do Corpo de Tanques durante a guerra. Ele trouxe consigo comida e um motor de popa para o barco a remo de Orwell, e, a julgar pelo relato de Susan, Holbrook tinha a expectativa de ser acolhido como um potencial membro daquela família não oficial. Avril também havia chegado, e, anos mais tarde, Holbrook tinha a lembrança de ter sido recebido com um "distanciamento glacial" por parte de Orwell e sua irmã. O último membro do grupo era Paul Potts, que desocupou o quarto para dar lugar a Holbrook. Apesar da tentativa de Susan de estimular a conversa, nem Orwell nem Avril mostraram qualquer interesse pela história de Holbrook, pelo diploma ou pela atuação dele na guerra, muito menos pela viagem de trem e a travessia até a ilha. Holbrook era inteligente e afável; admirava Orwell e esperava pelo menos trocar algumas breves palavras com ele sobre a situação da Inglaterra no pós-guerra. Em vez disso, foi tratado como um intruso, uma presença indesejada. A inexplicável aversão de Avril por Susan talvez tenha contribuído para isso, mas cada vez mais a impressão era a de que Jura havia trazido à superfície os elementos do temperamento de Orwell que as convenções de sociabilidade em Londres o levavam a esconder. Na lembrança de Margaret Fletcher, esposa do senhorio de Orwell, ele era "um homem triste e solitário" que, quando recebia uma oferta de ajuda, "dizia que ficaria bem e preferia dar um jeito sozinho". "Dar um jeito" envolvia uma versão brutal da vida em Wallington. Orwell caçava coelhos e pássaros, gansos quando podia e gaivotas se necessário, além de pescar. O solo era rochoso, mas ele conseguiu cultivar alguns legumes e hortaliças. Holbrook recordou uma noite particularmente horrível, quando Orwell retirou os restos da munição de chumbo de um pato e o estripou antes de sua irmã assá-lo, até deixar a carne enegrecida, em um fogão fumacento. Ninguém se atreveu a comentar o sofrimento que a família impunha a si mesma. Em setembro, Susan partiu com a filha e Holbrook para Londres, e informou a Orwell que não trabalharia mais para ele. O comportamento de Orwell com Holbrook havia mostrado a ela um lado diferente do escritor, mas, apesar disso, Susan lhe desejou tudo de bom, e eles se despediram em termos amigáveis.

Como todo mundo, Paul Potts parecia estar ficando ligeiramente transtornado por conta do aspecto sobrenatural da vida em Jura. No Soho, ele era tolerado como uma versão britânica, excêntrica e irascível de Walt Whitman, determinado a viver de maneira diferente e a registrar em verso suas observações igualmente singulares. Em Jura, essas inclinações se exacerbaram. Ele começou a se incumbir de tarefas de jardinagem, podando árvores que eram vitais para proteger os legumes e verduras do vento, e, durante as noites, trabalhava em um bizarro relato épico da existência contemporânea. Nunca saberemos em que consistia essa epopeia, porque Susan, desesperada para se aquecer na sala principal, involuntariamente usou o manuscrito de Potts para acender a lareira. Ele foi embora na manhã seguinte. No centro dessa estranha comunidade, estava Orwell. Ele vinha trabalhando havia doze meses em um novo romance, que demoraria quatro anos até ser concluído, muito mais tempo que suas obras de ficção anteriores. Ele se tornara, embora não de forma deliberada, uma versão de Winston Smith, o lamentável e nem um pouco amável anti-herói de *1984*. Smith é forçado a entrar em um estado de autoaversão alienada. Seu criador, por razões que podemos apenas especular, impõe a si mesmo essa condição.

Orwell retornou a Londres no Natal de 1946, reativou a coluna "As I Please", almoçou com Graham Greene novamente e se reuniu com figuras da Secker & Warburg para discutir a necessidade de traduções de *A revolução dos bichos*. Havia forte demanda pelo livro em todas as principais línguas europeias, e nações da África e da Ásia iniciaram negociações para adquirir os direitos de tradução. Fredric Warburg ficou tão impressionado com as vendas que queria lançar reimpressões das obras anteriores de Orwell e comprar os direitos autorais dos romances pré-guerra, planejando uma edição das "Obras completas" que incluiria a ficção e a não ficção. O projeto foi deixado de lado, em parte, porque Gollancz viu a mesma oportunidade de lucro e relutou em vender os direitos pelo valor que Martin Secker estipulou. O principal problema, porém, era o próprio Orwell, que se recusava a permitir reedições de *A filha do reverendo*, *A flor da Inglaterra* e *The Lion and the Unicorn*. Sua aversão a uma nova edição deste último é curiosa, uma vez que fora a base para suas opiniões sobre a Grã-Bretanha e a Inglaterra, que permearam seu jornalismo pós-1941. Descartar os romances era ainda mais impensável. Orwell estava ciente das deficiências dessas obras, mas ao mesmo tempo se orgulhava de ter derramado tanto "suor e sangue" para assegurar um lugar no *establishment* literário. Orwell parecia determinado a reescrever seu legado, começando a aceitar o fato de que *A revolução dos bichos* e o romance em que ele estava trabalhando no momento poderiam ser seus últimos, e não queria que fossem obscurecidos por projetos tão diferentes.

Um ano depois, Orwell disse a amigos que o inverno em Londres havia agravado significativamente seus problemas de saúde. O inverno de 1946–47 foi um dos mais frios em vinte anos. Tosco Fyvel lembra-se de um jantar com Orwell no apartamento de um colega da *Tribune* em Bayswater. O nevoeiro, efetivamente uma congelante mistura de neblina e fumaça, e a nevasca eram tão severos que os Fyvel acharam melhor abandonar o carro e, quando a nevasca se intensificou, aceitaram de bom grado o convite dos anfitriões para passar a noite. Orwell saíra a pé de seu apartamento em Islington e conseguiu ir embora caminhando, e mais tarde Fyvel se lembrou da "figura sombria e de rosto triste" dando-lhes boa-noite e desaparecendo escuridão adentro.

O clima era tão terrível que as pessoas relutavam em sair de casa para qualquer coisa que não fossem tarefas essenciais, mas, pouco antes do

Ano-Novo e sem motivo óbvio, Orwell decidiu voltar a Jura. Durante a travessia da balsa, o tempo melhorou; durante uma hora, o sol brilhou e parecia primavera, mas quando Orwell chegou a Barnhill, a ilha foi fustigada por ventos com força de vendaval, granizo e chuva. Ele tentou desesperadamente plantar árvores frutíferas e desenhou alguns diagramas do jardim que esperava restaurar na primavera; os repolhos e os legumes que tinha a esperança de ainda estarem lá desde o outono haviam sido comidos por coelhos. Suas anotações no *Diário* terminaram em 5 de janeiro de 1947, então não há registro de por que decidiu voltar novamente para Londres, mas alguém poderia supor, com razoável grau de sensatez, que Orwell aceitara o fato de que tentar sobreviver sozinho em Jura pelo restante do inverno beirava a insanidade.

Logo depois de Orwell retornar a Islington em 9 de janeiro, o Third Programme da BBC iniciou a adaptação radiofônica de *A revolução dos bichos*. A cobertura da imprensa foi entusiástica, as cartas de fãs começaram a chegar mais uma vez, quase sempre endereçadas à Broadcasting House [*sede e endereço oficial da BBC em Londres*], e as vendas do livro aumentaram. O clima horrível continuou fevereiro adentro, acompanhado por cortes de energia. A falta de suprimentos regulares para as usinas geradoras de eletricidade refletia uma escassez mais ampla de carvão, e, em busca de alternativas, os londrinos vasculhavam escombros de edifícios bombardeados para recolher pedaços de madeira, pelo menos o mínimo suficiente para descongelar uma sala. As privações da guerra já tinham sido bastante ruins, mas na Londres dos tempos de paz a situação parecia pior. Orwell passava o tempo todo absorvendo pequenos detalhes que entrariam na paisagem urbana de *1984*, uma cidade aparentemente incapaz de se recuperar de um conflito global. Ele arrastou para o andar de cima do apartamento uma danificada armação de cama feita de carvalho, encontrada nas ruínas de um prédio que fora atingido por uma bomba V-1 poucos metros rua abaixo. Ela durou apenas alguns dias e, em meados de fevereiro, Orwell estava queimando brinquedos de madeira que havia construído para Richard.

Orwell partiu para a Escócia em 10 de abril, e no início do verão encerrou o contrato de aluguel do apartamento de Islington. Ele planejava tratar Barnhill como sua residência permanente, hospedando-se com Avril nas esparsas visitas que fizesse a Londres. Naquele momento, o comentarista político James Burnham previra outra guerra, entre as democracias ocidentais e a União Soviética, e Orwell, no artigo "You and the Atom Bomb"

274

[Você e a bomba atômica] (*Tribune*, 19 de outubro de 1945), analisou em profundidade a perspectiva de um conflito nuclear. Na época, os soviéticos não tinham armas atômicas, mas Orwell acreditava que em breve fossem adquirir conhecimento e tecnologia para construir esses armamentos. Há um trecho do artigo que oferece uma explicação extraordinariamente precisa de como essas bases de poder global se desenvolveriam nas décadas seguintes:

> É cada vez mais óbvio que a superfície da Terra está sendo fatiada em três grandes impérios, cada qual independente e apartado do contato com o mundo exterior, e cada um deles governado, sob um disfarce ou outro, por uma oligarquia autoeleita. O bate-boca acerca de onde as fronteiras devem ser traçadas ainda está acontecendo, e continuará por alguns anos, e o terceiro dos três superestados – a Ásia Oriental, dominada pela China – ainda é mais potencial do que realidade.

No início dos anos 1960, o Bloco Comunista estava dividido entre a União Soviética, e seus aliados arregimentados à força, e a crescente influência da China de Mao. O "fatiamento" triangulado de tensões envolveria também nações agregadas como compatriotas dos Estados Unidos, algumas com menos entusiasmo do que outras. Em termos militares, essa bagunçada aliança se tornaria a Organização do Tratado do Atlântico Norte (OTAN) em 1949. Em *1984*, o ensaio seria ficcionalizado, e os três blocos de poder se tornariam Oceânia, Eurásia e Lestásia.

Em 1947, Orwell estava convencido de que uma guerra global envolvendo armas nucleares era quase inevitável. Um membro de seu antigo pelotão da Guarda Interna, que ele encontrara em Londres pouco antes de viajar para o norte, lembrou-se de Orwell dizendo que Richard estaria "mais a salvo" do vindouro apocalipse refugiado no remoto arquipélago das Hébridas Interiores.

De volta a Jura, durante as primeiras oito semanas Orwell pareceu devotar tanto empenho a transformar Barnhill em um pequeno sítio quanto devotava à escrita. Ele construiu um galinheiro, plantou bulbos e cultivou legumes e hortaliças no que antes tinha sido um gramado pedregoso. Mesmo com tudo isso, no fim de maio escreveu a Warburg com a notícia de que havia completado mais ou menos um terço do primeiro rascunho do romance.

A casa era bastante espaçosa, e no final do verão estava transbordando de familiares e amigos, incluindo Richard Rees. Impressionado com o projeto de autossuficiência da chácara de Orwell, ele investiu dinheiro em equipamentos, de modo a possibilitar o cultivo adequado do terreno circundante, também incluído no contrato de arrendamento. Gwen O'Shaughnessy chegou com os filhos, e o recém-viúvo Humphrey Dakin permitiu que suas filhas adolescentes, Lucy e Jane, viajassem para o norte. Logo ganhariam a companhia de seu irmão mais velho, Henry, que estava de licença do Exército após ter sido alçado à patente de tenente pouco tempo antes.

Orwell propôs uma viagem de barco ao promontório, onde havia praias brancas cintilantes e cavernas com peixes em quantidade suficiente para comerem bem por vários dias. As perspectivas de tempo bom eram promissoras, e eles poderiam acampar. Avril e Jane decidiram ir a pé, enquanto Orwell, Henry, Lucy e Richard, ou Ricky, como era agora conhecido, pegaram o barco. Montaram barracas, e alguns dormiram numa choupana de pastor abandonada. Dois dias depois, carregaram o barco para a viagem de volta.

O estreito de Corryvreckan é uma série de redemoinhos de água que parecem ter vida própria; o mais mortífero é o que dá nome ao estreito. Na jornada de ida, contornando por fora, eles mal os notaram, mas na volta foram arremessados de uma voragem para a outra e, por fim, o próprio sorvedouro do Corryvreckan os arrastou; o barco girou 360 graus, foi lançado a mais de três metros de altura e teve o motor de popa arrancado. Não fosse pela força juvenil de Henry no manejo dos remos, provavelmente todos teriam morrido afogados. Chegaram a uma praia rochosa e, à guisa de bandeira, agitaram uma camisa amarrada numa vara de pescar. Foram avistados por pescadores de lagosta, que os resgataram em seu próprio barco. Muito tempo depois, Henry lembrou que Orwell

> parecia manter sua expressão normal de "tio Eric" […] Estávamos lá [em terra firme] havia menos de três minutos quando ele disse que iria andar para procurar comida. Uma coisa um tanto ridícula, ocorreu-me depois, porque havíamos tomado café da manhã apenas duas horas antes […] Quando voltou, a primeira coisa que ele disse foi: "Papagaios-do-mar são pássaros curiosos, eles vivem dentro de tocas. Eu vi alguns filhotes de gaivota, mas não tenho coragem de matá-los". "Achei que era o nosso fim", ele concluiu. Ele até parecia estar gostando daquilo.

Todos eles, dentro ou fora de um barco, continuaram a desfrutar da companhia do excêntrico tio, que lhes colocava em situações arriscadas. Rees permaneceu, mas em setembro os demais convidados voltaram para a Inglaterra, e Orwell se comprometeu a concluir uma primeira versão de *1984* antes do fim do ano. No início de novembro, estava a algumas centenas de palavras de uma conclusão preliminar, mas, conforme informara a Moore em uma carta no final de outubro, agora estava confinado à cama, acometido de "inflamação dos pulmões", um autodiagnóstico otimista, já que não se consultava com um médico havia mais de um ano. No início de dezembro, um pneumologista de Glasgow foi convencido a fazer a travessia de balsa até a casa dos Fletcher, Ardlussa, onde confirmou que Orwell estava padecendo de tuberculose, com complicações. O médico ficou tão preocupado que insistiu para que, na melhor das hipóteses, Orwell permanecesse com os Fletcher e, se possível, fosse para um hospital de Glasgow. Orwell se recusou, e Rees, relutantemente, o levou de carro de volta para Barnhill. Quinze dias mais tarde, Orwell admitiu que sua condição de saúde, que já era grave, se deteriorara ainda mais, e concordou em ser transferido para o Hospital Hairmyres, nos arredores de Glasgow, onde o especialista que o examinou, Bruce Dick, diagnosticou sua tuberculose como "crônica". O único tratamento, ele anunciou, era perfurar o pulmão mais afetado, deixá-lo colapsar e voltar a inflá-lo com oxigênio. O pulmão "descansaria" por um período que permitiria a cicatrização das lesões, ou assim se esperava. De início o tratamento foi razoavelmente bem-sucedido, mas não trouxe uma cura a longo prazo. Havia notícias sobre um fármaco desenvolvido nos EUA chamado estreptomicina, que poderia erradicar as causas em vez de apenas suspender os sintomas devastadores. Dick estava otimista com o medicamento, esperando que fizesse jus à sua reputação, mas havia problemas: a estreptomicina não havia sido licenciada no Reino Unido e era extremamente cara. A Lei do Serviço Nacional de Saúde de 1946 só entraria em vigor em 1948, e levaria anos até que a vasta instituição estivesse totalmente organizada. No entanto, Orwell encontrou aliados entre aqueles que apoiavam o estabelecimento desse "fornecimento de serviços gratuitos enquanto o paciente estivesse internado". Ele telegrafou e escreveu para David Astor, que em seguida disse a Dick que dinheiro não era problema. Astor fez um relato sobre o estado de saúde e possível cura de Orwell a seu antigo editor na *Tribune*, Aneurin Bevan, naquele momento secretário de Estado para Saúde no governo Trabalhista. Em meados de fevereiro de 1948, aproximadamente quinze dias depois de Astor ter entrado em contato com Bevan, a primeira remessa de 70 mg do fármaco estava atravessando o Atlântico. Mas Dick tinha reservas, especialmente porque não havia métodos comprovados de como administrar com segurança a estreptomicina. Orwell e seus amigos insistiram que ele deveria improvisar, e efeitos colaterais terríveis se seguiram, principalmente uma garganta seca e inflamada que tornava doloroso beber ou engolir – praticamente impossibilitando Orwell de falar –, além de uma irritação cutânea que combinava descamação com uma persistente coceira. Contudo, o pulmão mais afetado de Orwell melhorou; em abril, ele já estava respirando com facilidade e havia ganhado quase um quilo e meio de peso, apesar das contínuas reações, que agora incluíam erupções cutâneas, ulcerações e perda de cabelo. Em 29 de julho de 1948, Orwell foi autorizado a retornar a Barnhill, onde novamente ganhou a companhia de uma legião de amigos e familiares, incluindo Richard.

No *Diário* de Orwell há uma passagem impressionante, registrada quando estavam em ação os piores efeitos do tratamento à base de estreptomicina:

> [...] você tem a impressão de que seu cérebro está perfeitamente normal. Os pensamentos estão ativos como sempre, você se interessa pelas mesmas coisas, parece capaz de conversar normalmente e consegue ler qualquer coisa que leria em qualquer outro momento. É somente quando você tenta escrever, mesmo que seja escrever o mais simples e estúpido artigo de jornal, que percebe a deterioração que aconteceu dentro de seu crânio [...] Sua mente se afasta para qualquer assunto concebível que não seja aquele com o qual você está tentando lidar [...] (30 de março de 1948).

Leia *1984* e você descobrirá que essa é a descrição concisa das provações e terrores que assolam Winston Smith, especialmente nas partes finais do romance, em que nada, especialmente O'Brien, é o que parecia ser à primeira vista. Quando Orwell começou a reescrever o primeiro rascunho no final do verão, seu período de tormentos pessoais viria a se tornar um elemento fundamental do livro. Ele jamais tratou Bruce Dick de outra forma que não fosse com respeito e gratidão, mas nesses meses deve ter lhe ocorrido que o homem que estava tentando desesperadamente salvar sua vida era também, de forma oblíqua, um torturador. Tudo isso estava emoldurado pela descoberta sombriamente cômica de que Dick havia lutado a serviço das forças falangistas durante a Guerra Civil Espanhola. Talvez o horrível espetáculo de O'Brien não ser quem alegava ser tenha surgido a partir disso.

Em dezembro, Warburg havia providenciado uma datilógrafa para bater à máquina a revisão com anotações manuscritas do rascunho final, que logo depois Orwell despachou para Londres. No mesmo período, sua condição de saúde se deteriorou mais uma vez, e nos primeiros dias de 1949, acompanhado de Rees, Orwell partiu de trem para o Sanatório Cranham em Cotswolds. Dessa vez, os médicos lhe administraram ácido para-amino-salicílico, que, tal qual a estreptomicina, era um tratamento revolucionário. Os efeitos colaterais foram igualmente agudos, e Orwell apresentou apenas uma ligeira melhora. O escritor continuava otimista, mas nunca mais vivenciaria o mundo além das paredes e janelas de instituições hospitalares.

Os consultores de Warburg ficaram arrasados e horrorizados com o manuscrito. O próprio Warburg declarou que aquele estava "entre os livros mais aterrorizantes que já li", e concluiu seu parecer editorial com: "É um ótimo livro, mas rezo para ser poupado de ler outro como este nos anos por vir". Outros consideraram a obra deprimente e assustadora para além de qualquer comparação, mas um sócio de Warburg, David Farrer, previu que ela venderia mais do que qualquer coisa que eles tinham publicado anteriormente, insistindo que deveriam lançar pelo menos 15 mil exemplares ou "mereciam levar um tiro". No fim das contas, rodaram 25 mil exemplares de *1984*, e menos de um ano após a publicação do livro, 50 mil cópias tinham sido vendidas na Grã-Bretanha. Durante o mesmo período, 170 mil unidades da edição da Harcourt Brace haviam sido compradas nos EUA.

1984

984 é a obra literária mais importante dos últimos cem anos pela simples razão de que nenhuma outra causou tanto debate e controvérsia. O livro foi proibido na União Soviética imediatamente após a publicação, e, nas décadas de 1950 e 1960, exemplares contrabandeados para o outro lado da Cortina de Ferro levaram os leitores a supor que "George Orwell" era o pseudônimo de algum dissidente soviético, desaparecido na clandestinidade ou desertor. Ninguém mais, eles pensaram, poderia ter concebido um modelo tão exato do regime soviético.

Os resenhistas críticos no Ocidente, em especial nos Estados Unidos, chegaram a uma conclusão semelhante; tratava-se da abjuração de um ex- -esquerdista que passara a considerar o comunismo soviético no mínimo tão ruim quanto o nazismo. Orwell discordou:

> Alguns resenhistas de *1984* sugeriram que o autor é da opinião de que isto, ou algo semelhante a isto, é o que acontecerá nos próximos quarenta anos no mundo ocidental. Não está correto. Eu acho que [...] algo como *1984 poderia* acontecer. É a direção para onde o mundo está indo atualmente, e a tendência tem profundas raízes nos alicerces políticos, sociais e econômicos da situação mundial contemporânea.

> (Declaração feita a Warburg para um possível comunicado à imprensa, mas inédito até depois da morte de Orwell.)

Orwell deu mais detalhes em uma carta a Francis A. Hanson, líder sindical norte-americano que desejava recomendar *1984* aos trabalhadores de seu sindicato, mas não se sentia à vontade pelo fato de o livro ter recebido uma enxurrada de rasgados elogios na imprensa conservadora. Orwell começa afirmando que o livro "NÃO é [...] um ataque ao socialismo ou ao Partido Trabalhista britânico (de quem sou um defensor)", como alegaram diversos resenhistas e jornalistas norte-americanos. "Eu não acredito que esse tipo de sociedade que descrevo *chegará* necessariamente, mas acredito (admitindo-se, é claro, o fato de que o livro é uma sátira) que algo parecido *poderia* chegar." Orwell afirma que uma versão dessa visão política distópica fora criada pelos nazistas, enquanto outra estava bem estabelecida em áreas controladas pelos antigos aliados da Grã-Bretanha, a União Soviética, mas que ele também estava fazendo uma pergunta sobre a democracia liberal. A democracia havia derrotado o fascismo e agora estava se fortalecendo contra a ameaça representada pelo Bloco Soviético, mas haveria uma falha endêmica que a corroeria por dentro e potencialmente a transformaria em algo semelhante ao mundo que destrói Winston Smith? O romance era, nesse sentido, o somatório de questões que Orwell enfrentara nos vinte anos anteriores.

Durante a pesquisa de *O caminho para Wigan Pier*, Orwell tinha visto de perto como as falsas promessas de Mosley haviam triunfado sobre a razão e a credulidade durante seus comícios, em um norte da Inglaterra assolado pela pobreza. Os "proletas" de *1984* são alheios à natureza do mundo em que existem, satisfeitos com um suprimento suficiente de bebida e pornografia e a oportunidade de procriar. A contragosto, Orwell havia detectado algo semelhante a essa mistura de apatia e hedonismo barato em suas incursões pelas áreas mais carentes de Lancashire e Yorkshire. Os habitantes dessas regiões levavam uma vida melhor que a dos "proletas", mas estavam igualmente preocupados com o consumismo irresponsável, que envolvia luxos baratos como peixe frito com batatas fritas, meias de seda artificial, salmão em conserva, chocolate, chá forte, o cinema, o rádio, cerveja e apostas esportivas. Ao contrário dos "proletas", esses ingleses tinham direito a voto, o que faz Winston questionar se, caso empoderados, os "proletas" seriam capazes de alterar o *status quo*. Orwell permaneceu dedicado à democracia liberal e ao Partido Trabalhista, mas talvez tenha antevisto também que as classes mais baixas eram o motor para o populismo, essencialmente de direita, em que o pensamento crítico e a noção de comunidade seriam sobrepujados por uma mistura de instinto e individualismo. Os artigos e panfletos que Orwell publicou durante e logo depois da guerra são permeados por temas que ressurgiriam no romance. Seus textos sobre a perspectiva de uma Europa unificada apresentam as classes trabalhadoras britânicas como as mais propensas a dificultar o projeto: introspectivas, inatamente xenófobas e hostis a ideias e estilos de vida estrangeiros. Essa era claramente a inspiração para os "proletas", criaturas arraigadas a uma noção praticamente esquecida do passado, do qual sobrevive apenas um vago conceito de inglesismo. Vejamos o trecho seguinte:

> [...] jornais de péssima qualidade contendo praticamente só esportes, crimes e astrologia, romancetes baratos e sensacionalistas, filmes transbordando de cenas de sexo, e [...] canções compostas inteiramente por meios mecânicos [...].

É uma descrição concisa do material, incluindo os livros, do Departamento de Ficção onde Julia trabalha, produzido para o consumo dos "proletas" como artigos de evidente baixa cultura, com o intuito de distraí-los e evitar que pensem. O'Brien explica a Winston que os "proletas" jamais se rebelarão, por causa de sua esmagadora preocupação com lixo. "Os proletários nunca se revoltarão, nem mesmo daqui a mil anos [...]", porque um desejo coletivo pela mudança de *status* envolve a "acumulação secreta de conhecimentos – uma gradual expansão do esclarecimento." Isso será asfixiado pela estupidez recreacional massificada. Em *1984*, a ficção sensacionalista é escrita por uma máquina, e, embora ainda não tenhamos substituído romancistas populares por computadores, o Departamento de Julia antecipa a natureza esquemática de *best-sellers* como *Cinquenta tons de cinza*. O nome de E. L. James pode até estar na capa, mas a produção repetitiva em massa é sua razão de ser, tornando a autora redundante enquanto uma presença criativa inteligente. O lixo produzido por máquinas, sob a supervisão de Julia, parece ter se tornado uma realidade.

No ensaio "Bons livros ruins" (*Tribune*, 2 de novembro de 1945),[*] Orwell anteviu isso. Ele trata os escritores de ficção popular como o equivalente a comerciantes literários, artífices habilidosos, mas certamente não artistas. Chega a ponto de sugerir que inteligência e popularidade são mutuamente exclusivas. Nesse tipo de obra,

---

[*] "Good Bad Books"; no Brasil, incluído na edição de *Dentro da baleia e outros ensaios*. (N. T.)

o autor foi capaz de se identificar com os personagens por ele imaginados, sentir o que eles sentem e pedir [ao leitor] compreensão e compaixão em nome deles, com uma espécie de abandono que pessoas mais inteligentes teriam dificuldade de alcançar. Eles salientam o fato de que o refinamento intelectual pode ser uma desvantagem para um contador de histórias [...].

De maneira reveladora, Orwell acrescenta que um autor desse tipo "capta apenas em parte a patética vulgaridade das pessoas sobre as quais está escrevendo, e por isso não as despreza", indicando que um vínculo semelhante, de estúpida empatia, liga o autor a seu público-alvo. No panfleto *The English People* (1947) nos deparamos com um relato da cultura trivial da Inglaterra que poderia ter sido um rascunho inicial para a função do departamento onde Julia trabalha: "A Inglaterra tolera jornais [...] de uma estupidez sem precedentes, que por sua vez [produzem] mais estupefação no público, cegando seus olhos para os problemas de vital importância". Orwell admite que a estupefação estava no auge durante os anos do entreguerras, e que a guerra havia concentrado as atenções em "problemas de vital importância", mas que em 1947 o público em geral havia recuperado sua condição de apatia. Ele chega a arriscar a hipótese de que "a sobrevivência da liberdade de expressão na Inglaterra é parcialmente o resultado da estupidez". Como uma nação insular, "a geografia nos protege do desastre de grandes proporções", o que encoraja "os estreitos interesses do homem comum, o baixíssimo nível da educação inglesa, o desdém pelos 'intelectuais'". Ele poderia estar escrevendo sobre a demografia atual e sobre a mentalidade anglocêntrica e xenofóbica que, na opinião de alguns, levou ao Brexit. Se aceitarmos o consenso sussurrado na mídia e na intelectualidade de esquerda, então os favoráveis à saída da Grã-Bretanha da União Europeia decidiram se separar da Europa segundo a mesma razão pela qual os "proletas" de Orwell recusavam-se a se revoltar. A insularidade do tipo que ignora a realidade dos fatos era preferível a qualquer outro tipo de desafio. Costuma-se tratar *1984* como um ataque ao totalitarismo soviético, e de fato é – até certo ponto. Quanto mais de perto examinamos os paralelos entre o romance e a produção jornalística de Orwell, mais temos de nos perguntar se ele não estava prevendo um país, o seu próprio, que dera errado sem a ajuda de Stálin. Tendo observado os proletários reais, ele nos avisou de antemão sobre seus sucessores do século XXI, muito tempo antes de inventar seus equivalentes escravizados de *1984*.

Na Catalunha, Orwell testemunhara algo completamente diferente, uma disposição de todos, do lavrador analfabeto ao hábil artesão, para derrubar a ortodoxia e lutar contra aqueles que desejavam restaurá--la. Encontrou também uma versão real do Partido. Em poucos meses, as facções soviéticas da coalizão Republicana submeteram seus compatriotas anti-Franco na Catalunha, principalmente o POUM e os anarquistas, a um regime de encarceramento, julgamentos-show e execuções sumárias. Orwell e Eileen escaparam por pouco, e o senso de uma revolução transformada em totalitarismo deve ter permanecido na mente dele quando criou a cena de Smith descobrindo que O'Brien pertence ao Partido Interno, e que Charrington é membro da Polícia do Pensamento. Ao longo do romance, o holofote satírico se desloca de forma desalentadora entre os horrores dos regimes no exterior, em especial o de Stálin, a acontecimentos igualmente repugnantes que ocorrem em seu próprio país.

Certo dia, Winston se vê obrigado a aturar a terrível companhia de um casal de vizinhos, os Parsons, e seus terríveis filhos. Eles são do Partido Externo, mas apenas ligeiramente superiores aos "proletas". As crianças são pavorosamente barulhentas e exigentes, versões viscerais dos pais. "Eles fazem a maior algazarra", diz a sra. Parsons. "Estão decepcionados porque não puderam ver o enforcamento, é isso." "'A gente quer ver o enforcamento! A gente quer ver o enforcamento!', entoou a garotinha, ainda cabriolando ao redor de Winston." Resta evidente, a partir de artigos de Orwell para a *Tribune* sobre o apetite generalizado por fotografias de criminosos de guerra executados no final da Segunda Guerra Mundial, que ele suspeita que os enforcamentos públicos, se fossem disponibilizados para a população em geral, poderiam muito bem tornar-se um esporte com plateia que rivalizaria com o futebol em termos de popularidade.

Na coluna "As I Please" (28 de abril de 1944), Orwell descreve uma noite em 1940, quando, durante um ataque aéreo, ele se abrigara no Café Royal e encontrara um jovem "amolando os outros com um exemplar do *Peace News*", o jornal pacifista. Tratava-se de um artista e pacifista, e parecia despreocupado com relação à perspectiva de os nazistas invadirem e ocuparem a Grã-Bretanha. "Vocês não acham que os alemães vão incentivar o fascismo neste país, acham? Eles não vão querer criar uma raça de guerreiros para lutar contra eles [...] É por isso que sou pacifista. Eles vão encorajar pessoas como eu." O jovem parecia acreditar que, embora o nazismo fosse um espetáculo repulsivo, não se intrometeria nas escolhas de sua vida privada, e ele poderia continuar pintando à vontade e, ainda mais importante, pensando como bem quisesse. Orwell comenta que "a falácia é acreditar que sob o jugo de um governo ditatorial você pode ser livre *por dentro* [...] [que] nos sótãos os inimigos secretos do regime podem registrar seus pensamentos em perfeita liberdade [...]". Winston Smith nutre a mesma falácia quando escapa para momentos de liberdade, às vezes com Julia, no "sótão" acima da loja de Charrington. Depois de ser capturado e torturado, ele deixa de ter acesso a esse "interior" privado que é o último refúgio da individualidade. O jovem no Café Royal permanece anônimo, mas plantou a semente dos momentos de patética ingenuidade de Winston Smith. Ele também sintetizou a raiva de Orwell contra a aparente aliança entre complacência, indiferença e autocentramento gerados pela democracia liberal; esses cidadãos davam como garantidos os seus direitos, pois parecia não haver perigo de que pudessem ser arrancados deles. Mais importante, os defensores da utopia soviética que estavam confortavelmente instalados no Ocidente compartilhavam a mentalidade dos artistas autoiludidos.

Orwell falou muito pouco sobre o romance, mas quando Fredric Warburg o visitou no Sanatório Cranham em 15 de junho de 1949, ele ditou uma declaração que só seria publicada depois de sua morte. "A moral a ser tirada dessa perigosa situação de pesadelo é simples. *Não deixe isso acontecer. Depende de você.*" Então, nos últimos setenta anos, como nos saímos?

Até o final da Guerra Fria e, em menor grau desde então, houve um indecente debate acerca do que era exatamente o "isso" que deveríamos impedir de acontecer. A extrema esquerda, na Grã-Bretanha e em outros lugares, expôs Orwell ao sarcasmo público não como um trotskista, mas como um discípulo do capitalismo e até do neofascismo. O jornal *The Daily Worker* viu o livro como uma propaganda de Guerra Fria pró-ocidental; seu análogo norte-americano, o mensário *Masses & Mainstream*, tomou por base o histórico de Orwell na Birmânia e o apresentou como um veemente defensor do colonialismo, alguém que transforma seu ódio pelas raças inferiores em desprezo pelos "proletas" brancos nativos, "que são descritos com medo e repugnância como ignorantes, servis, brutais". Para o *Pravda*, veículo do Partido Comunista Soviético, era uma "esquálida [...] fantasia misantrópica [...] [um] livro imundo", que aparentemente justificava a revolução que, segundo outros comentaristas, ele estava satirizando. "As forças vivas da paz estão se unindo com firmeza cada vez maior numa frente organizada em defesa da paz, da liberdade e da vida", e assim por diante, em uma réplica involuntária à novilíngua* de Orwell.

Os comentaristas conservadores e da esquerda moderada de 1949 e 1950 concordaram que o livro era um cáustico ataque ao totalitarismo em geral e ao soviético em particular. À medida que a década de 1950 avançava e a Guerra Fria se tornava ainda mais gélida, o romance foi submetido a suas características mais grotescas, especialmente o duplipensar.** Poderia significar simultaneamente duas coisas muito diferentes, dependendo do viés de cada leitor.

Em 12 de dezembro de 1954, quem tinha um aparelho de televisão foi presenteado com a primeira adaptação audiovisual do romance, com Peter Cushing no papel de Winston Smith. O livro ainda estava vendendo impressionantes 150 exemplares por semana, mas a maioria dos espectadores que assistiram à exibição, cerca de sete milhões deles, tinha ouvido falar da obra sem tê-la lido. A BBC recebeu uma avalanche de cartas de reclamação, e um dos espectadores disse que "sentiu vontade de enfiar uma marreta na TV". A adaptação foi assunto também do programa *Panorama*, em que um magistrado dos Condados Domésticos *[Berkshire, Buckinghamshire, Essex, Hertfordshire, Kent, Surrey e Sussex, todos no entorno de Londres]* alegou que a obra suscitaria uma onda de crimes e inspiraria a degeneração generalizada. Um grupo de deputados Conservadores apresentou uma moção condenando a obra, sob a alegação de que servia para a exploração escusa de "gostos sexuais e sádicos". Isso era irônico já que, seis anos depois, o deputado Conservador Charles Curran declarou que o romance, "mais do que qualquer outro fator isolado, tinha a ver com a derrota socialista nas eleições gerais de 1951".

George Orwell, um auxiliar de embarque residente no sudoeste de Londres, passou a noite da exibição televisiva atendendo ao telefone para responder a queixumes de espectadores horrorizados. No dia seguinte, sua esposa, Elizabeth, pediu à companhia telefônica que a linha fosse desconectada até que o nome de George pudesse ser removido da lista.

---

*   *Newspeak*, no original. A solução tradutória "novilíngua" é de Wilson Velloso (Companhia Editora Nacional, 1954); os tradutores Heloisa Jahn e Alexandre Hubner (Companhia das Letras, 2009) optaram por "novafala". (N. T.)

** *Doublethink*, no original. A tradução "duplipensar" é de Wilson Velloso (Companhia Editora Nacional, 1954); Alexandre Hubner e Heloisa Jahn (Companhia das Letras, 2009) optaram por "duplipensamento". (N. T.)

O príncipe Philip revelou mais tarde que a recém-coroada rainha tinha gostado muito da produção. Aparentemente, ela se juntara à mãe como mais uma integrante do fã-clube de Orwell.

Um ano antes, em 1953, os Estúdios Ealing haviam lançado uma comédia de humor ácido chamada *Meet Mr. Lucifer* [Conheça o sr. Lúcifer], em que o aparelho de televisão é apresentado como uma ferramenta do diabo (interpretado por Stanley Holloway), capaz de causar danos sociais. Apesar do tom alegre do filme, os estúdios estavam ficando genuinamente preocupados com a ameaça que a televisão representava para seus negócios, e pegaram emprestada das horríveis "teletelas" de um romance de 1949 a ideia de que existia uma presença demoníaca à espreita nos televisores. Assim, *1984* estava se tornando um fenômeno cultural de múltiplas vertentes.

Os comunistas, especialmente os do Ocidente, estavam atarefados tentando pintar Orwell como um homem que desde a década de 1930 vinha conspirando contra todas as formas de socialismo e marxismo. Eles apresentaram seu argumento ao longo de doze meses, entre o início de 1955 e o início de 1956. Em *Heretics and Renegades* [Hereges e renegados] (1955), Isaac Deutscher por pouco não acusa Orwell de ter plagiado o romance *Nós* (1924), de Ievguêni Zamiátin* – reconhecendo que o próprio Orwell elogiara o romance na *Tribune* em 1946 –, mas afirma que o autor de *1984* transformou a história de Zamiátin sobre totalitarismo numa grosseira distorção das qualidades inerentes ao marxismo. Em 5 de janeiro de 1955, Rajani Palme Dutt, uma das principais figuras do Partido Comunista da Grã-Bretanha, escreveu ao jornal *The Manchester Guardian*, como se preparasse o terreno para o ataque mais substancial de Deutscher:

> As ideias que Orwell descreve como dominantes no mundo em *1984* refletem as ideias não do comunismo, sobre o qual ele sabia muito pouco, mas do capitalismo ocidental monopolista da atualidade [...].

Dutt segue explicando alguns aspectos-chave do comunismo, sobre o qual Orwell "sabia muito pouco". O axioma de Winston Smith de que "a realidade existe na mente humana e em nenhum outro lugar" é "o ponto

---

* *Nós* (Tradução de Gabriela Soares. São Paulo, Aleph, 2017). (N. T.)

de vista característico de toda a filosofia idealista ocidental atual, endossada pela classe dominante". Todas as obras literárias são, é claro, abertas a interpretação, mas Orwell deixa inequivocamente claro que a noção de Smith de "realidade" interior é seu último refúgio contra forças que parecem determinadas a extinguir seu senso de identidade. Em janeiro de 1956, James Walsh publicou um artigo no periódico *Marxist Quarterly* no qual cita Deutscher e Dutt, e, com alguma selvageria, conclui os argumentos dos advogados de acusação. Orwell é um propagandista das classes dominantes que apresenta os trabalhadores, "proletas", como praticamente sub-humanos e "traz para a mesa todas as jogadas que aprendeu em sua longa carreira como insignificante ditador colonial e funcionário de baixo escalão da principal agência de propaganda capitalista [a BBC], junto com muitas pequenezas irrelevantes dos nazistas". O ataque de 1955–56, que alguns suspeitavam ter sido planejado e coreografado, foi seguido por uma campanha mais contida, mas cuja moderação talvez tenha sido mais eficaz, encabeçada pelo acadêmico e historiador marxista Raymond Williams, que certamente não era tão mexeriqueiro quanto Walsh, mas que, ao longo de mais de três décadas, até sua morte em 1988, empregou uma estratégia de condenar Orwell com elogios mornos, tratando-o do mesmo modo que um tutor trataria um pupilo brilhante mas bastante equivocado. De acordo com o duradouro argumento de Williams, Orwell era incapaz de entender adequadamente o comunismo porque se afastara dele. Somente aqueles que fazem parte da comunidade do marxismo estão autorizados a ponderar sobre suas características essenciais ou criticá-las – o que soa assustadoramente parecido com o manifesto do Partido Interno em *1984*.

Também em 1955, a CIA (Agência Central de Inteligência) descobriu que um dia do final de abril era mais do que adequado para colocar em prática um ímpeto próprio de agir como intermediária entre Orwell e os leitores que, diferentemente de Deutscher, Walsh, Dutt e outros, tiveram acesso negado ao romance. A noite estava nublada, soprava um vento oeste moderado, sem lufadas nem rajadas, quando dezenas de milhares de balões foram lançados para o outro lado da Cortina de Ferro. Cada um carregava um exemplar de *1984*.

É digno de nota que a maioria dos porta-vozes anti-Orwell mais vociferantes (ao lado de Williams, devemos incluir figuras como o historiador marxista Edward Palmer Thompson e o crítico literário Edward Said) publicou suas invectivas, sem censura, no âmbito de sociedades cuja derrubada eles defendiam com entusiasmo. Pode-se comparar o caso e as circunstâncias deles com os de Czesław Miłosz, cujo livro *Mente cativa* foi publicado em inglês em 1953.* O polonês Miłosz, ex-comunista, havia fugido de Varsóvia para Paris em 1951, depois de constatar que o totalitarismo stalinista havia efetivamente tomado o controle da Polônia no pós-guerra. O título *Mente cativa* indicava a afinidade do livro e de seu autor com o romance de Orwell. A realidade "interior", tão desprezada por Dutt, é o derradeiro retiro de uma mente de resto destruída pelas implacáveis forças da ideologia:

> [...] o livro [*1984*] é difícil de obter, e ter um exemplar dele é perigoso [no Bloco Soviético], e apenas certos membros do Partido Interno o conhecem. Orwell os fascina por meio de seu profundo discernimento acerca dos detalhes que eles conhecem bem, e pelo uso que faz da sátira swiftiana. Essa forma de escrita é proibida pela Nova Fé porque a alegoria, por natureza complexa e dotada de múltiplos significados, ultrapassaria as prescrições do Realismo Socialista e as demandas do censor.

De forma respeitosa, Miłosz toma emprestada a terminologia de Orwell (em especial, "Partido Interno") para enfatizar os desconcertantes paralelos entre *1984* e o mundo do qual ele escapara havia pouco. Miłosz aponta também que, por detrás da recém-construída Cortina de Ferro, Orwell levou membros do Partido Interno a concordar com os dissidentes sobre uma coisa: "O fato de haver escritores no Ocidente que entendem o funcionamento dessa máquina de construção invulgar, da qual eles próprios fazem parte, os surpreende e é um argumento que vai na contramão da 'estupidez' do Ocidente". A "estupidez" obtusa e míope a que se fez referência também é conhecida, numa expressão supostamente cunhada por Lênin, como a credulidade dos "idiotas úteis", aqueles no Ocidente que continuam a aceitar o delírio de uma utopia marxista alimentada a partir do Leste: Dutt, Walsh, Deutscher, Williams e outros. Miłosz não era uma voz solitária. Outros dissidentes do Bloco Soviético – incluindo Václav Havel, Miklós Haraszti e Milan Šimečka – citaram Orwell como seu guia inspirador.

---

* *Mente cativa* (Tradução de Jane Zielonko. Barueri, Novo Século, 2010). (N. T.)

No ano de 1984, o romance *1984* havia se tornado um ímã para empresas de mídia e celebridades que pouco se preocupavam com a importância artística e política do livro. David Bowie era supostamente fascinado pela obra e se dizia influenciado por ela. Em meados da década de 1970, Bowie planejou uma adaptação em forma de musical de rock, o que a segunda esposa de Orwell, não sem alguma dose de sabedoria, tratou com espantado desprezo. Bowie procurou o bilionário magnata Richard Branson com o objetivo de angariar um investidor para o filme, uma oportunidade que, felizmente, Branson recusou. É de se imaginar o que um astro do rock hedonista, viciado em drogas e que pouca atenção dispensava à história e à literatura recentes teria feito com *1984*. Vem à mente a palavra "mutilar".

O ano também teve início com indivíduos de inteligência duvidosa planejando eventos, programas de televisão e filmes, com os quais esperavam ganhar dinheiro à custa da reputação de *1984* como uma profecia apocalíptica. Era como se alguém tivesse subitamente encontrado em algum obscuro versículo dos Evangelhos a data específica para a Segunda Vinda de Cristo. Bernard Crick, cuja biografia autorizada de Orwell havia sido publicada em 1980, previu uma "peste negra" de material orwelliano: camisetas, calendários, jogos de tabuleiro, adaptações teatrais, filmes etc. O aviso de Crick foi ecoado pelo jornalista Paul Johnson, que, nas páginas de *The Spectator*, previu que a nova geração de acólitos de Orwell se tornaria "uma espécie de obsessão orwelliana em si mesma". O principal evento cinematográfico do ano foi o filme *1984*, dirigido por Michael Radford, estrelando John Hurt no papel de Winston Smith e Richard Burton, em sua última performance nas telas, no de O'Brien.

As ressonâncias políticas do filme são vagas, principalmente porque 1984 foi um ano bastante inadequado para a revisitação, quanto mais para a interpretação, de *1984*. Os Conservadores de Thatcher, vencedores da eleição de 1983, estavam dando prosseguimento a uma política de privatização que parecia ter como objetivo desmontar a economia controlada que os Trabalhistas haviam implementado pouco antes da publicação do romance. A greve dos mineiros representou a esquerda linha-dura em conflito direto com o *establishment* Tóri – no final de 1984, os Conservadores saíram vencedores. Praticamente todas as pessoas que atuavam na mídia e na indústria cinematográfica tinham filiações com a política de esquerda liberal, mas agora enfrentavam um dilema.

O terrível prognóstico apocalíptico de Orwell parecia uma peça de propaganda pró-Conservadora. No período em que esteve sob a batuta de Michael

Foot, a oposição Trabalhista foi infiltrada por indivíduos, sobretudo membros do grupo trotskista Militant, que acreditavam em uma vertente purista do socialismo, o que se resumia, efetivamente, a um comunismo diluído com pequenas concessões à democracia liberal. O manifesto Trabalhista nas eleições de 1983 foi descrito pelo deputado Trabalhista Gerald Kaufman como o "mais longo bilhete de suicídio da história", envolvendo a nacionalização em massa e o desarmamento nuclear unilateral. Os Conservadores o apresentaram como uma candidatura de adesão ao Bloco Soviético (o documento afirmava também que o Reino Unido deixaria a então Comunidade Econômica Europeia, definida como uma abominável aliança capitalista). O diretor Michael Radford corria o risco de dramatizar o pesadelo que, segundo os Conservadores haviam apresentado no ano anterior, seria o inevitável resultado de uma vitória Trabalhista. Os Trabalhistas receberam a votação mais baixa desde 1918. Como consequência, o filme é uma peça bizarramente apolítica de ficção científica que procura esquivar-se de conciliar a mensagem de Orwell com as complicações do verdadeiro 1984.

Então: onde estamos agora? A Eurásia de Orwell foi baseada no Bloco Soviético que, no romance, inclui todas as nações da Europa continental. Cinco anos depois da produção do filme, o Bloco Soviético começou a ruir.

Oceânia – que inclui o Reino Unido, as Américas do Norte e do Sul, África Austral e Austrália/Nova Zelândia – é hoje composta principalmente por democracias de livre-comércio. Os "territórios disputados" do Norte da África, Oriente Médio e Sudoeste/Sudeste Asiático estão, como Orwell previu, divididos em seus pactos de lealdade com os superestados do restante do planeta e rachados por suas próprias divisões internas. Enquanto Orwell terminava *1984*, ficou evidente que o Partido Comunista da China, pró-stalinista, sairia vitorioso da guerra civil que se seguiu à derrota do Japão em 1945. Na opinião da maioria dos comentaristas políticos, era provável que se seguisse a política de Stálin após a rendição da Alemanha, com a expansão da China comunista em um bloco que abarcaria, em suas fronteiras oeste e sul, vários Estados recém-descolonizados. Por isso, encontramos o superestado Lestásia, que no mundo ficcionalizado de Orwell ocupa a porção norte da Índia, juntamente com zonas próximas à Coreia do Norte e Vietnã do Norte.

A Lestásia, ou, para ser bem objetivo, a China, é o equivalente de *1984* setenta anos após a morte do autor, mas antes de refletirmos a respeito disso em detalhes, vamos examinar alguns outros aspectos do *status* de Orwell como oráculo.

A invasão do Iraque em 2003 coincidiu com o centenário do nascimento de Orwell, e frases de efeito de *1984* tornaram-se talismãs para os críticos esquerdistas da aliança entre Blair e *[George W.]* Bush. Paul Foot descreveu as justificativas que EUA e Grã-Bretanha apresentaram para fazer a guerra como um caso clássico de "duplipensar" (*The Guardian*, 31 de dezembro de 2002). Em 2004, após a guerra, um assessor de Bush, aparentemente alheio aos paralelos com Orwell, afirmou que o governo não seria incomodado por críticos que acreditam que "as soluções emergem de [sua] análise judiciosa da realidade observável [...] Somos um império agora, e, quando agimos, criamos nossa própria realidade" (*The New York Times*, 19 de outubro de 2004). O conceito de *fake news* (notícias falsas) tornou-se um lugar-comum durante a campanha eleitoral de Donald Trump em 2016, mas evidentemente tem sido uma ferramenta do discurso político desde a virada do século XX.

Em março de 2019, o jornal *The Washington Post* calculou que, desde a cerimônia de posse quase dois anos antes, Trump fizera pouco mais de 9 mil afirmações falsas – essencialmente, contou mentiras – tanto em seus tuítes como em discursos e entrevistas. Em janeiro de 2017, pouco depois de Trump assumir a presidência, sua conselheira Kellyanne Conway, com a maior desfaçatez, cunhou a expressão "fatos alternativos". Durante a campanha eleitoral, Trump tratou acusações contestáveis contra Hillary Clinton como verdades verificáveis e despertou frenesi nas multidões de seus admiradores, que repetiam em uníssono o cântico "Prendam ela! Prendam ela!". Mais recentemente, em julho de 2019, ele mirou os ataques em quatro congressistas Democratas, mulheres representantes de minorias étnicas diversas – coletivamente referidas por ele como "o Esquadrão" –, que haviam apontado como racistas os discursos e as políticas públicas do presidente.* Três delas nasceram nos EUA; a quarta chegou ao país ainda criança, com sua mãe refugiada. Trump as atacou: "Por que elas não voltam e ajudam a consertar [...] os lugares infestados de crime de onde vieram?". Em poucos dias, as multidões de apoiadores em seus comícios adaptaram o cântico anti-Hillary Clinton para uma nova versão: "Mandem ela de volta! Mandem ela de

---

* As quatro legisladoras da Câmara dos Deputados são Alexandria Ocasio-Cortez (representante de Nova York, de origem porto-riquenha), Ilhan Omar (Minnesota, de origem somali), Ayanna Pressley (Massachusetts, afro-americana) e Rashida Tlaib (Michigan, de origem palestina). (N. T.)

volta!". Aparentemente o presidente Trump não lê livros, mas é o caso de nos perguntarmos se algum conselheiro mais letrado não o instruiu sobre a eficácia dos Dois Minutos de Ódio de Orwell.

Em 25 de janeiro de 2017, *1984* foi para o topo da lista de *best--sellers* da Amazon nos Estados Unidos, e na semana seguinte o braço norte-americano da Penguin encomendou 75 mil novos exemplares do livro. Craig Burke, diretor de publicidade da Penguin no país, disse ao jornal *The New York Times* (25 de janeiro de 2017) que nos sete dias anteriores o livro alcançara um pico de 9.500% de aumento nas vendas. O dramático salto acompanhou a cobertura jornalística em que o porta-voz da Casa Branca, Sean Spicer, alegava que o presidente Trump atraíra "a maior audiência de todos os tempos para uma cerimônia de posse". O programa *Meet the Press,* da rede de televisão NBC, perguntou a Kellyanne Conway por que Spicer havia feito uma afirmação comprovadamente falsa. Conway não negou que a declaração era falsa, mas explicou que Spicer havia optado por apresentar "fatos alternativos". Todas as pessoas que tinham algum conhecimento, mesmo que remoto, do romance de Orwell, talvez dos tempos do Ensino Médio, reconheceram semelhanças entre a declaração de Conway e o processo pelo qual a "novilíngua" e o "duplipensar" levavam os ouvintes a aceitar versões contrárias da realidade. Mesmo quem não conseguia se lembrar exatamente do que acontecia no livro pesquisou resumos no Google, e as redes sociais foram à loucura com pessoas alardeando seu temor de que a personificação do Grande Irmão houvesse tomado o controle dos EUA. Daí a corrida para o site da Amazon, a fim de verificar se Orwell havia de fato profetizado o pesadelo.

Existem alguns paralelos extraordinários entre o mundo de Winston Smith e os Estados Unidos durante e após a campanha eleitoral de Trump. O controverso relatório do procurador especial Robert Mueller (março de 2019) constatou que havia incontestáveis evidências de interferência russa na eleição. Especificamente, um programa de desinformação foi conduzido pela Agência de Pesquisa na Internet, baseada em São Petersburgo, envolvendo o uso de blogs e outras plataformas de mídias sociais. Muitas das acusações que pesavam contra Hillary Clinton – por conta do uso indevido de e-mails do governo quando ocupava o cargo de secretária de Estado – originaram-se de postagens em blogs dessa organização, textos e comentários sem autenticidade e disfarçados como originários de fóruns baseados nos EUA, alguns inclusive ligados ao governo norte-americano. Em 2018, um ex-funcionário da agência confessou ao jornal *The Washington Post* (17 de fevereiro de 2018):

> Eu imediatamente me senti um personagem do livro *1984*, de George Orwell – um lugar onde você tinha que escrever que branco é preto e preto é branco. A primeira sensação quando você ia parar lá era a de que estava em algum tipo de fábrica que transformava o ato de mentir, contar inverdades, em uma linha de montagem industrial.

Essas poderiam ser palavras de Winston Smith, e a noção de que a Agência de Pesquisa na Internet tinha como modelo o Ministério da Verdade é reforçada pelas divulgações de Lyudmila Savchuk, ex-funcionária que em 2015 processou a agência por violações da legislação trabalhista que equivaliam a abuso psicológico. Mais tarde, ela tornou-se denunciante das práticas abusivas da agência russa. Ela comentou: "A percepção de que você pode inventar qualquer fato e depois vê-lo em absoluta sincronia com os meios de comunicação, como um maciço fluxo de informações, se espalhando pelo mundo inteiro – isso destrói sua psique".* Como fez com Winston Smith.

A verdade costumava ser algo passível de averiguação por meio do fornecimento de provas verificáveis. Essa era a norma predominante três décadas atrás, quando jornalistas da mídia impressa e autores de livros citavam material de arquivo – registros de debates parlamentares, relatos e testemunhos de grupos de jornalistas, processos judiciais documentados, artigos científicos e assim por diante – como base para sua argumentação. Verificar fatos e acusações cotejando-os com detalhes de provas documentais era um processo trabalhoso e demorado, mas o fato de ser uma opção para o leitor que suspeitasse da autenticidade de uma matéria era um impedimento contra jornalistas e escritores mentirosos. Uma das últimas instâncias de prova verificável derrotando a falsificação ocorreu em 2000, quando o negacionista do Holocausto David Irving abriu um processo contra a acadêmica e historiadora norte-americana Deborah E. Lipstadt por difamação. As provas apresentadas pela equipe jurídica de Lipstadt

---

* "Disinfo News: Working in Russian Troll Factory Pushed Reporter to 'Edge of Insanity'" [Desinformação: trabalhar em fábrica de *trolls* russa levou repórter à 'beira da insanidade], site *POLYGRAPH.info*, acessado em 19 de outubro de 2018.

venceram o caso, mas por pouco. Mais tarde, Jonathan Freedland, jornalista que testemunhou o processo judicial e o julgamento, lembrou que

> [...] certa tarde, quando saí do tribunal, tive uma sensação estranha. Era algo físico, como enjoo do mar. O chão sob meus pés parecia instável, como se a própria terra estivesse se dissolvendo [...] Ele [Irving] estava tentando prescindir de algo que os seres humanos consideram essencial para a vida – a capacidade de tirar conclusões a partir de evidências. Ele estava dizendo que não podemos confiar em nada – nem em registros de arquivo nem no depoimento de dezenas de milhares de testemunhas. E se ele estivesse certo, em que situação isso deixaria o que chamamos de história? (*The Guardian*, 9 de março de 2019).

Winston Smith poderia ter respondido a essa pergunta: poderíamos descartá-la através do "buraco da memória". Freedland disse que sentiu alívio com o veredicto contra Irving:

> Contudo, em 2016 [...] agora era claro que a verdade estava sob ataque mais uma vez. Não por parte de um patife maluco que se declarava historiador, mas por parte de Trump, do Kremlin, dos defensores do Brexit, todos eles unidos em seu desrespeito por saber se uma afirmação era verdadeira ou falsa.

Isso se tornou possível graças à marginalização do discurso baseado em provas por obra das mídias sociais, nas quais a "verdade" é infinitamente maleável e sujeita apenas ao consenso popular e à ilusão coletiva, em detrimento da verificação e da comprovação.

Mas não nos deixemos levar por noções de que Orwell previu um *1984* norte-americano pós-2016. Trump é a antítese absoluta do Grande Irmão. Para começo de conversa, o Grande Irmão nunca aparece realmente no romance. Ele é citado, e sua imagem representada em *outdoors*, mas Orwell sugere sutilmente que ele pode muito bem ser uma invenção dos membros do Partido Interno, uma presença que lhes permite, pelo culto da personalidade, manter o poder por meio de uma combinação de medo e lealdade. Trump certamente existe, e foi eleito em uma votação democrática – ainda que tenha vencido por margem apertada –, mas às vezes parece ter sido inventado por algum funcionário do Ministério da Verdade. Em um programa da CNN (4 de junho de 2019), o apresentador comparou os principais axiomas do duplipensar que figuram no romance – "Guerra é paz", "Liberdade é escravidão", "Ignorância é força" – a filmagens de alguns dos discursos de Trump, especialmente o comentário do presidente sobre a imprensa: "O que você vê e o que você lê não é o que está acontecendo". Isso pode parecer um duplipensar, mas prestemos atenção à definição de Orwell/Goldstein:

> Saber e não saber, ter consciência da verdade honesta e completa contando mentiras meticulosamente engendradas, defender ao mesmo tempo duas opiniões que se cancelam uma à outra, sabendo que são contraditórias e acreditando em ambas; usar a lógica para contrariar a lógica, repudiar a moralidade apelando para o moralismo [...] esquecer o que for preciso esquecer, depois reimplantar o esquecido de novo na memória no momento em que se mostrar necessário, em seguida esquecer tudo novamente num piscar de olhos, e, sobretudo, aplicar o mesmo processo ao processo em si.

Citados com frequência, os sucintos exemplos de duplipensar dados pelo romance – na forma de orações de três palavras – são destilações de algo muito mais complexo. Na definição de Orwell, é um "processo", e o mais horrível exemplo prático disso chega perto do final do romance, no diálogo entre O'Brien e Winston Smith. O'Brien é o insuperável praticante do duplipensar como "processo", um meio usado para desgastar e minar todas as noções do que Winston até então supunha ser real e verdadeiro. O'Brien é maligno, mas é também um gênio verbal e intelectual, implementando a especificação de Orwell do duplipensar com a aptidão de um enxadrista linguístico.

Citações curtas de Trump, geralmente pouco mais que uma frase, talvez pareçam ecoar o duplipensar, mas devemos vê-las em vez disso como exemplos de um indivíduo lutando para traduzir sua já instável compreensão de significado, concreto ou abstrato, em uma cadeia de palavras que faça sentido.

Segundo Orwell, os especialistas em duplipensar estão "conscientes" dos exigentes procedimentos de afirmação e cancelamento, contradição, esquecimento e lembrança, de uso da lógica para questionar a lógica. Eles pertencem a uma elite, membros do Partido Interno selecionados em virtude de sua sagacidade e habilidade intelectual. Em comparação, a equipe de Trump trava uma constante batalha na retaguarda, em ações defensivas contra os neologismos involuntários, os disparates e momentos de incompreensão disfarçados de bombardeio populista por parte do presidente. Na contramão de O'Brien e de outros membros do Partido Interno, os assessores trumpistas não praticam "conscientemente" o duplipensar. Pelo contrário, isso tornou-se o equivalente a um vírus espalhado pelo presidente através dos vários comunicados de imprensa da Casa Branca.

No início de junho de 2019, Trump visitou o Reino Unido, a Irlanda e a França com o intuito de discutir assuntos de interesse mútuo, jantar com a família real e comemorar o aniversário de setenta e cinco anos do Dia D. Em uma entrevista à imprensa, ele afirmou que o NHS "estava na mesa de negociação" em um futuro tratado comercial bilateral pós-Brexit, aparentemente concordando com uma declaração feita dias antes por Woody Johnson, embaixador dos EUA no Reino Unido, de que todas as empresas britânicas de prestação de serviços públicos seriam objeto de discussão em futuros relacionamentos comerciais. Um dia depois, Trump foi entrevistado por um de seus acólitos bajuladores, Piers Morgan, e encenou uma guinada de 180 graus, mas não porque tinha abrandado sua posição. A compreensão inicial de Trump acerca do que significava o NHS, o serviço único de saúde britânico, era mais ou menos a mesma de uma criança estadunidense de quatro anos de idade, e depois os conselheiros do presidente tiveram que lhe explicar por que seus comentários provocaram tamanha indignação entre todos os partidos políticos britânicos. Horas mais tarde as coisas pioraram; no mesmo dia, Trump visitou a Irlanda para se encontrar com o *taoiseach* [chefe do governo], Leo Varadkar. Durante a conversa, transmitida pela televisão, Trump se solidarizou com Varadkar sobre os problemas do irlandês com relação ao "muro". Quanto à situação pós-Brexit, ele foi tranquilizador: "Quero dizer, temos uma situação de fronteira nos Estados Unidos, e você tem uma aqui [...] eu acho [...] tudo vai funcionar muito bem, e também para você e o seu muro [...]" (*The Guardian*, 5 de junho de 2019). O muro entre os Estados Unidos e o México tinha sido um elemento-chave na campanha eleitoral de Trump. Representaria, declarou ele, uma barreira inexpugnável contra as hordas de criminosos, estupradores e traficantes, e seria custeado pelo México. Visivelmente desconfortável, o primeiro-ministro irlandês atualizou o presidente norte-americano sobre as diferenças entre o México e os Seis Condados da Irlanda do Norte. Isso não foi uma *fake news* calculada nem duplipensar; foi o espetáculo do líder do mundo livre revelando, de modo incauto, sua estupidez.

Anthony Scaramucci foi a figura mais perversamente orwelliana no governo Trump, e seu desempenho foi, sem querer, hilário. Nomeado diretor de comunicações da Casa Branca em 2017, ele rivalizava em pé de igualdade com os agentes do Partido Interno por conta das explosões de ameaças e difamações salpicadas de escárnio, mas suas tentativas de duplipensar eram distorcidas por um distúrbio neuropsiquiátrico que fica em algum lugar entre a síndrome de Tourette e a coprolalia (a expressão involuntária e persistente de palavrões, insultos e obscenidades). Ele afirmou que seu principal rival da Casa Branca, Steve Bannon *[estrategista-chefe de Trump]*, era um concorrente pouco relevante porque estava "sempre chupando o próprio pau", e numa ofensa mais pertinente, disse que "ele é literalmente [sic] o porco de *A revolução dos bichos* de George Orwell, que fica de pé sobre as duas patas no minuto em que assume o poder" (*Vanity Fair*, 1º de fevereiro de 2018). Estranhamente, ninguém fez comentários sobre o quanto foi apropriada ou irônica a participação de Scaramucci no *reality show* "Celebrity Big Brother" após ser demitido por Trump.

Em *1984*, Orwell não zomba do Partido Interno, cujas estratégias são planejadas e aplicadas com brilhante perspicácia; ele não sugere que profunda inteligência e maldade sejam coisas mutuamente exclusivas. Em comparação, o governo Trump é uma conspiração de parvos.

No momento em que este livro vai para o prelo, pode ser que o governo britânico, ou, o que é menos provável, o eleitorado, tenha decidido sobre o futuro do Reino Unido para a próxima geração, em especial no que diz respeito a nosso relacionamento triangulado com a União Europeia e o restante do mundo. O duplipensar calculado – em vez da variedade improvisada e ridícula do bufão Trump – tem sido um lugar-comum do Brexit desde antes do Referendo, e embora os favoráveis à permanência da Grã-Bretanha na UE tenham vez por outra brincado com a verdade, suas transgressões tornam-se insignificantes em comparação com as dos favoráveis à saída. A mais famosa foi a alegação, estampada na lateral do ônibus, de que o Brexit representaria uma economia de 350 milhões de libras por semana. Qualquer tentativa posterior de tratar isso como um inocente erro de cálculo foi anulada pela vaidosa admissão de Nigel Farage ao programa de TV *Good Morning Britain* (GMB), na manhã seguinte à votação, de que todas as pessoas ligadas à campanha oficial a favor do Brexit, a *Vote Leave*, sabiam que era mentira. O eurodeputado Daniel Hannan tranquilizou os eleitores antes do plebiscito ao afirmar que "absolutamente ninguém está falando em ameaçar nosso lugar no mercado único"; logo após o resultado, Boris Johnson prometeu que "continuará a haver livre-comércio e acesso ao mercado único"; Michael Gove, entre outros, asseverou que em pouco tempo a Turquia seria um novo membro da União Europeia, e que setenta e nove milhões de cidadãos turcos (ou seja, toda a população do país) provavelmente fariam as malas e rumariam para o Reino Unido. Qualquer pessoa remotamente familiarizada com o pedido da Turquia de adesão à UE estava ciente de que a solicitação havia sido paralisada desde 1999 e em seguida cancelada em decorrência da violação das condições de adesão por parte do regime autoritário de Recep Tayyip Erdoğan. O problema com a fronteira irlandesa foi despachado para o "buraco da memória", pelo menos até ressurgir na pauta de negociações após o Referendo. No momento, o novo primeiro-ministro afirma que o Reino Unido deixará a União Europeia em 31 de janeiro de 2020,* aconteça o que acontecer, com ou sem um acordo de saída. Em junho, o sr. Johnson alegou que as probabilidades de não haver um acordo de saída eram de "uma em um milhão", e que seria possível chegar a algum novo acordo (a despeito do fato de que o Parlamento da UE e os executivos estariam efetivamente em recesso até 1º de novembro). Em março de 2019, Gove tranquilizou os mais ansiosos quanto ao futuro imediato: "Não votamos para sair sem um acordo. Essa não foi a mensagem da campanha que ajudei a liderar". No momento em que escrevo este livro (novembro de 2019), ele é o ministro do gabinete supervisionando os preparativos para um Brexit sem acordo de saída. Uma diferença entre o duplipensar de Orwell e a versão do Brexit é que o primeiro era uma doutrina projetada para negar aos cidadãos o acesso à verdade, ao passo que o último envolve os ativistas e os eleitores em um exercício cooperativo de escancarado autoengano e ilusão. A alternância entre mentir e esquecer, a crença simultânea em duas ideias contraditórias, a substituição da lógica pelo ilogismo, tudo isso está em conformidade com a noção do "processo" de Goldstein, mas enquanto o Partido Interno retinha e sonegava provas, a campanha do Brexit parece ter triunfado por meio da suposição de que o eleitorado consideraria seu direito democrático a alegre aceitação de mentiras como alternativa preferível aos fatos. Como o próprio Orwell temia em âmbito privado, o sonho de Smith de um proletariado empoderado e emancipado parece ter prenunciado algo quase tão assustador quanto o regime que substituiu.

---

* O Brexit ocorreu em 31 de janeiro de 2020, dando início a um período de transição estipulado até 31 de dezembro do mesmo ano, com a negociação das relações comerciais a serem mantidas com a UE. (N. T.)

Um aspecto particularmente fascinante desta farra ruidosa de falsidade e mentira é o modo como os participantes parecem capazes de tratar o presente e o passado como um mágico lidaria com um baralho de cartas. Todos os nomes que citei anteriormente parecem ter adquirido buracos de memória feitos sob medida, para descartar tudo o que possam ter dito e apagar qualquer conflito entre as opiniões que sustentam agora e as promessas ou exposições de fatos feitas anteriormente. Poucos, se houver, são capazes de explicar como ou por que suas opiniões sobre os prováveis efeitos do Brexit não apenas mudaram, como desapareceram misteriosamente. Em termos de duplipensar, e a fim de manter a confiança e a simpatia de um eleitorado aparentemente crédulo, eles vão "esquecer o que for preciso esquecer, depois reimplantar o esquecido de novo na memória no momento em que se mostrar necessário, em seguida esquecer tudo novamente num piscar de olhos, e, sobretudo, aplicar o mesmo processo ao processo em si".

Do ridículo ao sublime grotesco. Como disse Orwell a Warburg, *1984* "*poderia*" acontecer, e de fato aconteceu, na região do Leste Asiático, que em 1945 ele previu ter o "potencial" para tornar-se o terceiro "superestado": China. Quanto à Coreia do Norte, a maníaca subsidiária da China, é como se *1984* tivesse sido reescrito por um Bram Stoker moderno com gosto pelo surrealismo *noir*. Conforme já deixei claro, a China é uma anomalia incessantemente bem-sucedida. Compete em igualdade de condições, muitas vezes lançando mão de trapaças, como um importantíssimo ator do capitalismo global de livre mercado, e ascendeu à segunda posição na liga das economias mais poderosas do planeta. Todas as outras nações, inclusive os EUA, assistem ansiosamente às decisões chinesas e às flutuações de sua prosperidade. O que acontece na China terá efeitos em qualquer outro canto do mundo. Mas todas as empresas e organizações na China pertencem diretamente ao Partido Comunista – quando não são controladas pelo Partido, prestam contas a ele.

Em *1984*, Orwell criou o primeiro – e ficcionalizado – sistema de vigilância eletrônica em massa. Exceto pelos "proletas", todas as pessoas têm uma tela à qual assistem e pela qual são vigiados ininterruptamente; elas não podem ser desligadas. As telas não dispõem de tecnologia de visão noturna, mas compensam com o uso de microfones ultrassensíveis que captam todas as minúcias. Conversas e sussurros são gravados, e até mesmo os movimentos corporais – um batimento cardíaco ou contração muscular – podem ser traduzidos em uma imagem do que a pessoa monitorada está fazendo no escuro. Alguns dos primeiros leitores pensaram tratar-se de uma profecia distópica tresloucada, levando-se em conta o fato de que as teletelas eram baseadas num agradável brinquedo recreativo, o aparelho de TV. Em 2018, em Rongcheng, cidade na província oriental de Shandong, alguns cidadãos tiveram seus bilhetes recusados em uma estação ferroviária local. Quando perguntaram o porquê, receberam um relatório completo de suas transgressões, incluindo atravessar a rua fora da faixa de pedestre ou deixar de pagar uma multa de estacionamento, infrações que haviam levado o Estado a revogar seu direito de viajar. A esse respeito, o novo sistema – para o qual Rongcheng é a base de testes – parece uma versão bastante detestável do que se passa no Ocidente, por exemplo, com as pontuações de crédito registradas de forma permanente on-line e, portanto, limitando a capacidade de um indivíduo de adquirir bens ou serviços. Mas a versão chinesa vai mais fundo. Câmeras de vigilância instaladas por toda parte em Rongcheng também são programadas para gravar comportamentos socialmente inaceitáveis, incluindo a leitura labial de comentários que correspondam a dissidência política. Uma discussão aparentemente inócua com um vizinho pode gerar pontos de débito ao cidadão, e o acúmulo de pontuação negativa resulta em punições e restrições sobre o que ele pode ou não fazer. Criticar o governo local e, por implicação, o Partido, pode levar o transgressor a enfrentar acusações criminais. Esse tipo de autoritarismo tem sido uma característica rotineira na China desde Mao, mas o Estado agora desenvolveu tecnologias que o tornam quase onipotente. A sofisticação dos sensores de reconhecimento facial no experimento de Rongcheng significa que todas as pessoas na cidade estão sendo monitoradas e ouvidas a cada minuto do dia. Os dados coletados são usados como um meio de regular a pontuação do sistema de "crédito social", em que mil pontos são atribuídos a cada indivíduo no início da operação. Para adaptar a analogia do sistema de pontos à carteira de habilitação, em que o excesso de infrações pode levar à cassação do documento que atesta a aptidão da pessoa para conduzir veículos, um cidadão chinês que fosse registrado numa "lista de banimento", por exemplo, por espalhar rumores de dissidência, e não levasse a sério os avisos e advertências, acabaria perdendo todo o seu crédito social e teria revogada sua licença para existir. O "Grande Irmão" está de fato "de olho em você" em Rongcheng. Como na maioria dos testes, o plano é que o sistema seja implementado em toda a China, e até agora não existem registros provando que o mecanismo de pontuação não funciona com êxito. (Ver *We Have Been*

Harmonised: Life in China's Surveillance State [Fomos harmonizados: a vida no Estado de vigilância da China], de Kai Strittmatter, 2019.)

O livro *1984* chegou à China pela primeira vez em 1979, mas a tradução disponível era uma versão reescrita por especialistas do Partido de forma a distorcer quaisquer semelhanças óbvias entre a criação de Orwell e o Estado maoista. A obra era mantida em seções especiais de bibliotecas e livrarias acessíveis apenas a membros licenciados do Partido. Em 1985, decidiu-se que os *laobaixing* – essencialmente os "proletas" da China – poderiam ter acesso ao livro, um gesto simbólico de falsa liberalização que coincidiu com a estratégia de competir economicamente com o Ocidente. Presumia-se que os membros do *laobaixing* nunca tinham ouvido falar do romance – que certamente jamais era mencionado no sistema educacional ou na mídia – e não se interessariam por ele. Desde 2018, edições em língua inglesa têm sido disponibilizadas, na suposição de que um grande número de cidadãos bilíngues mais abastados e mais bem instruídos, e que agora têm acesso a viagens ao exterior, se depararia com ele em outros países. Isso não era exatamente uma liberalização, mas uma cuidadosa coreografia dos gostos e lealdades da população. As pessoas mais propensas a comprar *1984* são aquelas cujo sucesso, passado e presente, depende da submissa fidelidade ao Partido. Mesmo que elas reconheçam paralelos entre a previsão de Orwell e a China de hoje, é improvável que simpatizem publicamente com o ponto de vista dele. Da mesma forma, estudantes universitários chineses que vão para o exterior fazer cursos de, digamos, literatura comparada, provavelmente têm acesso ao livro, mas o *status* de turistas culturais atesta sua posição como parte da elite do Partido; quando voltam para casa, são pequenas as chances de que expressem opiniões sobre o romance de Orwell. Fazer isso poderia colocar em risco seu investimento na preservação do Estado e do Partido como uma rota para a manutenção de seu próprio padrão de vida elevado.

Há uma sinistra e irônica semelhança entre as políticas implementadas pela China para neutralizar o impacto do romance e os meios de que o Partido Interno de Orwell se vale a fim de assegurar sua sobrevivência, manipulando as impressões e respostas dos membros do Partido Externo.

O único meio pelo qual *1984* poderia desencadear um debate sobre seu significado como uma horrível imagem espelhada da China de hoje é via mídias sociais. Google, Facebook e YouTube são peremptoriamente proibidos, e se um cidadão chinês tentar digitar o título do livro em outros sites, por extenso ou em numerais – "1", "9", "8", "4" –, o acesso ao site ou a tentativa de comunicar uma mensagem são bloqueados.

Isso poderia ser considerado um sinal de estima pelo romance, dado que o massacre na praça da Paz Celestial (Tiananmen), que ocorreu pouco mais de trinta anos atrás, em 1989, foi alvo de destino semelhante. Na China, a praça da Paz Celestial ainda existe como um lugar, mas os assassinatos de 4 de junho de 1989, juntamente com o movimento de protestos políticos que os precederam, foram obliterados da história, pelo menos para os chineses. Qualquer tentativa de localizar on-line o nome ou eventos remotamente relacionados a Tiananmen resulta no equivalente a "não encontrado". Todos os outros registros, impressos ou nas lembranças dos envolvidos, também foram apagados. Alguns dos assassinatos foram testemunhados por um número significativo de jornalistas ocidentais, e a fotografia do chamado "homem de Tiananmen", encarando um tanque, é um clichê das representações ocidentais da China de hoje e de sua história recente, tanto nos meios on-line como na mídia impressa. É impossível imaginar que a elite privilegiada da China, durante viagens ao exterior, não se depare com essa imagem, além de inúmeros relatos do que realmente aconteceu quando o Partido reprimiu os protestos e assassinou dissidentes. Pode ser que, temporiamente, esses chineses abastados tomem consciência do que aconteceu, mas o Partido presume que, ao retornar à China, eles apagarão esse conhecimento. Os testes de vigilância de Rongcheng mostram que a tecnologia será capaz de detectar compartilhamentos e discussões potencialmente subversivos desse conhecimento secreto, e nesse sentido as teletelas de Orwell, capazes de decodificar a respiração e o movimento como formas de comunicação, são extraordinariamente proféticas. Assim como o trabalho diário de Winston Smith. Ele é um dos muitos encarregados de reescrever o passado e descartar o que realmente aconteceu por meio do chamado "buraco da memória". Em dado momento, ele encontra um artigo autêntico do jornal *The Times* que prova que três dos homens submetidos a julgamentos-show como traidores não eram culpados. Ele sabe que tem acesso à verdade, mas percebe que compartilhar ou divulgar isso seria fútil e provavelmente suicida. É assim que os privilegiados viajantes chineses se sentem a respeito do conhecimento adquirido sobre a praça da Paz Celestial quando regressam à China. Isso nos faz lembrar das páginas finais de *A revolução dos bichos*, romance também inacessível na China e excluído das discussões on-line no país. Napoleão e outros membros do partido estão discutindo com os humanos na casa da fazenda. O resultado do diálogo não é claro, mas sua causa é bastante evidente. Os granjeiros querem negociar com o império de Napoleão; para isso, estão dispostos a engolir sapo e esconder o desprezo que sentem. É o que acontece com as "democracias liberais" capitalistas, que desejam incrementar sua economia por meio de acordos comerciais com um Estado terrivelmente totalitário. Tenha em mente o seguinte: todo estadista que entra em negociações com Pequim está plenamente consciente do que de fato aconteceu na praça Tiananmen e de como a China é o país que mais aplica pena de morte por crimes políticos. Algum desses estadistas mencionaria tais tópicos desconfortáveis durante uma negociação comercial? Claro que não. Kai Strittmatter *[jornalista alemão que escreve para o* Süddeutsche Zeitung*]* afirma que "O Partido está se alimentando das fraquezas do Ocidente". E vencendo. Revisitemos as palavras de Orwell para Warburg no Sanatório Cranham: "Não deixe isso acontecer. Depende de você". Nós decepcionamos Orwell, porque não damos a mínima para uma versão de seu romance sendo encenada no Leste Asiático – e não ousamos nos preocupar com ela.

A expansão da "tecnologia" e das mídias sociais no Ocidente instigou um aumento da histeria quanto à oportunidade para os Estados liberais de corroer a privacidade e a liberdade. Na versão cinematográfica de 2017 do romance de Dave Eggers, *O círculo* (2013), Mae Holland (interpretada por Emma Watson) é contratada para trabalhar em uma gigante de tecnologia do Vale do Silício e sente que passou a fazer parte, junto com seus colegas de trabalho e internautas, de uma utopia. Slogans de Orwell são invertidos como celebrações de uma nova abertura que a tecnologia oferecerá ao consumidor: "Segredos são mentiras"; "Compartilhar é cuidar"; "Privacidade é roubo". Mas quebrar as barreiras leva a uma forma voluntária de totalitarismo-via--narcisismo: uma cultura absorvida pela tecnologia da informação leva as pessoas a se preocuparem apenas consigo mesmas. Eggers foi astuto. Também em 2013, Edward Snowden, ex-técnico da CIA e da Agência de Segurança Nacional [NSA, na sigla em inglês], vazou detalhes que revelavam como a agência, por meio de programas de vigilância on-line, reunia enormes quantidades de informações detalhadas sobre cidadãos norte-americanos e britânicos. Os órgãos de imprensa que receberam os vazamentos – especialmente os jornais *The Guardian* e *The Washington Post* – entraram em pânico. Todo mundo, aparentemente, estava sendo vigiado, e citações a Orwell inundaram a imprensa e a mídia. "Estamos vivendo em 1984?", perguntou a manchete do *New York Times* (11 de junho de 2013). A NSA estava tentando detectar evidências de atividades terroristas islâmicas a fim de impedir ataques iminentes, e não assegurando que todos os cidadãos cumprissem ordens do Partido, mas isso não foi mencionado por quem estava convencido de que o Ocidente se tornara, no dizer do senador Bernie Sanders, "muito orwelliano". Parece que estamos tão absortos no nosso senso histérico de direitos adquiridos (eles estão atrás de "*nós*") que fingimos não ver o que está acontecendo na China.

Hoje é comum trocar mensagens por aplicativos e escrever no Twitter, modos de comunicação que alguns chamariam de viciantes, e, embora Orwell não tivesse concepção alguma sobre a mídia eletrônica, ele anteviu com estranha acuidade a maneira como tuítes e mensagens de texto comprimiriam e mutilariam a linguagem. Syme, o colega de Winston no Ministério da Verdade, alegra-se diante dos avanços que estão sendo feitos.

> Que coisa bela, a destruição de palavras! Claro que o grande desperdício está nos verbos e adjetivos, mas também há centenas de substantivos dos quais podemos nos livrar [...] Afinal, que justificativa há para a existência de uma palavra que é simplesmente o contrário de outra? Uma palavra já contém em si mesma o seu oposto. Pense em "bom", por exemplo. Se você tem uma palavra como "bom", qual é a necessidade de existir uma palavra como "ruim"? "Desbom" serve muito bem – é até melhor, porque é um antônimo perfeito, ao passo que a outra palavra não é.

O Serviço de Mensagens Curtas [SMS, na sigla em inglês] foi testado – você acredita? – em 1984, e a descrição de Syme sintetiza à perfeição o meio pelo qual o "desperdício" é erradicado, de modo a reduzir cada mensagem a 280 caracteres no Twitter e facilitar o imediatismo nas mensagens de texto, deixando de fora as cansativas convenções de sintaxe e semântica. O limite de 280 é mero simbolismo, pois apenas 1% dos usuários chega perto disso: a média atual é de 33 caracteres. Os tecnófilos têm celebrado esses desdobramentos como parte de uma nova ordem mundial, em que antiquadas barreiras de comunicação – reuniões presenciais, trocas de cartas pelo correio, telefonemas e até mesmo o envio de e-mails – foram substituídas por um sucinto imediatismo. Syme via as coisas de outro jeito.

> Você não vê que a finalidade da novilíngua é estreitar o âmbito do pensamento? No fim, teremos tornado literalmente impossível o

pensamento-crime,* já que não haverá palavras para expressá-lo. Todo conceito de que possamos vir a necessitar será expresso exatamente por *uma* palavra, de significado definido com rigor, e todos os seus significados subsidiários serão eliminados e esquecidos.

Tem havido inúmeros debates sobre as mídias sociais, se elas comprimem a linguagem e sufocam o tipo de liberdade expansiva e especulativa que é corriqueira na fala e na prosa, danificando, assim, seus usuários, sobretudo os jovens. A grotesca satisfação de Syme em relação à extinção da livre expressão é perturbadora, mas seu diagnóstico parece de uma terrível exatidão. A meu ver, o vício em um meio de comunicação que incentiva, até mesmo obriga, seu usuário a evitar a sofisticação linguística – nuances, ambiguidade intencional, inflexão sintática etc. – nos deixa, como disse Syme, com uma linguagem que "estreita o âmbito do pensamento". Não preciso lembrar quem é o mais famoso e poderoso viciado no Twitter.

O Twitter e as mensagens de texto nos possibilitam, no mundo livre, tratar a liberdade de expressão eletrônica como uma licença para divulgar comentários insensatos e indiscretos que, de outra maneira, poderíamos guardar para nós mesmos. Winston ofereceu uma profecia, tão desalentadora quanto acurada, sobre o que poderia acontecer se as teletelas fossem democratizadas.

> A coisa mais horrível sobre os Dois Minutos de Ódio não era a pessoa ser obrigada a desempenhar um papel, mas o fato de ser impossível manter a indiferença [...] Um apavorante êxtase de medo e sede de vingança, um desejo de matar, de torturar, de esmagar rostos com uma marreta parecia fluir feito uma corrente elétrica por entre todo o grupo de pessoas [...].

O "medo" já não faz parte do êxtase, pelo menos no sentido de que os usuários do Twitter deixaram de se aterrorizar com o Partido, mas em outros aspectos parecem capazes de se juntar e tomar a forma de uma "sede de vingança" coletiva. Como vimos, o vírus do antissemitismo

---

*   *Thoughtcrime*, no original. A solução tradutória "pensamento-crime" é de Heloisa Jahn e Alexandre Hubner (Companhia das Letras, 2009); Wilson Velloso (Companhia Editora Nacional, 1954) optou por "crimideia". (N. T.)

que há vários anos vem infectando o Partido Trabalhista funciona da mesma maneira que a descrição de Winston dos Dois Minutos de Ódio. Até mesmo as suspeitas mais vagas sobre os judeus e suas inclinações tribais são convertidas em um frenesi pela "corrente elétrica" das mídias sociais, que incentiva as pessoas a se destacar do restante da multidão e encabeçar as fileiras dos mais dispostos a "matar", "torturar" e "esmagar rostos". Precisamos lembrar que Luciana Berger e muitos outros que acusaram o círculo íntimo de Corbyn de permitir a antissemitas inveterados permanecer no partido foram agredidos on-line, com ameaças de violência física e até de morte. Além do odioso espetáculo do antissemitismo dos Trabalhistas, há uma crescente obsessão pelo uso das mídias sociais como meio de impor algum vago consenso sobre o que pode ou não ser dito, sobre que opiniões são publicamente admissíveis ou merecem ser sufocadas. Não há regras predeterminadas para reger esse novo clima de histeria, que envolve ameaças contra indivíduos e o silenciamento de comentários, opiniões ou ideias aparentemente inadequados. Qualquer objeção pode ser desencadeada por uma única pessoa ou grupo, e a inclinação a se tornar parte da vingativa horda on-line passa a ser viciante, mesmo que os envolvidos tenham pouco em comum. Vimos o que aconteceu a *Sir* Roger Scruton quando foi acusado, falsamente, de ir contra o código da respeitabilidade liberal. Ele foi escolhido como um alvo legítimo por todos, da esquerda e da direita, e sofreu um linchamento on-line. As mídias sociais são uma forma de recreação narcisista e, pela mesma razão, permitem aos usuários sair impunes pelo dano que causam aos outros, uma vez que não precisam assumir a responsabilidade por seus atos. Do ponto de vista tecnológico, as teletelas eram toscas, mas antecipavam o momento que vivemos agora, em que o vício em mídias sociais nos mostra como realmente somos: grotescamente egoístas e maldosos além das nossas piores expectativas. Orwell era um prognosticador extraordinariamente astuto.

Em Estados totalitários, as forças de segurança consideram as mídias sociais um presente para o monitoramento e a repressão em massa. Na China, o Twitter e os aplicativos de mensagens existem em uma área cinzenta entre a proibição total e o escrutínio implacável do Partido. Os serviços de segurança do Partido se regozijam do fato de que esses produtos importados do Ocidente incentivam a prática de mensagens comprimidas. Assim, é muito mais fácil detectar o que Orwell chamou de "pensamento-crime":

[...] contribuía também a limitada gama de palavras de que o falante dispunha [...] o vocabulário da novilíngua era diminuto, e novos meios de reduzi-lo ainda mais estavam sendo sempre desenvolvidos [...] Cada redução era um ganho, uma vez que, quanto menor fosse a gama de escolhas, menor a tentação de pensar" ("Os princípios da novilíngua", apêndice a *1984*).

E, como os agentes observadores do governo chinês poderiam ter acrescentado, maior a probabilidade de identificar pessoas como potenciais dissidentes, uma vez que não são mais capazes de se esconder sob a ofuscação linguística. As autoridades chinesas admitiram abertamente que as trocas de mensagens de texto via celular, devido à sua brevidade, tornaram mais fácil para elas a busca por "palavras-chave" que indiquem "conteúdo prejudicial" ("China to Scan Text Messages to Spot 'Unhealthy Content'" [China vai esquadrinhar mensagens de texto para identificar mensagens prejudiciais], *The New York Times*, 19 de janeiro de 2010).

Uma das funções dos "proletas" em *1984* é se reproduzir e fornecer um estoque suficiente de trabalhadores braçais inertes para manter as indústrias básicas do Estado. Esta era, inicialmente, a política da China de Mao. Depois, tornou-se evidente que o crescimento populacional desenfreado levaria ao caos uma economia que ainda era, em larga medida, agrária; em 1970, o Partido declarou que dois filhos eram o número máximo para cada família. Mais tarde, instituiu-se a política do filho único, e esse sistema – que envolvia abortos obrigatórios e multas a quem desse à luz – foi eliminado apenas no final de 2015. No entanto, o Partido mantém a opção de intervir se as taxas de natalidade ameaçarem o plano econômico geral. O romance de Orwell previu que o Estado chinês trataria as pessoas comuns como o equivalente a gado. O Partido Comunista Chinês não publicou uma justificativa racional para isso. E não precisa; tais explicações implicam a existência de oposição às políticas vigentes, e nenhuma divergência tem permissão para existir. Mas O'Brien ficaria feliz da vida em fornecer um manifesto ao Partido Chinês: "Nós controlamos a vida, Winston, em todos os níveis [...] talvez você tenha voltado à sua velha ideia de que os proletários ou os escravos se insurgirão e nos derrubarão. Tire isso da cabeça. Eles são impotentes, como os animais. A humanidade é o Partido. Os outros estão fora – irrelevantes". Com relação à procriação, ele é mais específico. "Mas no futuro [...] Crianças serão separadas das mães no nascimento, assim como se tiram os ovos de uma galinha [...] A procriação será uma formalidade anual, como a renovação do carnê de racionamento."

Os "proletas", e por implicação os membros do Partido Externo, também serão destituídos de poder como seres humanos por meio de iniciativas graduais, principalmente por ação do Ministério da Verdade: a reescrita da história de forma que o passado impossibilite qualquer percepção alternativa do presente, conforme decretado pelo Partido. Desde a década de 1950, os comunistas chineses empreenderam uma política gradual de centralização linguística, numa tentativa de assegurar que a diversidade não desperte a divergência. O mandarim é a língua oficial do Partido e de seus dirigentes do alto escalão em todo o país, o cantonês sendo seu concorrente mais próximo no sul da China e em Hong Kong, além do idioma dos tibetanos separatistas e uigures muçulmanos. A história do país antes e depois da Revolução será reinventada em mandarim, mas variações dela inevitavelmente ocorrerão em traduções, portanto é preferível ter, como diz Orwell, "significado definido com rigor, e todos os [...] significados subsidiários eliminados e esquecidos".

Além da remoção oficial da praça da Paz Celestial dos registros do passado, a sede do Centro de Pesquisa em História do Partido [PHR, na sigla em inglês], em Pequim, há algum tempo vem se ocupando da laboriosa tarefa de alterar o que se entendia consensualmente como a história da China desde o século XVII até o início do século XX, o chamado Período Qing. Em suma, o PHR tem extirpado todas as evidências de que a China era um império que sufocou com violência as tentativas de Xinjiang, Tibete, Taiwan e Mongólia para alcançar a independência e, ao mesmo tempo, construiu uma infraestrutura de realizações em arquitetura, filosofia e artes que rivalizavam com qualquer dinastia europeia, especialmente no século XVIII. A motivação do Partido é bastante clara: deseja disfarçar quaisquer paralelos entre suas próprias políticas e as de seu brutal antecessor colonialista. Podemos assistir a isso com uma mistura de horror e repugnância, tendo a confiança de que fora desse regime autoritário a verdade está disponível, de forma muito semelhante ao que Orwell fazia quando escrevia sobre a União Soviética na *Tribune* e em outros lugares. Mas o novo *status* da China comunista como uma potência econômica global mudou as coisas. Acadêmicos e pesquisadores interessados em ter acesso a materiais de arquivo originais, que apresentem evidências incontestáveis sobre o que realmente ocorreu no país asiático a partir do século XVIII, são livres para inspecionar esses documentos on-line. O problema é que o PHR reescreveu os arquivos. Os escritores ocidentais podem alegar saber a verdade, mas os dirigentes do Partido, por sua vez, podem acusá-los de estar mentindo e em seguida corroborar suas alegações recorrendo aos documentos do arquivo digitalizado. Estudantes chineses — efetivamente membros do Partido Externo — representam uma valiosa fonte de receita para universidades britânicas e norte-americanas em um período no qual o ensino superior, sobretudo no Reino Unido, tornou-se uma indústria de serviços tanto quanto um fórum para o estudo de artes e ciências. Por sua vez, as universidades também propiciam ao Partido Comunista Chinês a oportunidade de solapar alguns dos bastiões ocidentais da liberdade de expressão. Recentemente, a editora Cambridge University Press recebeu ordens de vetar a publicação — em seu periódico *China Quarterly* — de artigos que pudessem contradizer a reescrita do passado e do presente empreendida pelo Partido. A editora concordou, e só recuou quando sofreu pressão de acadêmicos da Grã-Bretanha e dos EUA que se manifestaram publicamente. Parecemos ter voltado aos dias em que nossas editoras e nossos editores suprimiam voluntariamente as críticas a um regime autoritário: vem à mente a persistente resistência dos editores em aceitar *A revolução dos bichos*. É inevitável ter curiosidade de saber o que aconteceu quando *1984* caiu nas mãos dos poucos membros seletos do Partido Comunista Chinês. Vejamos a seguinte passagem do "Livro" de Goldstein:

> A mutabilidade do passado é a doutrina central do Socing [socialismo inglês]. Os fatos passados, ela afirma, não têm existência objetiva, e sobrevivem apenas em registros escritos e nas lembranças humanas. O passado é tudo aquilo sobre o que há concordância entre registros e memórias. E uma vez que o Partido tem o controle absoluto sobre todos os registros, e, em igual medida, o controle absoluto sobre todas as mentes de seus membros, decorre daí que o passado é toda e qualquer coisa que o Partido decidir que seja.

Talvez o Partido Comunista Chinês tenha tratado o romance de Orwell como um manual de instruções.

Mas, para além do alcance da China, a sociedade ocidental pode se proteger da reescrita da história pela simples razão de que as declarações baseadas na inverdade podem ser refutadas pela citação de fatos verificáveis. Não devemos temer o poder destrutivo do "buraco da memória": certamente, o caso "Irving versus Lipstadt" demonstrou isso. Certo? O romancista francês Claude Simon foi agraciado com o Prêmio Nobel de Literatura, em 1985, em grande parte por causa do impacto de seu romance experimental *As geórgicas* (1981).* A Parte IV do romance abrange uma sistemática refutação a *Homenagem à Catalunha* como um relato verídico do que Orwell sentiu na pele e do que de fato aconteceu em Barcelona. Simon prefere sua própria narrativa stalinista, retratando Orwell como um porta-voz do *establishment* burguês, indigno de confiança. Os críticos, incluindo o Comitê do Nobel, trataram isso como um exemplo da arte como radicalismo, uma estética de versões concorrentes da realidade – pelo menos até Christopher Hitchens apontar que se tratava de uma terrível calúnia (*A vitória de Orwell*, 2002),** usando provas inequívocas de que Orwell estava dizendo a verdade. Um pequeno exemplo era uma fotografia do Quartel Lênin do POUM em Barcelona, onde Orwell se alistou e treinou como voluntário. Simon afirmou que o quartel não existia e, portanto, o restante da história de Orwell devia ser considerado questionável. Estamos de volta ao momento em que Winston Smith descobre uma fotografia que prova a inocência de três dissidentes acusados de traição. Pelo menos Hitchens não se sentiu aterrorizado a ponto de despachar sua evidência para dentro do buraco da memória. Mas o fato de que foram necessárias mais de duas décadas para alguém questionar a "licença artística" de Simon e desmascará-lo como um ideólogo falsificador nos diz algo sobre um consenso predominante na cultura ocidental. Esse consenso pode até não envolver autoritarismo cabal, mas toma o partido das opiniões da esquerda. Aqui vale a pena lembrar uma frase de Orwell no ensaio "Recordando a Guerra Civil Espanhola": "O objetivo implícito nessa linha de pensamento é [que] [...] o Líder, ou algum pequeno grupo governante, controla não apenas o futuro, mas também *o passado*".

Mais recentemente, a célebre historiadora e teórica cultural Naomi Wolf, em *Outrages: Sex, Censorship and the Criminalisation of Love* [Indignações: sexo, censura e a criminalização do amor] (2019), apresenta um relato de como vários homens foram condenados à morte por enforcamento como punição por crimes ligados à homossexualidade na Grã-Bretanha de meados da era

---

*   *Les Géorgiques*. No Brasil, *As geórgicas* (Tradução de Irène Monique Cubric. Rio de Janeiro, Nova Fronteira, 1986). (N. T.)

** *Why Orwell Matters* (na Grã-Bretanha saiu com o título *Orwell's Victory*). No Brasil, *A vitória de Orwell* (Tradução de Laura Teixeira Motta. São Paulo, Companhia das Letras, 2010). (N. T.)

vitoriana até o fim do período. Quase por acidente, um entrevistador da Rádio 3 verificou alguns registros do tribunal que mostravam que, embora os indivíduos por ela citados tivessem realmente sido alvo de processos judiciais, nenhum fora condenado à morte. Wolf afirmou tratar-se de um erro inocente da parte dela. Outros podem considerar que foi um gesto deliberado para ignorar evidências que pudessem desarticular o escopo teórico do livro dela. Em 2009, o acadêmico norte-americano Ray Douglas publicou um breve artigo no *Journal of Modern History* (4 de dezembro de 2009) em que apresentou uma decisiva prova de arquivo de que os britânicos não tinham usado armas químicas contra os rebeldes iraquianos na década de 1920. Por muitos anos, vários comentaristas renomados − incluindo o político e escritor Tony Benn, Noam Chomsky, o jornalista John Simpson e Robert Fisk − escreveram textos na imprensa confirmando que os britânicos tinham realizado ataques com armas químicas (ver David Aaronovitch, *The Times*, 30 de maio de 2019). Por que estavam tão convencidos de algo cuja prova era incerta? Porque os colonialistas (Grã-Bretanha) são ruins e completamente capazes de usar gás contra rebeldes anticoloniais (bons). Pela mesma razão, Wolf ignorou o fato de que homossexuais não tinham sido enforcados porque acreditava que, durante o período em questão, os membros do *establishment* eram reacionários e intolerantes de um modo abominável: talvez não tivessem realmente feito as coisas de que ela os acusou, mas eram o tipo de pessoa que as faria; a exemplo dos membros do governo britânico da década de 1920, Churchill incluído, que usaram gás para atacar civis iraquianos. Mesmo que não o tivessem feito, eram culpados em virtude de sua maldade. Eu me pergunto se um livro escrito por um partidário de Trump, sobre estupros em massa sancionados por dirigentes mexicanos do alto escalão contra mulheres texanas na Guerra Mexicano-Americana do século XIX, teria passado tanto tempo sem ser contestado por determinados pesquisadores quanto passaram os casos que acabo de mencionar.

Em uma nota mais amena, aqueles que estudaram literatura na universidade nas últimas décadas talvez tenham se deparado com Orwell no currículo do curso. Mas eu me pergunto se, mesmo que em um nível subliminar, você também teve a sensação de ter entrado no universo distópico de *1984*. Na laboriosa (e repleta de jargões) explicação de Goldstein sobre o duplipensar encontramos passagens como

> Garantir que todos os registros escritos estejam de acordo com a ortodoxia do momento é um ato meramente mecânico. Mas é necessário

também *lembrar* que os eventos ocorreram da maneira como se desejou que ocorressem. E se for necessário rearranjar nossas lembranças ou adulterar os registros escritos, será necessário também *esquecer* que fizemos isso.

Ele continua: "Para fingir, eu realmente faço: portanto, apenas finjo fingir [...] O que não se pode dizer não deve, sobretudo, ser silenciado, mas escrito". Na verdade, a segunda citação não é de Goldstein, mas de Jacques Derrida, o fundador do desconstrutivismo. Qualquer pessoa que seja obrigada a avançar a duras penas ao longo, digamos, das páginas de *Dar a morte*, livro de Derrida,* será atingida pela observação "a questão do eu: quem eu sou não no sentido de quem eu sou mas antes quem é este de quem posso dizer quem?", surpreendente em grande medida por conta da sintaxe, contorcida com requintes de sadismo. O'Brien, dirigindo-se a Winston, coloca a questão de maneira muito mais contagiante: "Você não existe". Se você desconfia de que estou sendo zombeteiro ou irônico, tenha em mente o objetivo do Partido Interno, conforme especificado por Syme e O'Brien: a extinção da individualidade por meio do sufocante ilogismo da linguagem. Orwell antecipou a desconstrução.

O apêndice do romance, que parece ter sido escrito por um porta-voz do Partido, oferece uma hipótese dos planos para o futuro, incluindo a destruição da literatura, ou, para ser mais exato, a transformação de livros originais em algo totalmente irreconhecível. A teoria literária, na qual a desconstrução é apenas uma característica constituinte, alcançou algo muito semelhante. O livro, ou melhor, o texto, é considerado mais um produto das circunstâncias culturais do que de um autor individual, um espaço em que o intérprete pratica várias formas de atividade crítica envolvendo raça, gênero, classe, história, ideologia e outros.

Na conferência da Associação de Linguagem Moderna em 2005, o romancista Ariel Dorfman apresentou um artigo sedutor, baseado, segundo ele, em sua experiência pessoal. Ele relatou um episódio recente em que agentes da CIA o mantiveram retido em uma sala sem janelas no Aeroporto Internacional de Miami. Um de seus interrogadores, o silencioso, tinha uma desconcertante semelhança física com Trótski, enquanto o outro agente, o

---

* *Donner la mort* (1992). Edição portuguesa: *Dar a morte* (Coimbra, Palimage, 2013). (N. T.)

mais tagarela, bombardeava-o com intermináveis perguntas e acusações cujo intuito era deprimi-lo e perturbá-lo. Dorfman citou de memória as agressões verbais do interrogador – que ecoavam passagens de figuras como Derrida, *[Jacques]* Lacan, *[Jean-François]* Lyotard, *[Michel]* Foucault e assim por diante – em um dialeto crítico que é adotado rotineiramente por acadêmicos nos EUA e no Reino Unido. De maneira perturbadora ou hilária, dependendo do seu ponto de vista, ninguém na plateia de Dorfman percebeu que o artigo era uma piada, e as pessoas pareceram confusas ao ouvir, inserido em um contexto dos mais insólitos, um discurso que era parte habitual da vida profissional delas. O léxico, os maneirismos e a arrogância da teoria literária têm muito pouco a ver com a literatura em si: como previu o apêndice de *1984*, ela praticamente a aboliu.

Leia o desfecho de *1984*, em que O'Brien, com sua ginástica verbal e intelectual, reduz Smith a uma confusão petrificada. Essa foi a inspiração de Dorfman, mas os estupefatos acadêmicos da plateia foram incapazes de apreciar o arremate sombriamente cômico da piada: que sua inacessibilidade intelectual os havia transformado em versões de O'Brien e do interrogador de Dorfman na sala de aula do curso de introdução à teoria literária.

Orwell detestava inescrutabilidade intelectual e elitismo, que a seu ver eram sintomas iniciais do autoritarismo. O livro de Emmanuel Goldstein contém uma mensagem assustadora, mas também é tediosamente difícil de ler. Era Derrida antes de seu tempo e, como Dorfman mostrou, *1984* está mais vivo do que nunca na comunidade acadêmica do mundo livre.

É preciso imaginar: se Orwell pudesse se juntar a nós em 2020, o que ele pensaria do mundo? Ficaria fascinado, e horrorizado, com a capacidade da China de manter o totalitarismo implacável ao mesmo tempo que joga com os Estados capitalistas da democracia liberal e os derrota em seu próprio jogo. Poucos estavam dispostos a levar a sério a previsão de Orwell de que a União Soviética imporia ditaduras por procuração em grande parte da Europa Central e do Leste Europeu. Ele não ficaria surpreso ao saber que os soviéticos reprimiram protestos antiautoritarismo em Budapeste e Praga. Hoje, Orwell poderia apontar para o espetáculo do Partido da China continental preparando sua botina militar contra ativistas da democracia em Hong Kong e nos dizer, mais uma vez, "Eu avisei". Na opinião de Orwell, Trump e as alianças entre a extrema direita conservadora e a xenofobia proletária pareceriam coisas repulsivas e tenebrosamente reconhecíveis. Ele consideraria Boris Johnson um amálgama de Oswald Mosley e *[o personagem cômico, gorducho e comilão]* Billy Bunter, e se perguntaria por que ainda há tantos indigentes dormindo em nossas calçadas. Dá para imaginar um sorriso irônico se formando no rosto de Orwell assim que avistasse sua estátua defronte à BBC Broadcasting House, mas o risinho talvez desaparecesse quando ele lesse a frase cinzelada na parede, palavras que nunca foram impressas, mas que eram destinadas a um prefácio de *A revolução dos bichos*: "Se a liberdade significa alguma coisa, é o direito de dizer às pessoas o que elas não querem ouvir". Setenta anos atrás, o Ocidente, apesar de todas as suas falhas, poderia ao menos se orgulhar do *status* de bastião global da liberdade de expressão, mas hoje, especialmente em instituições de ensino, a insidiosa disseminação dos "espaços seguros" e da prática da "desplataforma" reflete uma geração que deseja negar aos outros o direito de falar, por medo da angústia diante "do que não querem ouvir". A bolha dentro da qual a geração do milênio tem a intenção de se fechar parece farsesca em comparação com as políticas do Partido Comunista Chinês, que, por meio da tecnologia, praticamente erradicou a comunicação que o desagrada. Entre os dez principais países que praticam a censura estatal, sobretudo on-line, cinco são comunistas ou carregam um legado de comunismo sem reformas significativas (China, Cuba, Vietnã, Coreia do Norte e Azerbaijão). O restante (principalmente Irã, Arábia Saudita, Eritreia e Paquistão) faz parte de uma variedade muito diferente de totalitarismo, mas Orwell detectaria neles algo que traz uma semelhança perturbadora com o comunismo, tanto como ideologia quanto como forma de tirania. Um breve contato com a obra de Sayyid Qutb (1906–1966), ainda que em tradução para o inglês, fará com que o leitor acredite que Marx se converteu ao islã. O estilo de Qutb é um marcante exemplo de linguagem evasiva e ambígua, ou do materialismo dialético colocado a serviço de Alá. O texto é cansativo e incompreensível, mas tem um propósito inelutável. Para Marx, o Estado definhará e a história terminará; para Qutb, será criada uma sociedade na qual a política se tornará irrelevante, a igualdade de riqueza e posição serão fatos consumados, e todos esses acontecimentos seguirão as previsões do Alcorão. Nos dois casos, a violência e a revolução, precondições necessárias para a transformação, serão supervisionadas por membros de uma elite que, respectivamente, são agentes de inevitabilidade histórica ou entendem corretamente as palavras proferidas por Maomé. Em ambos os arranjos, o homem deverá se tornar mais humano, muito melhor do que se tornaria através de pequenas melhorias, proporcionadas, digamos, pelo

Iluminismo. O que parece estranho, dado que seríamos desprovidos da oportunidade de pensar, principalmente se nossos pensamentos e palavras forem contra a ortodoxia. O Estado Islâmico e a Al-Qaeda são os afiliados modernos de Qutb, mas, mesmo entre os países islâmicos mais indulgentes, a noção do autor egípcio de uma sociedade proclamada e inevitável perdura. Qutb, seus seguidores mais recentes e os marxistas que odiavam Orwell tinham uma coisa em comum: ninguém tinha permissão para discordar de seus prognósticos nem dos estatutos de seus regimes ditatoriais. Neste último caso, a suscetível individualidade ou a inclinação a "dizer às pessoas o que elas não querem ouvir" certamente renderiam pena de prisão e, às vezes, uma sentença de morte: veja o que aconteceu com o escritor Salman Rushdie, que na prática foi condenado a prisão domiciliar por seus protetores, as forças de segurança do Ocidente "livre". Quando *A revolução dos bichos* e *1984* foram publicados, a intelectualidade do Ocidente era predominantemente de esquerda, e muitos pensavam que o comunismo seria bom para as classes trabalhadoras, a despeito da opinião delas a respeito disso. Em sua maioria, esses ativistas estavam iludidos e delirantes; levavam uma vida financeiramente confortável e eram uma parte por demais integrada ao *establishment* para cogitar a sério a hipótese de abrir mão de seus privilégios. Por isso Orwell detestava sua hipocrisia. O que ele pensaria de uma ideologia – desculpe, uma religião – tão profundamente entranhada em nossa precária cultura liberal e muito mais direta e resoluta no desprezo que sente por ela?

EPÍLOGO

rwell esperou a publicação de *1984* e leu as resenhas e notícias sobre a recepção do livro enquanto estava internado no Sanatório Cranham, um conjunto de cabanas úmidas que pareciam ter sido projetadas para piorar doenças pulmonares.

Em abril, recebeu a visita de Celia Kirwan, a quem ele havia proposto casamento quase cinco anos antes. Dessa vez, ela estava na condição de funcionária do Departamento de Pesquisa da Informação [IRD, na sigla em inglês], uma agência do Ministério das Relações Exteriores às voltas principalmente com a propaganda soviética. O Departamento estava recrutando figuras – em especial jornalistas, historiadores e escritores respeitados, com envolvimento direto nos mais importantes eventos globais da década de 1930 em diante – que seriam preparadas para combater a disseminação do que agora chamamos de *fake news*, notícias falsas originadas em várias partes do Bloco Soviético. Kirwan pediu a Orwell que recomendasse recrutas e também perguntou se ele conhecia alguém cujas simpatias pela causa soviética poderiam enviesar seu apoio ao Ocidente. Ele deu a ela trinta e oito nomes. A chamada "Lista" foi revelada pela primeira vez pelo jornal *The Sunday Telegraph* em 1991, mas poucos pareceram ter notado, pelo menos até 1996, quando *The Guardian*, *The Times*, *Evening Standard* e *The Independent on Sunday* provocaram uma frenética caça às bruxas. Comentaristas de esquerda que antes tratavam Orwell com relutante respeito fizeram fila para condená-lo como "um informante da polícia secreta" (Alexander Cockburn), um "vendido" ao *establishment* Conservador (Tony Benn) e até mesmo como um "macarthista" (Paul Foot). Cockburn, Benn e Foot foram acompanhados por Christopher

Hill ("Eu sempre soube que ele era um duas-caras"), pelo deputado Gerald Kaufman e pelo tio de Paul, Michael Foot, antigo líder do Partido Trabalhista e colega de Orwell na *Tribune* na década de 1940, entre outros.

Celia assegurou a Orwell que as pessoas por ele mencionadas seriam deixadas em paz pelo IRD e que certamente não seriam tratadas como ameaças à segurança nacional. Poderiam continuar tendo e expressando quaisquer opiniões que bem desejassem, sem que isso causasse danos à sua vida pessoal ou profissional. Ela estava dizendo a verdade, e aqueles que condenaram Orwell quase meio século depois tinham plena consciência disso. Essa gente detestou Orwell em silêncio durante cinquenta anos por ele ter ousado desmascarar a utopia soviética como a forma mais vil de totalitarismo, e agora os detratores buscavam vingança imitando os maneirismos da Polícia do Pensamento de *1984*.

Quando Orwell recebeu a visita de Celia, a União Soviética ocupava a maior parte da Europa Central e Oriental e planejava expandir sua esfera de influência. Pouco mais de um ano após a conversa entre os dois, Rússia e China envolveram-se na invasão da Coreia do Sul pela Coreia do Norte comunista. A ameaça representada pelos países comunistas às democracias ocidentais em 1949–50 era comparável àquela que a Grã-Bretanha enfrentara em 1940. Décadas mais tarde, teria Orwell sido insultado se durante esse ano oferecesse ao Ministério das Relações Exteriores uma lista de figuras do *establishment* nas quais não se poderia confiar totalmente, ou que não fossem competentes o suficiente como comunicadores antifascistas? E o que teria acontecido com escritores na União Soviética que fossem rotulados como simpatizantes do capitalismo liberal? Teriam permissão para exercer seu trabalho sem ser incomodados por agentes da NKVD/KGB? Cockburn, Foot, Hill e companhia foram incapazes de reconhecer que a liberdade de expressão e de ação era permitida nos países onde eles viviam, mas não naqueles cuja ideologia eles adotaram.

Em junho de 1949, Orwell comentou em carta a Astor que "outras considerações à parte, creio que eu permaneceria vivo por mais tempo se fosse casado e tivesse alguém para cuidar de mim". Sonia Brownell foi a Cranham várias vezes naquele verão, embora não esteja claro quem tomou a iniciativa dessas visitas. Ela, assim como Celia, era uma das três mulheres a quem Orwell propusera casamento logo após a morte de Eileen. Ele repetiu a pergunta, e dessa vez Sonia aceitou. Logo após o noivado, o pulmão mais fraco de Orwell entrou em colapso mais uma vez; ele desenvolveu pleurisia e, no início de setembro, foi transferido numa ambulância particular para o

Hospital da University College, em Londres. Em 17 de setembro de 1949, as páginas da coluna social do *Star* e do *Daily Mail* informaram que:

> A senhorita Brownell, trinta anos, olhos azuis, editora-assistente da revista literária *Horizon*, ficou noiva do sr. Orwell cerca de dois meses atrás, mas o noivado só foi anunciado hoje. Eles se conhecem há cinco anos. Hoje, em seu escritório na praça Bedford, a senhorita Brownell, vestindo uma blusa de renda branca e saia de flanela cinza, estava usando o anel de noivado italiano de desenho ornamental com rubis, diamantes e uma esmeralda. Ela mesma o escolheu, porque o achou bonito. Sua esperança é que seu futuro marido − cujo nome verdadeiro é Eric Blair − se recupere a ponto de deixar o hospital para que possam viajar ao exterior no Ano-Novo.

Durante o outono e o inverno, Orwell, Sonia e outros que testemunharam os eventos pareciam transitar entre estados de ilusão, fantasia e *páthos*. Muggeridge observou que Sonia "é o que Tony [Powell] descreve como uma 'puta das artes'", uma bonita parasita que, a fim de entrar no "grupinho exclusivo", tornou-se disponível para celebridades culturais. Pouco antes de começar a visitar Orwell, ela havia rompido com o filósofo francês Maurice Merleau-Ponty. Muggeridge previu que "provavelmente será um casamento macabro", sugerindo que Sonia sabia que em breve seria seguido por um funeral.

Há um momento em *1984* que tem mais a ver com a estranheza duradoura de Orwell do que com política, quando Julia entrega a Winston um pedaço de papel, antes mesmo de um saber o nome do outro. Nervosamente, Winston primeiro decide jogá-lo no buraco da memória, mas por fim se detém e abre o bilhete:

> Amo você.

Gestos impulsivos e aparentemente gratuitos como esse eram o contrapeso de Orwell à racionalidade. Apesar da inversão de gênero, as semelhanças entre Julia e os hábitos de seu criador são impressionantes. Orwell parecia compelido a declarar seu amor ou propor casamento a mulheres que ele mal conhecia − oito vezes, segundo a minha estimativa −, mas não como preâmbulo de uma estratégia sedutora. Orwell simplesmente precisava estender a mão para tentar formar algum tipo de vínculo, por mais breve que fosse, que separaria os dois do resto do mundo. A lembrança mais nítida que Jacintha Buddicom tinha de Orwell, dos tempos de criança, era de quando ele declarou que talvez todas as outras pessoas fossem ilusões e que, em virtude de estarem juntos, eles dois eram os únicos que existiam de verdade.

A cerimônia de casamento foi realizada em 13 de outubro de 1949. Orwell tinha quarenta e seis anos, e Sonia, trinta e um. Foi necessária uma "licença especial" para que pudessem se casar em um hospital, e David Astor, sempre útil com seus contatos, obteve uma diretamente do arcebispo da Cantuária. Astor e Janette Kee, esposa do radialista e escritor Robert Kee, foram testemunhas, e Powell e Muggeridge estavam presentes. Orwell não conseguiu sair da cama, mas trocou a blusa do pijama por um paletó de smoking vermelho, que não teria ficado deslocado em um clube de cavalheiros de reputação duvidosa. Os convidados e Sonia foram almoçar no Ritz, por insistência de Orwell, e Sonia voltou à tarde com o menu assinado por todos os presentes.

No inverno, os visitantes chegavam como fantasmas do passado. Heppenstall e Julian Symons eram frequentadores habituais, e Stephen Spender costumava fazer companhia a Orwell a cada quinze dias, em uma bem-sucedida tentativa de aparar as arestas entre os dois que remontavam à década de 1930. Jacintha Buddicom, a quase namoradinha da adolescência de Orwell, escreveu-lhe inúmeras cartas. Andrew Gow, ainda professor do Trinity em Cambridge, veio vê-lo sem aviso prévio. Foi a primeira vez que se encontraram pessoalmente desde que, trinta anos antes, Orwell fizera uma visita, também não anunciada, a seu ex-tutor do Eton em Cambridge. Stafford Cottman, o camarada adolescente nas batalhas da Catalunha, telefonou para marcar uma visita a Eric Blair, mas o hospital disse que não tinha registro de nenhum paciente com esse nome. No fim das contas, a ligação foi transferida para o quarto ocupado por um certo "George Orwell". Orwell havia investido seu futuro em um plano de mudança para um sanatório na Suíça ao final de janeiro, e prometeu encontrar-se com Cottman depois que retornasse.

Avril e Sonia levavam Richard para ver o pai quase todos os dias e tentavam aparentar uma parceria cordial de tia e madrasta.

O plano de ida para a Suíça era mais do que uma fantasia nascida de *A montanha mágica*, de Thomas Mann, romance ambientado em um sanatório alpino para tuberculosos onde a saúde é restaurada de maneira aparentemente milagrosa. Os especialistas do Hospital da University College recomendaram a transferência, e arranjos específicos foram feitos (mais uma vez) por Astor, que providenciou um avião particular para levar Orwell até lá. No entanto, ao mesmo tempo Orwell preparava com urgência documentos que especificavam o que ocorreria após sua morte. Sonia e Richard seriam seus executores literários conjuntos. Orwell assegurou uma apólice de seguro de valor considerável para garantir uma boa educação ao filho, e solicitou que Richard fosse o único beneficiário de todo o seu espólio após a morte de Sonia. Não havia provisão para Avril, tampouco para as sobrinhas e sobrinhos. Orwell requisitou um enterro "de acordo com os ritos da Igreja da Inglaterra", pediu que sua lápide contivesse a inscrição "Aqui jaz Eric Arthur Blair, nascido em 25 de junho de 1903, falecido em ..." e insistiu que não fosse realizada nenhuma cerimônia fúnebre. Orwell também instruiu seus executores – efetivamente Sonia, pelo menos até Richard atingir a idade adulta – a zelar para que nenhuma biografia dele fosse escrita, restringindo direitos de citação de material impresso e vetando o acesso a arquivos. Sonia seguiu essas instruções até 1972, quando decidiu que o historiador Bernard Crick era confiável e lhe assegurou direitos ilimitados para ambos os casos.

Em meados de janeiro, as visitas estavam se tornando muito mais frequentes, e ficou evidente para todos que os planos para o futuro imediato estavam em desacordo com a probabilidade de Orwell deixar o hospital. Richard Rees observou que as varas de pesca para a viagem à Suíça, que chamavam a atenção apoiadas no canto do quarto, contrastavam cruelmente com o homem deitado na cama, quase só pele e osso. Durante uma visita, um antigo companheiro de Orwell no pelotão da Guarda Interna, Denzil Jacobs, foi informado pelo amigo sobre a opinião dos médicos de que os Alpes melhorariam seu estado. Mas, de repente, Orwell fez uma pausa e afirmou: "Ganhei todo esse dinheiro, e agora vou morrer". Jon Kimche, que era de origem suíça, recorreu a um contato na embaixada para acelerar a papelada. Providenciaram-se o voo e a documentação para a remoção de Orwell na quarta-feira, 25 de janeiro. Tosco Fyvel passou algum tempo com ele na sexta-feira anterior, e Paul Potts mais tarde no mesmo dia. Foram os últimos a vê-lo com vida. Nas primeiras horas do sábado, 21 de janeiro de 1950, uma hemorragia pulmonar levou à morte de Orwell, sozinho.

Orwell foi enterrado em um jazigo obtido por David Astor no cemitério da igreja anglicana All Saints [Todos os Santos], no vilarejo de Sutton Courtenay, próximo à propriedade da família Astor em Berkshire. Orwell não tinha conexão direta com o lugarejo, mas Astor, sempre o facilitador, achou que era um local de descanso adequado para um homem cuja afeição pela Inglaterra rural havia perdurado desde sua juventude. Sonia concordou. O vilarejo fica às margens do Tâmisa, o rio em que ele adorava pescar.

BIBLIOGRAFIA

OBRAS DE GEORGE ORWELL

Down and Out in Paris and London. Londres, Gollancz, 1933. No Brasil: *Na pior em Paris e Londres*. Tradução de Pedro Maia Soares. São Paulo, Companhia das Letras, 2006.

Burmese Days. Nova York, Harper and Brothers, 1934. No Brasil: *Dias na Birmânia*. Tradução de Sergio Flaksman. São Paulo, Companhia das Letras, 2008.

A Clergyman's Daughter. Londres, Gollancz, 1935. No Brasil: *A filha do reverendo*. Tradução de Álvaro Cabral. Rio de Janeiro, Nova Fronteira, 1985.

Keep the Aspidistra Flying. Londres, Gollancz, 1936. No Brasil: *A flor da Inglaterra*. Tradução de Sergio Flaksman. São Paulo, Companhia das Letras, 2007. Também publicado como *Moinhos de vento* (tradução de Waltensir Dutra. Rio de Janeiro, Nova Fronteira, 1984) e *Mantenha o sistema* (Belo Horizonte. Itatiaia, 2000).

The Road to Wigan Pier. Londres, Gollancz, 1937. No Brasil: *O caminho para Wigan Pier*. Tradução de Isa Mara Lando. São Paulo, Companhia das Letras, 2010. Também publicado como *A caminho de Wigan*. Tradução de Gláucia Freire Sposito. Rio de Janeiro, Nova Fronteira, 1986.

Homage to Catalonia. Londres, Secker & Warburg, 1938. No Brasil: "Homenagem à Catalunha". In: ORWELL, George. *Lutando na Espanha, Homenagem à Catalunha, Recordando a Guerra Civil Espanhola e outros escritos*. Tradução de Ana Helena Souza. São Paulo, Globo, 2006.

Coming Up for Air. Londres, Gollancz, 1939. No Brasil: *Um pouco de ar, por favor!*. Belo Horizonte, Itatiaia, 2000. Também publicado como *Na sombra de 1984*. Tradução de Maria Judith Martins. São Paulo, Hemus, 1973.

Inside the Whale and other Essays. Londres, Gollancz, 1940. No Brasil: *Dentro da baleia e outros ensaios*. Tradução de José Antonio Arantes. São Paulo, Companhia das Letras, 2005.

The Lion and the Unicorn. Londres, Secker & Warburg, 1941. Em língua portuguesa: "O leão e o unicórnio". In: ORWELL, George. *Por que escrevo e outros ensaios*. Tradução de Desidério Murcho. Lisboa, Antígona, 2008.

Animal Farm. Londres, Secker & Warburg, 1945. No Brasil: *A revolução dos bichos: Um conto de fadas*. Tradução de Heitor Aquino Ferreira. São Paulo, Companhia das Letras, 2007.

Nineteen Eighty-Four. Londres, Secker & Warburg, 1949. No Brasil: *1984*. Tradução de Heloisa Jahn e Alexandre Hubner. São Paulo, Companhia das Letras, 2009.

Literatura e política: Jornalismo em tempos de guerra. Tradução de Sérgio Lopes. Rio de Janeiro, Jorge Zahar, 2006.

Como morrem os pobres e outros ensaios. Tradução de Pedro Maia Soares. São Paulo, Companhia das Letras, 2011.

Uma vida em cartas. Tradução de Pedro Maia Soares. São Paulo, Companhia das Letras, 2013.

O que é fascismo e outros ensaios. Tradução de Paulo Geiger. São Paulo, Companhia das Letras, 2017.

OUTRAS FONTES

ANISIMOV, I. "Enemies of Mankind". *Pravda*, 12 mai. 1950.

ATKINS, John. *George Orwell: A Literary Study*. Londres, John Calder, 1954.

BENNEY, Mark. *Almost a Gentleman*. Londres, Peter Davies, 1966.

BLOODWORTH, James. *Hired: Six Months Undercover in Low-Wage Britain*. Londres, Atlantic, 2019.

BOUNDS, Philip. *Orwell and Marxism: The Political and Cultural Thinking of George Orwell*. Londres e Nova York, I. B. Tauris, 2009.

BOWKER, Gordon. *Inside George Orwell: A Biography*. Londres, Palgrave Macmillan, 2003.

BRANDER, Laurence. *George Orwell*. Londres, Longmans, Green & Co., 1954.

BRUNSDALE, Mitzi M. *Student Companion to George Orwell*. Westport, CT, Greenwood Press, 2000.

BUDDICOM, Jacintha. *Eric & Us*. The Postscript Edition. Londres, Finlay, 2006.

CONNOLLY, Cyril. *Enemies of Promise*. Nova York, Garden City, 1960.

COPPARD, Audrey e CRICK, Bernard. *Orwell Remembered*. Nova York, Facts on File, 1984.

CRICK, Bernard. *George Orwell: A Life*. Boston, Little, Brown & Co., 1980 (edição revista, 1992).

CUSHMAN, Thomas e RODDEN, John (Orgs.). *George Orwell: Into the Twenty-First Century*. Boulder, Colorado, Paradigm Press, 2004.

DAVISON, Peter. *George Orwell: A Literary Life*. Nova York, Palgrave, 1996.

__ (Org.). *The Complete Works of George Orwell*. Londres, Secker & Warburg, 1998, 20 volumes.

__ (Org.). *Diaries*. Londres, Harvill Secker, 2009.

__ (Org.). *The Lost Orwell*. Londres, Timewell Press, 2006.

__ (Org.). *Nineteen Eighty-Four: The Facsimile of the Extant Manuscript*. San Diego, Harcourt Brace Jovanovich, 1984.

FYVEL, Tosco. *George Orwell: A Personal Memoir*. Londres, Macmillan, 1982.

GOTTLIEB, Erika. *The Orwell Conundrum: A Cry of Despair or Faith in the Spirit of Man?* Ottawa, Carleton University Press, 1992.

GROSS, Miriam (Org.). *The World of George Orwell*. Nova York, Simon & Schuster, 1972.

HITCHENS, Christopher. *Why Orwell Matters*. Nova York, Basic Books, 2002.

HOLDEN, Inez. *It was Different at the Time*. Londres, The Bodley Head, 1943.

HOLDERNESS, Graham, LOUGHREY, Bryan e YOUSAF, Nahem (Orgs.), *George Orwell: Contemporary Critical Essays*. Nova York, St Martin's Press, 1998.

HOLLIS, Christopher. *A Study of George Orwell*. Londres, Hollis & Carter, 1956.

HOPKINSON, Tom. *George Orwell*. Londres e Nova York, Longmans Grace & Co., 1953.

HOWE, Irving. *Politics and the Novel*. Chicago, Ivan R. Dee, 2002.

__ (Org.). *Orwell's Nineteen Eighty-Four*. Nova York, Harcourt Brace Jovanovich, 1982.

JUDT, S. "I Once Met George Orwell". In: INGRAMS, Richard (Org.). *I Once Met: Unexpected Encounters with the Famous and Infamous*. Londres, Oldie Publications, 2008.

KATZ, Wendy. "Imperialism and Patriotism: Orwell's Dilemma in 1940". In: KATZ, Wendy. *Modernist Studies: Literature and Culture*, n. 3, 1979, pp. 99-105.

KOGAN, Steve. "In Celebration of George Orwell on the Fiftieth Anniversary of 'Politics and the English Language'". In: *Academic Questions* (inverno de 1996–97), pp. 15-29.

LEBEDOFF, David. *The Same Man: George Orwell and Evelyn Waugh in Love and War*. Nova York, Random House, 2008.

LUCAS, Scott. *Orwell*. Londres, Haus, 2003.

LUTMAN, Stephen. "Orwell's Patriotism". In: *Journal of Contemporary History*, 2/2, 1967, pp. 149-58.

MEYERS, Jeffrey. *George Orwell: The Critical Heritage*. Nova York, Routledge, 1997.

__. *Orwell: Wintry Conscience of a Generation*. Nova York e Londres, W.W. Norton, 2000.

__. *A Reader's Guide to George Orwell*. Nova York, Littlefield Adams, 1977.

MICHÉA, Jean-Claude. *Orwell, Anarchiste Tory. Suivi de: Á propos de 1984*. Paris, Climats, 2008.

NEWSINGER, John. *Orwell's Politics*. Basingstoke, Palgrave Macmillan, 2002.

ORWELL, Sonia e ANGUS, Ian (Org.). *The Collected Essays, Journalism and Letters of George Orwell*. Nova York, Harcourt, Brace & World, Inc., 1968, 4 volumes.

PATAI, Daphne. *The Orwell Mystique: A Study in Male Ideology*. Amherst, University of Massachusetts Press, 1984.

REES, Richard. *George Orwell: Fugitive From the Camp of Victory*. Carbondale, Southern Illinois University Press, 1965.

RODDEN, John. *Every Intellectual's Big Brother: George Orwell's Literary Siblings*. Austin, University of Texas Press, 2008.

__. *The Politics of Literary Reputation: The Making and Claiming of "St George" Orwell*. Oxford, Oxford University Press, 1989.

__. *Scenes from an Afterlife: The Legacy of George Orwell*. Wilmington, Delaware, ISI Books, 2003.

__. *The Unexamined Orwell*. Austin, University of Texas Press, 2011.

__ (Org.). *The Cambridge Companion to George Orwell*. Cambridge, Cambridge University Press, 2007.

__ (Org.). *George Orwell: Critical Insights*. Amenia, Nova York, Salem Press, 2012.

__ (Org.). *Understanding Animal Farm: A Student Casebook to Issues, Sources and Historical Documents*. Westport, Connecticut, Greenwood Press, 1999.

ROSE, Jonathan (Org.). *The Revised Orwell*. East Lansing, Michigan State University Press, 1992.

SAUNDERS, Loraine. *The Unsung Artistry of George Orwell: The Novels from Burmese Days to Nineteen Eighty-Four*. Aldershot, Ashgate, 2008.

SHELDEN, Michael. *Orwell: The Authorized Biography*. Nova York, HarperCollins, 1991.

SMITH, David e MOSHER, Michael. *Orwell for Beginners*. Londres, Writers and Readers, 1984.

SPURLING, Hilary. *The Girl From the Fiction Department*. Londres, Counterpoint, 2002.

STANSKY, Peter e ABRAHAMS, William. *Orwell: The Transformation*. Nova York, Knopf, 1980.

__. *The Unknown Orwell*. Redwood City, Califórnia, Stanford University Press, 1972.

STRITTMATTER, Kai. *We Have Been Harmonised: Life in China's Surveillance State*. Londres, Old Street, 2019.

SYMONS, Julian. "Orwell: A Reminiscence". In: *London Magazine*, Londres, v. 3, set. 1963, pp. 35–49.

TAYLOR, D. J. *Orwell: The Life*. Londres, Henry Holt, 2003.

TRILLING, Lionel. *Introduction to George Orwell's Homage to Catalonia*. Boston, Beacon Press, 1952.

TROPPI, Victor. "'1984': Full Circle". In: *New Times*, dez. 1983.

TYRELL, Martin. "The Politics of George Orwell (1903–1950): From Tory Anarchism to National Socialism and More Than Half Way Back". In: *Cultural Notes*, Londres, Libertarian Alliance, v. 36, 1997.

WADHAMS, Stephen. *Remembering George Orwell*. Londres, Penguin, 1984.

WALTER, N. *George Orwell: At Home and Among the Anarchists*. Londres, Freedom Press, 1998.

WEST, William J. (Org.). *Orwell: The Lost Writings*. Nova York, Arbor House, 1985.

__ (Org.). *Orwell: The War Commentaries*. Nova York, Pantheon, 1986.

WILKIN, P. *The Strange Case of Tory Anarchism*. Londres, Libri, 2010.

WILLIAMS, Raymond. *George Orwell*. Englewood Cliffs, Nova Jersey, Prentice-Hall, 1974.

WOODCOCK, George. *The Crystal Spirit: A Study of George Orwell*. Boston, Little, Brown, 1966.

ZWERDLING, Alex. *Orwell and the Left*. New Haven, Connecticut, Yale University Press, 1974.

OUTRAS FONTES (EM LÍNGUA PORTUGUESA)

BONALUME NETO, Ricardo. *George Orwell: A busca da decência*. São Paulo, Brasiliense, 1984.

HITCHENS, Christopher. *A vitória de Orwell*. Tradução de Laura Teixeira Motta. São Paulo, Companhia das Letras, 2010.

MATOS, Jacinta Maria. *George Orwell: Biografia intelectual de um guerrilheiro indesejado*. Lisboa, Edições 70, 2019.

NEWSINGER, John. *George Orwell: Uma biografia política*. Tradução de Fernando Gonçalves. Lisboa, Antígona, 2010.

RICKS, Thomas E. *Churchill e Orwell: A luta pela liberdade*. Tradução de Rodrigo Lacerda. Rio de Janeiro, Zahar, 2019.

WILLIAMS, Raymond. *Cultura e sociedade: De Coleridge a Orwell*. Tradução de Vera Joscelyne. Petrópolis, Vozes, 2011.

ÍNDICE REMISSIVO

Acampamento de Treinamento do Corpo de Oficiais do Eton (OTC, na sigla em inglês), 46

Acordo de Não Intervenção, 163

Adam, Eugène, 87

Adam (nome de solteira Limouzin), Nellie (tia de Orwell), 58, 87, 132, 247

Adelphi, The (revista), 79, 81, 113-14, 117, 134, 137, 160, 196

África, 207
    Norte da, 93, 196-97, 222

Agência Central de Inteligência (CIA), 291, 307, 316

Agência de Pesquisa na Internet, 296, 297

Agência de Segurança Nacional (NSA), 307

agnosticismo, 122

"albergue, O", 79-80, 81

Alcorão, 318

Alcubierre, Aragão, 174

Alemanha, 166, 167, 182, 229, 238, 250, 287
    bombardeios aéreos da, 198, 207-8
    Conferência de Munique, 197
    derrota da, 245, 247-48
    "duas Alemanhas", 238
    fascismo, 45, 245, 287
    invasão da Rússia, 209
    nazista, 93, 163, 208, 236-37
    rendição em 1945, 243, 294

Alemanha nazista, 93, 163, 208, 236-37

Aliados, 103, 209, 246-47, 255, 259

All Saints [Todos os Santos], cemitério da igreja anglicana, Sutton Courtenay, 14, 325

Al-Nuaimi, Miqdad, 101

Al-Qaeda, 319

Amazon, 155, 296

América Latina, 263

Amis, Kingsley, 139

anarcossindicalistas, grupos, 171

anarquistas, 163, 171-73, 176-77, 178, 180, 192-94, 287

Anderson, Evelyn, 93

anglicanismo, 45, 164

angry young men [jovens revoltados], 139

animalismo, 262

anti-Assad, combatentes, 182

anticomunistas, 237

antissemitismo, 11-12, 91-107, 195
    britânico, 104-5, 154
    como duplipensar, 11-12, 106-7
    da esquerda, 11, 98-103, 104-7, 309-10

antissionistas, 99, 103, 135

árabes, 103

Arábia Saudita, 235

Aragão, 174, 178, 179

armas atômicas, 243, 275
armas químicas, 315
Arnold, Matthew, 40, 212
Arnold, Thomas, 26
Ash, Timothy Garton, 43
Ásia:
   Leste da, 303, 307
   Sudeste da, 207
assistência médica gratuita, 131, 168, 226,
   277-78, 300
Associação de Linguagem Moderna,
   conferência da, 316
Astor, David, 122, 208, 211, 245, 251, 270,
   277-78, 322, 324-25
ataques aéreos, 287
ateísmo, 122
atentados do 11 de Setembro, 220
Atholl, duquesa de, 264
Auden, W. H., 42
Auschwitz, 99
Autoridade Palestina, Reino Unido, 99-100
autoritarismo, 11, 180, 231, 257, 302, 304,
   312, 313, 314, 317

Badran, Husam, 99
Bakewell, Jean, 43
Bakunin, Mikhail, 173
Bálcãs, 222
"balcão para pessoas de cor" em bares, 220
BAME (negros, asiáticos, minorias étnicas,
   na sigla em inglês), escritores, 138
Bangalore, 54
Bannon, Steve, 301
Barcelona, 12, 168, 171-72, 174, 175-80,
   189, 192, 194, 198, 314
Barnsley, 141, 166, 167
Barnsley, Câmara Municipal de, 152-54
Barstow, Stan, 139
BBC, 205, 207, 212-14, 223-24, 259, 289, 291
   braço de propaganda, 212-13
BBC Broadcasting House, 318
Beadon, Roger, 59-60, 61, 62
Beaton, Cecil, 28

Beatriz, princesa, 20
Beddard, T. E., 43
Belloc, Hilaire, 94
Belsen, 94
Benefits Street [Rua dos benefícios] (série
   documental de 2014), 80-81
Benelux, países do, 230
Benn, Hilary, 182-83
Benn, Tony, 165, 315, 321
Benney, Mark, 161-62
   Low Company [Companhias abjetas], 161
Berger, Luciana, 98, 99, 101-2, 310
Berlim, 246, 247
Bernhardt, Sarah, 21
Bevan, Aneurin, 104, 214, 277-78
Bibby, Kayla, 100
Birmânia, 53-70, 75, 77, 81, 98, 103, 145,
   212, 288
Blackpool, 83
Blair, Avril (irmã mais nova de Orwell), 19,
   75-76, 111, 203, 214, 248, 271, 274,
   276, 324-25
Blair (nome de solteira O'Shaughnessy),
   Eileen (primeira esposa de Orwell), 12,
   93, 140-41, 159-60, 211, 225
   adota filho, Richard Horatio, 243-45
   agnosticismo, 159
   cerimônia de casamento, 159-60
   e a Guerra Civil Espanhola, 176-77,
      178-81, 287
   e a infidelidade de Orwell, 243
   e a morte de seu irmão, 205
   e a tuberculose de Orwell, 193
   em Marrakesh, 196-97
   em Wallington, 189
   morte durante cirurgia, 246-47, 248,
      270
   trabalho no Ministério da Informação,
      203, 204
Blair, Eric Arthur *ver* Orwell, George
Blair (nome de solteira Limouzin), Ida
   Mabel (mãe de Orwell), 19, 21-23, 25,
   49, 54, 76

arranja trabalho para Orwell como
  tutor, 111, 112
caso com clínico geral, dr. Dakin, 22
e a decisão de Orwell de se tornar
  escritor, 76
e a primeira obra publicada de
  Orwell, 117
e o primeiro casamento de Orwell,
  159-60
esnobismo, 23
morte por ataque cardíaco, 214
muda-se para Londres, 214
Blair, Richard Horatio (filho adotivo de
  Orwell), 243-45, 247-50, 270, 271,
  274-76, 278, 324-25
Blair, Richard Walmsley (pai de Orwell),
  19-23, 25, 49, 75
  "agente do ópio" do Serviço Colonial,
    19, 20, 54
  doença terminal e morte, 203
  e a decisão de Orwell de se tornar
    escritor, 76
  e a primeira obra publicada de Orwell,
    117
  e o fracasso inicial de Orwell como
    escritor, 111
  e o trabalho de Orwell na Birmânia, 53
  esnobismo, 20-21, 23
  retorna à Inglaterra após o serviço
    colonial, 20-21
  serviço na Primeira Guerra Mundial,
    46-47
Blair, Tony, 106, 295
  Blair, governo, 182
blitz, 198, 213-14, 223
Bloco Comunista, 275
Bloco Soviético, 294, 321
Bloodworth, James, *Hired* [Contratado]
  (2018), 83, 149,151-52
Bloomsbury, Grupo de, 113-14, 137
Blower, Lisa, 138
  Sitting Ducks [Alvos fáceis], 138
Bogart, Humphrey, 205

bolcheviques, 86
bomba V-1, 244, 274
bordéis parisienses, 85
Borkenau, Frank, 193, 210, 269
  Spanish Cockpit, The [A cabine
    espanhola] (1937), 189
Bornéu, norte de, 61
Bowie, David, 293
Brailsford, Henry Noel, 102
Braine, John, 139
Branson, Richard, 293
Brexit, 11, 13, 38, 67-68, 70, 98, 153-54,
  224, 227-29, 258, 286
  defensores da saída da Grã-Bretanha
    da União Europeia, 67, 69, 153-54,
    155, 232, 286, 301-2
  duplipensar do, 301-3
  partidários da permanência da Grã-
    -Bretanha na União Europeia, 229,
    232, 258, 301
  sem acordo, 168
Brigadas Internacionais, 171, 178, 182-83
Bristol, 145
Brockway, Fenner, 168-69, 171, 180, 192
Brooker, família, 143-44
Brownell, Sonia (segunda esposa de Orwell),
  249, 293, 322-23, 324-25
Brueghel, 26
Bruxelas, 153
Buddicom, família, 22-23, 24-25, 76
Buddicom, Guinever, 22-23
Buddicom, Jacintha, 22-23, 24, 49, 53, 76,
  324
  Eric & Us [Eric e nós] (1974), 24
Buddicom, Prosper, 22, 24-25, 112-13
budismo, 61, 62, 64
BUF *ver* União Britânica de Fascistas
"Building Better, Building Beautiful"
  [Construindo melhor, construindo
  bonito], 194
Bukhárin, Nikolai, 256
Bull, Alan, 100
Burke, Craig, 296

Burnham, James, 274
Burton, Richard, 293
Burton (aluno da São Cipriano), 46
Bush, George W., 295

Calder-Marshall, Arthur, 190
Câmara dos Comuns, 35, 37, 38, 39, 81, 99
Câmara dos Lordes, 105
Cambridge, Universidade de, 26, 30, 44,
    48, 76, 133, 324
Cambridge University Press, 313
Cameron, David, 39, 182-83
    Cameron, governo, 182
Campbell, Bob, 101
Canárias (Ilhas), 228
Cape, Jonathan, 238, 239
capitalismo, 150, 210, 259, 288, 290, 303,
    307, 317
caráter nacional inglês, 13, 224, 226-29, 285
Carcóvia, 233
Cardiff, 145
Carta dos Direitos Fundamentais da União
    Europeia, 231
Caruso, Pietro, 233
carvão, 147-48
Catalunha, revolucionária, 12, 170, 171-74,
    176-80, 189, 192, 194, 195, 210,
    287, 324
catolicismo romano, 263
catolicismo, 164, 231, 263, 269
CBI *ver* Confederação da Indústria
    Britânica
CEE *ver* Comunidade Econômica Europeia
Ceilão, 56
censura estatal, 238-39, 245, 257, 304-7,
    311, 312-13, 318
Centro de Pesquisa em História do Partido
    (PHR), 312-13
Chakrabarti, Shami, 105, 107
Chamberlain, Neville, 227
Channel 4, 80
Chaucer, Geoffrey, 94
Chesterton, G. K., 94

China, 13, 67, 148, 235, 257, 304-7, 310-13
    ascensão da, 303
    crescimento populacional, 311
    e "liberalização", 305
    e *1984*, 303-7
    e a Coreia do Sul, 322
    e autoritarismo, 304, 312
    e censura, 304-7, 311-12, 313, 317-18
    e comunismo, 257, 259, 275, 294,
        312-13
    e o comércio de ópio, 20
    e o mandarim, 312
    e os *laobaixing*, 305
    e tecnologia de vigilância, 303-5, 306,
        310-11
    e totalitarismo, 13, 317
    expansionismo, 294
    guerra comercial contra os EUA,
        259-60
    reescrita de sua história, 312-14
    tratamento estatal do homem comum,
        311-12
China Quarterly (periódico científico), 313
Chomsky, Noam, 315
Church Times (jornal semanal), 122, 123
Churchill, Randolph, 55
Churchill, Winston, 220, 223, 230, 315
CIA *ver* Agência Central de Inteligência
círculo, O (filme, 2013), 307
classes altas, 35-36, 44, 139, 211
classes dominantes, 36, 290-91
classes mais baixas:
    e populismo, 284
    ver também classes trabalhadoras
classes médias, 80, 139, 151
classes trabalhadoras, 12, 78-80, 213,
    229, 244
    acomodações, 141-46, 149
    como nicho de mercado na ficção,
        137-38
    como sub-humanos, 115
    condições das, 78
    de Londres, 118-19

do norte da Inglaterra, 113, 141-53,
155, 170-71, 190, 191, 283-84

e a colheita de lúpulo, 65, 118-22

e comunismo, 319

e internacionalismo, 227-28

e Oswald Mosley, 152-53, 167-68

escritores com origem nas, 137-39, 140

insularidade e xenofobia, 12, 67-69,
227-29, 284-85, 286, 317-18

Clinton, Arthur, 179

Clinton, Hillary, 14n, 295-96

CNN, 299

CNT (*Confederación Nacional del Trabajo*), 171

Cockburn, Alexander, 42, 321, 322

Cockburn, Claud, 163

colheita de lúpulo, 65, 118-22

College Days [Dias de colégio] (jornal do
Eton), 37-38, 44

Collings, Dennis, 117

Collins, Norman, 191, 229

Colônia, 246

"colônias de carroções", 145-46

colonialismo, 69-70, 197, 230, 288, 315

colonialismo francês, 196-97

Comando de Bombardeiros, 219

combustíveis, 148

comércio, 232, 236, 257-61, 301, 307

Comintern [Internacional Comunista], 189

Comissão de Controle, 250

Comissão de Igualdade e Direitos
Humanos, 107

Comissão de Serviço Público Civil, 53

Comitê Britânico para a Solidariedade
Judaico-Árabe, 103

Comitê Internacional de Solidariedade
Antifascista, 192

Common, Jack, 114, 134, 137, 139, 160-61,
164, 168, 189, 196

The Freedom of the Streets [A liberdade das
ruas] (1938), 137

Common, Mary, 196-97

Commonwealth (Comunidade das Nações),
70, 232

Comunidade Econômica Europeia (CEE),
230, 231, 294

comunismo, 87, 164-65, 171, 207, 208, 210,
230, 290-91, 294, 319

chinês, 257, 259, 275, 294, 312-13

como acessório da moda, 165

e censura estatal, 318-19

e Coreia do Norte, 322

e ditadura, 262-63

natureza condenada do, 262-63

o ódio de Orwell pelo, 12, 45

soviético, 180, 190, 193, 210, 236-37,
256, 257, 261, 274-75, 283

comunistas, 136, 142, 166, 168, 171-72,
176-79, 189, 190, 193, 219, 231,
237, 290

soviéticos, 180, 190, 193

ver também anticomunistas

Confederação da Indústria Britânica (CBI),
168

Confederación Nacional del Trabajo (CNT), 171

Conferência de Munique, 197

Connolly, Cyril, 28, 30-31, 37, 45-46, 62,
136, 207, 208, 212, 213-14, 248,
249, 261

e *A revolução dos bichos*, 255

Enemies of Promise [Inimigos da
promessa] (1938), 30, 41

homossexualidade, 43-44

Conquest, Robert, 139, 257

Conrad, Joseph, 55

Conselho de Westminster, 84

Conselho Geral Imperial, 225

Conselho Nacional do Carvão, 148

Conservador, governo, 83

de Thatcher, 148, 293-94

pós-Referendo, 232

"consultores militares", 163

Contemporary Jewish Record [Registro Judaico
Contemporâneo] (periódico), 93, 97

Conway, Kellyanne, 295, 296

Corbyn, Jeremy, 11, 12, 98-100, 102, 105-6,
182, 310

339

corbynismo, 165

Coreia do Norte, 194, 257, 294, 303, 322

Coreia do Sul, 322

Cornualha, 76

Corryvreckan, estreito de, 276

Cottman, Stafford, 175, 176, 179, 180, 190, 192, 324

Coventry, 141

Coward, Noël, 205

CPGB *ver* Partido Comunista da Grã-Bretanha

Crace, John Foster, 44

Craighurst, 53

Crick, Bernard, 59-60, 62, 63, 77, 87, 114, 161, 166, 174, 192, 208, 250, 251, 293, 325

cristianismo, 26, 41, 45, 59, 121, 122-23, 164, 231

    ver também catolicismo

Cristianismo Muscular, 26

Cukor, George, 205

Curran, Charles, 289

Cushing, Peter, 289

dacoit, gangues, 57

Daily Express (jornal), 236

Daily Mail (jornal), 117, 163-64, 182, 183, 235, 323

Daily Mirror (jornal), 223, 236

Daily Telegraph, The (jornal), 37, 38, 105, 183, 228

Daily Worker, The (jornal), 163, 190, 193, 255, 288

Dakin, dr., 22

Dakin, família, 141

Dakin, Henry, 276

Dakin, Humphrey, 22, 23, 113, 276

Dakin, Jane, 276

Dakin, Lucy, 276

Dakin (nome de solteira Blair), Marjorie (irmã de Orwell), 19, 22, 23, 113, 270

Day Lewis, Cecil, 117

De Gaulle, Charles, 220

de Waal, Kit, 137-38

Degnan, Tommy, 166, 170

democracia liberal, 284, 288, 294, 307, 317

Democratas, 194

Departamento Federal de Investigação dos Estados Unidos (FBI), 220

Depressão, 154-55

    ver também Grande Depressão

Der Stürmer (jornal antissemita), 99

Derrida, Jacques, 316, 317

desconstrução, 316

desempregados, 141, 144-45, 150-52

desestalinização, 260-61

desigualdade de riqueza, 225, 227

desindustrialização, 155

desinformação, 296

desumanização, 68-69

Deutscher, Isaac, 291, 292

    Heretics and Renegades [Hereges e renegados] (1955), 290

Dick, Bruce, 277-79

Dickens, Charles, 23

direita, 154, 194, 229, 233, 255, 284, 317

direitos humanos, 231, 232, 259

dissidentes, Bloco Soviético, 292

distopias, 13, 132, 140, 167, 257, 284, 304, 315

ditadura, 262

Divisão Doméstica Real ("Azuis"), 211

Doha, 99

Donovan, John ("Paddy"), 175

Dorfman, Ariel, 316-17

Dos Passos, John, 84, 245

Douglas, Ray, 315

Downton Abbey (série de TV), 126

Driberg, Tom, 42

Dunquerque, 205, 213, 225

duplipensar, 11, 12, 13, 106-7, 239, 289, 295, 296, 299-303, 315-16

Dutt, Rajani Palme, 290-92

East Dorset, 146

East End, 78, 93, 98, 120, 244

Eastwood, Christopher, 43-44
Eaton, George, 194-95
economia mista, 226, 231
economias de livre mercado, 257, 261, 303
Ede, dr., 123
educação, 226
    ver também sistema de ensino privado
Edwards, Bob, 174-76
Eggers, Dave, 307
Eixo, forças do, 209
Election Times [Tempos de eleição]
    (jornal do Eton), 37
eleições gerais:
    de 1951, 289
    de 1983, 293-94
Eliot, T.S., 94, 115, 118, 212, 239
    A terra devastada, 115, 207
elites, 39, 305-6
Elizabeth, rainha-mãe, 264, 290
Elizabeth II, 290
Ellman, *Dame* Louise, 98
Empson, William (Bill), 213, 269
Enticott, Damien, 100
era da "pós-verdade", 167, 194
Erdoğan, Recep Tayyip, 302
ERG *ver* Grupo Europeu de Pesquisa
escapismo, 151
Escócia, 164
Escola de Treinamento de Polícia da
    Província da Birmânia, Mandalay, 57, 58
escritores LGBTQ (lésbicas, gays,
    bissexuais, transexuais, *queer*), 138
escritores negros, asiáticos, minorias étnicas
    (BAME), 138
Espanha, 12, 27, 167, 184, 208, 209, 221,
    228, 231, 243
esperanto, 87, 132
"Esquadrão, o", 295
esquerda, 11, 45, 99, 136, 152, 154, 155,
    193, 228, 233, 236, 255, 288-89,
    295, 314, 319, 321
    antissemitismo e, 11, 98-103, 104-7,
    309-10

conspiração contra Orwell, 189, 191
desprezo de Orwell pela, 45
espanhola, 162
extrema/linha-dura, 11, 42-43, 98, 99,
    148, 154, 165, 195, 249, 264, 288
liberal, 152, 182, 195, 264, 289
ortodoxa, 189, 190, 191, 233
Estado de Bem-Estar Social, 80-81, 83,
    226, 231
Estado Islâmico (EI/ISIS), 101, 105-6,
    182-83, 184, 235, 319
Estado judaico, 103-4, 135, 208
Estados Unidos, 67, 81, 232, 237, 295, 296,
    303
    e *1984*, 296
    e *A revolução dos bichos*, 255
    e a Segunda Guerra Mundial, 209
    e o conflito Israel-Palestina, 101
    muro EUA-México, 300
Estúdios Ealing, 159, 290
estupro, 126-27
Eton, veteranos do, 62, 77, 114, 136,
    139-40, 159, 165, 211-12, 270
Eton College Chronicle (revista), 40
Eton College, 26, 31, 35-49, 53-54, 59, 62,
    133, 211-12
Eton Society, 37
Eunson, sr., 115
Europa, 258
    Central, 209, 238, 257, 317, 322
    Estados Unidos da, 230
    Oriental, 237, 238, 317, 322
    pós-guerra, 209
Evening Standard (jornal), 100, 117, 195, 321
Evers, Harvey, 246
Exército Vermelho, 209, 229, 239
Exposição de Flores de Chelsea, 21

Faber and Faber, 115, 238-39
Facebook, 100, 194, 305
fagging [sistema de subjugação entre alunos
    do Eton], 44-45
FAI (*Federación Anarquista Ibérica*), 171

341

fake news (notícias falsas), 194, 295-96, 321

falangistas, 12, 162-64, 178, 180, 181, 183-84, 190-91, 193, 208, 279

Farage, Nigel, 11, 12, 67, 153-54, 223, 301

Farrer, David, 279

fascismo, 45, 102, 166, 210, 221-22
    alemão, 45, 245, 187-88
    ameaça do, 169, 191, 207
    britânico, 164, 167
    derrota do, 284
    espanhol, 184
    mal do, 165
    oposição ao, 170-71, 173, 246
    ver também nazismo

fascistas, 231
    agents provocateurs, 176
    ver também falangistas

"fatos alternativos", 295-96

Fearnley-Whittingstall, Hugh, 40

Featherstone Working Men's Club [Clube dos Trabalhadores de Featherstone], 154

Federación Anarquista Ibérica (FAI), 171

ficção popular, 285-86

Fierz, Mabel, 135

Fiji, 232

Finegold, Oliver, 100

Finkelstein, lorde Daniel, 195

Fisk, Robert, 315

Fletcher, Margaret, 272, 277

Fletcher, Robin, 270, 277

Foot, Michael, 293-94, 322

Foot, Paul, 42, 295, 321

Força Expedicionária Britânica (década de 1860), 55

Forster, E. M., 212, 263

Foucault, Michel, 317

Fox, Liam, 232

França, 180, 182, 197, 221, 233, 237
    sudoeste da, 170

Franco, general Francisco, 162, 163, 176, 181, 184, 190-91, 193, 245

Frankford, Frank, 178

Freedland, Jonathan, 298

fundamentalismo islâmico, 106, 184

Fyvel, Tosco, 93, 104, 107, 205, 207-8, 210, 224, 247, 270, 273, 325

Gales do Sul, 151

Gandhi, Mahatma, 220

Gaza, 105

Global Times (jornal), 259

Godwin, William, 173

Goldsmith, Oliver, *She Stoops to Conquer* [Ela se rebaixa para conquistar], 29

Gollancz, Victor, 91-93, 115n, 116, 126-27, 132, 141, 168, 180, 190-92, 206, 238, 273

Good Morning Britain (GMB) (programa de TV), 301

Google, 305

Gorer, Geoffrey, 136, 159, 162, 204, 247

Gott, Richard, 42

Gould, Gerald, 116

Gove, Michael, 11, 155, 229, 302

governo polonês no exílio, 237

governo Trabalhista, 42, 131, 293-94
    pós-guerra, 36, 45, 105, 214, 225, 231, 264, 269, 277-78

Gow, Andrew, 48-49, 76-77, 324

Grã-Bretanha, 197
    ver também Reino Unido

Grande Depressão, 166
    ver também Depressão

Grande Irmão *[Big Brother]*, 13, 230, 296, 298, 304

Grécia, 222

Greene, Graham, 269, 273

Greenwood, Walter, *Love on the Dole* [Amor e seguro-desemprego], 151

greve dos mineiros, 148

Greve Geral de 1926, 78, 83, 144

Grupo Europeu de Pesquisa (ERG), 39, 153, 155

Guarda Interna (unidade civil da Guarda Nacional), 204, 275, 325

Guardas Civis, 176-77, 178, 179
Guardian, The (jornal), 82, 84, 117, 137, 145, 154, 182, 223, 236, 295, 298, 300, 307, 321
Guernica, 198
Guerra Civil Espanhola, 93, 162-64, 166, 168-84, 189-93, 195, 208-9, 212, 227, 279, 287, 314, 324
Guerra da Abissínia, 164
Guerra da Crimeia, 20
Guerra Fria, 13, 43, 236, 257, 288, 289
guerras comerciais, 259
Gurbuz, Aysegul, 100
Gurney, Jason, 172

Haffner, Sebastian, 207
Hamas, 99
Hammond, Jim, 142
Hannan, Daniel, 301
Hanson, Francis A., 283
Haraszti, Miklós, 292
Harcourt Brace, 279
Harper Brothers, 132
Harrow School, 26
Harry, príncipe, 82
Hasan, dr. Usama, 183
Hassassian, Manuel, 99
Havel, Václav, 292
Hemingway, Ernest, 84, 170, 245-46
Henley and South Oxfordshire Standard (jornal), 28-29
Henley-on-Thames, 19, 20-23, 24, 47, 112
Heppenstall, Rayner, 135-36, 140, 207, 269, 271, 324
Herald (jornal), 236
Hezbollah, 99
Hill, Christopher, 321-22
Hines, Barry, 139
Hirohito, imperador, 243
Hiroshima, 243
Hitchens, Christopher, 314
Hitler, Adolf, 96-97, 100-1, 147, 152, 163, 166, 197, 206, 219, 237, 256, 259

Holanda, 182
Holbrook, David, 271-72
Holden, Inez, 211, 213, 244, 247, 249
Hollis, Christopher, 61-62
Holocausto, 93, 99, 107
    negacionistas do, 100, 297
    sobreviventes do, 103, 107
homossexualidade, 125, 154, 314
Hong Kong, 259, 312, 317
Hooker, sr., 143
Hôpital Cochin, 86
Horizon (revista), 206, 249, 255, 323
Hospital Cottage de Uxbridge, 131-32
Hospital da University College, Londres, 323-25
Hotel X, Paris, 85
Huawei, 260
humanitarismo, 67
Hungria, 222
Hunt, Jeremy, 258, 260
Hurt, John, 293
Hussein, Saddam, 235
Huxley, Aldous, 42, 94
    Ronda grotesca (1923), 42

Igreja, Alta, 123
Igreja Católica, 171, 184, 231
Igreja da Inglaterra, 122-23, 145, 325
Iluminismo, 67, 319
imigração, 221-23
imperialismo, 70, 210, 230
"Império 2.0", 232
Império Britânico, 20, 21-22, 26, 55, 62, 70, 98, 103, 155, 225, 226, 232, 264
Independent, The (jornal), 42
Independent on Sunday, The (jornal), 321
Índia, 19-21, 54, 55, 197, 207, 213, 220, 225, 232
Insein, 58, 62
intelligentsia inglesa, 228, 229, 237-38, 239, 244, 263, 286, 319
internacionalismo, 227
International Literature (revista russa), 191

343

introversão/insularidade inglesas, 12-13, 68, 227-29, 285, 286, 317
Irã, 101
Iraque, 182, 315
invasão, 182, 295
Irlanda, 231, 300, 302
Irving, David, 297-98, 314
islâmicos, 99, 184
islamismo, 66-67, 318-19
islamofobia, 195
Israel, 99-102, 105-7
Itália, 163, 167, 214, 221

Jacobs, Denzil, 325
Jacques, Eleanor, 117, 135
James Turner (rua), Winson Green, Birmingham, 80
Japão, 209, 243, 294
Jellinek, Frank, 181
jihadistas, 182-83
Johnson, Boris, 37, 38, 39, 153, 168, 228, 232, 258, 301, 302, 317
Johnson, Paul, 293
Johnson, Woody, 300
Jonathan Cape, 238-39
Journal of Modern History, 315
Joyce, James, 84, 122
Ulisses, 133
judeus, 91-107, 135, 153, 167n, 208, 210, 220, 222-23, 234, 310
amizades de Orwell com, 93
aniquilação dos, 101
deportação dos, 94, 101
refugiados, 95, 102, 103-5
repressão/perseguição nazista aos, 93-94
Julgamentos de Nuremberg (1946), 234
julgamentos-show:
espanhóis, 189, 287
russos, 191, 209
Jura, Hébridas Interiores da Escócia (arquipélago), 251, 270-79

Kámenev, Liev, 256
karen (tribo), 59
Katha, 58
Kaufman, Gerald, 294, 322
Kee, Janette, 324
Kee, Robert, 324
Kennan, Jerry, 147, 149
Kennedy, John F., 220
Kent, 118, 120
KGB (*Komitet Gosudarstveno Bezopasnosti*), 12n, 163, 322
kibutz (assentamentos), 102-3, 208
Kimche, Jon, 93, 135, 210, 225, 325
King's Scholars [Bolsistas do Rei], (*collegers*), 37
King-Farlow, Denys, 37-38, 44, 45-46, 159, 163
Kipling, Rudyard, 23, 30
Kirwan, Celia, 42, 249, 321
Kitchener, lorde, 28-29
Klaipėda, região de, 197
Koestler, Arthur, 93, 103-4, 107, 208-10, 211, 245, 249, 256, 269
Thieves in the Night [Ladrões na noite] (1946), 104
Koestler, Mamaine, 249
Kopp, Georges, 175, 177, 178, 179, 180, 270, 271

Lacan, Jacques, 317
Lancashire, 12, 27, 151, 284
Larkin, Philip, 139
Lawrence, D. H., 133
Leeds, 113, 141, 145
Legião Condor, 163
Legião Estrangeira, 209
Lehmann, John, 212
Lei de Reforma do Bem-Estar Social (2012), 81
Lei de Terrorismo (2006), 182
Lei do Despertar, 82-83
Lei do Serviço Nacional de Saúde (1946), 131-32, 277
Lênin, Vladimir, 99, 165, 256, 260-61, 292

Leningrado, 209
Lérida, 178
Letchworth, 164
Letwin, *Sir* Oliver, 39
Lib Dems [Partido Liberal-Democrata], 98
liberais, 162, 194, 236, 255
liberalismo, 257
liberdade:
    de expressão, 231, 237-39, 257, 309,
        313, 318, 322
    de imprensa, 237
    erosão da, 307
Liechtenstein, 232
Liga Britânica pela Liberdade Europeia,
    264
Liga Comunista Jovem, 190
Limehouse Causeway (rua), 78
Limouzin, família, 132
Limouzin, sra. (avó materna de Orwell),
    58-59, 60
Lipstadt, Deborah E., 99, 297-98, 314
Listener (revista), 193
Lituânia, 197
Liverpool, 141, 164
Livingstone, Ken, 100-1
Lodge, David, 66
Londres, 21, 77-78, 132-33, 145, 204,
    207, 213-14, 244-45, 247, 271,
    274-75
    ver também East End
Looe, Cornualha, 46
Lyotard, Jean-François, 317

macarthismo, 42, 136, 321
Macclesfield, 141
Mackenzie, Compton
    Sinister Street [Rua sinistra], 30
Mackenzie, Kelvin, 155
maçons, 219-20
Madri, 162, 176-78, 245-46
Maduro, Nicolás, 262-63
Major, John, 224
Manchester, 141, 145

Manchester Guardian, The (jornal), 117, 193,
    236, 246, 290
Mandalay, 60
Mann, Thomas, *A montanha mágica*, 324
Mansfield, Katherine, 114
Mao Tsé-tung, 261, 275, 304, 311
maoismo, 257, 261
Maomé, 318
"Mãos fora da Rússia" (movimento), 227
mar do Norte, 28
marginalização da verdade, 194, 295-303
Markle, Meghan, 82
Marrakesh, 196-97
Marrocos, 162, 197
Marselha, 74, 81
Martin, Kingsley, 189, 269-70
Marx, Karl, 255-56, 318-19
marxismo, 12, 165, 193, 255, 261-62, 290-92
Marxist Quarterly (periódico), 291
marxistas, 150, 165, 291, 319
massacre da praça da Paz Celestial
    (Tiananmen) (1989), 306, 312
Masses & Mainstream (mensário norte-
    -americano), 288
Maurín, Joaquín, 172
Mauser, rifles, 173
May, Esmé, 76, 113
May, Theresa, 11, 39, 83,113, 168, 232,
    258, 259, 260
mazelas dos miseráveis (dormir ao relento),
    81-84, 86, 145, 146, 150, 318
McCann, Kate, 105
McEwan, Sally, 243
McNair, John, 171, 173, 177, 179-80, 192
Mear One (artista plástico), 99
Meet Mr. Lucifer [Conheça o sr. Lúcifer]
    (filme, 1953), 290
mensagens de texto, 308, 309, 310-11
Mercado Comum, 13, 228, 231, 232
Mercer, Johnny, 195
Merleau-Ponty, Maurice, 323
#MeToo (movimento), 124, 125, 127
México, 194, 300

345

Meyer, Hajo, 99
Meyer, Jeffrey, 125
Meyer, Michael, 269, 271
MI5, 43
MI6, 43
mídias sociais, 298, 305, 307, 309, 310
   sentimento de vingança em massa nas,
     310
milícia comunista, 163
milícias antifascistas, 163
Miller, Henry, 169, 173
   Trópico de Capricórnio, 206
Milne, Seumas, 165
Miłosz, Czesław, 292
   Mente cativa, 292
Milton Keynes, 145
Milton, John:
   Areopagitica, 207, 237
mineiros, 143, 144, 146-49, 150, 155
Ministério da Informação, 239
   Departamento de Censura, 203
Ministério da Verdade, 297, 299, 308, 312
Ministério das Relações Exteriores,
   Departamento de Pesquisa da
   Informação (IRD), 42-43, 321-22
missionários, 59
Mitchison, Naomi, 193
Molotov, Viátcheslav, 256
Momentum (grupo), 105
Monbiot, George, 182
Mongólia, 312
Moore, Leonard (agente de Orwell), 197,
   203, 233
Moore, T. Sturge, 136
Morgan, Bryan, 111-12
Morgan, Dora, 111-12, 124
Morgan, família, 111-12
Morgan, Piers, 300
Morris, John, 213
Moscou, 87, 176, 179, 189, 191, 208-9, 237
Moscou, julgamentos do expurgo de, 209
Mosley, Oswald, 12, 152-55, 166-68, 211,
   284, 317-18

Mossad, 220
Motihari, 19
Moulmein, 58, 63
"Movimento, O", 139
muçulmanos, 106, 183, 195, 312
Mueller, Robert, 296
Muggeridge, Malcolm, 104, 207, 213, 245,
   269-70, 323, 324
Mulla, Salim, 101
Murry, Middleton, 113
Mussolini, Benito, 152, 163, 220
Myaungmya, 57
Myers, L. H., 196
Mynors, Roger, 37

Nabokov, Vladimir, 85
nacionalismo, 11, 153, 221
nacionalistas (espanhóis) *ver* falangistas
nacionalização, 225, 294
nacional-socialismo, 166
   ver também nazismo
Nações Unidas, 66
Nagasaki, 243
National Grid, 148
nazismo, 102, 207, 236, 238, 287
   comunismo e, 210
   comunismo soviético e, 283
   derrota do, 245, 247
   política de apaziguamento de
     Chamberlain frente ao, 227
   ver também nacional-socialismo
nazistas, 36, 93, 96, 97-98, 101, 105, 107,
   152, 166, 197, 209, 229, 234, 237,
   247, 284, 287, 291
NBC, 296
Netanyahu, governo, 106
New English Weekly, The (revista), 117
New Leader, The (jornal do ILP), 175, 190
New Statesman and Nation (revista), 189, 193,
   194, 269
New York Times, The (jornal), 295, 296, 307, 311
News Chronicle (jornal), 236
NHS *ver* Serviço Nacional de Saúde

Nicandro de Cólofon, 76
Nicolau II, czar, 256
Nin, Andreu, 172, 179, 192
nirvana, 61
NKVD (polícia secreta russa), 12n, 163, 176, 179, 181, 322
Northcliffe, lorde, 224
Notting Hill, Londres, 77-78
novilíngua/novafala, 132, 289, 296, 308-9, 311
NSA *ver* Agência de Segurança Nacional
Nuttall, Paul, 69

O'Brien, Dave, 139
O'Hara, Kathleen, 77
O'Shaughnessy, Gwen, 243, 276
O'Shaughnessy, Laurence, 193, 204
Obermeyer, Rosalind, 135, 140
Observer, The (jornal), 208, 214, 245, 246
Ofcom, 80
Operação Barbarossa, 209
oppidan [citadino], 211
Orbán, Viktor, 195, 222
Organização do Tratado do Atlântico Norte (OTAN), 275
Oriente Médio, 103, 183, 207, 222, 263
Orwell, rio, 116
Orwell, Elizabeth, 289
Orwell, George:
　　1984 (1949), 12, 45, 106-7, 132, 140, 272-79, 283-319, 321
　　adaptações para a televisão e o cinema, 289-90, 293
　　apêndice, 316-17
　　blocos de poder, 275
　　como a obra literária mais importante dos últimos cem anos, 283
　　Dois Minutos de Ódio, 14, 106, 107, 296, 309-10
　　e a BBC, 207
　　e a compressão da linguagem, 308-9, 311

e a Guerra Civil Espanhola, 195
e empresa de mídia, 293
e realidade interior, 288, 291, 292
e tortura, 174
Emmanuel Goldstein, 106-7, 299, 302, 313, 315-16, 317
Eurásia, 294
ficção produzida por máquinas, 285-86
Grande Irmão *[Big Brother]*, 13, 230, 296, 298, 304
interesse de celebridades, 293
Julia, 127, 285-86, 288, 323-24
Lestásia, 294
mentiras políticas, 167-68
mercadoria, 293
Ministério da Verdade, 297, 299, 308, 312
natureza distópica, 13
novilíngua/novafala, 132, 289, 296, 308-9, 311
números de vendas iniciais, 279
O'Brien, 278-79, 285, 287, 293, 299-300, 311, 316-17
Oceânia, 294
Partido Externo, 287, 305, 312
Partido Interno, 13, 39, 287, 291-92, 298-301, 302, 305, 316
pensamento-crime/crimideia, 309-11
Polícia do Pensamento, 287, 322
proletários ("proletas"), 284-87, 288, 291, 302, 303, 311, 312
teletelas, 290, 304, 306, 309, 310
vigilância em massa, 303-4
Winston Smith, 127, 272, 278, 284, 287-89, 290, 293, 296-99, 306-10, 311, 314, 316, 323
　　ver também duplipensar
A filha do reverendo (1935), 13, 119-27, 273
　　Dorothy Hare, 117, 119-22, 123-24, 125-27

347

Nobby, 120-21, 124, 125
técnica de fluxos de consciência,
122-23
Warburton, 124, 125-26, 127
cena da tentativa de estupro, 86, 126-27
conclusão, 132
A flor da Inglaterra (1936), 13, 118, 132, 273
"A prevenção contra a literatura"
(ensaio), 238-39
A revolução dos bichos (1945), 13, 45, 140,
181, 207, 209-10, 219, 255-64,
269-70, 301, 306, 318
adaptação radiofônica do Third
Programme da BBC, 274
como clássico literário, 257, 261
ganhos financeiros com, 264
publicação, 238-39, 243, 245, 313,
319
selecionado para o Clube do Livro
do Mês, 270
sentido e significado, 261-62
sucesso da noite para o dia, 263-64
traduções, 273
"Anti-semitism in Britain"
[Antissemitismo na Inglaterra]
(ensaio), 94, 97, 104-5
atingido na garganta por uma bala de
franco-atirador, 12, 178, 191, 192
"Caderno de pagamentos" (1945), 264
"Cartas de Londres" (coluna para a
revista *Partisan Review*), 205
casamentos:
primeira esposa, Eileen
O'Shaughnessy, 12, 93, 140-41,
159-60, 211, 225
e a morte de Eileen, 246-47, 248,
270
segunda esposa, Sonia Brownell,
249, 293, 322-23, 324-25
tempos mais felizes, 159
"Catastrophic Gradualism"
[Gradualismo catastrófico] (ensaio,
1945), 262

"Como morrem os pobres" (ensaio,
1946), 86, 131
como trotskista, 181, 193, 195, 269
como quinta-coluna, 102, 190, 191,
193, 195, 255, 269
correspondente de guerra para o jornal
The Observer, 245-46
crítico de cinema para a revista *Time and
Tide*, 205, 206
decisão de se tornar escritor, 76-77
Dentro da baleia e outros ensaios (1940), 204,
206, 207, 209
denunciado como macarthista, 42, 321
"Diário da colheita de lúpulo" (1931),
92, 118-19, 120
Diário do Marrocos, 93
Diários de Orwell, 92-93, 94, 119, 153,
166, 206-7, 213, 274, 278
Dias na Birmânia (1934), 13, 56-60,
62-64, 119, 132, 136
e a Guerra Civil Espanhola, 12, 27,
45, 65-66, 163, 164, 166, 168-84,
190-93, 195-96, 208, 209, 287,
314, 324
e a Segunda Guerra Mundial, 203-14,
219-20, 224-25, 243, 245-48,
274-75, 287-88
e o Eton, 35-49, 53-54, 59, 62, 133,
211-12
e o Partido Trabalhista Independente,
155, 161, 164, 171, 192, 193
e o socialismo, 180
"Em cana" (ensaio, 1932), 134
empregos:
como tutor, 111-13, 115
na BBC, 205, 207, 212-14
na Força Policial Imperial Indiana,
Birmânia, 53-70, 75, 77, 81, 98,
103, 145, 212, 288
na livraria Booklovers' Corner,
Hampstead, 132-33
professor na Hawthorns High
School, 115-16, 131

professor no Frays College, 131

endereços:

    Jura, 251, 270-79

    Parliament Hill, Londres, 135-36

    praça Canonbury, Islington, 244, 247-48, 263, 273-74

    Wallington, 140, 159-62, 163, 168-69, 189, 191, 192, 203

fama, 255

fracasso nas tentativas iniciais de publicação, 111

fumante, 176

funeral, 104, 325-26

governanta Susan Watson, 248-49, 270, 271-72

Homenagem à Catalunha (1938), 13, 66, 173, 175-76, 181, 189, 191-93, 203, 246, 250, 314

honestidade de seu estilo, 65

indigência/pobreza:

    em Londres, 78-84, 115

    em Paris, 84-87, 91, 111, 115

    em Plymouth, 46

    no norte da Inglaterra, 141-43

    "vagabundo amador", 46, 114

infância, 22-31, 47

    aluno da Escola Preparatória de São Cipriano (internato), 19, 25-31, 41, 44, 46

    amigos imaginários, 24

    intimidado, 46

    no Wellington College, 31

    pai ausente, 19-20

    posse de um "rifle de *saloon*", 25

    sucesso acadêmico, 30-31

influências literárias sobre, 23

"Inglaterra, nossa Inglaterra" (ensaio, 1941), 68, 227, 229

interesses amorosos:

    Anne Popham, 249, 250-51

    Brenda Salkeld, 112, 117, 120, 122-24, 133

    caso extraconjugal com Sally McEwan, 243

    Celia Kirwan, 42, 249-50, 321-22

    Dora Morgan, 111-12, 124

    Eleanor Jacques, 117, 135

    Kay Welton, 135

    primeira namorada, Jacintha Buddicom, 22, 324

    Sally Jerome, 135

"Lista de Orwell", 42-43, 321-22

Misalliance... (exemplar de um livro de Shaw que pertencia a Orwell), 47-48

morte, 325

muda de nome na publicação do primeiro romance, 116

Na pior em Paris e Londres (1933), 12, 13, 79, 82, 84-85, 91-92, 113, 115-19, 141, 144

    "Bóris", 86, 91, 118, 119

    publicado, 116-17

nascimento, Motihari (1903), 19

no Norte da África, 93, 196-97

"Notes on Nationalism" [Notas sobre o nacionalismo] (ensaio), 103

"O abate de um elefante" (ensaio, 1936), 63-66, 68, 70

"O albergue" (ensaio, 1931), 79-80

O caminho para Wigan Pier (1937), 12, 13, 35, 36, 78, 113, 149-50, 152, 159, 166-67, 168-70, 189-91

    Parte I, 162

    Parte II, 163-64

    pesquisa, 141-48, 155, 284

    publicado, 179

    resenhas, 189-90

opiniões:

    como a consciência do século XX, 91

    desprezo pela ortodoxia, 54

    desprezo pela vida da classe média, 54

    desprezo pelo colonialismo, 62, 103

    ódio da pobreza, 12

    ódio do marxismo/comunismo, 12

reverência pelo tradicional, 162

sobre a Inglaterra, 116, 226-27

sobre a tarefa da literatura, 13, 212

sobre o antissemitismo, 11, 98-103, 104-7

sobre o carvão, 146-48

sobre o esnobismo, 36, 113

sobre o fascismo, 165, 169, 221

sobre o futuro da Europa, 229-33

sobre o inglesismo, 13, 224, 226-28, 285

sobre o trabalho, 150

sobre religião, 41, 45, 59, 122, 123, 159, 231

sobre vingança, 233-34

para a *Tribune*, 287, 312, 322

"A vingança é amarga" (1945), 97

"Bons livros ruins" (1945), 285

coluna "As I Please" [O que me der vontade], 96, 103, 219, 224, 233, 236, 237, 273, 287

editor literário, 138, 203, 214, 219-25, 234, 270

poesia:

"Awake! Young Men of England!" [Jovens da Inglaterra, despertai!] (poema), 29

"Kitchener", 28-29

"Ode to a Dark Lady" [Ode a uma dama morena], 112

poodle de estimação "Marx", 196

"Por que escrevo" (ensaio, 1946), 24, 66

profecia/previsão/antevisão, 11, 30, 45, 68, 198, 221-22, 226, 229-33, 238, 258-59, 261, 303-5, 311, 317

questões familiares:

e a morte da irmã Marjorie, 270

e a morte da mãe, 214

e a morte do pai, 203

filho adotivo, Richard Horatio, 243-45, 247-50, 270, 271, 274-76, 278, 324-25

"Recordando a Guerra Civil Espanhola" (ensaio, 1943), 195, 314

saúde debilitada:

atingido na garganta por uma bala de franco-atirador, 12, 178, 191, 192

bronquite, 140, 146, 174, 176, 196, 214, 246, 250, 273

depressão, 196

detalha os arranjos para seu funeral, 325

no Hospital da University College, 323-25

no Sanatório Cranham, 279, 288, 307, 321, 322

pleurisia, 322-23

pneumonia, 131-32

tuberculose, 193, 196, 277-79, 321-23

simplicidade de sua prosa, 26

sucesso financeiro, 264

"Tamanhas eram as alegrias" (ensaio, 1952), 26, 36, 46

temperamento:

antipatia por outras pessoas, 40-41

autoaversão, 11, 134, 272-73

aversão à convenção, 45-46

bravura, 175-76, 179-80

esquisito/desajustado, 19, 23, 76, 113, 136-37, 176

homofobia, 42-45

introversão, 60, 113

natureza *antiestablishment*, 61

natureza camaleônica, 61-63, 118, 210-11

natureza observadora, 44

prevaricador, 94

radical, 43

timidez, 24

The Collected Essays, Journalism and Letters of George Orwell [Ensaios reunidos, jornalismo e cartas de George Orwell], 219

The English People [O povo inglês] (panfleto, 1947), 229, 286

The Lion and the Unicorn [O leão e o unicórnio] (1941), 224-26, 273
"Towards European Unity" [Rumo à unidade europeia] (1947), 230, 232
túmulo, cemitério da igreja anglicana All Saints, Sutton Courtenay, 14, 325
último caderno de anotações (1949), 69-70
"Um enforcamento" (ensaio, 1933), 64-66, 68, 70, 233
Um pouco de ar, por favor! (1939), 13, 47, 140, 203-4
"You and the Atom Bomb" [Você e a bomba atômica] (ensaio, 1945), 274
Orwell, George (auxiliar de embarque), 289-90
Osborne, George, 195
Osborne, John, 139
OTAN *ver* Organização do Tratado do Atlântico Norte
Owen, Wilfred, "Anthem for Doomed Youth" [Hino a uma juventude condenada], 29-30
Oxbridge, 35, 49, 139, 140
ver também Universidade de Cambridge; Universidade de Oxford
Oxford Union, 38, 61

Pacto Molotov-Ribbentrop, 181, 236-37, 256
Palestina, 99, 100, 102, 103-4, 208
Panorama (programa de TV), 289
Papua-Nova Guiné, 232
Paris, 27, 84-87, 91, 98, 111, 115, 131-32, 135, 168-69, 170, 208, 220, 233, 245-47
Tratado de, 230
parisienses, 144
Parlamento, 38, 69
Partido Comunista, 117, 163
Alemão, 208
Britânico, 290

Soviético, 257, 288
ver também Partido Comunista Chinês; Partido Comunista da Grã-Bretanha
Partido Comunista Alemão, 208
Partido Comunista Chinês, 13, 257, 260, 261, 294, 303, 304, 305-7, 310-13, 317, 318
Partido Comunista da Grã-Bretanha (CPGB), 155, 164, 165, 166, 168, 190-91, 236, 290
Partido Comunista Soviético, 257, 288
Partido Conservador, 38, 67, 103, 155, 223
ver também Partido Tóri
Partido do Brexit, 12, 67, 153, 154, 155, 223
Partido Nacional Fascista, 152
Partido Obrero de Unificación Marxista ver POUM
Partido Tóri, 39, 153-54
ver também Partido Conservador
Partido Trabalhista, 12, 142, 153-55, 190, 322
dedicação de Orwell ao, 284-85
e *1984*, 283-84
e a Guerra Civil Espanhola, 164
e o antissemitismo, 98-103, 105-6, 107, 310
e o comunismo soviético, 236-37
e o fascismo, 166
e o Partido Trabalhista Independente, 161
Subcomitê de Litígios, 100
Partido Trabalhista Independente (ILP, na sigla em inglês), 98, 102, 135, 142, 164, 168, 193
e a Guerra Civil Espanhola, 164, 176-77, 178-79, 180
e o Partido Trabalhista, 161
e Orwell, 155, 161, 164, 171, 192, 193
Partisan Review (revista), 205
Patel, Priti, 67
Peace News (jornal pacifista semanal), 227, 287

351

Pearl Harbor, 209
PEN Club, 237
pena de morte, 64-70, 81, 233-36, 287, 314-15
Penguin, 138
    Projeto "WriteNow" [Escreva agora], 138
Penguin/Random House, 138
Penguin EUA, 296
Pequim, 259-60, 261, 307, 312
perguntas dos parlamentares ao primeiro--ministro, 38
Perlés, Alfred, 169
Perpignan, 180, 181
"pessoas comuns", 139
Peterborough, 145
Peters, família, 112, 116
Peters, Richard, 112
Philip, príncipe (duque de Edimburgo), 290
Pitter, Ruth, 77-78, 85
A Place in the Sun [Um lugar ao sol] (programa de TV), 228
Plowman, Dorothy, 196
Plowman, Max, 114, 207
Plymouth, 46, 47
Poe, Edgar Allan, 23
Poldark (série de TV), 259
Polemic (revista), 238
Pollitt, Harry, 168, 171, 190, 191
poloneses, 222-23
Polônia, 181, 292
Popham, Anne, 249, 250-51
poppers, 37, 38
populismo, 11, 233, 236, 284
"pornografia da pobreza", 80
Portugal, 163
pós-Iluminismo, 184
Potts, Paul, 245, 246, 247, 271, 272, 325
POUM *(Partido Obrero* [Operário] *de Unificación Marxista)*, 171-72, 176-80
    "tropas de choque", 177
Pound, Ezra, 84, 220
Powell, Anthony, 211-12, 245, 269, 323, 324

Powell, Enoch, "Rivers of Blood" [Rios de sangue] (discurso), 153
Powell, Violet, 211
Pravda (jornal), 288
Prendergast, *Sir* Harry, 55
Priestley, John Boynton, 117
Primavera Árabe, 222
Primeira Guerra Mundial, 29-31, 35, 47, 173, 184, 228
    Frente Ocidental, 174
Pritchett, Victor Sawdon, 212
privacidade, erosão, 307
Private Eye (revista), 97
privatização, 293
proletariado, 36, 165
proletários/"proletas", 284-87, 288, 291, 302, 303, 311, 312
protecionismo, 154
Proudhon, Pierre-Joseph, 173
público geral, 285-86
Putin, Vladimir, 11, 230, 257

Qing, período, 312
quinta-coluna, 102, 190, 191, 193, 195, 255, 269
Qutb, Sayyid, 318-19

racismo, 56, 62, 69-70, 102, 220, 295
Radford, Michael, 293, 294
Rádio Londres da BBC, 101
RAF *ver* Real Força Aérea
Raj britânico, 77
Rangum, 61
Read, Herbert, 193, 212
Real Força Aérea (RAF), 182
Rede Combinada dos Sem-Teto e Informação (CHAIN), 84
Rees, *Sir* Richard, 114, 133-34, 136, 140, 161-62, 207, 275, 277, 278-79, 325
Rees-Mogg, Jacob, 39
refugiados bascos, 192
refugiados judeus, 95, 102, 103-5

Reino Unido, 67, 182
  ver também Grã-Bretanha
Reprieve (entidade de direitos humanos), 235
Republicanos (espanhóis), 163, 164, 168, 174, 176, 178, 184, 287
Reuben, David, 101
Reuben, Simon, 101
Revolta de Varsóvia (1944), 237
Revolução Russa, 165
Rifkind, *Sir* Malcolm, 182
Ríkov, Aleksiei, 256
River Cottage, 40
Robinson, H. R., 60-61, 64
Robles, José, 245
Rockefeller, 99
Roosevelt, Franklin Delano, 155
Rosenfeld, Isaac, 261, 262
Rothschild, 99, 100
Rua Cable, Batalha da, 167
Rubinstein, Harold, 116
Rue du Pot de Fer, Paris, 84, 87
Runciman, *Sir* Steven, 40-42, 46, 54
Rushdie, Salman, 319
Russell, Bertrand, 30
Russell Group (de universidades), 35
Rússia, 236, 237, 322
  comunista, 256
  e a eleição presidencial dos EUA em 2016, 296
  invasão nazista (1941), 237
  julgamentos-show, 191, 209
  soviética, 181, 195, 209, 210
  stalinista, 256-57
  ver também União Soviética; União das Repúblicas Socialistas Soviéticas

Sacco, Nicola, 81
Said, Edward, 291
Salazar, António de Oliveira, 163
Salkeld, Brenda, 112, 117, 120, 124
Sanatório Cranham, Cotswolds, 279, 288, 307, 321, 322

Sanatório Maurín, Barcelona, 178
Sanatório Preston Hall, Kent, 193, 196
Sanders, Bernie, 308
Sanjurjo, general José, 162
Savchuk, Lyudmila, 297
Sayers, Michael, 136
Scaramucci, Anthony, 301
Scargill, Arthur, 148
Schutzstaffel (SS), 98, 104, 234
Scruton, *Sir* Roger, 194, 310
Searchlight, 207, 224
Secker & Warburg, 192, 207, 238, 239, 243, 263-64, 273
secularismo, 231
Segunda Guerra Mundial, 13, 67, 107, 198, 203-14, 219-20, 223-25, 245-48, 257, 287-88
  antecedentes, 196-97
  campanha "Cavando para a vitória", 203
  execução de criminosos de guerra após a, 287
  fim da, 243
Semana em Memória das Vítimas do Holocausto, 99
sentimento antieuropeu, 63
sentimento anti-Israel, 99
sentimento antissoviético, 255, 264
Serviço Colonial, 20, 21, 53, 56, 75
Serviço de Mensagens Curtas (SMS), 308
Serviço Nacional de Saúde (NHS), 168, 225, 277-78, 300
Seu último refúgio (filme, 1941), 205
Sevilha, 163
Shah, Naz, 100, 101
Shakespeare, William, 23, 94
Shaw, George Bernard, 94
Shawcroft, Christine, 100
Sheffield, 141
Shelden, Michael, 44, 53, 54, 125
Shiplake, 22, 24, 47, 53
Sicília, 214
Sillitoe, Alan, 139, 140, 152

Šimečka, Milan, 292
Simon, Claude, *As geórgicas* (1981), 314
Simpson, John, 315
Sindicato Nacional dos Mineiros, 142, 148
sindicatos, 148
sionismo, 101-2, 103, 104, 106
sionistas, 101-2, 104, 107, 207, 208
  ver também antissionistas
sistema de classes, 20, 23, 35-37, 56, 78-80,
    284-85
  ver também classes médias; classes
  dominantes; classes altas; classes
  trabalhadoras
sistema de ensino privado, 36-37, 45,
    139-40, 225
  ver também Eton College
Sitwell, *Sir* Osbert, 264
Slack, Andrew, 100
Smart and Mookerdum, livraria, 58
Smeeth, Ruth, 105
Smillie, Bob, 179
Smith, Iain Duncan, 81
Smollett, Tobias, 94
SMS *ver* Serviço de Mensagens Curtas
Snowden, Edward, 307
social-democratas, 166
socialismo, 36, 114, 149, 164-66, 171, 180,
    193, 231, 263, 290
  e *1984*, 284
  europeu, 231
  purista, 294
socialistas, 132, 289
  utopias socialistas, 150
Southwold, 53, 75, 77, 111, 113, 116, 117,
    122, 132, 135, 203
soviéticos, 12, 163, 181, 245, 246
Spectator, The (revista), 38, 293
  suplementos educacionais, 27
Spender, Steven, 42, 212, 324
Spicer, Sean, 296
SS Herefordshire (navio), 55
SS *ver* Schutzstaffel
St. John's Wood, 95

Stákhanov, Alexei, 256
Stálin, Josef, 12, 13, 42, 45, 102, 163, 180,
    189, 190, 195, 208, 237, 238, 239,
    256-57, 259, 261-62, 286, 287, 294
Stalingrado, 209
stalinismo, 40, 257
Star (jornal), 233, 323
Stevenson, Robert Louis, *O clube dos suicidas*
    (novela), 40
Stewart, Rory, 39
"Stop the War" [Pare a guerra], grupo, 182-83
Storey, David, 139
Strittmatter, Kai, 305, 307
Sudetos, 197
Sun, The (jornal), 155, 235
Sunday Express (jornal), 117
Sunday Telegraph, The (jornal), 321
Sunday Times, The (jornal), 203
  lista das maiores fortunas da
    Grã-Bretanha, 35
superioridade racial, 68-69
Swift, Jonathan, 207, 261
  Viagens de Gulliver, 23-24
Symons, Julian, 247, 271, 324
Syriem, 58

Taiwan, 312
Tâmisa, rio, 24, 325
Tarragona, 178
Taylor, D. J., 119, 125
Tchecoslováquia, 197
Tebbit, Norman, 152
tecnologia de vigilância, 303-5, 306, 310-11
telas, 303
Tennyson, Alfred, lorde, 40
Teócrito, 76
terrorismo, 182, 235
  islâmico, 106, 220, 307-8
testes de vigilância em Rongcheng, 304,
    306
Thackeray, William Makepeace, 94
Thames Embankment [Aterro do Tâmisa],
    82-83

Thatcher, Margaret, 148, 154, 293
  governo Thatcher, 226
thatcherismo, 148, 155, 228
Thibaw (rei birmanês), 55
Third Programme da BBC, 135, 274
Thomas, Dylan, 136, 212
Thompson, E. P., 291
Thorez (comunista francês), 237
tibetanos, 312
Tibete, 312
Time and Tide (revista), 190, 205, 206
Times Literary Supplement, 117, 193
Times, The (jornal), 195, 223, 236, 321
Tojo, Hideki, 220
Tóris/Conservadores, 103, 105, 114,
    153-54, 236, 293-94, 317, 321
tortura, 174, 179, 231, 235, 288, 309-10
totalitarismo, 13, 181, 189, 207, 219, 237,
    289, 290
  alemão, 247
  chinês, 307, 317
  e censura, 318-19
  e comunismo, 210
  e mídias sociais, 310-11
  estoniano, 45
  soviético, 184, 208-9, 238-39, 256,
    286-87, 292, 322301, 307
  via narcisismo, 307
Tower Hamlets, mural no bairro londrino
    de, 98-99
trabalho, 150-52
Trades Union Congress [Central dos
    Sindicatos], 79
Trainspotting (romance de Irvine Welsh,
    1993), 137, 138
Tribunal de Espionagem e Traição,
    Valência, 181
Tribunal Europeu dos Direitos Humanos,
    69, 70
Tribune (revista), 96-97, 103-4, 138,
    203, 214, 219-24, 234, 243, 270,
      273, 275, 277, 285-87, 312, 322
tributação, 225

Trinity College, Cambridge, 30, 324
Trótski, Leon, 106, 256, 316
  Stálin (biografia), 237
trotskistas, 178, 181, 190, 193, 195, 219, 269
Trump, Donald, 11, 14, 127, 194, 230,
    259-60, 263, 295-301, 315, 317
  eleição presidencial de 2016, 295-96,
    298-99
  guerra comercial com a China, 259-60
Tugendhat, Tom, 195
Turquia, 302
Twante, 57, 59
Twitter, 81, 100, 101-2, 194, 195, 259,
    308-9, 310
"Twopenny Hangover" [cabide de dois
    centavos], 82, 84
Tyson, Margaret, 101

uigures, 312
UKIP (Partido da Independência do Reino
    Unido), 39, 67-68, 69, 153-55, 223
Ullstein, Agência de notícias, 208
União Britânica de Fascistas (BUF, na
    sigla em inglês), 12n, 152, 154,
    167
União das Repúblicas Socialistas Soviéticas
    (URSS), 42, 223, 237, 257
  ver também Rússia; União Soviética
União Europeia (UE), 39, 67, 70, 153-54,
    230, 231-33, 301-2
  acordo de saída (Brexit), 258
  livre circulação interna, 222
  Referendo de 2016, 39, 67, 69, 152-53,
    223, 226, 228, 233, 301-2
União Soviética, 178, 208-11, 236-39,
    255-56, 274-75, 312, 317
  comunismo, 180, 190, 193, 210,
    236-37, 256, 257, 261, 274-75, 283
  e *1984*, 283-84, 286, 288, 294
  expurgos, 256
  totalitarismo, 184, 208-9, 238-39, 256,
    286-87, 292, 322
  ver também sentimento antissoviético;

Rússia; União das Repúblicas Socialistas Soviéticas

Universidade de Oxford, 26, 30, 31, 44, 48-49

utopias, 45, 150, 206, 236, 288, 292, 307, 322

utopias socialistas, 150

Uxbridge, 131

Vagrancy Act [Lei da Vadiagem] de 1824, 84, 145

Vanzetti, Bartolomeo, 81

Varadkar, Leo, 300

Velázquez, Diego, 37

Venezuela, 257, 262-63

vício em ópio, 60-61

Vickers, Hugo, 28

Viera, Diego, 99

Vietnã, 257

Viriatos (força voluntária portuguesa), 163

Vístula, 237

Vitória, rainha, 20, 58

Wadsworth, Marc, 105-6

Wain, John, 139

Wallington, 140, 159-63, 168-69, 151, 189, 191-92196, 203, 244, 272

Walsh, James, 291, 292

Warburg, Fredric, 26, 93, 207, 208, 225, 239, 273, 275, 279, 283, 288, 303, 307

Warburg, Pamela, 239

Washington Post, The (jornal), 295, 297, 307

Waterhouse, Keith, 139

Watson, Susan, 248-49, 270, 271-72

Watson, Tom, 98, 101

Waugh, Evelyn, 263

Wehrmacht, 209

Weinstein, Harvey, 125-27

Wells, H.G., 23, 94, 206-7, 211

"O país dos cegos" (conto), 30

Westminster Gazette, The (jornal), 166

Westrope, Francis, 132

Westrope, Myfanwy, 132, 135

Widdecombe, Ann, 154

Wigan, 141, 142, 145, 169

Wilkes, Cicely ("Flip"), 25-26, 27-28, 30-31

Wilkes, Lewis ("Sambo"), 25, 27, 31

Williams, Raymond, 291, 292

Williams, Robert, 179

Wimbledon, Torneio de Tênis de, 21

Winchester College, 35

Windsor, conselho do distrito de, 82

Winson Green, Birmingham, 80

Wodehouse, P. G., 76

Wolf, Naomi, Outrages: Sex, Censorship and the Criminalisation of Love [Indignações: sexo, censura e a criminalização do amor] (2019), 314-15

Woodcock, George, 213, 270

xenofobia, 11, 13, 68, 153, 166, 227-29, 285, 286, 317

Xi Jinping, 11, 13, 259

Xinjiang, 312

Yeats, William Butler, 136

Yorkshire, 27, 151, 284

YouGov, 67

YouTube, 235

Zafon (semanário sionista), 208

Zamiátin, Ievguêni, Nós (1924), 290

Zinóviev, Grígori, 256

Copyright © 2020 Tordesilhas
Copyright © 2020 Richard Bradford
Edição publicada mediante acordo com Bloomsbury Publishing PLC.

Todos os direitos reservados. Nenhuma parte desta edição pode ser utilizada ou reproduzida – em qualquer meio ou forma, seja mecânico ou eletrônico –, nem apropriada ou estocada em sistema de banco de dados, sem a expressa autorização da editora. O texto deste livro foi fixado conforme o acordo ortográfico vigente no Brasil desde 1º de janeiro de 2009.

IMAGEM DE CAPA Corbis Historical / Getty Images
CAPA Amanda Cestaro
PROJETO GRÁFICO Cesar Godoy
PREPARAÇÃO Fernanda Cosenza
REVISÃO Roberto Jannarelli e Mariana Zanini
ÍNDICE REMISSIVO Gabriella Russano

1ª edição, 2020

Dados Internacionais de Catalogação na Publicação (CIP)
(Câmara Brasileira do Livro, SP, Brasil)

Bradford, Richard
Orwell : um homem do nosso tempo / Richard Bradford ; tradução Renato Marques de Oliveira. -- 1. ed. -- São Paulo : Tordesilhas Livros, 2020.

Título original: Orwell: a man of our time
Bibliografia
ISBN 978-65-5568-005-8

1. Orwell, George - Biografia 2. Orwell, George, 1903-1950 3. Jornalistas - Biografia 4. Políticos I. Título.

20-39274 CDD-920

Índices para catálogo sistemático:
1. Orwell, George : Biografia 920
Maria Alice Ferreira - Bibliotecária - CRB-8/7964

2020
Tordesilhas é um selo da Alaúde Editorial Ltda.
Avenida Paulista, 1337, conjunto 11
01311-200 – São Paulo – SP
www.tordesilhaslivros.com.br

 /Tordesilhas   /Tordesilhaslivros

blog.tordesilhaslivros.com.br

Este livro foi composto com as famílias tipográficas
Baskerville para os textos e Gil Sans Nova inline para os títulos.
Impresso para a Tordesilhas Livros em 2020.

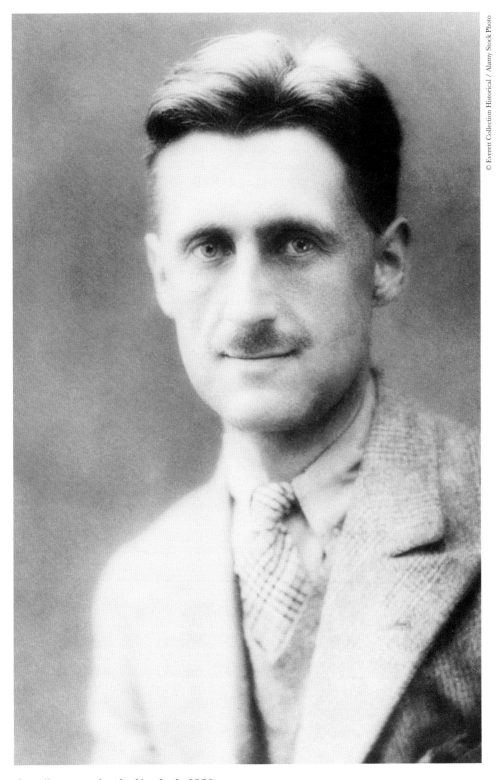

Orwell em meados da década de 1930

Foto de grupo da Escola de Treinamento de Polícia da Província da Birmânia

Orwell alimentando uma cabra

Orwell no Marrocos

Eileen Blair

Sonia Blair (nome de solteira Brownell), canto inferior esquerdo, no escritório da revista *Horizon*, 1949

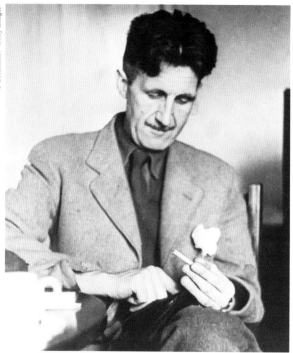

Orwell com cigarro,
início dos anos 1940

Orwell na BBC, em 1941

Estátua de Orwell defronte ao prédio da BBC Broadcasting House, Londres

Placa na praça dedicada a Orwell em Barcelona, Catalunha

Montague House, Southwold, casa da família Blair nos anos 1920 e 1930

Casa em Notting Hill onde Orwell se hospedou no final da década de 1920

A casa "The Stores", Wallington, hoje. Orwell e Eileen viveram nela no final dos anos 1930

Praça Canonbury, Londres. Orwell e Eileen moraram no apartamento 27b durante a guerra. O prédio fica à direita, identificado com uma placa ornamental verde

Igreja de Santa Maria, Wallington, onde Orwell e Eileen se casaram

Barnhill, Jura, hoje. Nesta casa, Orwell escreveu *1984*

Charge de 2018 representando Donald Trump como o porco Napoleão de *A revolução dos bichos*

Senate House [Câmara do Senado], Universidade de Londres. A inspiração para o Ministério da Verdade de *1984*

Peter Cushing como Winston Smith e Yvonne Mitchell como Julia na primeira adaptação para a televisão de *1984* (1954)

Edmond O'Brien como Winston Smith e Jan Sterling como Julia na primeira adaptação cinematográfica de *1984* (1955)

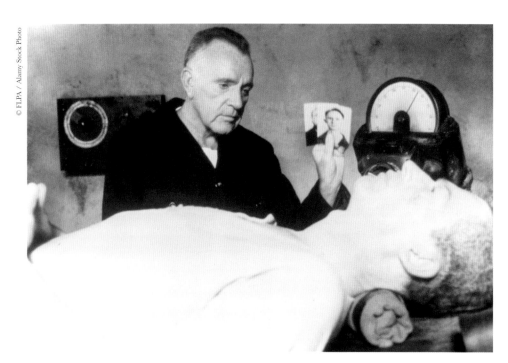

Richard Burton e John Hurt na adaptação cinematográfica de *1984* que foi lançada no ano homônimo

Orwell no cemitério de Wallington

A lápide de Orwell, no cemitério de Sutton Courtenay